LES
ŒUVRES
COMPLETES
DE
VOLTAIRE

61B

VOLTAIRE FOUNDATION
OXFORD
2012

© 2012 VOLTAIRE FOUNDATION LTD

ISBN 978 0 7294 1007 6

Voltaire Foundation Ltd
University of Oxford
99 Banbury Road
Oxford OX2 6JX

A catalogue record for this book
is available from the British Library

www.voltaire.ox.ac.uk

The Forest Stewardship Council is an international network to
promote responsible management of the world's forests.

Printed on FSC-certified and chlorine-free paper at
T J International Ltd in Padstow, Cornwall, England.

Theatre 1766-1767

The publication of this volume
has been generously sponsored by
the British Academy

CONTENTS

ILLUSTRATIONS

ABBREVIATIONS

Arsenal   Bibliothèque de l'Arsenal, Paris
Bengesco   Georges Bengesco, *Voltaire: bibliographie de ses œuvres*, 4 vol. (Paris, 1882-1890)
BGE   Bibliothèque de Genève
BnC   *Catalogue général des livres imprimés de la Bibliothèque nationale: auteurs, tome 214, Voltaire*, ed. H. Frémont and others, 2 vol. (Paris, 1978)
BnF   Bibliothèque nationale de France, Paris
Bodley   Bodleian Library, Oxford
BV   M. P. Alekseev and T. N. Kopreeva, *Bibliothèque de Voltaire: catalogue des livres* (Moscow, 1961)
CLT   F. M. Grimm, *Correspondance littéraire, philosophique et critique, par Grimm, Diderot, Raynal, Meister, etc.*, ed. Maurice Tourneux, 16 vol. (Paris, 1877-1882)
CN   *Corpus des notes marginales de Voltaire* (Berlin and Oxford, 1979-)
D   Voltaire, *Correspondence and related documents*, ed. Th. Besterman, in *Œuvres complètes de Voltaire*, vol.85-135 (Oxford, 1968-1977)
DP   Voltaire, *Dictionnaire philosophique*
Encyclopédie   *Encyclopédie, ou dictionnaire raisonné des sciences, des arts et des métiers, par une société de gens de lettres*, ed. J. Le Rond D'Alembert and D. Diderot, 35 vol. (Paris, 1751-1780).

Ferney catalogue	George R. Havens and N. L. Torrey, *Voltaire's catalogue of his library at Ferney*, *SVEC* 9 (1959)
GpbV	Voltaire's library, National Library of Russia, St Petersburg
HRC	Harry Ransom Center, University of Texas, Austin
ImV	Institut et musée Voltaire, Geneva
Kehl	*Œuvres complètes de Voltaire*, ed. J. A. N. de Caritat, marquis de Condorcet, J. J. M. Decroix and Nicolas Ruault, 70 vol. (Kehl, 1784-1789)
M	*Œuvres complètes de Voltaire*, ed. Louis Moland, 52 vol. (Paris, 1877-1885)
ms.fr.	manuscrits français (BnF)
OCV	*Œuvres complètes de Voltaire* (Oxford, 1968-) [the present edition]
QE	Voltaire, *Questions sur l'Encyclopédie*
SVEC	*Studies on Voltaire and the eighteenth century*
Taylor	Taylor Institution, Oxford
Trapnell	William H. Trapnell, 'Survey and analysis of Voltaire's collective editions', *SVEC* 77 (1970), p.103-99
VF	Voltaire Foundation, Oxford
VST	René Pomeau, René Vaillot, Christiane Mervaud and others, *Voltaire en son temps*, 2nd edn, 2 vol. (Oxford, 1995)

KEY TO THE CRITICAL APPARATUS

The critical apparatus, printed at the foot of the page, gives variant readings from the manuscripts and editions discussed in the introductions to the texts.

Each variant consists of some or all of the following elements:
- The number of the text lines to which the variant relates.
- The sigla of the sources of the variant as given in the list of editions. Simple numbers, or numbers followed by letters, stand for separate editions of the work; letters followed by numbers are collections, w being reserved for collected editions of Voltaire's works, and T for collected editions of his theatre; an asterisk after the siglum indicates a specific copy of the edition, usually containing manuscript corrections.
- A colon, indicating the start of the variant; any editorial remarks after the colon are enclosed within square brackets.
- The text of the variant itself, preceded and followed by one or more words from the base text, to indicate its position.
- Line numbers are attributed to variants over five lines long. Deleted or alternative readings and editorial comments are not counted separately for the purposes of this numbering.

The following signs and typographic conventions are employed:
- Angle brackets (< >) encompass deleted matter.
- Beta (β) stands for the base text.
- The forward arrow (→) means 'adopted by'.
- A superior V precedes text in Voltaire's hand.
- Up (↑) and down (↓) arrows precede text added above or below the line.
- A superior + indicates, when necessary, the end of material introduced by one of the above signs.
- A pair of slashes (//) indicates the end of a paragraph or other section of text.

KEY TO BIBLIOGRAPHICAL DESCRIPTIONS

In bibliographical descriptions the following conventions are employed:
- Pi (π) refers to unsigned gatherings extra to the regular sequence of preliminary matter.
- Chi (χ) refers to unsigned gatherings extra to the regular sequence of the text.
- The dollar symbol ($) means 'a typical gathering'.
- The plus-minus symbol (±) indicates a cancel.

ACKNOWLEDGEMENTS

The *Œuvres complètes de Voltaire* rely on the competence and patience of the personnel of many research libraries around the world. We wish to thank them for their generous assistance, in particular the staff of the Bibliothèque nationale de France and the Bibliothèque de l'Arsenal, Paris; the Institut et musée Voltaire and the Bibliothèque de Genève, Geneva; the Taylor Institution Library, Oxford; the National Library of Russia, St Petersburg; and the Harry Ransom Center at the University of Texas, Austin. We would also like to thank Stephen Ashworth, Dominique Lussier and Leah Morin for their help with this volume. We are particularly grateful to David Adams for his help with the bibliographical research, and to Russell Goulbourne for commenting on the volume before it went to press.

PREFACE

'Je ne suis plus curieux que de livres; c'est la consolation de ma vieillesse'. Voltaire's remark to Etienne Damilaville of 28 April 1766 (D13271) suggests that the aged writer might be withdrawing from combat. Yet far from retiring to his study for a life of detached contemplation, Voltaire continued to engage with the political, social and aesthetic developments of the day. [1] 1766 and 1767 were years of intense literary activity at Ferney; Charles Porset and Marie-Hélène Cotoni describe Voltaire as 'intarissable dans ses écrits', [2] and Roger Pearson notes that in this period Voltaire wrote with 'a copious facility that derived in part from the belief that he might die at any moment'. [3] Writing to the comte and comtesse d'Argental, Voltaire remarks that conditions at Ferney were not propitious to writing: 'J'ai besoin d'une santé que je n'ai pas; j'ai besoin surtout du recueillement et de la tranquillité qu'on m'arrache. Le couvent que j'ai bâti pour vivre en solitaire ne désemplit point d'étrangers' (D13644). The competing demands of literary reflection and social interaction that characterise the years 1766-1767 are also evident in Voltaire's theatrical activities, for during this time he was much occupied with writing (and re-writing) plays and staging performances at Ferney.

The theatre at Ferney had been closed from spring 1763 until summer 1765, when it was rebuilt in advance of Mlle Clairon's visit.

---

[1] Given that the texts in this volume are either plays (*Le Triumvirat*, *Les Scythes* and *Charlot*) or were written to accompany a play (*Des conspirations contre les peuples* and *Du gouvernement et de la divinité d'Auguste*), this preface will focus on the theatrical context of those years. Ulla Kölving's preface to *OCV*, vol.63A provides a detailed picture of Voltaire's situation in 1767.

[2] René Pomeau and others, *Voltaire en son temps*, 2nd ed., 2 vol. (Oxford, 1995), vol.2, p.215.

[3] Roger Pearson, *Voltaire almighty: a life in pursuit of freedom* (London, 2005), p.306.

According to Voltaire's English visitor Samuel Sharpe, the theatre could hold 120 people and there were plans to 'enlarge it so much, as to admit an Audience of 200 or 250' (D12838). On 30 August 1766 plans were underway for a Genevan troupe to perform at the château (D13523). In the event, impressive performances were given of works with whose genre one does not normally associate Voltaire: 'j'ai fait venir toute la troupe des comédiens de Genève au nombre de quarante-neuf en comptant les violons. J'ai vu ce que je n'avais jamais vu, des opéras comiques' (D13569). The plays were Collé's *La Partie de chasse de Henri IV*, Favart's *Annette et Lubin*, and *Le roi et le fermier* and *Rose et Colas*, both by Sedaine (D13555, D13570). The performance of Collé's work in particular had a strong impact upon Voltaire: 'Toute la troupe de Genève, au nombre de cinquante, a bien voulu me faire ce plaisir. Vous croyez bien que l'auteur de la *Henriade* a fait jouer Henri 4. Nous avons tous pleuré d'attendrissement et de joie quand nous avons vu la petite famille se mettre à genoux devant ce bon roi' (D13590). Collé's mix of tones was to prove influential upon Voltaire's own *Charlot ou la comtesse de Givry*, created the following year and which its author claimed to value above *L'Ingénu* (D14427).

The blockade of Geneva by French troops made living conditions more testing (D13754, D13828, D14070), but Voltaire nonetheless proved to be a generous host to the officers lodging at Ferney (D14464, D14475, D14385). Although he claimed that his age and illnesses prevented him from fulfilling his duties as host (D14459), 'la saison de 1767 sur la scène de Ferney fut des plus brillantes'.[4] Several of his own plays were staged at Ferney that year: *Adélaïde Du Guesclin* was performed in early May (D14159), later that month *La Femme qui a raison* was performed (D14196n), in late June *Sémiramis* was 'très bien jouée' (D14232), and *L'Orphelin de la Chine* was staged on 17 July (D14284). In addition, *Les Scythes* were performed on several occasions from mid-April. Voltaire was aided in his dramatic activities by his talented guests:

[4] *VST*, vol.2, p.297.

'Mme Delaharpe a joué comme Mlle Clairon, M. Delaharpe comme Le Kain, M. de Chabanon infiniment mieux que Molé' (D14389). The year's most splendid event took place on 4 October when Mme Denis organised a magnificent celebration in honour of Voltaire's name day, as reported by the *Correspondance littéraire*: 'La fête a été terminée par un feu d'artifice, un grand souper, et un bal qui a duré fort avant dans la nuit, comme disent les gazetiers, et où le patriarche a dansé, suivant sa coutume, jusqu'à deux heures du matin. Les deux pièces qu'on a représentées sont *la Femme qui a raison* et *Charlot, ou la Comtesse de Givry*.'[5] This was, as René Pomeau writes, 'la dernière des grandes nuits de Ferney',[6] and the château's theatre was definitively closed in January 1768.

On 29 March 1766 (D13227) Voltaire thanked Jacques Lacombe for sending him a copy of the *Poétique de M. de Voltaire*, a compendium of remarks collected from a range of prefaces, commentaries and theoretical writings. Lacombe's preface apparently made Voltaire blush, an understandable reaction given that the editor claims not only that Voltaire combines the talents of Homer, Virgil, Sophocles, Menander, Terence, Anacreon and Ovid, but that this compilation of 'remarques pleines de goût, de finesse, de clarté' results in 'la poétique la plus complète peut-être, et sans doute la plus lumineuse que nous ayons dans notre langue'. Voltaire is presented as a veritable colossus of letters: 'C'est au grand maître de notre littérature, à celui que nos jeunes auteurs reconnaissent, avec tous les gens de goût, pour modèle, et pour chef qu'il appartient de leur enseigner les moyens de mériter les suffrages de la nation et de la postérité.'[7] Such praise was undoubtedly flattering, but Voltaire's disingenuous blush might also indicate his recognition that Lacombe's is a double-edged compliment: by so firmly cementing Voltaire in the canon, the

---

[5] *Correspondance littéraire, philosophique et critique*, ed. M. Tourneux, 12 vol. (Paris, 1877-1822), vol.7, p.454.

[6] *VST*, vol.2, p.295.

[7] *Poétique de M. de Voltaire, ou observations recueillies de ses ouvrages* (Geneva, 1766), p.iii-iv.

editor risks implying that he is part of the past, distanced from contemporary culture and potentially resistant to innovation. The plays in this volume show, however, that Voltaire continued to be receptive both to recent developments in drama and to theatre's political possibilities.

The registers of the Comédie-Française demonstrate that Voltaire remained a popular dramatist. In 1766 *Tancrède* enjoyed nine performances, and *L'Ecossaise* and *Alzire* were both performed eight times; in all, fifteen of his plays were staged sixty-one times that year. In 1767 his most popular plays at that theatre were *Mérope* (eight performances) and *L'Ecossaise* and *Nanine* (seven performances each); ten plays had a total of forty-four performances. Given that *Tancrède* and *L'Ecossaise* date from 1760, Voltaire's relatively recent works continued to prove popular with Parisian audiences. Nonetheless audiences received examples of the *drame* more warmly; for instance, Sedaine's *Le Philosophe sans le savoir* was staged twenty-four times in 1766, and eleven times in 1767; and Beaumarchais's *Eugénie* was performed twenty-three times in 1767. Voltaire often complains in the correspondence about the contemporary 'décadence des arts' (D14560), a decline that is especially acute in the dramatic arts: 'le théâtre devient barbare' (D13971). He laments that the 'public frivole et barbare' is fond of 'sottises gigantesques' (D14126), and that 'le public veut de grands mouvements, de belles postures, des coups de théâtre incroyables, de grands mots et du fracas' (D13193). The decline is also noticeable in the quality (or otherwise) of new plays, which he describes to the actor Henri Lekain as the 'torrent du goût le plus détestable qui ait jamais déshonoré la nation' (D13993). His despair at contemporary theatre is all the more pronounced following productions at the 'expirante comédie française' (D14574) of Lemierre's *Guillaume Tell* and Sauvigny de Billardon's *Hirza ou les Illinois* (premièred on 17 December 1766 and 27 May 1767 respectively). He denounces *Guillaume Tell* as 'un modèle de barbarie' (D14112), he considers the verse of both plays to be so atrocious that he fears death by indigestion (D14406), and he declares that these plays mark the utter decline of French drama: 'Je vous assure que les *Guillaume Tell* et les *Illinois* sont aux Danchet et aux Pellegrin ce que les Pellegrin et les Danchet sont à Racine. [...] La décadence est arrivée à son dernier période' (D14401). The comparison that was to be developed in *Les Deux Siècles* (1770) is evident in the correspondence of this period: 'Que diraient les Despreaux et les Racine, s'ils voyaient toutes les barbaries de nos jours? Les barbares *Illinois* l'ont emporté sur le barbare Crébillon. Le barbare *Guillaume Tell* le dispute aux *Illinois* par devant l'auteur de *Childebrand*' (D14405).

Voltaire states that he is out of step with current taste: 'On dit que le goût du public est entièrement changé. Le mien, qui ne l'est pas, est trop suranné et trop hors de mode' (D13785). One might therefore be tempted to accept his self-portrait as yesterday's man who no longer participates actively in the contemporary drama that so dispirits him. Yet he is receptive to some new drama: we have seen that he responds in an unexpectedly positive way to Collé's *La Partie de chasse*, he sees promise in La Harpe (D13727), and he notes that Sedaine demonstrates mastery of stagecraft (if not of literary craft) in *Le Philosophe sans le savoir* (D13232). Above all it is with Diderot's dramatic innovations that Voltaire engages. The correspondence (for instance D13744, D13758, D13898) and the preface of *Les Scythes* indicate that this 'drôle de tragédie' (D13986) was a response to the *drame*, and indeed the play sees an increasingly domestic setting, a shift away from uniformly noble characters, and a somewhat more relaxed attitude to poetic language.

Voltaire appears particularly aggrieved by the contemporary lack of serious theatre, as he tells the d'Argental couple: 'la politique n'est pas faite pour le théâtre, le raisonnement ennuie' (D13193). The works in this volume are all political works, for whether tragedy, quasi-*drame* or comedy, they are fundamentally concerned with the nature, exercise and abuse of power. Dennis Fletcher proposes that *Le Triumvirat* is 'an unambiguously modern tragedy' (p.5), and in which the ideal of mercy is poisoned by self-interest. The play knew a particularly convoluted genesis; initially conceived in July 1763 (D11309), it was performed just once on 5 July 1764, and was subject to revisions well into 1766. In a letter dated 18 April 1766 (D13259) Voltaire indicates the final form in which the work was to appear, that is with preface and notes, and accompanied by the *Du gouvernement et de la divinité d'Auguste* and the somewhat longer *Des conspirations contre les peuples*. Power and forgiveness are also at the heart of *Les Scythes*, in which the heroine stabs herself rather than avenge the death of her fiancé at the hand of her own lover. This cruel act of justice demanded by 'ces brutes humains pétris de barbarie' (act 5, scene 4) exposes the absurd and arbitrary nature of irrational laws. The composition of this experimental work, too, proved difficult: Voltaire claimed to have written the first draft in ten days (D13685), but it was only some nine months later in July 1767 that he sent his final corrections (D14271). In the interim endless amendments and alterations were sent to his printers and correspondents, not least to the d'Argentals, who made numerous suggestions in their 'Observations sur *les Scythes*' and 'Humble réplique sur *les Scythes*'. In *Charlot ou la comtesse de Givry*, too, we perceive Voltaire's preoccupation with power: royal authority establishes order upon a community beset by muddled kinship and murder. Although this play was originally created in five days (D14449, D14506), it remained on Voltaire's mind even longer than *Le Triumvirat* or *Les Scythes*: some eleven years after the initial composition, and a few months before his death, Voltaire rewrote the final scene, which can be found in the 'Leningrad *encadrée*' (w75g*).

This volume's genesis, like that of the three plays it presents, has been slow. Dennis Fletcher, Jacqueline Marchand and Robert Niklaus are sadly no longer with us, and it is to be regretted that they are not here to see their fine achievements in print.

Thomas Wynn

Octave et le jeune Pompée, ou Le Triumvirat

Critical edition

by

Dennis Fletcher

CONTENTS

INTRODUCTION [1]

Le Triumvirat was performed only once. Although Voltaire held out the hope of further performances, he came round to viewing his play as a book project that embraced his own notes on the text along with the two essays *Du gouvernement et de la divinité d'Auguste* and *Des conspirations contre les peuples*. It might be tempting to explain the failure of *Le Triumvirat* on stage by assessing it in the light of modern expectations of tragedy. We probably look for a sequence of events that leads inexorably to irreparable disaster, and an interplay of character and situation that gives rise to suffering and, usually, death. This is not what *Le Triumvirat* offers us.

The dramatic action leads us to expect that Fulvie, the wife of Antoine, one of the triumvirs, will carry out an act of vengeance on her husband, who has dismissed her in favour of a politically more astute alliance with the sister of Octave, his fellow triumvir. At the same time, we are led to believe that the young Pompée will murder Octave and so avenge the death of his renowned father. The assassination attempts are abortive, however, and the play ends with Octave granting a pardon to the amazed and admiring Pompée.

However much we might want tragedies to end badly, Voltaire, like other early modern practitioners of the genre, knew that the main aim was to arouse the audience's emotions through the manipulation of a well-constructed plot. In writing *Le Triumvirat*, a play about Roman history with the historical Octavius (later Augustus) as one of its central characters, Voltaire could not be

---

[1] Thanks are due to Dr Telfryn Pritchard and Mrs Dorothy Evans for the contribution of their professional expertise and skills in the preparation of this edition. Sadly, Dennis Fletcher died before his work could be published. Michael Hawcroft has kindly reviewed the edition and added new material to the introduction and notes.

unaware of the links with Pierre Corneille's *Cinna*. Moreover, he makes his play adopt an experimentally modern plot structure that Corneille himself had identified and justified with reference to *Cinna*.

In suggesting that tragedy is at its most powerful when it depicts persecution between characters who are closely related, Aristotle envisages four possible persecution plots, which Corneille discusses in his second *Discours*. Aristotle thinks one of them is much less satisfactory than the others. Corneille explains: '[Aristote] condamne entièrement la quatrième espèce de ceux qui connaissent, entreprennent et n'achèvent pas, qu'il dit *avoir quelque chose de méchant, et rien de tragique*'.[2] This is the kind of plot that Voltaire has adopted for *Le Triumvirat*. Fulvie and Pompée both know the identity of their victims, but they fail to murder them. Corneille argues that, far from being the least satisfactory kind of plot, it is in fact the best, unacknowledged by Aristotle simply because there were no Greek tragedies in this mould. It leads to 'une espèce de nouvelle tragédie plus belle que les trois qu'[Aristote] recommande'. For Corneille, such a discovery is an honorable mark of modernity: 'C'est faire honneur à notre siècle sans rien retrancher de l'autorité de ce philosophe'.[3]

In *Le Triumvirat* Voltaire adopts this modern version of a tragic plot. It lets the persecuting characters, fully aware of the identity of their victims, give unrestrained vent to their emotions, which, in turn, serves Voltaire's polemical ends by allowing him to conjure up for his audience a tarnished image of the historical Mark Antony and Octavius. It also allows the dramatist, after building up considerable suspense in the course of the play, to end it with Octave's surprise act of clemency. Voltaire thereby distinguishes himself from Corneille. Auguste's act of forgiveness at the end of *Cinna* was heavily criticised by Voltaire for being unheroic,

---

[2] Pierre Corneille, *Œuvres complètes*, ed. Georges Couton, 3 vol. (Paris, 1980-1987), vol.3, p.151-54 (p.152).
[3] P. Corneille, *Œuvres complètes*, vol.3, p.153, 154.

inspired as it is by Auguste's wife Livie. Voltaire himself avoids this perceived 'mistake': Octave's act belongs to him alone. [4] It may be that *Le Triumvirat* does not suit twenty-first-century expectations of tragedy, but in the eighteenth century it was, in dramaturgical terms, an unambiguously modern tragedy.

1. *Themes*

Le Triumvirat could be considered as a sequel to Voltaire's *La Mort de César*, in so far as it deals with events consequent upon the assassination which forms the climax of the earlier play. The element of continuity is more deep-seated than this merely chronological link, however. The *clémence/rigueur* debate which had been conducted between César and Antoine is taken up again, this time between Antoine and Octave. Both works can therefore be situated within a long tradition of dramatised political discussion of *l'art de régner*. Although Antoine provides the direct physical connection between the discussion which takes place in each of the plays, and reiterates arguments which have gained in force since the death of his excessively benevolent dictator-friend, it might be said that the invisible presence of 'le grand César' hovers over the triumvirs' talks, as over all else. Just as in *La Mort de César* the themes of the debate are interwoven with the dramatic action, the same pattern is evident in *Le Triumvirat*. Whereas, in the former work, the antitheses between love and hate, mercy and justice, forgiveness and vengeance are closely integrated into a moving dramatic synthesis based upon the interrelation of character, in the latter they do not cohere in the same way and are

---

[4] On the complexity of Voltaire's attitude to Corneille see two articles by Carine Barbafieri: 'Corneille vu par Voltaire, ou le portrait d'un artiste en poète froid', *Dix-septième siècle* 225 (2004), p.605-16; 'Voltaire et le théâtre tragique du XVIIᵉ siècle', *SVEC* 2006:10, p.223-35. For Voltaire's comments on the clemency of Auguste in *Cinna*, see the more detailed discussion below under 'Ends and means'.

chiefly interesting for the extrinsic value they have in revealing the pervasiveness of this particular preoccupation in Voltaire's work. At the heart of Voltaire's conception of natural law lurks an antinomy. The universal validity and supremacy of the law of nature is not questioned; it is the fount of morality for Voltaire. This morality, however, has twin sources, as indicated clearly in *La Philosophie de l'histoire*, a work which appeared in 1765, when Voltaire was still in the prolonged throes of completing *Le Triumvirat*: 'Il est donc prouvé que la nature seule nous inspire des idées utiles qui précèdent nos réflexions. Il en est de même dans la morale. Nous avons tous deux sentiments qui font le fondement de la société, la commisération et la justice'.[5] No suggestion is made of a potential conflict between these two motive forces in society. In *Les Scythes*, a play published in the same year as *Le Triumvirat*, however, the tension between them is a basic element of the plot. The attitude of Voltaire, the man of feeling, towards the harshness of penal laws intended to embody the principle of justice is reflected in the final line of the play, spoken by Hermodan: 'Scythes, que la pitié succède à la justice' (V.v.266). The revulsion which the heroine, Obéide, expresses for the barbarous mores of the Scythians recalls the distaste which Voltaire had clearly shown in *La Mort de César* for the inhumane idealism of the conspirators, and the more ambiguous presentation of a primitive attachment to rough justice in *Le Triumvirat*. Her indignant rejection of a benighted Scythia is made in the same spirit as that which animated Voltaire's disparagement of ancient Rome at the time of the Triumvirate. It is worth quoting since it shows, through the authentic voice of a partisan of Enlightenment, with a faith in progress and civilisation, how both plays were relevant to an age in which institutionalised cruelty was still so firmly entrenched as to require the concerted effort of *philosophes* to crush it (V.iv.145-52):

[5] *OCV*, vol.59, p.114.

6

Moi! complaire à ce peuple, aux monstres de Scythie,
A ces brutes humains pétris de barbarie,
A ces âmes de fer, et dont la dureté
Passa longtemps chez nous pour noble fermeté,
Dont on chérit de loin l'égalité paisible,
Et chez qui je ne vois qu'un orgueil inflexible,
Une atrocité morne, et qui sans s'émouvoir,
Croit dans le sang humain se baigner par devoir.

The method may be oblique, but the rallying call intended to rouse all men of good will from apathy and complaisance, and bring them with mercy into the fraternal struggle against the heartless brutality which went by the name of justice, lies behind the writing of *Le Triumvirat* too, although it is more often than not obscured by other considerations. Any propagandist aim Voltaire may have had of recruiting adherents to *la bonne cause*, shown to be the same in ancient Rome as in contemporary France, is arguably diminished by the welter of other artistic intentions. An analysis of the play, with a view to salvaging the submerged elements of a dialectic, should, however muffled the *cri de cœur*, give some idea of its animating horror of cruelty.

The idea of justice is associated with that of anger – the divine wrath of the gods – in the first two lines of the play. Fulvie, who closes the first scene as she had opened it, on a note of grisly relish at the prospect of retribution being meted out to her persecutors, looks forward to the punishment which will be exacted upon Octave and Antoine by (in lieu of a well-directed thunderbolt) the inevitable clash which will result from their hatred of each other (I.i.85). Octave is well aware of the hatred which the proscriptions have aroused, but the suggestion he makes to his fellow triumvir of initiating a policy of benevolence as an expedient screen for despotism falls on deaf ears. Antoine is in favour of justice, which, as he conceives of it, cannot be regarded as inhumane. 'Nommez-vous la justice une inhumanité?' (I.iii.175), he asks indignantly, and then proceeds to show how the two concepts could, indeed, be associated, when he righteously proclaims 'nous

7

faisons justice' (l.190) and supports his claim by referring to the wholesale slaughter of Caesar's opponents which is being carried out as a means of inflicting punishment for ingratitude. Justice is clearly identified with vengeance here, and Octave is shown as sharing this view. He regards it as a sacred duty to kill Pompée (I.iv.303-304). The proscriptions are based on the same conception of revenge as an obligation, as he explains to Julie (III.vi.205-207):

> Ne me reprochez plus ces arrêts rigoureux
> Qu'arrache à ma justice un devoir malheureux.
> La paix va succéder aux jours de la vengeance.

What Octave calls 'ma sévère équité' (III.vi.185) is concerned solely with retributive justice. When Pompée's attempt at assassination fails, he naturally expects from his intended victim no other sort of justice. The kind of harsh treatment which was regarded as just included torture (see V.iv.113-14). Pompée knows that the rigorous law of *talio*, no different from the Mosaic law of 'an eye for an eye, a tooth for a tooth', demands that the unsuccessful assassin's murderous hand be thrust into 'le brasier vengeur' (V.v.143), and that this form of retaliation was but another aspect of the same principle of justice which he had invoked earlier (l.137-38) in defence of his attempt to wreak vengeance.

Fulvie, whose legendary capacity for hate had been lucidly illustrated in Crébillon's *Triumvirat* by his depiction of the character's gesture of tearing the tongue out of Cicero's severed head,[6] is not as spectacularly vengeful in Voltaire's play, but everything she says shows her as a harpy feeding on her own animosity: 'Je trouverai partout l'aliment de ma haine' (II.i.37). The alliance between Pompée and Fulvie is cemented by their common hatred of the tyrannical triumvirs, and Pompée is no less unrelenting in his attitude than his ally. Having proclaimed the need for resistance based on 'une haine éternelle' (IV.vii.241) and set a good example by trying to kill Octave, he is in no way

---

[6] *Œuvres de Crébillon*, ed. M. Parvelle, 2 vol. (Paris, 1828), vol.2, p.411 (V.ii).

softened by the pardon which he is granted and reiterates the doctrine of hate. Octave has his say but it is Pompée who has the last word (V.v.248-49):

> La haine qu'entre nous nos pères ont transmis
> Est par eux commandée, et comme eux immortelle.

Such stern sentiments are heavily mitigated by Pompée's role as the young lover of Julie. His wife (for so it transpires she is) seems at first sight better fitted to represent the saving graces of love. Her tremulous femininity is clearly intended as a contrast to Fulvie's fiercely combative ardour. 'Vous haïssez, et j'aime' (IV.iv.153), is her explanation of her feeble response to Fulvie's attempts to summon up her courage. But her love shows itself chiefly in her exclusive concern for the safety of her husband, with whose campaign of vengeance she is completely in sympathy. Her incredulous reaction to Octave's act of clemency suggests the slight importance she attaches to the 'love thine enemy' theme of his final homily. Although she had emphasised (II.v.218, 220):

> Ce qu'on doit de respect [...]
> Aux droits des nations et de l'humanité

her respect for human rights does not extend to a reverence for human life which would be in conflict with her education and upbringing in a basically barbarous society. Her husband's exclamation 'L'humanité, grands dieux! est-elle ici connue?' (III.ii.43) may be applied not only to that corner of the *tableau de mœurs* reserved for the triumvirs but also to the entire canvas on which Voltaire has painted his picture of Roman manners.

If love is shown to be compromised by association with hate in the persons of Pompée and Julie, it is even more tarnished by Octave's shabby verbal juggling in his effort to exploit a noble sentiment for an ignoble end. In his final speech he suggests that he has succeeded in subduing his love for Julie and subordinating it to his greater love of mankind. Having listened to 'les cris des humains' and abandoned the policy of proscription, he now

9

looks forward to receiving the affection of the Roman people (V.v.231-32). Clemency is not seen as being its own reward. Mercy may temper justice, but it is poisoned at its source by self-interest. The epigraph borrowed from Pope which Voltaire had used for his *Alzire*, 'Pardonner est divin', would have a double-edged significance for the reader of the volume in which *Le Triumvirat* first appeared, since the play was published together with *Du gouvernement et de la divinité d'Auguste*. Acts of apparent forgiveness, performed merely for the sake of political expediency, were able to invest their author with a divine aura; as Shakespeare had put it, in Portia's words in *The Merchant of Venice* (IV.i.193-94):

> And earthly power doth then show likest God's
> When mercy seasons justice.

The way in which the ideal of mercy is perverted in *Le Triumvirat* is suggested in some remarks of Voltaire à propos of his *Alzire*, contained in a letter of 4 January 1736 (D979):

S'il y a un côté respectable et frappant dans notre religion, c'est ce pardon des injures qui d'ailleurs est toujours héroïque quand ce n'est pas un effet de la crainte. Un homme qui a la vengeance en main et qui pardonne passe par tout pays pour un héros. Et quand ce héroïsme est consacré par la religion il en devient plus vénérable au peuple qui croit voir dans ces actions de clémence quelque chose de divin.

There is little doubt as to the category into which Octave falls: coward rather than hero.

2. *Ends and means*

'Un sujet ingrat demande une année, et un long travail qui échoue, un sujet heureux s'arrange de lui-même.' So wrote Voltaire to the d'Argentals on 19 November 1766 (D13676). When he had first mentioned the 'bien beau sujet' of *Le Triumvirat* to his friends in a letter of 23 June 1763, he could not have guessed that he would be writing to them about the failure of the play over three years later. In the interim various drafts of the play had been sent so often by Voltaire to these, and a few other, close friends, who had dutifully returned them with their comments, that it fully deserved its author's description as 'la plus voyageuse des tragédies' (D13231). Voltaire's correspondence faithfully mirrors the long process of revision, after the customary speedy composition which took only a couple of weeks (see D11314). The estimate of three or four months for the 'coups de ciseau' (D11309) was to prove as wildly astray as other confident expectations of the author. Those of his letters which deal with the play reflect an evolution which is reminiscent of the change in his general attitude to life: an initial optimism is soured by experience, but without yielding to despair develops into a stubborn meliorism, manifested in dogged attempts to make the best of a bad job and turn a theatrical disaster into something passable on the literary plane. It would be unfair to judge *Le Triumvirat* as a failure without referring to the author's intentions, and for these one has to turn not only to his preface to the play, but also to his correspondence, which is a more reliable guide to the way in which his original aims were modified in the light of criticism received from friends, the unfavourable reception of the tragedy at its first and only performance, and his own growing uncertainty about the apparent promise of the subject and the different ways in which this promise might be realised.

Le Triumvirat has many features which might be thought to earn it the description of a revenge tragedy. It owes its very existence to the author's rankling sense of humiliation at not having been acclaimed by the French theatre-going public as a better dramatist than Crébillon. Voltaire's hackles rise when he thinks of the favourable reception which has been given to the latter's *Triumvirat*, and over eight years later one feels that it is the 'enthousiasme extravagant pour l'extravagante et barbare pièce de ce vieux fou de Crébillon' which stings him into yet another attempt to show his superiority and at the same time take his revenge upon 'ce public si frivole, si changeant, si incertain dans ses goûts, si volage, si français'.[7] During Crébillon's lifetime (Crébillon died in 1762), Voltaire had been spurred into writing *Sémiramis* (1749), *Oreste* (1750) and *Rome sauvée* (1752) in an endeavour to better the *Sémiramis*, *Electre* and *Catilina* of his rival, but only in the first of these was he able to claim a clear victory. After Crébillon's death Voltaire had penned with indecent haste an incongruously titled *Eloge de Crébillon*, in which he did not scruple, from behind a screen of anonymity, to 'jeter des pierres sur son cadavre'.[8]

Anonymity was an essential consideration for Voltaire in directing yet another posthumous blow at his rival. He was resolved from the outset to preserve the anonymity of the author of *Le Triumvirat*, in order to insulate himself against the shock of any adverse criticism which might result from the risky enterprise of imitating Crébillon. The first mention of Voltaire's plan to write the play is accompanied by this reservation: 'ce ne serait que l'incognito le plus incognito qui pourrait me déterminer' (D11309, 13 July 1763). Authorship was to be ascribed to some young and aspiring dramatist, who would receive the plaudits of the public, the approval of Fréron, and raise in all admirers of the great Crébillon the hope of a worthy successor – a hope which would be dashed when the brilliant young novice would gleefully reveal himself as the old master who had mounted the whole operation (or conspiracy) so as to enjoy a little spiteful fun at their expense and provide some merriment for the few close friends chosen as

---

[7] D11309, 13 July 1763. For a fuller account of aspects of the Voltaire–Crébillon rivalry, see Paul O. LeClerc, *Voltaire and Crébillon père: history of an enmity*, *SVEC* 115 (1973); Henry Carrington Lancaster, *French tragedy in the time of Louis XV and Voltaire 1715-1774* (Baltimore, MD, 1950); Maurice Dutrait, *Etude sur la vie et le théâtre de Crébillon* (Bordeaux, 1895); and André G. Bourassa, 'Polémique et propagande dans *Rome sauvée* et *Les Triumvirs* de Voltaire', *SVEC* 60 (1968), p.73-103. Bourassa deals with the possibility that Voltaire might have written a version of *Le Triumvirat* as early as 1754, but he weakens what he says (p.81-82, n.31) by confusing Crébillon's *Triumvirat* (referred to in D6111) with an anonymous 'tragédie clandestine' which must remain mysterious.

[8] D'Alembert used this phrase in a letter of 8 September 1762 (D10697).

'conspirators' (D11335). Those of his correspondents who share the secret are invited to share his own gleeful interest in 'cette facétieuse conjuration' (D11490). The creation of a 'petit ex-jésuite' ('un adolescent sortant du séminaire [...] ce jeune homme qui s'appelle je crois Marcel', D11335) offers abundant scope for Voltaire's well-known propensity for assuming various roles in his correspondence and has resulted in such gems as his letter of 19 March 1766 (D13211), where the author's zest for the comedy of the situation is still irresistible. Little touches are added to the picture of the 'petit Loyoliste' (D11959), who is presented as a novice who had left the Jesuits after the prospect of an uncomfortable future offered by the Lavalette affair (D11878; see also D8615). When the play was read to the actors, all went well: 'Les comédiens ont donné dans le panneau, et voilà la première fois qu'on m'a pris pour un jésuite' (D11894). [9]

More specific motives for Voltaire's jealousy of Crébillon appear in the correspondence of this period. The sumptuous edition of Crébillon's works published under royal patronage in 1750 is a target for his heavy irony: 'Mais comme on a imprimé au Louvre l'incomparable triumvirat de l'inimitable Crébillon j'ai cru que je pouvais faire quelque chose d'aussi mauvais sans prétendre aux honneurs du Louvre'. [10] The project of erecting a monument to honour Crébillon's achievement elicits a predictably tart comment: 'puisqu'il [le roi] fait élever une statue à Crébillon, il ne me fera pas brûler au pied de la statue, car enfin ce Crébillon a fait cinq tragédies, et j'en ai fait environ trente'. [11] Mme de Pompadour, on whose protection Crébillon had relied so much, is treated more kindly by Voltaire after her death than was her protégé. The note

---

[9] Lancaster notes: 'In the *Registre* of expenses, the author's name is left blank, but in that of receipts, signed by Armand, the play is entered as Voltaire's' (H. Carrington Lancaster, *French tragedy in the time of Louis XV and Voltaire*, 2 vol., Baltimore, MD, 1950, vol.2, p.357, n.74).

[10] D11314. See Dutrait, *Etude sur la vie et le théâtre de Crébillon*, p.136.

[11] D12150. See Dutrait, *Etude sur la vie et le théâtre de Crébillon*, p.169-72.

of forgiveness contrasts with the vengefulness of his attitude to Crébillon (D11850):

J'ai pardonné aux mânes de Mme de Pompadour les prédilections qu'elle avait pour la *Sémiramis* de Crébillon, pour son *Catilina* et pour son *Triumvirat*. Ce sont sans contredit les plus impertinents et les plus barbares ouvrages qu'un ennemi du bon sens ait jamais pu faire. Mme de Pompadour me faisait l'honneur de me mettre immédiatement après ce grand homme, mais après tout, elle m'avait rendu quelques bons offices dont je me souviendrai toujours.

'Lorsque M. de Voltaire entra dans la carrière', we are told by La Porte in his *Anecdotes dramatiques*, 'tous les genres semblaient épuisés: le grand, le sublime, par Corneille; le tendre, le touchant, par Racine; le fort, le terrible par Crébillon. Il fallait donc que M. de Voltaire se frayât une nouvelle route; et il le fit'.[12] La Porte goes on to suggest that the original contribution of Voltaire's dramatic production was its robust didacticism and philosophic stamina: 'chacun de ses drames est le panégyrique de l'humanité'. Without denying the justice of La Porte's analysis, it could be said that the basic situation in which Voltaire found himself at the outset of his career as a dramatist continued to influence him in other ways. Even towards the end of that career he was often concerned as much with imitation as with innovation, with equalling the distinctive contributions of his three illustrious predecessors as with following a different path. The heterogeneity in evidence in many of Voltaire's plays can frequently be attributed to the pressure of this powerful triangle of forces – to which others were sometimes added.

Le Triumvirat is a case in point. There seems little doubt that Voltaire's original intention in writing the play was to match Crébillon *dans son genre*. Crébillon's genre was 'le fort, le terrible'; in Voltaire's first recorded revelation of his aims we find: 'Il faut tâcher [...] qu'il y ait du fort, du nerveux, du terrible' (D11309).

[12] *Anecdotes dramatiques*, 3 vol. (Paris, 1775; reprinted Geneva, 1971), vol.3, p.287.

Voltaire was certainly attracted by the idea of concocting from the familiar ingredients habitually used by Crébillon something which had the characteristic stamp of the older dramatist about it. His conviction that this was possible underlines his reference to 'l'incomparable *Triumvirat* de l'inimitable Crébillon' (D11314). The rugged style of his model posed a problem for Voltaire's *amour-propre* if not for his skill at pastiche. He did not underestimate the forcefulness of many of Crébillon's lines; he could on occasion, as in the 'Discours' to his *Oreste*, pay his respects and even convincingly avow 'une noble émulation, également éloignée du découragement et de l'envie'.[13] More often, however, all his instincts as a writer rebelled against the sins Crébillon committed against the French language. A propos of *Catilina*, he remarked: 'Il y a dans cette pièce quelques vers nerveux, mais il n'y en a jamais dix de suite où il n'y ait des fautes contre la langue ou dans lesquels cette élégance ne soit sacrifiée' (D3893). At a time when he was busy revising his *Triumvirat*, he wrote: 'Il y a de beaux endroits dans son *Radamiste*, et même dans sa très mauvaise *Electre*, sottement amoureuse du sot Itis. Mais Crébillon parle-t-il français? L'auteur barbare de *Catilina*, de *Xerxès*, de *Pirrus*, de *Sémiramis*, du *Triumvirat*, sera-t-il jamais cité par les honnêtes gens?' (D12075). Crébillon's *Triumvirat* had already come in for particularly scathing treatment earlier: 'Quels diables de vers! Que de dureté et de barbarismes! Si on se torchait le derrière avec eux, on aurait des hémorroïdes, comme dit Rabelais. Est-il possible que l'on soit tombé si vite du siècle de Louis XIV dans le siècle des Ostrogots!' (D6160). If Voltaire in his own *Triumvirat* persisted in his intention of imitating Crébillon to the extent of reproducing 'un style dur qui dérouterait le monde' (D11309), he would have to stifle his artistic conscience. His resolve inevitably weakened; within a few months a note of uneasiness appears: 'Il restera quelques vers raboteux; cela ne fait pas mal au théâtre, et nous sommes convenus qu'il en fallait pour dépayser le monde; j'avoue que c'est une grande vanité

[13] *OCV*, vol.31A, p.524.

à moi d'en convenir; mais enfin j'ai passé dans mon temps, je ne sais comment, pour faire des vers assez coulants' (D11401). However else he was going to produce something recognisably 'barbare', it was not going to be through writing badly. In one of his last criticisms of Crébillon, the 'Fragment d'une lettre' intended as a preface to *Les Pélopides*, Voltaire lashed out at 'la diction incorrecte' of *Atrée et Thyeste*, and enunciated one of the guiding principles of his life: 'Le premier devoir, quand on écrit est de bien écrire'.[14] It was predictable that this sense of duty should prevail over all other artistic aims in the composition of *Le Triumvirat*, and that despite his earlier pronouncements Voltaire should write finally: 'Je pense encore que si on doit reconnaître le style de quelqu'un ce sera bien plutôt dans les vers que dans les notes. Ces vers, entre nous, me semblent écrits avec une correction, et je ne sais quelle énergie, à laquelle aucun homme du métier ne peut se méprendre, et je tiens qu'il faut avoir l'esprit bouché pour ne pas deviner l'auteur dès la première scène' (D13325). The 'vers ostrogoths' (D3461) of Crébillon might stand for posterity as a record of his inferiority to a dramatist who, though well able to 'faire quelque chose d'aussi mauvais' (D11314), had decided against playing such a practical joke on an audience of Welches and sought instead the approval of the connoisseurs of his own and later ages.

Voltaire never abandoned his attachment to the sort of horrific play for which Crébillon had become famous. He prefaces *Les Pélopides* with a profession of faith in the primitive vitality to be found in the *Atrée et Thyeste* of Crébillon, besides whom Racine and Corneille could often appear limp and dull:

Je n'ai jamais cru que la tragédie dût être à l'eau rose. L'églogue en dialogues, intitulée *Bérénice*, à laquelle madame Henriette d'Angleterre fit travailler Corneille et Racine, était indigne du théâtre tragique [...] Il lui faut des passions furieuses, de grands crimes, des remords violents. Je

---

[14] *OCV*, vol.72, p.38.

ne la voudrais ni fadement amoureuse, ni raisonneuse. Si elle n'est pas terrible, si elle ne transporte pas nos âmes, elle m'est insipide. [15]

His own *Triumvirat* was certainly conceived as an essay in *le terrible*; after rereading his work, shortly before it was performed, Voltaire could still sum up its potential appeal in this way: 'il y a je ne sais quel intérêt d'horreur et de tragique qui peut occuper pendant cinq actes' (D11878). He was well aware that if the play succeeded it would not be through reliance on Racinian pathos: 'la pièce [...] n'est pas fort attendrissante' (D11878), 'la pièce n'est pas tendre' (D11894), 'elle ne ressemble pas à *Bérénice*' (D11974) – the point is made often enough in the letters he wrote in the few months before the performance to suggest Voltaire secretly feared the worst. 'Mes roués ne feront jamais verser de larmes, et c'est ce qui me dégoûte. J'aime à faire pleurer mon monde, mais du moins les roués attacheront, s'ils n'attendrissent pas' (D11868); Voltaire's hope that his play would captivate the audience despite the absence of a pathetic element was, however, not to be realised. The failure of the play did not lead the author to modify it by remedying this lack of pathos. He kept true to his original intention of working the horrific vein and eschewing *la tragédie à l'eau rose*. His later pronouncements echo, therefore, the note of optimism which he had sounded just before the Parisian audience had rejected the play; speaking for 'le petit ex-jésuite', the 'author' whose role he had created in the charade invented to disguise his own responsibility for the work, Voltaire says: 'Il ne parviendra jamais à faire une pièce attendrissante, ce n'était pas son dessein, mais elle pourra être vigoureuse et attachante' (D13001).

Having renounced *la tragédie larmoyante*, it remained for Voltaire to embrace wholeheartedly the horror of Senecan tragedy in the mitigated form in which it had been purveyed to the French public by Crébillon. There was no question of shocking sensibilities unaccustomed to the savage spectacle of murder and

---

[15] 'Fragment d'une Lettre', *OCV*, vol.72, p.37

physical mutilation which characterised the plays of the English adherents of Seneca during the Elizabethan period. When Voltaire says that *Le Triumvirat* 'est un peu dans le goût anglais' (D13410), 'un peu à l'anglaise' (D11309) or, in his preface, 'peut-être dans le goût anglais' (lines 87-88), the adverbial qualifications may be considered accurate. He had already taken French audiences as far along the route indicated by Shakespeare as he felt *les bienséances* would allow.[16] To imitate Crébillon did not involve going any further in the same direction. The full-blooded horrors of the English revenge tragedy were not to be found in his plays, as he was at pains to point out in the preface to *Atrée et Thyeste*: 'je n'ai rien oublié pour adoucir mon sujet, et pour l'accommoder à nos mœurs [...] pour rendre sa vengeance moins affreuse'.[17] It is clear, however, that Voltaire shrank even from the mitigated horror of Crébillon's theatre. He felt, at a very early stage in the preparation of his play, that he wished to avoid 'l'extrême atrocité', and looked for encouragement from his faithful advisers, the d'Argentals, who strengthened him in his resolve: 'deux assassinats à la fois, et tous deux manqués, pouvaient révolter les âmes tendres et les esprits délicats. Mais puisque ce comble d'horreur vous fait tant de plaisir, je commence à croire que le public pourra la pardonner' (D11371). His judgement, at a much later stage when he was thinking in terms of the reception of his work by the reading public rather than by a theatre audience, stresses this same aspect of the play: 'la pièce inspire je ne sais quoi d'atroce' (D13410). Indeed, the idea of publishing extensive notes with the play is presented as a means of rendering it palatable to 'les âmes tendres et les esprits délicats': 'La pièce [...] révoltera par l'atrocité si cette atrocité n'est pas justifiée par les mœurs du temps dont on voit dans les notes un portrait fort fidèle' (D13325).

What, in fact, does *Le Triumvirat* contain by way of the *atrocité*

---

[16] See Bourassa, 'Polémique et propagande dans *Rome sauvée* et *Les Triumvirs* de Voltaire', p.87.

[17] In *Théâtre du XVIIIe siècle*, ed. Jacques Truchet, 3 vol. (Paris, 1972), p.4.

to which Voltaire refers? The attempt on Antoine's life is not only innocuous, it has its ludicrous aspect too, as Lepan pointed out:

Dans la première composition, Fulvie avait blessé légèrement Antoine, cela paraît plus vraisemblable que de la représenter, comme ici, le bras levé, lorsqu'elle aperçoit de toutes parts des flambeaux rallumés; peut-on supposer qu'ayant levé le bras, elle ait porté ses regards ailleurs que sur sa victime, et qu'elle soit restée le bras levé à attendre qu'on la saisît dans cette position? [18]

Pompée succeeds only in killing, by mistake, a mere slave, 'indigne de mourir sous la main d'un héros' (V.i.12) and beyond the pale as far as the compassion of 'les âmes tendres', who observed the code of values based upon the hierarchy of *sensibilité*, was concerned. Aufide is the only real casualty among the *dramatis personae*, and the torrents of blood shed by him are merely described by a tribune. Pompée appears, 'blessé et soutenu', before Octave, but his attitude in no way suggests the need for support, either physical or moral. If the *atrocité* Voltaire had in mind could be judged quantitatively by a study of the vocabulary of the play, certainly the frequency with which 'sang' or one or other of its derivatives recur (at least thirty-five times) could be said to establish a certain atmosphere in which harrowing events could be set before the spectator. The same remark would apply to a word like 'venger', which, with its derivatives, does most (over forty references) to set the tone of the play, while 'horreur', 'fureur', 'affreux' and 'carnage' are among other words used to hammer home the idea that the play was being enacted against a background of primitive brutality. There is little in the foreground, in the dramatic action itself, to horrify the spectator. What there is would hardly inspire the terror which Voltaire was aiming to evoke. Julie's distraught appearance against a fearsome décor provided by the debris of an earthquake and her shuddering apprehension which matches that of 'la terre encor tremblante' (II.iii.97) are reminiscent not of the

[18] E. M. J. Lepan, *Commentaires sur les tragédies et les comédies de Voltaire* (Paris, 1826), p.404.

horrific element in Crébillon's plays, but of the demeanour of his characters as described by Lanson: 'Les personnages s'agitent dans l'obscurité, et subissent plus qu'ils n'agissent. Ils ne délibèrent plus; ils réagissent contre la destinée ou le hasard par des convulsions ou des gémissements'.[19] Voltaire's high hopes of the dramatic effectiveness of Julie's entry on stage (D12788) and his belief that he might remedy the initial failure of his play by placing less emphasis on the tyrants and more on 'les malheureux qu'ils oppriment' (D12081) show how strongly he felt the temptation to subordinate *le terrible* to *le tendre*, to exploit pathos rather than inspire horror.

One reads in the preface to *Le Triumvirat*: 'On m'assure même que l'auteur n'a point prétendu faire une tragédie pour le théâtre de Paris, et qu'il n'a voulu que rendre odieux la plupart des personnages de ces temps atroces' (lines 84-86). This statement is belied by Voltaire's correspondence but it helps us, nevertheless, to elucidate the sense which Voltaire attached to the *atrocité* which he felt marked his play. Most of the characters are shown in the blackest colours, and even if they are not all tarred with the same brush, none escapes the condemnation directed at the age in which they lived, one which did no honour to human nature. All in various ways typify, to their detriment, 'les mœurs des Romains du temps du Triumvirat représentées avec le pinceau le plus fidèle' (lines 3-4).

The triumvirs are referred to as monsters possessing the ferocity and cruelty of wild beasts: the 'île affreuse et barbare' (IV.v.162) / 'terrible' (II.iv.193) / 'sauvage' (II.iv.202) where they conduct their discussion is a 'séjour de meurtriers' (IV.v.162) / 'de la mort' (IV.v.176) / 'affreux' (III.ii.37) / 'du crime' (II.iv.138). The only murder which is shown on stage is perpetrated by remote control; the signature of the edicts of proscription shows the pen to be as lethal as the sword, but the scene contributes little to the dramatic action. The sparks do not even fly metaphorically in the clash

---

[19] Gustave Lanson, *Esquisse d'une histoire de la tragédie française* (New York, 1920), p.109.

between two personalities. The consequences of the edicts are described by Aufide, serving a purely choric function (IV.iii.71-75):

> Lorsque les murs de Rome au carnage livrés
> Retentissent au loin des cris désespérés
> Que jettent vers les cieux les filles et les mères
> Sur les corps étendus des enfants et des pères.
> Le sang ruisselle à Rome; Octave dort en paix.

The horrifying *tableau de mœurs* is built up by such brushstrokes. Intemperance, it would seem, is an essential ingredient in Voltaire's recipe for *atrocité*. Antoine (II.i.3-4),

> ce cœur effréné,
> Plongé dans la licence, au vice abandonné

reminds Octave of their excesses (I.iii.245-46):

> Nous avons tous les deux mêlé dans les alarmes
> Les fêtes, les plaisirs à la fureur des armes.

The besotted soldiery turn their camp into an assassin's paradise, while their leaders, according to Fulvie, are satisfying their brutish appetites in other ways (I.i.53-56):

> Albine, les lions au sortir des carnages,
> Suivent en rugissant leurs compagnes sauvages;
> Les tigres font l'amour avec férocité;
> Tels sont nos triumvirs.

Fulvie's following remarks make clear, however, that she is merely referring to Octave's pursuit of Julie, and Antoine's rejection of herself, so that her summary 'L'amour de tous côtés se mêle à la fureur' (I.i.60) smacks of hyperbole. Octave, for all Fulvie's attempts to present him as a creature hot with lust, appears in all his dealings with Julie as cold and unenthusiastic. Voltaire had done violence to historical truth by attributing to Octave an act of forgiveness which was out of character. He foresaw the failure of further distorting history in the interest of art by making Octave amorous: 'Le petit ex-jésuite, mes anges', he wrote to the d'Argentals on 13 November 1765, 'est toujours très docile, mais

21

il se défie de ses forces; il ne voit pas jour à donner une passion bien tendre et bien vive à un triumvir; il dit que cela est aussi difficile que de faire parler un lieutenant criminel en madrigaux' (D12977). Voltaire had struck the same note earlier: 'il ne faut pas s'attendre à de grands mouvements de passion dans un triumvir' (D12887; see also D12977). Having failed in his attempts he redressed the wrong done by 'le petit ex-jésuite' by adding copious notes on the debauchery of the historical Augustus.

Of the other characters, Pompée can hardly be placed among 'les roués'. His love for Julie is subordinated to such an extent to his overwhelming desire to kill Octave, however, that it becomes perfunctory. The note of true ferocity, found in genuine revenge-tragedies, is sounded by whim when, after (as he believed) running his enemy through, he voices the wholly unadmirable sentiment: 'Il aurait dû périr par un supplice insigne' (IV.vi.209). Aufide is a minor character whose particular record has a more general interest. Voltaire may have been thinking of Philippe of Crébillon's *Triumvirat* when he created him. Whereas Philippe, a freedman of Pompey's, had joined the service of Octavius, who employs him to kill Pompey's son, Aufide, ostensibly under the orders of the triumvirs, shows his loyalty to his former commander Pompey by helping his son in his attempt at assassination. Both careers throw light obliquely on an aspect of the period which is dealt with overtly in a long speech of Aufide's (IV.iii.125-43): the employment of mercenaries. Voltaire sent off this speech to Lacombe (D13812, c.5 January 1767) just before the publication of the play. It reflects a preoccupation which can be seen again in *Les Scythes*, and illustrates in a more general way his contempt for 'l'infâme avarice au pouvoir asservie' (I.ii.117). This earlier reference to the way in which the Triumvirate exploited the greed in human nature by offering rewards for the murder of their enemies is made by Aufide, who adds: 'Tels sont les vils Romains' (I.ii.119). This was the sort of comment which Voltaire by the time his play was ready for publication hoped to elicit from its readers. The notes which he added were designed to intensify this reaction, and they took precedence in his mind over the play itself. He had written to Lacombe on 14 July 1766: 'Je vous répète qu'on ne veut faire imprimer cet ouvrage qu'en faveur des notes' (D13412). The wheel therefore had turned full circle. He had tried to mitigate the atrocity of the subject matter in various ways before the play was performed (see his reference, in a letter to the cardinal de Bernis of 18 January 1764, to a 'certain drame barbare, que j'ai débarbarisé', D11650). But in the end he did what, from the outset, he had hinted to the d'Argentals he might have to do. 'Remarquez bien que tout est historique [...] Antoine et Auguste étaient deux garnements fort débauchés', he had written on 23 July 1763 (D11314). Later, on 7 September, responding to an objection against the phrase 'deux voluptueux' to describe Antoine and Octave, he wrote: 'vous me forcerez à mettre des remarques (D11401)'. 'Les roués' were going to justify the nickname, even if it required a lengthy commentary on the play.

In 1765, when Voltaire was still grappling with the problem of finding the most satisfactory form in which to offer *Le Triumvirat* to the public, Samuel Johnson brought out his edition of Shakespeare's plays. In his preface he makes the pronouncement: 'A dramatic exhibition is a book recited with concomitants that increase or diminish its effect. Familiar comedy is often more powerful on the theatre than in the page; imperial tragedy is always less'.[20] Unlike Johnson, Voltaire had the theatre in his blood; he was acutely conscious of the deep impact which might be made by the 'concomitant' scenic spectacle and sound effects in any 'dramatic exhibition'. He had been impressed with these aspects of the plays of Shakespeare which he had seen during his stay in England and had made some attempt to introduce into his own tragedies what Johnson calls 'the shows and bustle with which his plays abound'.[21] Johnson hits upon one feature of the English theatre which had been noted and inwardly digested by the French

[20] *The Plays of William Shakespeare*, ed. Samuel Johnson, 8 vol. (London, 1765), vol.1, p.xxix

[21] *The Plays of William Shakespeare*, p.xxxiv.

dramatist: 'we still find that on our stage something must be done as well as said, and inactive declamation is very coldly heard, however musical or elegant, passionate or sublime'. [22] Whenever Voltaire wrote a tragedy, he wrote it with a view to its performance, and was careful to take into account the particular exigencies of stage production. He blamed himself when he had not been careful enough, as he does in discussing the unfavourable reception which the audience had given Le Triumvirat: 'ce qui est bon dans un livre n'est pas bon dans une tragédie' (D12081). Alive as always to the changing taste of the public, he made what concessions to it he felt he could allow himself when he wrote his plays. One senses a certain attachment to the traditional declamation, which had made the verse of Racine one of the glories of the French theatre, and a certain resistance to the tyranny of the public appetite for novelty in Voltaire's regretful remark to the publisher of Le Triumvirat: 'on ne se pique plus de déclamer les vers comme on faisait du temps de Baron; on veut du jeu de théâtre; on met la pantomime à la place de l'éloquence'. He follows the remark, however, with a statement which can be taken as one of his more deeply held principles as a dramatist: 'Ce qui peut réussir dans le cabinet devient froid sur la scène' (D13574, 19 September 1766).

As Voltaire had forecast frequently in the month before its performance at the Théâtre-Français during the singularly hot early summer of 1764, Le Triumvirat's glacial character did nothing to win over an audience in need of something cool and refreshing (D11929, D11943, D11954, D11982). He was well aware of what was needed for success (D11811):

Il faut qu'il y ait un grand appareil au spectacle, c'est mon avis; mais il faut que cet appareil fasse toujours une situation intéressante, et qui tienne les esprits en suspens. [...] Tâchons de parler à la fois aux yeux, aux oreilles et à l'âme; on critiquera, mais ce ne sera qu'en pleurant. Je suis bien las des drames qui ne sont que des conversations, ils sont beaux, mais entre nous, ils sont un peu à la glace.

[22] The Plays of William Shakespeare, p.xxxv.

After the failure of his play, he set to work modifying it; one of the changes he made was to cut down the amount of discussion between Octave and Antoine (D12081). The basic idea of a *tableau de mœurs* remained, however, and Voltaire continued to have doubts as to whether the subject was amenable to the sort of treatment which would make it acceptable to a *parterre* less interested in Roman history than in the increasingly popular *opéra-comique*. He knew well enough, as his letter to Chauvelin of 21 September 1764 indicates, 'que toute tragédie doit être remplie d'action, mais que cette action doit toujours produire dans l'âme de grands mouvements, et servir à developper des sentiments qui aient toute leur étendue, car c'est le sentiment qui doit régner, et sans lui une pièce n'est qu'une aventure froide récitée en dialogues' (D12094). Two years later he had to admit to his publisher Lacombe that his efforts had hardly at all changed the character of 'cet ouvrage très froid' (D13745). 'Elle [la tragédie] n'est point théâtrale, elle ne va point au cœur' (D13574).

In the play as we have it, there are, despite the author's reservations about its dramatic appeal, enough indications that it was originally written for the stage, not the study. The opening setting, as described in the stage direction, is meant to convey the impression of a wild and desolate landscape, made more awe-inspiring by the sound and fury of a violent storm. The thunder and the lightning which rends the darkness to reveal the distant menace of the triumvirs' camp were obviously meant to set the tone for the *drame barbare* to follow. Lekain (who played the part of Octave) was responsible for the production of *Le Triumvirat*.[23] He had spared no pains to provide an impressive décor, though the following notice from the *Mercure* leads one to wonder whether the set was admired for the right reasons: 'Il y avait une décoration de M. Brunetti d'un fort bel effet, et dont la perspective est très bien entendue. Elle représente sur le devant du théâtre des rochers, un bras de mer, et au-delà une ville dont les édifices portent tous le

---

[23] Jean-Jacques Olivier, *Henri-Louis Lekain de la Comédie-Française (1729-1778)* (Paris, 1907), p.105.

caractère du plus bel antique'.[24] Certainly, this was nearer Voltaire's tentative conception of what his play might look like when staged: 'Le spectacle serait assez beau, quelquefois très pittoresque' (D11309). Lekain had not restricted his attention to this visual element. As his biographer explains: 'L'accompagnement musical lui-même n'avait pas été negligé: à l'ouverture au lieu d'exécuter un morceau quelconque, l'orchestre avait fait entendre une symphonie qui "peignait la tempête et le soulèvement des flots" '.[25] Bernis was speaking as a mere reader when he criticised Voltaire for his spectacular opening scene: 'Il me paraît que vous insistez trop sur cet orage qui éclate au commencement de la pièce, et qui n'est nécessaire que pour fonder l'arrivée de Julie et de Pompée' (D11396, 3 September 1763). Yet, if one thinks of the more effective use of such spectacular elements by Shakespeare and their integration into an imaginative pattern to which plot, characterisation and poetry all contribute harmoniously to produce a deep and powerful impact, Bernis's objection to the insignificant sound and fury has some point.

Shakespeare's influence, however, may well be present in this play 'un peu à l'anglaise'. Support for this possibility seems slight, if one merely instances the storms in *King Lear* or *Julius Caesar*. One Shakespearian tragedy, however, stands out from the others as a possible model for *Le Triumvirat*: one cannot discount, in our view, the universe of brooding evil to which the audience of *Macbeth* is introduced by its first vision of the blasted heath and which never ceases thereafter to make its oppressive presence felt. One editor has written on the lurid and violent imagery of the play: 'Darkness, blood, fire, the reverberation of noise like thunder [...] these are continuously invoked to give us [...] the sense of an inferno barely controlled beneath the surface crust'.[26] Bearing in mind Voltaire's preoccupation with the more superficial aspects of

---

[24] *Mercure de France* July 1764, part 2, p.148.
[25] Olivier, *Henri-Louis Lekain*, p.105.
[26] *Macbeth*, ed. G. K. Hunter (Harmondsworth, 1967), p.28.

Shakespeare's genius, one might legitimately see a parallel between these remarks and the opening lines of *Le Triumvirat* (I.i.3-4):

> Ces tremblements soudains, ces rochers renversés,
> Ces volcans infernaux jusqu'au ciel élancés.

One would have to add that Voltaire's concern in his play is almost entirely with 'the surface crust' and that his probing of human evil, of 'la nature humaine abandonée à elle-même' (D13495), is, in comparison with Shakespeare's imaginative exploration, distinctly minimal.

The more obvious distinguishing features of the English stage are indicated in the 'Discours historique et critique' which prefaces Voltaire's tragedy *Les Guèbres* (1769). A conversation which the author had with 'mylord Cornsbury' (Lord Cornbury) in Paris about a performance of *Athalie* is quoted, and the English nobleman's views are given at some length. They offer some guide to what Voltaire understood by 'le goût anglais': 'si on ne joue point *Athalie* à Londres, c'est qu'il n'y a point assez d'action pour nous; c'est que tout s'y passe en longs discours [...] La simplicité n'est point du tout un mérite sur notre théâtre; nous voulons bien plus de fracas, d'intrigue, d'action, et d'événements variés'.[27] Judged by Cornbury's criteria, *Le Triumvirat* would hardly have been considered even 'un peu dans le goût anglais' (D13410). Voltaire, however, regrets the principal criticism made about the play after its only performance: 'On dit qu'il n'y a point d'action dans les roués. Il me semble, qu'il y en a beaucoup' (D11994). He enlarges upon this view a couple of months later in a letter to the d'Argentals – after having done some pruning to meet the criticism. His vindication of his work is interesting, since it opposes a 'French' view to that put forward by Cornbury (D12100, 25 September 1764):

J'ai ôté toutes les dissertations cornéliennes qui anéantissaient l'intérêt. Je respecte fort ce Corneille, mais on est sûr d'une lourde chute quand on l'imite.

[27] *OCV*, vol.66, p.511-12.

27

Il me paraît qu'à present toutes les scènes sont necéssaires; et ce qui est nécessaire n'ennuie point.

Il paraît qu'on s'est trompé quand on a dit que la pièce manquait d'action. Il fallait dire que l'action était refroidie par les discours qu'Octave et Antoine tenaient sur l'amour, et sur le danger qu'ils ont couru.

L'action dans une tragédie ne consiste pas à agir sur le théâtre, mais à dire et à apprendre quelque chose de nouveau, à sortir d'un danger pour retomber dans un autre, à preparer un événement et à y mettre des obstacles. Je crois qu'il y a beaucoup de cette action théâtrale dans mon drame, de l'intérêt, des caractères, de grands tableaux de la situation de la république romaine, que le style en est assez pur et assez vif, et qu'enfin tous les ordres de vos divins anges ayant été exécutés, je dois m'attendre à une réparation d'honneur si la pièce est bien jouée.

There seems little doubt, however, that the most inspired performance would have done little to change the judgement of orthodox French critics, who employed the same standards as Voltaire himself. La Harpe's condemnation was categorical: '*Le Triumvirat* est dénué d'action, d'intrigue et d'intérêt'.[28]

There is throughout Voltaire's correspondence for the month of September 1764 the same censorious attitude towards Corneille that finds expression in his *Commentaires*. It is the 'dissertations cornéliennes' which incur his disapproval; and the more so since his friends the d'Argentals, to whom every line of every draft of his play was submitted, had persuaded him that they were an undesirable feature of *Le Triumvirat*. 'Il est convenu que les discours d'Octave et d'Antoine n'étaient que raisonnables et ne pouvaient intéresser', he wrote to them on 12 September (D12081). The original attraction that had led him to emulate this aspect of Corneille is indicated in the letter he wrote to Blin de Sainmore on 24 September (D12098), in which Racine is presented as superior in every way to his illustrious predecessor, whose work is weighed in the balance and found wanting, under the headings of 'Pureté de

---

[28] Jean-François de la Harpe, *Cours de littérature*, 14 vol. (Paris, 1825), vol.10, p.346.

style', 'Pensées', 'Convenances', and 'Amour'. The severity of the charge sheet is mitigated slightly under the final heading of 'Intérêt': 'C'est ce que Corneille a le plus négligé dans presque toutes ses pièces. Son principal mérite consiste dans quelques dialogues forts et vigoureux, dans quelques scènes de raisonnement qui ne sont pas la véritable tragédie'. Having decided to treat a subject taken from political history, Voltaire was being made aware of the difficulty of making it a source of tragic emotion. This was the message which Voltaire sent to Chauvelin on 21 September in the form of news about 'le petit ex-jésuite' and his work: 'il veut que ce drame soit aussi intéressant que politique. Ces deux avantages se trouvent rarement ensemble, témoin les douze ou treize dernières pièces du grand Corneille, qui raisonne, qui disserte et qui est bien loin de toucher' (D12034). The following month there is a more pessimistic note in another letter to Chauvelin, which emphasises even more the difficulty to which Voltaire had referred earlier, and which foreshadows the final solution of recognising the play as primarily a text to be read: 'La politique est une fort bonne chose, mais elle ne réussit guère dans les tragédies, c'est je crois une des raisons pour lesquelles on ne joue plus la plupart des pièces de ce grand Corneille. Il faut parler au cœur plus qu'à l'esprit. Tacite est fort bon au coin du feu, mais ne serait guère à sa place sur la scène' (D12131).

For all Voltaire's attempts to eradicate signs of Corneille's influence on his play, the mark of the earlier dramatist remained. 'Elle n'est point théâtrale, elle ne va point au cœur' (D13574). This admission on the author's part is also an acknowledgement that he had followed Corneille rather than Racine, the master of 'le tendre, le touchant'. Crébillon's influence is similarly distinguished from Racine's in the preface to *Le Triumvirat*: 'Sa pièce m'a paru tenir beaucoup plus du terrible que du genre qui attendrit le cœur et qui le déchire (lines 81-83). The play of Corneille's which aroused Voltaire's admiration but not, to any great extent, his emotions was *Cinna*. The impression which it left upon him can be seen from his remarks in the *Commentaires sur Corneille*. The way in which

Voltaire refers to *Cinna*, in a note upon the extract from Seneca's *De clementia* which is published with the remarks on the play, has a distinct bearing upon the question of his approach to *Le Triumvirat*. For him Corneille's play, and especially its last scene, constitutes 'une des plus belles instructions pour les princes', 'une grande leçon de mœurs'. [29] In his remark on the final scene, he emphasises the relevance of the action to the period when the play was first performed, a time when the dominance of Richelieu was still fresh in men's minds. 'Il y a d'ailleurs dans cette pièce', he adds, 'un vrai continuel, un développement de la constitution de l'empire romain, qui plaît extrêmement aux hommes d'Etat; et alors chacun voulait l'être'. [30]

Commenting upon Lacombe's action in publishing 1200 copies of *Le Triumvirat* instead of 750 (which was the maximum Voltaire thought would sell), Voltaire anticipates the failure of his work on the same grounds as those used to account for the appeal of *Cinna*: 'Il n'y a certainement pas dans Paris 1200 personnes qui s'intéressent aux affaires de l'ancienne Rome. Cela était bon du temps du cardinal de Richelieu et du cardinal de Retz' (D13929). The idea that Corneille's highly instructive play deserved a specialised audience of public servants and was wasted upon groundlings is put forward in Voltaire's remarks on act 2, scene 1: 'Le parterre n'était pas digne de ces tableaux de la grandeur romaine'. [31] It is echoed in the preface to *Le Triumvirat* and the correspondence dealing with the play. Voltaire obliquely suggests that he is aiming at an elite, when he points out how Racine's *Britannicus* by implied contrast with his own play must fail to come up to the standards required by an audience made up of 'hommes d'Etat' and 'esprits cultivés' (lines 71-72). The suggestion is underlined in a letter to Lekain, where he raises the possibility of a private performance at

---

[29] *Commentaires sur Corneille*, *OCV*, vol.54, p.111.

[30] *Commentaires sur Corneille*, *OCV*, vol.54, p.169, remark on *Cinna*, V.iii.1701 (our references to *Cinna* are based on Corneille, *Œuvres complètes*, ed. G. Couton, 3 vol., Paris, 1980-1987).

[31] *Commentaires sur Corneille*, *OCV*, vol.54, p.129, remark on *Cinna*, II.i.521.

Fontainebleau of *Le Triumvirat*, 'une vraie pièce de ministres'.[32] '[C]ette pièce est plus faite pour des lecteurs qui réfléchissent que pour des spectateurs qu'il faut animer', wrote Voltaire to the d'Argentals (D12887, 17 September 1765). The 'hommes d'Etat' and 'esprits cultivés' might as well just read his play: it would stand a better chance of favourable comparison with plays like *Britannicus* and *Cinna* then. Voltaire's remark on Corneille's play could be applied, as indeed it was with a different wording, to his own: 'Mais la beauté de ces vers et ces traits tirés de l'histoire romaine font un très grand plaisir aux lecteurs, quoique au théâtre ils refroidissent un peu la scène'.[33] There are signs in his correspondence that he had reconciled himself to the idea that *Le Triumvirat* was a dramatic failure and that professional opinion would see it in the same light as Corneille's play: 'plusieurs gens de lettres regardent *Cinna* plutôt comme un bel ouvrage que comme une tragédie intéressante'.[34] Considered as a play, *Le Triumvirat* might be admitted even by its author to be somewhat lacking in interest, but he rejected the idea that it was lacking in action. For all the ardour of his vindication of a concept of action familiar to admirers of seventeenth-century French tragedy, however, he must have sensed that he had failed totally to write a play *à l'anglaise*. What he says about certain *longueurs* in Corneille's play could be applied to *Le Triumvirat*: 'Les étrangers ne peuvent souffrir ces scènes sans action, et il n'y a peut-être pas assez d'action dans *Cinna*'.[35]

The clearest trace of Corneille's influence in *Le Triumvirat* can be seen in Voltaire's choice of a subject. The author of *Cinna* was probably not alone in this respect, but his example would doubtless have weighed more heavily in Voltaire's judgement than the work of other lesser dramatists. Voltaire cast doubt upon the historical

---

[32] D12050. See D13355, 15 June 1766: 'la pièce [...] est faite pour des ministres et pour des ambassadeurs, mais elle est bien peu faite pour les belles dames'.

[33] *Commentaires sur Corneille*, *OCV*, vol.54, p.149, remark on *Cinna*, III.iv.995.

[34] *Commentaires sur Corneille*, *OCV*, vol.54, p.135, remark on *Cinna*, II.ii.704.

[35] *Commentaires sur Corneille*, *OCV*, vol.54, p.155, remark on *Cinna*, IV.ii.1147 (IV.iii in Voltaire's edition).

truth of Augustus's pardon of Cinna in a note upon Corneille's source, the passage in Seneca's *De clementia*, book 1, chapter 9 (published in the original Latin along with his remarks on *Cinna*). He points out that Suetonius, who is most informative on Augustus's life, makes no mention of such an incident, and treats Dio Cassius's account of it as being derived from Seneca. He rejects the pardon as apocryphal in his notes to *Le Triumvirat* and cites other historians in support of his contention. Nevertheless, he distinguished between historical truth and dramatic effectiveness and states his conviction that 'vraie ou fausse, cette clémence d'Auguste est un des plus nobles sujets de tragédie'.[36] Unlike Corneille, who as a theorist stressed the special attractiveness of factual accuracy in tragedy when the facts in question seem highly improbable, Voltaire never felt that this truth-stranger-than-fiction was a satisfactory basis for his artistic practice. His dramaturgy was more orthodox in this respect than Corneille's.[37] He played fast and loose with historical fact, but as a dramatist professed a determination to reproduce faithfully the manners of a particular age or country and to render the psychological truth of characters based upon real-life models.[38] The preface to *Rome sauvée* makes this point very clearly: 'Les savants ne trouveront pas ici une histoire fidèle de la conjuration de Catilina. Ils sont assez persuadés qu'une tragédie n'est pas une histoire; mais ils y verront une peinture vraie des mœurs de ce temps-là. Tout ce que Cicéron, Catilina, Caton, César ont fait dans cette pièce n'est pas vrai; mais leur génie et leur caractère y sont peints fidèlement'.[39] The same

---

[36] *Commentaires sur Corneille*, *OCV*, vol.54, p.111, remark on *De clementia*, I.ix.

[37] See L. Breitholtz, *Le Théâtre historique en France jusqu'à la Révolution* (Uppsala and Wiesbaden, 1952), p.76: 'Voltaire ne manifeste aucun intérêt pour faire savoir "wie es eigentlich gewesen", et, sur ce point, il représente bien la tradition classique française'. Compare l'abbé d'Aubignac, *La Pratique du théâtre*: 'c'est une pensée bien ridicule d'aller au théâtre pour apprendre l'histoire' (ed. Hélène Baby, Paris, 2001, book 2, ch.2, p.113).

[38] When Voltaire says of *Le Triumvirat*: 'Remarquez bien que tout est historique' (D11314), it is in this restricted sense that he means it.

[39] *OCV*, vol.31A, p.149.

distinction is made in the same words ('une tragédie n'est pas une histoire') in the notes to *Le Triumvirat*, which in themselves are meant to illustrate the separate autonomy of the domains of historical fact and artistic fiction ('Notes', n.15, line 341).

In denying the historical truth of Augustus's pardon of Cinna, Voltaire may have been seeking to establish the equal artistic validity of the act of clemency in his *Triumvirat*. As an artist he was more concerned with the dramatic impact of the pardon. This impact is considerably reduced, in *Cinna*, since the initiative is taken by Livie; Corneille might be said to have sacrificed artistic effect to historical fact. As Voltaire remarked: 'Le conseil que Livie donne à Auguste est rapporté dans l'histoire, mais il fait un très mauvais effet dans la tragédie. Il ôte à Auguste la gloire de prendre de lui-même un parti généreux'. [40] This is why the scene had for the last thirty years or so been removed from the play, explains Voltaire. The 'editor' of *Le Triumvirat* ostentatiously refrains from passing judgement on the wisdom or justice of this suppression, but, simply as a historian, records the movement of opinion which led to it: 'On reprochait à Corneille d'avoir avili son héros, en donnant à Livie tout l'honneur du pardon' ('Notes', n.15, lines 341-43). One can see here one way in which Voltaire may have felt that he could benefit from Corneille's mistake. By avoiding anything which might taint the purity of Octave's act of forgiveness, by presenting it as a manifestation of unalloyed virtue, he might present an example of Cornelian *générosité* more perfect than that of the hero of Corneille's play.

If this was indeed his intention, he can hardly be said to have fulfilled it. Octave's pardon is sufficiently discredited by his own words and actions to have the sort of dramatic force which Auguste's undoubtedly had when Corneille's play was performed. Upon Auguste's 'Soyons amis, Cinna, c'est moi qui t'en convie' Voltaire remarked: 'c'est là ce qui fit verser des larmes au grand

---

[40] *Commentaires sur Corneille*, *OCV*, vol.54, p.155, remark on *Cinna*, IV.iv (IV.iii in Voltaire's edition).

Condé, larmes qui n'appartiennent qu'à de belles âmes'.[41] To present a situation or give a speech to a character which would go straight to the heart and bring tears to the eyes of the spectator: that was Voltaire's ideal. He may have been striving to obtain just such an effect in the final scene of *Le Triumvirat*, but his reach arguably exceeded his grasp. The *Commentaires sur Corneille*, again, do a great deal to explain his failure. Much of what he has to say about Cinna could be applied to his own Octave. In both cases the sincerity and intensity of the feeling of remorse is in question. To Voltaire Cinna appears cold and calculating, and his last-minute show of compunction is suspect. He would have felt more convinced of the genuineness of Cinna's feeling if it had been in evidence earlier in an unavailing struggle with the passion of love. But Corneille's character differed in this respect from the Sestus of Metastasio's *La Clemenza di Tito*. Putting the question on a general plane, Voltaire says: 'Les remords sont le partage naturel de ceux que l'emportement des passions entraîne au crime, mais non pas des fourbes consommés'. [42] In the case of Octave, Voltaire has tried to present some sort of inner turmoil, but the soliloquies (I.v, III.vii) and the final speech in which he grants the pardon only give the impression of a man mentally weighing the pros and cons before taking the best (in other words the most advantageous) course of action. There is too much of the 'fourbe consommé' about Octave, so that his motives must always retain something of his own opacity. Voltaire compares Cinna's belated and questionable 'remorse' with the inner torment of Brutus in Shakespeare's *Julius Caesar*, and quotes the lines:

> Between the acting of a dreadful thing
> And the first motion, all the interim is
> Like a fantasma or a hideous dream.

This torment, he points out, is not remorse properly speaking: 'l'agitation qu'on sent est moins un remords qu'un trouble dont

---

[41] *Commentaires sur Corneille*, *OCV*, vol.54, p.169, remark on *Cinna*, V.iii.1701.
[42] *Commentaires sur Corneille*, *OCV*, vol.54, p.139, remark on *Cinna*, III.ii.797.

l'âme est saisie'. [43] In the first version of *Le Triumvirat*, Octave is shown as sorely troubled; he speaks to Antoine of 'ce remords secret dont l'horreur me consume', [44] is a prey to nightmares and is as plagued by 'saucy doubts and fears' as Macbeth. In a word, he is nearer a Shakespearian character than a Cornelian one. In the final version of the play, however, he has, one might almost say, become a hardened Cinna.

Voltaire had said of tragedy: 'Il lui faut des passions furieuses, de grands crimes, des remords violents'. [45] *Le Triumvirat* failed to satisfy the last two of these requirements. As for the first, the burden of tragedy in this aspect rested upon a character who seems to be clearly related to Corneille's Emilie, about whom Voltaire wrote: 'Cette fille que Balzac appelle une *adorable furie*, est-elle si adorable?' [46] It is on this model that the character of Antoine's wife, Fulvie, is drawn. She is more plausibly motivated than her Cornelian counterpart, since she is seeking revenge upon a husband who has just rejected her, whereas Emilie, as Voltaire points out, conspires against Auguste, her adoptive father, after thirty years spent enjoying his kindness, to revenge her real father whom she has never known. [47] As Voltaire remarks elsewhere in his commentary on *Cinna*: 'Un amant toujours rebuté par sa maîtresse l'est toujours aussi par le spectateur, à moins qu'il ne respire la fureur de la vengeance. Point de vraie tragédie sans grandes passions'. [48] By this token, Fulvie should command the audience's attention and interest. Yet, for all the sound and fury she expends, she remains comparatively unappealing. Voltaire agreed with Racine in disapproving of 'ces femmes qui font des leçons

---

[43] *Commentaires sur Corneille*, *OCV*, vol.54, p.141, remark on *Cinna*, III.ii.822. The lines are from *Julius Caesar*, II.i.63-65.

[44] See Appendix, section 4, variant to III.v, line 18.

[45] 'Fragment d'une lettre', preface to *Les Pélopides*, *OCV*, vol.72, p.37.

[46] *Commentaires sur Corneille*, *OCV*, vol.54, p.147, remark on *Cinna*, III.iv.978.

[47] *Commentaires sur Corneille*, *OCV*, vol.54, p.152, remark on *Cinna*, III.v.1076.

[48] *Commentaires sur Corneille*, *OCV*, vol.54, p.138, remark on *Cinna*, III.i.774.

d'héroïsme aux hommes'.[49] The stricture can be extended to include Voltaire's own Fulvie.

After *Le Triumvirat* was performed, speculation about the identity of the anonymous author was rife. The *Mémoires secrets* presented a succession of candidates: Chabanon, Ximénès, Poinsinet de Sivry, Portelance.[50] Grimm was inclined to believe the rumour that a young ex-jesuit called Marchand had written the play. Tourneux's editorial note adds the name of Mme Guibert to the putative authors.[51] Voltaire had already mentioned, before the performance, 'les curieux qui parlent des roués et qui les attribuent déjà à Helvétius, à Saurin' (D11943). The list of these names serves to remind us that in the assessment of literary influence some account has to be taken of lesser-known authors. The genesis of *Le Triumvirat* may owe more to Corneille's *Cinna* and Crébillon's *Triumvirat* than to all the lesser works of minor authors put together; it is unlikely, however, that Voltaire received no stimulation from any other source.

Voltaire's awareness of the dramatic potential of the theme of forgiveness, and especially of the dramatic impact of an act of clemency, had been illustrated earlier in his career as a playwright by *La Mort de César* and *Alzire* (both published in 1736). His interest in any subsequent treatment of this theme by another dramatist can be confidently assumed. In the *Dissertation* which precedes *Sémiramis* (1748), Voltaire expresses his profound admiration for Metastasio's opera *La Clemenza di Tito*, which was based on Corneille's *Cinna* and Racine's *Andromaque*. He praises, in particular, two scenes (act 3, scenes 6 and 7) which he declares to be 'dignes de Corneille, quand il n'est pas déclamateur,

---

[49] *Commentaires sur Corneille*, *OCV*, vol.54, p.147, remark on *Cinna*, III.iv.978.

[50] Louis Petit de Bachaumont, *Mémoires secrets pour servir à l'histoire de la République des Lettres en France depuis 1762 jusqu'à nos jours*, 36 vol. (London, 1777-1789), vol.2, p.68, 70, 71, 74.

[51] F. M. Grimm, *Correspondance littéraire, philosophique et critique, par Grimm, Diderot, Raynal, Meister, etc.*, ed. Maurice Tourneux, 16 vol. (Paris, 1877-1882) (*CLT*), vol.6, p.32.

et de Racine, quand il n'est pas faible'. [52] This high praise prompted the French dramatist Dormont de Belloy to make a verse adaptation of Metastasio's opera. His play *Titus* was admired by Crébillon and the final pardon scene moved the actors to tears when the author read his work to them. It was published in 1760 but acted only once on 28 February 1759. [53] These facts in themselves could have provided a spur to Voltaire's competitive spirit. In 1760 Dorat's *Zulica* was published. [54] Lancaster points out its resemblance to *Cinna* and its closer resemblance to *Titus*. [55] An interesting point, in the light of the Voltaire–Crébillon rivalry, is the old censor's favourable reception of this first tragedy of Dorat and an interest which extended to his rewriting of the fifth act. The pre-eminent place of Voltaire himself in the hierarchy of all eighteenth-century dramatic treatments of the theme of forgiveness is later recalled by Dorat himself, who in his *Réflexions sur l'art dramatique*, published with his *Adélaïde de Hongrie* in 1774, declares: 'Il n'y a point de traité de morale qui vaille le dernier acte de *Cinna* et le sublime dénouement d'*Alzire*'. [56]

Alzire was one of the obvious influences, together with Dorat's *Zulica*, upon a play which must be considered important in any discussion of Voltaire's *Triumvirat*. This was *Manco-Capac, premier Inca de Pérou*, by Antoine Blanc, called Le Blanc de Guillet. It was performed six times in 1763, between 13 June and 25 June, and was revived in 1782 when it was given eight performances. [57] Voltaire was showing interest in it very shortly after its first performance; in a letter to the d'Argentals of 15 June, he writes: 'On me parle de Mango Capac. Cela pourra réussir en Périgord où les noms se terminent en ac. Mais je crois que ce

---

[52] *Dissertation sur la tragédie ancienne et moderne*, *OCV*, vol.30A, p.147.

[53] The work is not listed among those of Dormont de Belloy which Voltaire had in his library.

[54] Voltaire possessed this edition (Paris, Duchesne; BV1097).

[55] Lancaster, *French tragedy*, vol.2, p.518.

[56] Cited by Lancaster, *French tragedy*, vol.2, p.529.

[57] For further details, see Lancaster, *French tragedy*, vol.2, p.547-51.

législateur du Pérou ne vaudra pas un pérou aux comédiens' (D11266). Mango Capac, as Voltaire persists in calling him, crops up again in a letter to Marmontel of 19 June: 'Mango Capac est un étrange nom pour un héros de tragédie. Mahomet est plus sonore' (D11271). After the first mention on 23 June of the 'bien beau sujet' (D11276) which was to take shape eventually as *Le Triumvirat*, Voltaire enlarges upon the sort of play he is projecting in a letter of 13 July. The play of Le Blanc de Guillet is in the forefront of his ideas: 'Mango Capac est-il imprimé? Il faut tâcher que le drame inconnu soit un petit Mango' (D11309). Voltaire is basing his ideas of 'Mango' on accounts which are not available to us. No edition of the play appeared before 1782, so what nebulous role Le Blanc's work played in the genesis of *Le Triumvirat* must be reduced to that of a catalyst in the ferment of ideas which was to produce another play on the subject of clemency. What affinities exist between Le Blanc's play and *Le Triumvirat* can be most plausibly attributed to Voltaire's influence on his fellow dramatists. Le Blanc's hero, Manco, is a truly Voltairean figure, the benevolent ruler who speaks with the voice of a *philosophe* and *âme sensible* against the primitive brutality of a justice based on revenge and for the civilised, humane values of the Enlightenment:

> Du sauvage abruti la féroce ignorance
> Adore au fond des bois les Dieux de la vengeance;
> Le Dieu du citoyen, dans la société,
> Doit être un Dieu de paix, d'amour, d'humanité. [58]

3. *Preparation and publication*

In the spring of 1766 Voltaire was still very much occupied with his unfinished play. '[S]a toile de Pénélope, qu'il défait et qu'il refait toujours' was how he described it in a letter to the d'Argentals on

---

[58] Antoine Le Blanc de Guillet, *Manco-Capac, premier Ynca du Pérou* (Paris, 1782), I.iv, p.15.

5 April (D13236). The following day he wrote again to his patient and co-operative friends (D13241):

Je peux bien promettre à vos anges une cinquantaine de vers bien placés et vigoureux, je pourrai limer, polir, embellir, mais comment intéresser dans les deux derniers actes? Les gens outragés qui se vengent n'arrachent point le cœur, c'est quand on se venge de ce qu'on adore qu'on fait des impressions profondes et qu'on enlève les suffrages; deux personnes qui manquent à la fois leur coup font encore un mauvais effet. Cette dernière réflexion me tue. Ma maison est tellement construite que je ne peux en ôter ce triste fondement. Tout ce que je puis faire, c'est de dorer et de vernir les appartements, et de les dorer si bien qu'on pardonne les défauts de l'édifice. Ecrivez donc à vos anges qu'ils aient la bonté de me renvoyer mes cinq chambres afin que je les dore au fond.

A great deal of feverish decoration was to go on right up to the very moment of publication at the end of the year. By that time, however, the builder's interest had moved away from the edifice itself to its immediate surroundings. The notes and the other 'morceaux historiques' which were published with *Le Triumvirat* constituted a setting for the play more attractive than the play itself.

Before this particular garden had been cultivated, however, much hard work had gone into the construction of the house. The plans had been unfolded on 13 July 1763 (D11309), after a brief hint of his intentions from the architect-builder on 23 June (D11276). After consultation with the d'Argentals and the duc de Praslin, Voltaire had gone against his own better judgement and the advice of Mme Denis and left the foundations – the double murder attempt by Fulvie and Pompée – unchanged (D11371, D11377, D11429). Structural alterations were made as work proceeded with the aim of a public viewing in the early summer of 1764. Advice from the cardinal de Bernis (D11396, 3 September 1763) was acknowledged and acted upon (D11650, 18 January 1764). During the winter of 1764 two rooms of the house were given a new look; the fifth act was reworked and sent off to the d'Argentals on 11 January (D11636) and a fresh fourth act was ready for them by 27 March (D11799). Finishing touches were added (D11834,

39

D11850, D11878, D11908, D11943, D11947, D11954, D11958) and the entire edifice was exposed to the public gaze on 5 July. The audience's reaction to *Le Triumvirat* was unmistakably unfavourable: the play was a failure and was taken off after only one performance.[59]

Lekain had done his utmost to make *Le Triumvirat* succeed with a production which made use of music and scenic spectacle. He had taken the role of Octave, and had given a good account of himself, but Voltaire had expected him to take the role of Pompée and inject into it a vigour which the languid Molé lacked (D11994). As for the female roles, Voltaire had been in some doubt as to whether (as happened in the event) Mlle Clairon should take that of Julie and Mlle Dumesnil should play Fulvie or vice versa. From what he says of their individual acting styles (D11799), Mlle Dumesnil's 'belles convulsions' would have been as well suited to Fulvie as Mlle Clairon's 'belles lenteurs' to Julie. He entertained a fundamental doubt, however, about the capacity of any of the actresses then exercising their talents to play as well as he would have wished (D12788). The dependence of the playwright upon those who interpreted his work, and the dearth of first-class actors, troubled Voltaire at this time. In the 'Avis au lecteur' following *Les Scythes* (1767), one reads: 'Il en est à peu près de l'art d'écrire, comme de celui de la déclamation. Il y a plus de six cents comédiens français répandus dans l'Europe, et à peine deux ou trois qui aient reçu de la nature les dons nécessaires, et qui aient pu approfondir leur art'.[60]

Voltaire did not appear to be downhearted after the failure of his play; after all, as he pointed out to the d'Argentals (D11994), *Sémiramis* had been poorly acted and therefore badly received at its first performance but had gone on to achieve notable success. He

---

[59] Voltaire's play shared the bill with a one-act comedy in verse by Marc-Antoine Le Grand, *La Famille extravagante*. A total of 901 people paid for admission and the taking amounted to 2511 *livres*. See Henry Carrington Lancaster, 'The Comédie-Française 1701-1774: plays, actors, spectators, finances', *Transactions of the American Philosophical Society* 41 (1951), p.593-849 (p.810).

[60] See below, p.466, lines 96-100.

still hoped that an announcement craving the public's indulgence
for the renewed efforts of the young author seeking their favour at
a performance of a corrected version might still carry the play
through (D11982); and he remained convinced that *Le Triumvirat*
could be a theatrical success with careful casting, so he suggests to
Lekain (D12050, *c.*13 August 1764) that the play be performed
again – at Fontainebleau, if official permission could be obtained,
and subsequently a few times in Paris. He entertained the idea that
a more sophisticated and specialised public – the milieu of
professional public servants like Chauvelin, for example – might
welcome his play more readily. This hope sustained him throughout 1764 as he continued the interminable task of correction. The
beginning of the fifth act is changed and a new third act is
announced on 12 September (D12081); a new scene for act 3 is
mentioned on 1 October (D12114). A note of pessimism recurs,
however: 'Une de mes craintes est qu'il [le drame] ne soit mal joué,
mais il faut se servir de ce qu'on a' (D12114); 'tout ce que je puis
dire c'est qu'il faut des hommes à la comédie, et que nous en
manquons' (D11246). The new year brought Voltaire reassurance
from his friend d'Argental, who on 16 January and again on
19 February (D12329, D12409) tried to dispel Voltaire's fears
about the acute shortage of acting talent and to discourage him
from abandoning *Le Triumvirat*. This consolation was so effective
that d'Argental was sent 'le dernier mot du petit prêtre tragique' on
10 July. Voltaire had this to say about it (D12793):

Le sujet ne comporte pas ces grands mouvements de passions qui
arrachent le cœur, ce pathétique qui fait verser des larmes, mais on y
trouvera un assez fidèle portrait des mœurs romaines dans le temps du
triumvirat. Je me flatte qu'on trouvera plus d'union dans le dessein, qu'il
n'y en avait dans les premiers essais, que les fureurs de Fulvie sont plus
fondées, ses projets plus dévoilés, le dialogue plus vif, plus raisonné, plus
contrasté, les vers plus soignés et plus vigoureux. Le sujet est ingrat, et les
connaisseurs véritables me sauront peut-être quelque gré d'en avoir
surmonté les difficultés.

There is a hint here, as there had been hints in the letters received from the d'Argentals,[61] that *Le Triumvirat* might read well, without being very suitable for the theatre. This suggestion was to gather strength as time went on but, in the meantime, Voltaire continued with his corrections, which were quite extensive ('tout est si prodigieusement changé que je n'y reconnais plus rien', D12824), and by 4 September he was able to announce to his friends the imminent arrival of 'la pièce entière dûment corrigée, avec la préface honnête et modeste du petit ex-jésuite' (D12869). The d'Argentals were asked to transmit the text to Lekain who would publish the work at his convenience and receive all the profits.

The idea of *Le Triumvirat* as essentially a *texte de lecture* is dominant in Voltaire's mind in the autumn of 1765: on 17 September he writes to the d'Argentals: 'cette pièce est plus faite pour des lecteurs qui réfléchissent que pour des spectateurs qu'il faut animer' (D12887). The play recedes into the background during the winter, but when it is mentioned again, in his correspondence in the spring of 1766, it has been retouched by Voltaire yet again, who sees it now as only part of 'un petit volume qui pourra plaire à quelques gens de lettres', which will contain, besides a preface, 'des notes historiques d'un pédant assez instruit de l'histoire romaine' (D13231, 1 April 1766). The project of staging the play has receded further into the background by 18 April. The final form in which the work was to appear – with preface and notes, and accompanied by the short essay *Du gouvernement et de la divinité d'Auguste* and the somewhat longer *Des conspirations contre les peuples* – is indicated in the letter to the d'Argentals (D13259) which mentions 'des remarques assez curieuses sur l'histoire romaine, et sur les temps de barbarie et d'horreur que chaque nation a éprouvés'. The modification of his original intention is clearly recognised by the author as having been forced upon him by his gradual realisation of

---

[61] See, especially, D12329: 'Tel ouvrage qui réussit à la lecture n'est pas supportable au théâtre'.

the play's lack of dramatic impact: 'le tout pourra faire un volume qui amusera quelques penseurs'. The point is made at greater length in a letter of 30 May (D13325):

Quant à moi je trouve la pièce très bonne; mais aussi je la trouve d'un goût qui n'est pas celui du public. J'ai pensé, et je pense encore que lorsqu'on sert une viande dont personne ne veut, il faut la relever d'un ragoût piquant. Les remarques historiques sont ce ragoût. Elles me paraissent, encore une fois, curieuses et instructives, et tout à fait dans le goût du siècle. La pièce se fait certainement lire à la faveur de ces remarques qui d'ailleurs justifient tous les sentiments que l'auteur a donnés aux personnages [...] Je tiens enfin, que le tout ensemble compose un morceau de littérature singulier, et qu'une partie sans l'autre pourrait être fort insipide.

Publication now takes priority over performance, as he tells the d'Argentals in a letter of 22 June (D13369), but the play is still being polished ('je corrigerai jusqu'à ce que la force de la diction puisse faire passer l'atrocité du sujet'), and the author feels it will be appreciated by an elite of connoisseurs.

A Parisian publisher, Lacombe, had been contacted early in May 1766 (D13285) about the work Voltaire was preparing for him. In the subsequent correspondence with him, Voltaire is at pains to point out the peculiar character of his play: 'Au reste, je ne crois point du tout que cette pièce puisse être jouée; je pense seulement qu'elle est faite pour être lue par les gens de lettres [...] Je vous répète qu'on ne veut faire imprimer cet ouvrage qu'en faveur des notes' (D13412); 'Il [l'ouvrage] n'est point du tout théâtral, mais je pense comme vous qu'on pourra le lire et que les notes sont curieuses' (D13458). Besides such depreciatory comments, Voltaire sent to Lacombe a flood of corrections, a corrected preface to substitute for the one he had originally sent him and finally (15 December 1766), after some prevarication, an urgent request to bring out *Octave et le jeune Pompée* as soon as possible (D13736). On 27 December (D13770), the same note of urgency makes itself felt, and Lacombe is told to get the edition out as speedily as he can, but to restrict the printing to 750 copies [62] and to make provision for a second revised edition, for which the author despatched corrections in every letter he sent to Lacombe in the new year. At his gloomiest, Voltaire had despaired completely of *Le Triumvirat*. In a letter of 20 August 1766 (D13505) he had wearily rejected Lacombe's idea of embellishing the edition of the play with an engraving representing a storm ('j'aimerais mieux dans une tragédie, un beau vers qu'une belle estampe'), and had gone so far as to say: 'je ne puis penser qu'une pièce de théâtre sans intérêt se fasse jouer ni lire'. It would be uncharacteristic of so resilient and stage-struck an author as Voltaire, however, if this were to be the final note he sounded in his discussion of the ill-starred play. Indeed, his correspondence with Lacombe reveals him looking forward to the appearance of a new edition of his play and to an even more tempting prospect: 'et alors on pourrait la jouer avec deux comédiens dont on dit beaucoup de bien, et qui vont débuter incessamment' (D13845). After all, as Martin had wryly remarked: 'C'est toujours bien fait d'espérer'. [63]

4. '*Plutôt une satire de Rome qu'une tragédie*' [64]

The circumstances under which *Le Triumvirat* was finally published make it necessary to consider the work not in isolation, but as the main component of a volume made up of several cognate pieces. The term 'satire' which Voltaire uses to describe his play is relevant to the entire volume in which it appears. First of all, the volume as a whole might, by its composite character, qualify as a satire in the etymological sense: a 'satura', or dish made up of a variety of titbits. It has a greater claim to be labelled satirical if one bears in mind the overall coherence imparted by the author's artistic intention. To use his own culinary metaphor, the play is the

---

[62] As we have seen, Lacombe actually printed 1200 (see above, p.30 and D13929).
[63] *Candide*, *OCV*, vol.48, p.237.
[64] D13505.

main ingredient of the dish which he is serving the public, but 'lorsqu'on sert une viande dont personne ne veut, il faut la relever d'un ragoût piquant. Les remarques historiques sont ce ragoût', he adds (D13325). The play is seen as a demythologising exercise. The 'glory that was Rome' is debunked and in its place is offered the shabby spectacle of ambition, greed and lust, a shameful and sickening record of cruelty. The masters of the Roman Empire are cut down to size: Anthony and Octavius are presented as 'roués', 'coupe-jarrets' (D11314), 'gens de sac et de corde (D13294)';[65] 'les roués [...] ne sont bons qu'à donner de l'horreur de ces anciens Romains dont nous faisons tant de cas', writes Voltaire (D13495). He brings out the way in which the spirit of the play, as he conceives of it, is reinforced by his annotation: 'les notes achèvent de peindre la nature humaine dans toute son exécrable turpitude' (D13495). The impulse to denigrate is so strong in the notes that at times Voltaire has to restrain himself from enveloping every historical personage of the period in a black pall of odium. His admiration for Cicero almost fails to check his critical animus; after a few sharp words, however, he writes: 'Mais je m'arrête, je ne veux pas faire la satire de Cicéron' (n.19, line 482).

Voltaire's main targets are Octavius and Antony. They are lashed by him in the notes in the same way as their fictional counterparts are by Fulvie in *Le Triumvirat*. They epitomise 'la dépravation de ces temps exécrables' (n.3, lines 28-29), illustrating the general truth that 'tous les chefs de parti dans les guerres civiles, ont été des voluptueux' (n.14, lines 276-77). Voltaire presents them scornfully as 'deux scélérats sans pudeur, sans loi, sans honneur, sans probité, ingrats, sanguinaires' (n.5, lines 124-25). Their ambition and avarice foster a general corruption of Roman society; they exploit human greed to provide themselves with hirelings willing to commit acts of the utmost brutality. In this again, they

---

[65] See also *Des conspirations*: 'les Sylla et les Auguste n'ont été au fond que des assassins qui ont attendu des passants au coin d'un bois, et qui ont profité des dépouilles' (see below, p.257, lines 430-32).

exemplify a general and unpleasant truth about humanity at large: 'quiconque est armé du pouvoir, et peut donner de l'argent, trouve toujours des bourreaux mercenaires quand il le veut' (n.19, lines 442-43). Towards the end of *Des conspirations*, Voltaire suggests that the inhumanity he had been castigating still exists in much the same form as it always has: 'les grands qui ordonnent' are characterised by 'l'ambition qui opprime' and 'les hordes des petits qui exécutent' by 'la basse férocité qui est à ses gages' (p.258, lines 461-64). The satire often broadens out in this way to include a censorious *tableau de mœurs*; or else it is narrowed to the point of becoming an attack on Octavius alone. Voltaire confesses in a letter to the d'Argentals: 'Je veux couler à fond la réputation d'Auguste; j'ai une dent contre lui depuis longtemps, pour avoir eu l'insolence d'exiler Ovide qui valait mieux que lui' (D13325). The 'great' Augustus is presented in the notes in an unambiguously odious light as a monster, 'un brigand enrichi', 'peu courageux', 'un méchant méprisable, mais qui devint habile' (n.5, line 141; n.11, line 243; n.12, line 261). It is always clear that Voltaire feels the truly great Julius Caesar, whose clemency was genuine, paid a penalty for his tyranny which he did not deserve as much as 'ce tyran habile et heureux' (n.4, line 109).

The evil that men do, whatever shape it takes, whether it be the atrocities instigated by the triumvirs, the outrages against human decency described in *Des conspirations* or the degradation of the human personality associated with the barbaric execution of justice in contemporary France, is everywhere. Its names are legion; Voltaire chose to call it 'l'infâme'. It is clear from his correspondence that the pressure of events in 1766 was tending to make actual fact displace fiction in Voltaire's preoccupations and that history was beginning to take precedence over art. The shift of emphasis away from *Le Triumvirat* to the accompanying 'morceaux historiques' reflects this movement. It was the inhumane treatment of the chevalier de La Barre which shocked and angered Voltaire, and the young man's fortitude in the face of death which touched him deeply. Small wonder that he felt himself losing interest in *Le Triumvirat*, 'cet ouvrage froid', a tragedy which failed to move anybody, when such a real-life tragedy was there to hold the attention and wring the heart of any man with a spark of compassion in him. 'Cette barbarie m'occupe nuit et jour [...] Mes anges, j'ai le cœur déchiré', he wrote to the d'Argentals (D13441). And, on the same day, 23 July, to Lekain: 'la tragédie d'Abbeville excite en moi une telle indignation qu'il ne m'est pas possible de relire les tragédies que vous jouez. Elles sont à l'eau-rose en comparaison de celle-là'. [66] The rather remote phenomenon of the triumvirs' transformation into lions and tigers in human form, as described unmovingly by Fulvie, is equally anodyne compared with the distressing spectacle of frivolous citizens ('des singes') becoming 'des tigres déguisés en hommes' (D13495; see also D13475). Voltaire's reaction is not confined to pity for the victims; his blood boils at the thought of a country which could allow such perversion of the ideals of justice and humanity:

L'atrocité de cette aventure me saisit d'horreur et de colère. Je me repens bien de m'être ruiné à bâtir et à faire du bien dans la lisière d'un pays où l'on commet de sang-froid et en allant dîner des barbaries qui feraient frémir des sauvages ivres. Et c'est là ce peuple si doux, si léger et si gai! Arlequins anthropophages, je ne veux plus entendre parler de vous. Courez du bûcher au bal, et de la grève à l'opéra-comique, rouez Calas, pendez Sirven, brûlez cinq pauvres gens qu'il fallait, comme disent mes anges, mettre six mois à Saint-Lazare. Je ne veux respirer le même air que vous. [67]

Obviously, Voltaire during this period of his career was in the mood for giving vent to the anger and combative spirit that 'l'infâme' always aroused in him. 'Il est difficile de n'être pas saisi

---

[66] D13444. Writing to La Harpe, Voltaire mentions the chevalier de La Barre and says: 'il n'y a point de tragédie plus terrible que celle dont il a été le héros' (D13459).

[67] The letter was written to the d'Argentals (D13420, 16 July 1766). See also *Des conspirations*: 'Ce tableau soulève tellement le cœur de ceux qui se pénètrent de ce qu'ils lisent, que pour peu qu'on soit enclin à la tristesse, on est fâché d'être né, on est indigné d'être homme' (see below, p.256, lines 419-21).

d'indignation', he writes in one of the notes on *Le Triumvirat* (n.4, line 95). Yet art, as he well knew, was founded on the principle of 'la difficulté vaincue'. The trouble was that sometimes life got in the way of art.

Satire, according to one twentieth-century critic, judges man against an ideal (as distinct from comedy, which judges him against a norm). [68] The volume containing *Le Triumvirat* can certainly be said to measure up to this definition. The play itself never assumes tragic proportions because the immanent nobility of human nature is smothered by baser elements and there is no sense of moral elevation conveyed, either through the dignity of suffering or through the translation of remorse into an act of pure and unalloyed virtue. Human wickedness is depicted so as to inspire revulsion, however, by being set against a standard of morality which is always implicit. It is true that Voltaire has little to say, explicitly, for humanity, but it is also clear that he has not joined the ranks of the misanthropists. In the notes on the play, and the remarks on proscriptions through the ages, the ideal which is set against man's barbaric acts is stated more clearly. Voltaire broods over the darker side of human nature, which is shown up not only in the record of past iniquity but in the continual reports of atrocities which he receives in his Swiss retreat: 'Il dévore en secret ses sentiments d'humanité, il gémit obscurément sur la nature humaine' (D13475). The result of his gloomy meditation is not just a cry of despair, a howl of anguish, but a sober confidence that progress is possible and that all is not lost as long as there are still some who are not impervious to human misery.

Voltaire remarks upon the fact that man's bestiality has often been in greatest evidence at a time when the history of culture was providing some of the finest examples of the glory of the human mind: the proscriptions of the triumvirate can be likened to the religious wars in sixteenth-century France in this respect. One of

[68] A. E. Dyson, 'Satiric and comic theory in relation to Fielding', *Modern language quarterly* 18 (1957), p.225-37.

Voltaire's notes on *Le Triumvirat* is echoed in this passage from *Des conspirations*: 'C'est pourtant dans le siècle de Cicéron, de Pollion, d'Atticus, de Varius, de Tibulle, de Virgile, d'Horace, qu'Auguste fit ses proscriptions. Les philosophes de Thou et Montagne, le chancelier de l'Hôpital, vivaient du temps de la Saint-Barthelemi, et les massacres des Cévennes sont du siècle le plus florissant de la monarchie française' (p.256, lines 394-99; see also n.7, lines 213-15). In the same vein, however, he firmly rejects Rousseau's thesis of the corrupting influence of civilisation and culture: 'La société, la politesse, la raison inspirent des mœurs douces', he declares in his *Des conspirations* (p.258, lines 466-67). Hope for the future lies in the efforts of the *philosophes*, the little band of brothers, equally remote from the furious masses and the cold-blooded leaders of society who hold all the real power. Voltaire is at once reformist and elitist in his conviction that his ideal of tolerance and humanitarian feelings is attainable, but only through the moral leadership of men of sensibility like himself. His mission is clear: 'c'est à la philosophie, qui fait aujourd'hui tant de progrès, d'adoucir les mœurs des hommes' (p.257, lines 443-45). The final sentence of *Des conspirations* sums up the didactic purpose of all the pieces contained in the volume, including the annotated *Triumvirat*: 'Puissent ces réflexions satisfaire les âmes sensibles et adoucir les autres!' (p.258, lines 474-75).

The 'réparation d'honneur' (D12100) that Voltaire hoped to achieve through a successful performance of his play was not realised. In this respect *Le Triumvirat* remains as much a failure today as when it was written. The deep concern for human values which it reveals, however, is of perennial importance and does honour to its author.

5. *Manuscripts and editions*

Manuscripts

MS 1

[Rôle du Tribun interprété par d'Auberval]
2ff.
f.1ʳ Mᵉ D'auberval / Un Tribun dans / [*horizontal line*]
Paris, Comédie-Française: ms. 20015 (12)

MS 2

Début du rôle de Pompée
Bound in: Rôles joués par Le Kain et copiés par sa main 1754-1759
Sextus Pompée dans / [*horizontal line*]
7ff.
Paris, Comédie-Française: ms. 20015 (13)

MS 3

[Avertissement]
Paris: Bibliothèque historique de la ville de Paris, Rés. 2029, f.64; a photocopy of this manuscript is held at: Geneva, ImV: 34/13.

The manuscript differs only in a few inessential details of accentuation from the text published by F. J. Crowley in his 'New Voltaire–Gabriel Cramer letters (continued)', *Romanic review* 59 (1939), p.141. It offers no significant variants compared to the base text.

Editions

Further information on the collective editions of Voltaire's works may be found on p.613-18, below.

66p

OCTAVE / ET / LE JEUNE POMPÉE, / OU / LE TRIUM-
VIRAT. / *AVEC* / DES REMARQUES / SUR LES PROSCRIP-
TIONS. / [*ornament: fruit and leaves*] / A AMSTERDAM, / *Et se trouve
a Paris*, / Chez Lacombe, Libraire, Quai de Conti. / [*thick-thin rule*] /
M. D. CC. LXVII.

8°. sig. π, a⁴, A-L⁸, M² [$4 signed, –A1, roman]; pag. [2].viii.180

[n.p.] [*title*]; [n.p.] [*blank*]; i-viii Préface de l'éditeur, [1] [*half-title*]:
Octave et le jeune Pompée, ou le Triumvirat. Tragédie; [2] Personnages;
[3]-100 Le Triumvirat; 101-46 Notes; 147-50 Du gouvernement et de la
divinité d'Auguste; 151-80 Des conspirations contre les peuples ou des
proscriptions.

As the work is mentioned in the *Mémoires secrets* of 24 December 1766,
Bengesco concludes that it appeared at the end of that year. First edition.

Bengesco 265; BnC 1258-59.

Oxford, Taylor: V3.A2.1764(6). Paris, Arsenal: GD-15122, 8-BL-
13481(4), 8-BL-13094, 8-BL-13095, 8-BL-13096, 8-BL-13097(1); BnF:
YF-6574, 8-YTH-12907, Rés-YF-3545, Z Beuchot 593, Z Bengesco 99,
8-RF-14557.

66x

OCTAVE / ET / LE JEUNE POMPÉE, / OU / LE
TRIUMVIRAT. / TRAGÉDIE.

8°. sig. A-F⁸, G² [$4 signed, -A1, roman]; pag.100.

[1] [*half-title*]; [2] Personnages; [3]-100 Le Triumvirat.

Besterman, *Some eighteenth-century Voltaire editions unknown to Bengesco*,
SVEC 111 (1973), no.104.

Identical to p.1-100 of 66p: presumably a reissue of the play, which omits
the preface, notes and the two historical essays.

Geneva, ImV: D Octave 1767/1.

67A1

OCTAVE / *ET* / LE JEUNE POMPÉE, / *OU* / LE TRIUM-
VIRAT. / *TRAGÉDIE.* / [*typographical ornament*] / A AVIGNON, /

Chez *LOUIS CHAMBEAU*, Imprimeur-Libraire, / près les RR. PP. Jésuites. / [*triple rule*] / M.DCC.LXVII.

8° in 4s. A-E⁴, F² [$2 signed (-A1, F2) arabic, quire catchwords (catchword on B4ᵛ is 'Je' for 'J'ai')]; pag. 44.

[1] [*title*]; [2] Acteurs; [3]-44 Octave et le jeune Pompée, ou le Triumvirat, tragédie.

Pages 14 and 15 are reversed.

Austin, HRC: PQ 2077 O2 1767. Geneva, ImV: D Octave 1767/2. Paris, BnF: 8-RF-14558.

67A2

OCTAVE / ET / LE JEUNE POMPÉE, / OU / LE TRIUMVIRAT / *TRAGÉDIE* / *AVEC* / DES REMARQUES / SUR LES PROSCRIPTIONS / *A AMSTERDAM*, / Chez D. J. CHANGUION / MDCCLXVII

8°. *⁴, A-D⁸, E⁴, A-C⁸, D¹ [$5 signed (-*1, E4)], arabic; pag. viii.72.50.

[i] [*title*]; [ii] [*blank*]; [iii]-[viii] Préface; [1] [*half-title*]; [2] Personnages; [3]-[71] Acte I, scène I; [72] blank; [1]-[32] Notes; [33]-[50] Des Conspirations contre les peuples, ou des proscriptions. [69]

Chicago, University library: PQ1221.T4 v.12 c.1.

67A3

OCTAVE / ET / LE JEUNE POMPÉE, / OU / LE TRIUMVIRAT. / *TRAGÉDIE.* / *A AMSTERDAM &* *LA HAYE*, / Chez [*bracket*] CONSTAPEL / & / LE FEBURE, [*bracket*] Libraires. / MDCCLXVII. [*The names of the towns, printers and year of publication are all printed on a separate slip of paper that has been pasted on to the page. On the back of this slip was printed:* 'Le Scène est à Paris chez le Comte'.]

8°. A-D⁸ E⁴ [$5 signed (-A1, E4)], arabic; pag. 72.

[1] [*title*]; [2] Personnages; [3]-[17] Acte premier; [18]-[28] Acte second;

---

[69] We are grateful to Mary Gibbons of the University of Chicago Library for furnishing this description of the library's copy.

[29]-[44] Acte troisième; [45]-[57] Acte quatrième; [58]-[71] Acte cinquième; [72] [*blank*] [70]

This edition is probably textually identical to 67A2, with the original title page, preface, notes and *Des conspirations* removed, retaining only the half-title (which has been updated to show the towns, printers and year) and text of the play.

Amsterdam, University Central Library: OTM O 62-3849 (6). Hague, Koninklijke Bibliotheek: NMI Tf-tb 2342 (1)

NM (1767)

Vol.4, p.77-184 Octave et le jeune Pompée, ou le Triumvirat, tragédie.

[77] [*title*]; [78] Avertissement; 79-83 Préface de l'éditeur de Paris; [84] Personnages; [85]-152 Le Triumvirat; 153-84 Notes; 185-87 Du gouvernement et de la divinité d'Auguste; 188-209 Des conspirations contre les peuples, ou des proscriptions.

First publication of the *Avertissement*.

67A4

LES SCYTHES / ET / LE TRIUMVIRAT / [*rule*] / Tragedies. / [*rule*] / [*ornament*] / [*thick-thin rule*] / M.DCC.LXVII.

[*1*] title; [*2*]-[*4*] blank; I-III Epître dédicatoire; IV-XI Préface; XII-XVI Avis au lecteur; [1] Les Scythes, tragédie; [2] Personnages; [3]-75 Les Scythes, tragédie; [76] blank; [77] Octave et le jeune Pompée, ou le Triumvirat, tragédie; [78] Avertissement; 79-83 Préface de l'éditeur de Paris; [84] Personnages; [85]-152 Le Triumvirat; 153-84 Notes [71]

This edition, certainly by Cramer, is based on NM.

Possibly Bengesco 269 (vol.1, p.71).

Modena, Biblioteca Estense: A.18.H.15.

T67

Vol.6, p.iii-124: Octave et le jeune Pompée; ou, le Triumvirat, tragédie.

---

[70] We are grateful to Michael Putter of the Library of the University of Amsterdam for furnishing this description of the library's copy.

[71] We are grateful to Antonio Gurrado for this description.

[iii] [*title*]; [iv] [*blank*]; v Avertissement; vi-xi Préface de l'éditeur de Paris; xii Acteurs; [13]-84 Le Triumvirat; 85-124 Notes; 125-28 Du gouvernement et de la divinité d'Auguste; 129-56 Des conspirations contre les peuples, ou des proscriptions.

The page numbering changes from roman to arabic numerals, with the first page marked in arabic numerals being p.14.

w68

Vol.6, p.1-92 Octave et le jeune Pompée, ou le Triumvirat, tragédie.

[1] [*title*]; [2] Avertissement: 3-5 Préface de l'éditeur de Paris; [6] Personnages; 7-74 Le Triumvirat; 75-92 Notes; 93-94 Du gouvernement et de la divinité d'Auguste; 95-110 Des conspirations contre les peuples, ou des proscriptions.

w70L (1772)

Vol.16, p.377-448 Octave et le jeune Pompée, ou le Triumvirat. Tragédie.

[377] [*title*]; [378] Personnages; 379-448 Le Triumvirat. Tragédie.

Does not contain the *Avertissement*, *Préface de l'éditeur*, *Notes* or the two historical essays (*Du gouvernement* and *Des conspirations*).

w71L (1772)

Vol.5, p.1-74 Octave, et le jeune Pompée, ou le Triumvirat. Tragédie.

[1] [*title*]; [2] Avertissement; 3-6 Préface de l'éditeur de Paris; 7-57 Le Triumvirat; 58-74 Notes; 75-76 Du gouvernement et de la divinité d'Auguste; 77-93 Des conspirations contre les peuples, ou des proscriptions; [94] [*blank*].

w72P (1773)

Théâtre, vol.5, p.1-112 Octave et le jeune Pompée, ou le Triumvirat; tragédie

[1] [*title*]; [2] Avertissement; 3-9 Préface de l'éditeur de Paris; [10] Personnages; [11]-84 Le Triumvirat, tragédie; 85-112 Notes; 113-16 Du gouvernement et de la divinité d'Auguste; 117-46 Des conspirations contre les peuples, ou des proscriptions.

T73AL

Vol.4, p.301-83. Octave et le jeune Pompée, ou le Triumvirat, Tragédie.

[301] [*title*]; [302] Avertissement; 303-307 Préface de l'éditeur de Paris; [308] Acteurs; 309-83 Le Triumvirat; 384 Table des pièces contenues dans ce quatrième volume.

Does not contain the 'Notes' or the two historical essays (*Du gouvernement* and *Des conspirations*).

T73N

Vol.5, p.1-112. Octave et le jeune Pompée, ou le Triumvirat; tragédie.

[1] [*title*]; [2] Avertissement; 3-9 Préface de l'éditeur de Paris; [10] Personnages; [11]-84 Le Triumvirat, tragédie; 85-112 Notes; 113-16 Du gouvernement et de la divinité d'Auguste; 117-46 Des conspirations contre les peuples, ou des proscriptions.

W75G

Vol.6, p.105-202 Octave et le jeune Pompée, ou le Triumvirat, Tragédie.

[105] [*title*]; [106] Avertissement; 107-11 Préface de l'éditeur de Paris; [112] Personnages; 113-81 Le Triumvirat; 182-202 Notes; 203-205 Du gouvernement et de la divinité d'Auguste; 206-27 Des conspirations contre les peuples, ou des proscriptions.

W75X

Vol.5, p.105-202 Octave et le jeune Pompée, ou le Triumvirat, tragédie

[105] [*title*]; [106] Avertissement; 107-11 Préface de l'éditeur de Paris; [112] Personnages; 113-81 Le Triumvirat; 182-202 Notes; 203-205 Du gouvernement et de la divinité d'Auguste; 206-27 Des conspirations contre les peuples ou des proscriptions.

T76X

Vol.4, p.109-213 Octave et le jeune Pompée, ou le Triumvirat, tragédie.

[109] [*title*]; [110] Avertissement; 111-15 Préface de l'éditeur de Paris; [116] Personnages; 117-88 Le Triumvirat, tragédie; 189-213 Notes; 214-17 Du gouvernement et de la divinité d'Auguste; 218-42 Des conspirations contre les peuples, ou des proscriptions.

T77

Vol.5, p.1-84 Octave et le jeune Pompée, ou le Triumvirat, tragédie.

[1] [*title*]; [2] Avertissement; 3-7 Préface de l'éditeur de Paris; [8] Acteurs; [9]-84 Le Triumvirat, tragédie.

Does not contain the 'Notes', or the two historical essays (*Du gouvernement* and *Des conspirations*).

K84

Vol.5, p.93-206 Le Triumvirat, tragédie. Représentée, pour la première fois, le 5 juillet 1764.

[93] [*title*]; [94] [*blank*]; [95]-96 Avertissement des éditeurs; [97]-101 Préface de l'éditeur de Paris, 1766; [102] Personnages; [103]-170 Le Triumvirat, tragédie; [171]-186 Notes sur le Triumvirat, 1766; [187]-206 Variantes du Triumvirat.

Does not contain the two historical essays (*Du gouvernement* and *Des conspirations*).

K85

Vol.5, p.93-206 Le Triumvirat, tragédie. Représentée, pour la première fois, le 5 juillet 1764.

[93] [*title*]; [94] [*blank*]; [95]-96 Avertissement des éditeurs; [97]-101 Préface de l'éditeur de Paris, 1766; [102] Personnages; [103]-170 Le Triumvirat, tragédie; [171]-186 Notes sur le Triumvirat, 1766; [187]-206 Variantes du Triumvirat.

Does not contain the two historical essays (*Du gouvernement* and *Des conspirations*).

K12

Vol.5, p.105-232 Le Triumvirat, tragédie. Représentée, pour la première fois, le 5 juillet 1764.

[105] [*title*]; [106] [*blank*]; [107]-108 Avertissement des éditeurs; [109]-115 Préface de l'éditeur de Paris, 1766; [116] Personnages; [117]-191 Le Triumvirat, tragédie; [192]-210 Notes sur le Triumvirat, 1766; [211]-32 Variantes du Triumvirat.

Does not contain the two historical essays (*Du gouvernement* and *Des conspirations*).

6. Translation

Ottavio e Pompeo in *Raccolta compiuta delle tragedie del sig. di Voltaire trasportate in versi italiani da varj.* 2nd edition. Venice, presso Francesco di Niccolò Pezzana, 1783. Vol.4, p.3-78.

7. Principles of this edition

The base text for this edition is w75G. Significant variants have been drawn from the following editions and manuscripts: MS1, MS2, 66P, 67A1, NM, T67, W68, W70L, W71L, W72P, K84. Since MS1 and MS2 consist of individual roles (and cue lines), the critical apparatus of this edition does not record as absent those parts of the play not part of the character's role. Suggested attributions have been supplied in square brackets where necessary to clarify who is speaking, but their absence has not been recorded. In addition, any significant textual changes recorded in Voltaire's correspondence have been noted in editorial notes. The extensive variants based on the manuscript used by the actors in 1764 and first published in the Kehl edition have been reproduced in what was judged to be the most convenient form: an appendix. Voltaire's notes on the text are presented as they appear in the base text, in a continuous sequence following the play.

Treatment of the base text

The numerical note calls in parentheses appearing throughout the text of the play refer to Voltaire's 'Notes', which are printed at the end of the play as they were in w75G, our base text. The spelling of the names of persons and places has been respected (though differences in spelling for a single name have been harmonised: Ptolomée, Ptolémée; Cléopatre, Cléopâtre; Julia, Julie) and the original punctuation retained, with the following exceptions: full stops at the end of titles have been deleted, and quotation marks repeated at the beginning of each line have been replaced with opening and closing quotation marks only. The italics used for personal names (though not systematic) have also been removed. The following errors have been corrected: 'prétendus amours' for 'prétendues amours' ('Préface', line 64); a missing closing parenthesis has been supplied (I.iii.263a); the full stop at the end of III.iii.116 has been changed to a question mark; 'des restes de feu faiblement allumés autour des tentes' in note (*a*) to IV.ii has been modified to read 'des restes de feux...'; the missing note call (22) has been restored to IV.iii.115; 'remène' is corrected to 'ramène' (V.ii.69); 'l'un et l'autre' has been corrected to 'l'une et l'autre' (note (1), line 7); 'comme celles dans laquelle Cromwell se signala' has been corrected to '...celle dans laquelle' (note (14), line 278); 'cette horreur et cette bassesse ne fut jamais connue' has been corrected to '...ne furent jamais connues' (note (19), lines 445-46); 'rien ne les a égalé' has been corrected to '...égalés' (note (19), line 467); 'Telle fut la même conspiration' has been corrected to 'Telle fut même la conspiration' (note (25), line 573); 'Constantinople, ou [...] la race des Ottomans est respectée' has been corrected to 'Constantinople, où...' (note (29), line 616).

The following aspects of orthography and grammar in the base text have been modified to conform to modern usage:

I. Spelling

1. Consonants

- the consonant *c* was used in: bienfaicteur.
- the consonant *f* was used in: orthografe.
- the consonant *p* was not used in: longtems, tems.
- the consonants *ph* were used in place of *f* in: golphe.
- the consonant *s* was not used in: remord.
- the consonant *t* was not used in syllable endings -*ans* and -*ens*: accens, changemens, châtimens, confidens, débordemens, dévorans, emporte-mens, enfans, engagemens, événemens, fondemens, inconstans, instru-mens, insultans, méchans, momens, monumens, négocians, parens, précédens, présens, prudens, puissans, renaissans, sanglans, sentimens, suivans, torrens, touchans, tremblans, tremblemens, triomphans.
- the consonant *ʒ* was used in place of *s* in: hazardez, hazards.
- double consonants were used in: allarmer, allarmes, annoblit, appeller, courtisanne, fidelle, jetter, rappeller.
- a single consonant was used in: falait, falut.

2. Vowels

- *a* was used in place of *e* in: avanture.
- *ai* was used in place of *é* in: puissai-je, trompai-je.
- *e* was not used in: encor (even where the requirements of versification do not demand its absence; but also: encore).
- *i* was used in place of *y* in: asséient.
- *o* was used in place of *a* in: monnoie, monnoyage.
- *y* was used in place of *i* in: asyle, ayent, déploye, noye, satyre, sphynx (but also sphinx), voye, yvresse, yvrognerie.
- *y* was used in place of *ï* in: ayeux.

II. Accents

1. The acute accent

- was used in place of the grave in: asséient, avénement, chérement, cinquiéme, entiérement, huitiéme, léchent, niéce, piéce, piéges, régnent, rélégua, siécle, troisiéme.
- was not used in: Barthelemi, deshonorent, deshonorer.

2. The grave accent

- was not used in: déja, fidelle.

3. The circumflex accent

- was used in: aîles, chûte, dût (passé simple), ôtage, pâlis, plûpart, toûjours.
- was not used in: ame, coute (but also coûte), disgrace, eut (subjunctive; but also: eût), fumes, grace, infame, théatrale, théatre, unites (past historic).

4. The dieresis

- was used in: éblouïs, jouïr, ruïne.
- was used in place of the acute in: poësie, poëte.

III. Capitalisation

- initial capitals were attributed to: Cardinal, Chevalerie, Chevalier, Consul, Consulat, Déesses, Deus, Dieux, Duc, Empereur, Empire (but also: empire), Epistolam, Gitons, Maison ('Maison d'Autriche', but also 'maisons de Bourgogne & d'Orléans'), Maréchal, Monarchie, Pape, Pontife, Préteur (but also: préteur), Prince, Questeur, République, Roi, Romain, Royaume, Seigneur, Sénat Romain, Sénateur,

Souverain, Sphynx (but also: sphynx), Stoïcien, Stoïcisme, Sultan, Tribun, Triumvir.
- intitial capitals were attributed to the following adjectives, mainly denoting nationality: Anglais, Gauloise, Latins, Madianite, Romain, Siciliennes, Stoïcienne, Thessaliens.
- initial capitals were not attributed to: capitole, fronde, ligue, orient (but also: Orient).
- the capitalisation of book titles has been changed to initial capitals only.

IV. Hyphenation
- the hyphen was used in: c'est-là, grand-homme, honnête-homme, non-seulement, par-là, tour-à-tour.
- the hyphen was not used in: Saint Barthelemi, St. Evremond.

V. Points of grammar
- the adverbial -s was used in: jusques (even where the requirements of versification do not demand its presence).
- elision was used in: entr'eux, lorsqu'ensuite, presqu'entiérement, quoiqu'assez.
- the final -s was not used in the second person singular of the imperative: croi, soutien.
- the past participle was made to agree with the direct object rather than with 'en' in: beaucoup plus de citoyens que les Triumvirs n'en avaient condamnés.
- the phrase 'aucune mesure' appeared in the plural: 'aucunes mesures'.
- the plural in -x was used in: loix.

VI. Various
- the ampersand was used throughout, except at the beginning of a sentence or a verse.
- the cardinal number *cent* was printed without an -s in: trois cent Sénateurs, sept cent ans.
- italics were used in cross-references: *Voyez* les remarques suivantes.
- italics were not used for the titles of literary works: Cinna, Géorgiques, la mort de *Pompée*, Offices, Philippiques, Traité de la nature des Dieux, Tusculanes, Venceslas (but l'*Esprit des loix*; *Octave & le jeune Pompée*; *le Triumvirat*).
- the word 'saint' was abbreviated 'St'.

OCTAVE
ET
LE JEUNE POMPÉE,
OU
LE TRIUMVIRAT,
TRAGÉDIE

AVERTISSEMENT

Cette pièce fut imprimée à Paris en 1766, et débitée au commencement de 1767. Monsieur de Voltaire ne voulut pas s'en déclarer l'auteur.[1] Il n'avait composé cet ouvrage que pour avoir occasion de développer dans des notes les caractères des principaux Romains, au temps du Triumvirat, et pour placer convenablement 5 l'histoire de tant d'autres proscriptions, qui effrayent et qui déshonorent la nature humaine;[2] depuis la proscription de vingt-trois mille Hébreux en un jour à l'occasion du veau d'or, et de vingt-quatre mille en un autre jour pour une fille madianite, jusqu'aux proscriptions des Vaudois du Piémont.[3] 10

a-10 W70L: [absent]

[1] For a discussion on Voltaire's strategy of anonymity, see the introduction, above, p.12.

[2] Voltaire's correspondence belies this claim. But even when the idea of performance had almost completely faded away, the original desire to cloak the identity of the author in secrecy remained. Voltaire wrote to Lacombe, his publisher, who was not let into the secret: 'l'auteur de cet ouvrage ne veut point se faire connaître; c'est un homme retiré qui craint le public, et qui n'aspire point à la réputation' (D13574; cf. D13532). As late as 7 February 1767 Voltaire was still insisting on the same point but having to allay a little more strenuously Lacombe's suspicions which had doubtless been aroused long before: 'J'ai quelque part, il est vrai, aux notes sur le *Triumvirat*; j'ai pu même prêter quelques vers à l'auteur, mais la pièce n'est point de moi. Le fond est d'un homme qui veut être inconnu, et qui vaut mieux que bien des gens qui cherchent à se faire connaître' (D13929). This same pretence is kept up in the author's preface to the play.

[3] Exodus 32:28; Numbers 25:6-9. Both incidents are also mentioned in *Des conspirations contre les peuples*, below, p.241, lines 6-8 (see also 'Conspirations contre les peuples, ou proscriptions', *Questions sur l'Encyclopédie*, *OCV*, vol.40, p.207). The proscription against the Vaudois sect is mentioned by Voltaire in *Essai sur les mœurs*, ed. R. Pomeau, vol.2, p.275-76, and also in *Des conspirations* (below, p.254-56; see also 'Conspirations contre les peuples', *QE*, p.224-26).

PRÉFACE
DE L'ÉDITEUR DE PARIS[1]

Cette tragédie, assez ignorée, m'étant tombée entre les mains, j'ai été étonné d'y voir l'histoire presque entièrement falsifiée; et cependant les mœurs des Romains du temps du Triumvirat représentées avec le pinceau le plus fidèle.

Ce contraste singulier m'a engagé à la faire imprimer avec des remarques que j'ai faites sur ces temps illustres et funestes d'un empire qui, tout détruit qu'il est, attirera toujours les regards de vingt royaumes élevés sur ses débris, et dont chacun se vante aujourd'hui d'avoir été une province des Romains, et une des pièces de ce grand édifice. Il n'y a point de petite ville qui ne cherche à prouver qu'elle a eu l'honneur autrefois d'être saccagée par quelque consul romain; et on va même jusqu'à supposer des titres de cette espèce de vanité humiliante. Tout vieux château dont on ignore l'origine a été bâti par César, du fond de l'Espagne au bord du Rhin: on voit partout une tour de César, qui ne fit élever aucune tour dans les pays qu'il subjugua, et qui préférait ses camps retranchés à des ouvrages de pierres et de ciment, qu'il n'avait pas le temps de construire dans la rapidité de ses expéditions. Enfin les temps des Scipions, de Sylla, de César, d'Auguste sont beaucoup

a-99   w70L: [absent]

[1] There is mention of 'une petite préface' as early as 13 August 1764, when Voltaire was considering entrusting all arrangements for the publication of his play to Lekain (D12049). By the time another reference occurs in his correspondence (D13231, 1 April 1766), the preface Voltaire originally intended for his work would have needed modification in the light of his subsequent intention to produce 'un volume qui amusera quelques penseurs' (D13259). The preface which he wrote in April was sent to Lacombe for publication, but Voltaire requested its return on 14 July (D13412) and again on 28 July (D13458), so that it might be replaced by a new one which he was then preparing. This was the preface which was first published at the end of 1766.

plus présents à notre mémoire que les premiers événements de nos 20
propres monarchies. Il semble que nous soyons encore sujets des
Romains. [2]

J'ose dire dans mes notes ce que je pense de la plupart de ces
hommes célèbres, tels que César, Pompée, Antoine, Auguste,
Caton, Cicéron, en ne jugeant que par les faits, et en ne me 25
préoccupant pour personne. Je ne prétends point juger la pièce. J'ai
fait une étude particulière de l'histoire, et non pas du théâtre que je
connais assez peu, et qui me semble un objet de goût plutôt que de
recherches. J'avoue que j'aime à voir dans un ouvrage dramatique
les mœurs de l'antiquité, et à comparer les héros qu'on met sur le 30
théâtre, avec la conduite et le caractère que les historiens leur
attribuent. Je ne demande pas qu'ils fassent sur la scène ce qu'ils ont
réellement fait dans leur vie; mais je me crois en droit d'exiger
qu'ils ne fassent rien qui ne soit dans leurs mœurs: c'est là ce qu'on
appelle la vérité théâtrale. 35

Le public semble n'aimer que les sentiments tendres et
touchants, les emportements et les craintes des amantes affligées.
Une femme trahie intéresse plus que la chute d'un empire. J'ai
trouvé dans cette pièce des objets qui se rapprochent plus de ma
manière de penser et de celle de quelques lecteurs, qui sans exclure 40
aucun genre, aiment les peintures des grandes révolutions ou plutôt
des hommes qui les ont faites. S'il n'avait été question que des
amours d'Octave et du jeune Pompée dans cette pièce, je ne l'aurais
ni commentée, ni imprimée. [3] Je m'en suis servi comme d'un sujet
qui m'a fourni des réflexions sur le caractère des Romains, sur ce 45
qui intéresse l'humanité et sur ce qu'on peut découvrir de vérités
historiques.

---

[2] Voltaire, in a gloomier mood, wrote to Lacombe: 'On est fort las je crois des
anciens Romains' (D13574, 19 September 1766).

[3] See La Harpe: 'cet amour d'Octave est un des plus froids remplissages qu'on
puisse imaginer [...] En total, l'amour ne devait pas se trouver là: trop d'exemples
faits pour servir de leçon prouvent qu'il figure mal dans ces grands tableaux
dramatiques de la perversité humaine et des révolutions sanglantes' (*Cours de
littérature*, Paris, 1798-1805, vol.10, p.398).

J'aurais désiré qu'on eût commenté ainsi les tragédies de *Pompée*, de *Sertorius*, de *Cinna*, des *Horaces*, et qu'on eût démêlé ce qui appartient à la vérité et ce qui appartient à la fable. Il est 50 certain, par exemple, que César ne tint à Ptolémée aucun des discours que lui prête le sublime et inégal auteur de *La Mort de Pompée*,[4] et que Cornélie ne parla point à César comme on l'a fait parler,[5] puisque Ptolémée était un enfant de douze à treize ans, et Cornélie une femme de dix-huit, qui ne vit jamais César, qui 55 n'aborda point en Egypte, et qui ne joua aucun rôle dans les guerres civiles. Il n'y a jamais eu d'Emilie qui ait conspiré avec Cinna; tout cela est une invention du génie du poète. La conspiration de Cinna n'est probablement qu'un sujet fabuleux de déclamation, inventé par Sénèque, comme je le dis dans mes notes.[6] 60

De toutes les tragédies que nous avons, celle qui s'écarte le moins de la vérité historique et qui peint le cœur le plus fidèlement, serait *Britannicus*, si l'intrigue n'était pas uniquement fondée sur les prétendues amours de Britannicus et de Junie, et sur la jalousie de Néron. J'espère que les éditeurs[7] qui ont annoncé les commen- 65 taires des ouvrages de Racine par souscription, n'oublieront pas de remarquer comment ce grand homme a fondu et embelli Tacite dans sa pièce. Je pense que si Néron n'avait pas la puérilité de se cacher derrière une tapisserie pour écouter l'entretien de Britannicus et de Junie, et si le cinquième acte pouvait être plus 70 animé, cette pièce serait celle qui plairait le plus aux hommes d'Etat et aux esprits cultivés.[8]

En un mot, on voit assez quel est mon but dans l'édition que je donne. Le manuscrit de cette tragédie est intitulé *Octave et le jeune Pompée*, j'y ai ajouté le titre du *Triumvirat*. Il m'a paru que ce titre 75 réveille plus l'attention et présente à l'esprit une image plus forte et

---

[4] *Commentaires sur Corneille*, *OCV*, vol.54, p.423-24, remark on *Pompée*, III.ii.2.

[5] *Commentaires sur Corneille*, *OCV*, vol.54, p.429, remark on *Pompée*, III.iv.5.

[6] See *Notes*, n.15, lines 314-16.

[7] Luneau de Boisjermain, *Les Œuvres de Racine*, 7 vol. (Paris, 1769).

[8] Voltaire wrote of his own *Triumvirat*: 'elle est faite pour des ministres et pour des ambassadeurs, mais elle est bien peu faite pour les belles dames' (D13355).

plus grande. [9] Je sais gré à l'auteur d'avoir supprimé Lépide, et de n'avoir parlé de cet indigne Romain, que comme il le méritait. [10]

Encore une fois je ne prétends point juger de la pièce. Il faut toujours attendre le jugement du public; mais il me semble que l'auteur écrit plus pour les lecteurs que pour les spectateurs. [11] Sa pièce m'a paru tenir beaucoup plus du terrible que du genre qui attendrit le cœur et qui le déchire.

On m'assure même que l'auteur n'a point prétendu faire une tragédie pour le théâtre de Paris, et qu'il n'a voulu que rendre odieux la plupart des personnages de ces temps atroces; c'est en

80

85

---

[9] Voltaire added the title just before publication: Lacombe was instructed to entitle the work *Octave et le jeune Pompée, ou le Triumvirat, avec des remarques sur les proscriptions* (D13532). The final note on the play is more explicit: it relates the choice of title to the proscriptions for which the triumvirate was responsible. Thus it is the historical material (the notes and the essay *Des conspirations*) which has given the play a new dimension, and *Le Triumvirat* is in accord with the general orientation of the volume in which it appears. Bachaumont's *Mémoires secrets* refer to *Les Triumvirs* (*Mémoires secrets*, vol.2, p.71), and the same title is used in the *Correspondance littéraire* (*CLT*, vol.6, p.32). Voltaire did not know on the eve of its performance what title had been given to his play, nor did he seem to care very much (D11974). However, when he heard that Lekain had chosen as the title *Le Partage du monde* (the phrase used in the initial description of the set, and later at I.iii.150), his reaction was distinctly unfavourable. He rejected 'ce titre emphatique de *Partage du monde*, titre qui promet trop, qui ne tient rien, et qui n'est pas le sujet de la pièce' (D12050). He pronounced himself 'très fâché' and declared to the d'Argentals: 'C'est un titre de charlatan' (D12056). He was evidently not prepared to sacrifice relevance to 'une image plus forte et plus grande'.

[10] See I.i.74-80; I.iii.143-44, and *Notes*, n.9. Lepidus had figured among the characters in Crébillon's *Triumvirat*. In Shakespeare's *Julius Caesar* (IV.i.12-13), Antony had dismissed him as a 'slight unmeritable man, / Meet to be sent on errands', and had rejected Octavius's support for him. The *Mémoires secrets* comment on the performance of Voltaire's play: 'Les caractères des *Triumvirs*, dont on ne voit que deux sont absolument manqués. Celui de Lépide est tracé avec force; mais il est plus aisé de peindre graphiquement qu'en action' (vol.2, p.71).

[11] Some of Voltaire's original intentions, as revealed in his correspondence, are faithfully reflected in this preface. An attempt is made, however, to present the play as the result of a sort of pre-established harmony between these intentions and those which were subsequently forced upon him by the failure of the play in performance.

quoi il m'a paru qu'il avait réussi. La pièce est peut-être dans le goût anglais. Il est bon d'avoir des ouvrages dans tous les genres.

Il m'importe peu de connaître l'auteur. Je ne me suis occupé que de faire sur cet ouvrage des notes qui peuvent être utiles. Les gens 90
de lettres qui aiment ces recherches, et pour qui seuls j'écris, en seront les juges.

J'ai employé la nouvelle orthographe. [12] Il m'a paru qu'on doit écrire, autant qu'on le peut, comme on parle; et quand il n'en coûte qu'un *a* au lieu d'un *o*, pour distinguer les Français de saint 95
François d'Assise, comme dit l'auteur de *La Henriade*, et pour faire sentir qu'on prononce Anglais et Danois; ce n'est ni une grande peine, ni une grande difficulté de mettre un *a* qui indique la vraie prononciation, à la place de cet *o* qui vous trompe.

[12] Voltaire adopted this spelling reform in 1736. It had been advocated earlier by Girard in his *L'Orthographe française sans équivoque, et dans les principes naturels* (1716) and had even been proposed in the previous century (Nicolas Bérain, *Nouvelles remarques sur la langue française*, Rouen, 1675). See the article 'Orthographe', *Questions sur l'Encyclopédie*, *M*, vol.20, p.156-57.

PERSONNAGES

OCTAVE, surnommé depuis AUGUSTE.
MARC-ANTOINE.
LE JEUNE POMPÉE.
JULIE, fille de Lucius César.
FULVIE, femme de Marc-Antoine.
ALBINE, suivante de Fulvie.
AUFIDE, tribun militaire.
Tribuns, Centurions, Licteurs, Soldats.

5

a 67A1, T67: Acteurs

LE TRIUMVIRAT

ACTE PREMIER

SCÈNE PREMIÈRE

FULVIE, ALBINE

(Le théâtre représente l'île où les triumvirs firent les proscriptions et le partage du monde. La scène est obscurcie, on entend le tonnerre, on voit des éclairs. La scène découvre des rochers, des précipices et des tentes dans l'éloignement.)

FULVIE

Quelle effroyable nuit![1] Que le courroux céleste
Eclate avec justice en cette île funeste! (1)

ALBINE

Ces tremblements soudains, ces rochers renversés,
Ces volcans infernaux jusqu'au ciel élancés,
Ce fleuve soulevé roulant sur nous son onde,   5
Ont fait craindre aux humains les derniers jours du monde.
La foudre a dévoré ce détestable airain,
Ces tables de vengeance, où le fatal burin
Epouvantait nos yeux d'une liste de crimes,
De l'ordre du carnage, et des noms des victimes.   10
Vous voyez en effet que nos proscriptions
Sont en horreur au ciel, ainsi qu'aux nations.

FULVIE

Tombe sur nos tyrans cette foudre égarée,

---

[1] Compare Crébillon, *Le Triumvirat*, I.i.1-2: Tullie, alone on stage: 'Où vais-je, infortunée, et quel espoir me luit? / Que de cris, que de pleurs, et quelle affreuse nuit!' (*Œuvres de M. de Crébillon, de l'Académie Française*, 2 vol., Paris, 1750, BV907, vol.2, p.3, second pagination).

Qui, frappant vainement une terre abhorrée,
A détruit dans les mains de nos maîtres cruels 15
Les instruments du crime et non les criminels!
Je voudrais avoir vu cette île anéantie
Avec l'indigne affront dont on couvre Fulvie.
Que font nos trois tyrans dans ce désordre affreux?
Quelques remords au moins ont-ils approché d'eux? 20

ALBINE

Dans cette île tremblante aux éclats du tonnerre,
Tranquilles dans leur tente ils partageaient la terre;
Du Sénat et du peuple ils ont réglé le sort,
Et dans Rome sanglante ils envoyaient la mort.

FULVIE

Antoine me la donne; ô jour d'ignominie! [2] 25
Il me quitte, il me chasse, il épouse Octavie; (2)
D'un divorce odieux j'attends l'infâme écrit; [3]
Je suis répudiée, et c'est moi qu'on proscrit.

ALBINE

Il vous brave à ce point! il vous fait cette injure!

FULVIE

L'assassin des Romains craint-il d'être parjure? 30
Je l'ai trop bien servi: tout barbare est ingrat;
Il prétexte envers moi l'intérêt de l'Etat;
Mais ce grand intérêt n'est que celui d'un traître,
Qui ménageant Octave en est trompé peut-être.

29   66P, 67A1: Oserait-il vous faire une pareille injure! [4]

[2] Voltaire asked Lacombe to change 'jour de l'infamie' to jour d'ignominie' (D13532).
[3] Voltaire asked Lacombe to change 'l'indigne écrit' to 'l'infâme écrit' (D13532).
[4] Voltaire asked Lacombe to replace this line by: 'L'ingrat! il vous doit tout, et vous fait cette injure' (D13788). The final reading was suggested in D13806.

ALBINE

Octave vous aima. (3) Se peut-il qu'aujourd'hui   35
Vos malheurs, vos affronts ne viennent que de lui?

FULVIE

Qui peut connaître Octave? Et que son caractère
Est différent en tout du grand cœur de son père![5]
Je l'ai vu, dans l'erreur de ses égarements,
Passer Antoine même en ses emportements. (4)   40
Je l'ai vu des plaisirs chercher la folle ivresse;
Je l'ai vu des Catons affecter la sagesse.
Après m'avoir offert un criminel amour,
Ce Protée à ma chaîne échappa sans retour.
Tantôt il est affable, et tantôt sanguinaire.   45
Il adore Julie, il a proscrit son père;
Il hait, il craint Antoine, et lui donne sa sœur:
Antoine est forcené, mais Octave est trompeur.
Ce sont là les héros qui gouvernent la terre;
Ils font en se jouant et la paix et la guerre;   50
Du sein des voluptés ils nous donnent des fers.
A quels maîtres, grands dieux! livrez-vous l'univers?
Albine, les lions au sortir des carnages,
Suivent en rugissant leurs compagnes sauvages;
Les tigres font l'amour avec férocité;[6]   55
Tels sont nos triumvirs. Antoine ensanglanté
Prépare de l'hymen la détestable fête.
Octave a de Julie entrepris la conquête;
Et dans ce jour de sang, de tristesse et d'horreur,
L'amour de tous côtés se mêle à la fureur.   60

41   66P, 67A1: plaisirs goûter la[7]

[5] Compare the description of Auguste in *Cinna*, I.iii.167-72.
[6] See *Cinna*, I.iii.168. Cinna calls Auguste 'ce tigre altéré de tout le sang romain'.
[7] Voltaire suggested replacing 'goûter' with 'chercher' in D13788 and confirmed this reading in D13806.

Julie abhorre Octave: elle n'est occupée
Que de livrer son cœur au fils du grand Pompée.
Si Pompée est écrit sur le livre fatal,
Octave en l'immolant frappe en lui son rival.
Voilà donc les ressorts du destin de l'empire,   65
Ces grands secrets d'Etat que l'ignorance admire!
Ils étonnent de loin les vulgaires esprits:
Ils inspirent de près l'horreur et le mépris.

ALBINE

Que de bassesse, ô ciel! et que de tyrannie!
Quoi! les maîtres du monde en sont l'ignominie!   70
Je vous plains: je pensais que Lépide aujourd'hui
Contre ces deux ingrats vous servirait d'appui.
Vous unîtes vous-même Antoine avec Lépide.

FULVIE

A peine est-il compté dans leur troupe homicide.
Subalterne tyran, pontife méprisé,   75
De son faible génie ils ont trop abusé;
Instrument odieux de leurs sanglants caprices,
C'est un vil scélérat soumis à ses complices;
Il signe leurs décrets sans être consulté,
Et pense agir encore avec autorité.   80
Mais si dans mes chagrins quelques douceurs me restent,
C'est que mes deux tyrans en secret se détestent. (5)
Cet hymen d'Octavie et ses faibles appas
Eloignent la rupture et ne l'empêchent pas.
Ils se connaissent trop; ils se rendent justice.   85
Un jour je les verrai préparant leur supplice,
Allumer la discorde avec plus de fureur,
Que leur fausse amitié n'étale ici d'horreur.

SCÈNE II

FULVIE, ALBINE, AUFIDE

FULVIE

Aufide, qu'a-t-on fait? Quelle est ma destinée?
A quel abaissement suis-je enfin condamnée?　　　　　　90

AUFIDE

Le divorce est signé de cette même main,
Que l'on voit à longs flots verser le sang romain;
Et bientôt vos tyrans viendront sous cette tente
Partager des proscrits la dépouille sanglante.

FULVIE

Puis-je compter sur vous?

AUFIDE

　　　　　　　　Né dans votre maison,　　　95
Si je sers sous Antoine et dans sa légion,
Je ne suis qu'à vous seule. Autrefois mon épée
Aux champs thessaliens servit le grand Pompée:
Je rougis d'être ici l'esclave des fureurs
Des vainqueurs de Pompée et de vos oppresseurs.　　100
Mais que résolvez-vous?

101-103　66P, 67A1:

　　　　　　　　FULVIE *à part.*
　　A quoi me résoudrai-je?

　　　　　　　　AUFIDE
　　A vous venger.

　　　　　　　　FULVIE
　　　　　　　　　Sans doute;
　　Je le dois, je le veux; il n'est rien qui me coûte,
　　Il n'est rien que je craigne. Et dans nos factions[8]

[8] This earlier version was changed by Voltaire in D13788 and the change confirmed in D13806.

FULVIE

De me venger.

AUFIDE

Sans doute,

Vous le devez, Fulvie.

FULVIE

Il n'est rien qui me coûte,
Il n'est rien que je craigne, et dans nos factions
On a compté Fulvie au rang des plus grands noms.
Je n'ai qu'une ressource, Aufide, en ma disgrâce;   105
Le parti de Pompée est celui que j'embrasse;
Et Lucius César a des amis secrets (6)
Qui sauront à ma cause unir ses intérêts.
Il est, vous le savez, le père de Julie;
Il fut proscrit; enfin tout me le concilie.   110
Julie est-elle à Rome?

AUFIDE

On n'a pu l'y trouver.
Octave tout-puissant l'aura fait enlever:
Le bruit en a couru.

FULVIE

Le rapt et l'homicide,
Ce sont là ses exploits! voilà nos lois, Aufide.
Mais le fils de Pompée est-il en sûreté?   115
Qu'en avez-vous appris?

AUFIDE

Son arrêt est porté;
Et l'infâme avarice au pouvoir asservie (7)
Doit trancher à prix d'or une si belle vie.
Tels sont les vils Romains.

FULVIE

Quoi! tout espoir me fuit!

Non, je défie encor le sort qui me poursuit;   120
Les tumultes des camps ont été mes asiles:
Mon génie était né pour les guerres civiles, (8)
Pour ce siècle effroyable où j'ai reçu le jour.
Je veux... Mais j'aperçois dans ce sanglant séjour
Les licteurs des tyrans, leurs lâches satellites,   125
Qui de ce camp barbare occupent les limites.
Vous qu'un emploi funeste attache ici près d'eux,
Demeurez; écoutez leurs complots ténébreux;
Vous m'en avertirez; et vous viendrez m'apprendre
Ce que je dois souffrir, ce qu'il faut entreprendre.   130
                              (*Elle sort avec Albine.*)

AUFIDE

Moi le soldat d'Antoine! A quoi suis-je réduit?
De trente ans de travaux quel exécrable fruit![9]

(*Tandis qu'il parle, on avance la tente où Octave et Antoine vont se placer. Les licteurs l'entourent et forment un demi-cercle. Aufide se range à côté de la tente.*[10])

SCÈNE III

OCTAVE, ANTOINE *debout dans la tente, une table derrière eux.*

ANTOINE

Octave, c'en est fait, et je la répudie.
Je resserre nos nœuds par l'hymen d'Octavie.

132d   K84, 'Variantes': [*See Appendix, section 1.*]
132d-207   K84, 'Variantes': [*See Appendix, section 2.*]

[9] Flaubert commented on this couplet: 'Dans le reste de la pièce il n'y a rien de plus. Voilà tout le développement du caractère. Mais comme l'auteur avait besoin qu'il servit F. il fallait le faire un peu ennemi des triumvirs' (*Le Théâtre de Voltaire*, ed. Theodore Besterman, *SVEC* 50-51, 1967, p.365).

[10] Flaubert remarked: 'Gêne évidente de l'unité de lieu. *On avance* est curieux? à quoi bon? pour venir devant la rampe ne pouvaient-ils pas rester dans cette tente à la place où elle se trouvait?' (*Le Théâtre de Voltaire*, p.365).

Mais ce n'est pas assez pour éteindre ces feux   135
Qu'un intérêt jaloux allume entre nous deux.
Deux chefs toujours unis sont un exemple rare;
Pour les concilier il faut qu'on les sépare.
Vingt fois votre Agrippa, vos confidents, les miens,
Depuis que nous régnons ont rompu nos liens.   140
Un compagnon de plus, ou qui du moins croit l'être,
Sur le trône avec nous affectant de paraître,
Lépide, est un fantôme aisément écarté, (9)
Qui rentre de lui-même en son obscurité.
Qu'il demeure pontife, et qu'il préside aux fêtes   145
Que Rome en gémissant consacre à nos conquêtes.
La terre n'est qu'à nous et qu'à nos légions.
Il est temps de fixer le sort des nations;
Réglons surtout le nôtre; et quand tout nous seconde,
Cessons de différer le partage du monde.   150
     (*Ils s'asseyent à la table où ils doivent signer.*)

OCTAVE

Mes desseins dès longtemps ont prévenu vos vœux.
J'ai voulu que l'empire appartînt à tous deux.
Songez que je prétends la Gaule et l'Illyrie,
Les Espagnes, l'Afrique, et surtout l'Italie:
L'Orient est à vous. (10)

ANTOINE

     Telle est ma volonté;   155
Tel est le sort du monde entre nous arrêté.
Vous l'emportez sur moi dans ce nouveau partage;
Je ne me cache point quel est votre avantage;
Rome va vous servir: vous aurez sous vos lois
Les vainqueurs de la terre, et je n'ai que des rois. (11)   160
Je veux bien vous céder. J'exige en récompense
Que votre autorité secondant ma puissance
Extermine à jamais les restes abattus

Du parti de Pompée et du traître Brutus:
Qu'aucun n'échappe aux lois que nous avons portées.   165

OCTAVE

D'assez de sang peut-être elles sont cimentées.

ANTOINE

Comment? vous balancez! je ne vous connais plus.
Qui peut troubler ainsi vos vœux irrésolus?

OCTAVE

Le ciel même a détruit ces tables si cruelles.

ANTOINE

Le ciel qui nous seconde en permet de nouvelles.   170
Craignez-vous un augure? (12)

OCTAVE

                    Et ne craignez-vous pas
De révolter la terre à force d'attentats?
Nous voulons enchaîner la liberté romaine,
Nous voulons gouverner; n'excitons plus la haine.

ANTOINE

Nommez-vous la justice une inhumanité?   175
Octave, un triumvir par César adopté,
Quand je venge un ami, craint de venger un père!
Vous oublieriez son sang pour flatter le vulgaire!
A qui prétendez-vous accorder un pardon,
Quand vous m'avez vous-même immolé Cicéron?   180

OCTAVE

Rome pleure sa mort.

ANTOINE

                Elle pleure en silence.

79

Cassius et Brutus réduits à l'impuissance
Inspireront peut-être aux autres nations
Une éternelle horreur de nos proscriptions.
Laissons-les en tracer d'effroyables images, 185
Et contre nos deux noms révolter tous les âges.
Assassins de leur maître et de leur bienfaiteur,
C'est leur indigne nom qui doit être en horreur:
Ce sont les cœurs ingrats qu'il est temps qu'on punisse;
Seuls ils sont criminels, et nous faisons justice. 190
Ceux qui les ont servis, qui les ont approuvés,
Aux mêmes châtiments seront tous réservés.
De vingt mille guerriers péris dans nos batailles,
D'un œil sec et tranquille on voit les funérailles;
Sur leurs corps étendus victimes du trépas 195
Nous volons sans pâlir à de nouveaux combats;
Et de la trahison cent malheureux complices
Seraient au grand César de trop chers sacrifices!

OCTAVE

Dans Rome en ce jour même on venge encor sa mort;
Mais sachez qu'à mon cœur il en coûte un effort. 200
Trop d'horreur à la fin peut souiller sa vengeance;
Je serais plus son fils si j'avais sa clémence.

ANTOINE

La clémence aujourd'hui peut nous perdre tous deux.

OCTAVE

L'excès des cruautés serait plus dangereux.

ANTOINE

Redoutez-vous le peuple?

OCTAVE

Il faut qu'on le ménage; 205

Il faut lui faire aimer le frein de l'esclavage.
D'un œil d'indifférence il voit la mort des grands;
Mais quand il craint pour lui, malheur à ses tyrans!

ANTOINE

J'entends; à mes périls vous cherchez à lui plaire,
Vous voulez devenir un tyran populaire.   210

OCTAVE

Vous m'imputez toujours quelques secrets desseins.
Sacrifier Pompée (13) est-ce plaire aux Romains?
Mes ordres aujourd'hui renversent leur idole.
Tandis que je vous parle on le frappe, on l'immole:
Que voulez-vous de plus?

ANTOINE

                        Vous ne m'abusez pas;   215
Il vous en coûta peu d'ordonner son trépas:
A nos vrais intérêts sa mort fut nécessaire.
Mais d'un rival secret vous voulez vous défaire;
Il adorait Julie, et vous étiez jaloux:
Votre amour outragé conduisait tous vos coups.   220
De nos engagements remplissez l'étendue.
De Lucius César la mort est suspendue;
Oui, Lucius César contre nous conjuré...

OCTAVE

Arrêtez.

ANTOINE

        Ce coupable est-il pour nous sacré?
Je veux qu'il meure...

216   66P, 67A1: en coûte peu [11]

[11] Voltaire replaced 'coûte' by 'coûta' in D13806.

OCTAVE *se levant.*

Lui? le père de Julie! 225

ANTOINE

Oui, lui-même.

OCTAVE

Ecoutez, notre intérêt nous lie;
L'hymen étreint ces nœuds: mais si vous persistez
A demander le sang que vous persécutez,
Dès ce jour entre nous je romps toute alliance.

ANTOINE

Octave, je sais trop que notre intelligence 230
Produira la discorde et trompera nos vœux.
Ne précipitons point des temps si dangereux.
Voulez-vous m'offenser?

OCTAVE

Non: mais je suis le maître
D'épargner un proscrit qui ne devait pas l'être.

ANTOINE

Mais vous-même avec moi vous l'aviez condamné. 235
De tous nos ennemis c'est le plus obstiné.
Qu'importe si sa fille un moment vous fut chère?
A notre sûreté je dois le sang du père.
Les plaisirs inconstants d'un amour passager
A nos grands intérêts n'ont rien que d'étranger. 240
Vous avez jusqu'ici peu connu la tendresse;
Et je n'attendais pas cet excès de faiblesse.

OCTAVE

De faiblesse!... Et c'est vous qui m'oseriez blâmer!
C'est Antoine aujourd'hui qui me défend d'aimer!

ANTOINE

Nous avons tous les deux mêlé dans les alarmes 245
Les fêtes, les plaisirs à la fureur des armes;
César en fit autant; (14) mais par la volupté
Le cours de ses exploits ne fut point arrêté.
Je le vis dans l'Egypte amoureux et sévère,
Adorer Cléopâtre en immolant son frère. 250

OCTAVE

Ce fut pour la servir. Je peux vous voir un jour
Plus aveuglé que lui, plus faible à votre tour.
Je vous connais assez: mais quoi qu'il en arrive,
J'ai rayé Lucius, et je prétends qu'il vive.

ANTOINE

Je n'y consentirai qu'en vous voyant signer 255
L'arrêt de ces proscrits qu'on ne peut épargner.

OCTAVE

Je vous l'ai déjà dit, j'étais las du carnage
Où la mort de César a forcé mon courage.
Mais puisqu'il faut enfin ne rien faire à demi,
Que le salut de Rome en doit être affermi, 260
Qu'il me faut consommer l'horreur qui nous rassemble;
Je cède, je me rends... J'y souscris... Ma main tremble.
                              (*Il s'assied et signe.*)
Allez, tribuns, portez ces malheureux édits:
                    (*A Antoine qui s'assied et signe.*)
Et nous, puissions-nous être à jamais réunis!

251   K84: Je puis vous
263   66P, 67A1: ces funestes édits [12]

[12] This reading was rejected in favour of 'malheureux édits' in D13788 and the
change confirmed in D13806.

ANTOINE

Vous, Aufide, demain vous conduirez Fulvie;   265
Sa retraite est marquée aux champs de l'Appulie:
Que je n'entende plus ses cris séditieux.

OCTAVE

Ecoutons ce tribun qui revient en ces lieux.
Il arrive de Rome, et pourra nous apprendre
Quel respect à nos lois le Sénat a dû rendre.   270

SCÈNE IV

OCTAVE, ANTOINE, AUFIDE, un Tribun, Licteurs

ANTOINE *au Tribun.*

A-t-on des triumvirs accompli les desseins?
Le sang assure-t-il le repos des humains?

LE TRIBUN

Rome tremble et se tait au milieu des supplices.
Il nous reste à frapper quelques secrets complices,
Quelques vils ennemis d'Antoine et des Césars,   275
Restes des conjurés de ces ides de Mars,
Qui dans les derniers rangs cachant leur haine obscure,
Vont du peuple en secret exciter le murmure.
Paulus, Albin, Cotta, les plus grands sont tombés;
A la proscription peu se sont dérobés.   280

270a-273   MSI:

ACTE I, SCÈNE III
Sortie – J'imitai vos fureurs, imitez mes remords
Réplique – A-t-on des triumvirs assuré les desseins
Le sang assure-t-il le repos des Romains?

[LE TRIBUN]
Rome tremble, seigneur, au milieu des supplices
279   MSI: Plancus, Albin,

OCTAVE

A-t-on de l'univers affermi la conquête?
Et du fils de Pompée apportez-vous la tête?
Pour le bien de l'Etat j'ai dû la demander.

LE TRIBUN

Les dieux n'ont pas voulu, seigneur, vous l'accorder.
Trop chéri des Romains ce jeune téméraire   285
Se parait à leurs yeux des vertus de son père;
Et lorsque par mes soins des têtes des proscrits
Aux murs du Capitole on affichait le prix,
Pompée à leur salut mettait des récompenses;
Il a par des bienfaits combattu vos vengeances: 290
Mais quand vos légions ont marché sur nos pas,
Alors fuyant de Rome et cherchant les combats,
Il s'avance à Césène, et vers les Pyrénées
Doit aux fils de Caton joindre ses destinées;
Tandis qu'en Orient Cassius et Brutus,   295
Conjurés trop fameux par leurs fausses vertus,
A leur faible parti rendant un peu d'audace,
Osent vous défier dans les champs de la Thrace.

ANTOINE

Pompée est échappé!

OCTAVE

Ne vous alarmez pas.

281-83   MSI: Vous osez à mes yeux encor la demander!
291   MSI: ont paru sur
293-94   MSI:
        Il marche vers la Gaule et court aux Pyrénées
        Aux enfants de Caton joindre ses destinées;
294   67AI: au fils
297a-310   MSI:
        Viens, suis-moi chez Octave.
    (*Il s'en va.*)

En quelques lieux qu'il soit la mort est sur ses pas.   300
Si mon père a du sien triomphé dans Pharsale,
J'attends contre le fils une fortune égale;
Et le nom de César dont je suis honoré,
De sa perte à mon bras fait un devoir sacré.

ANTOINE

Préparons donc soudain cette grande entreprise;   305
Mais que notre intérêt jamais ne nous divise.
Le sang du grand César est déjà joint au mien;
Votre sœur est ma femme; et ce double lien
Doit affermir le joug où nos mains triomphantes
Tiendront à nos genoux les nations tremblantes.   310

SCÈNE V

OCTAVE, le Tribun *éloigné.*

OCTAVE

Que feront tous ces nœuds? nous sommes deux tyrans!
Puissances de la terre, avez-vous des parents?
Dans le sang des Césars Julie a pris naissance,
Et loin de rechercher mon utile alliance,
Elle n'a regardé cette triste union   315
Que comme un des arrêts de la proscription.
   (*Au Tribun.*)
Revenez... Quoi! Pompée échappe à ma vengeance!
Quoi! Julie avec lui serait d'intelligence!
On ignore en quels lieux elle a porté ses pas?

LE TRIBUN

Son père en est instruit; et l'on n'en doute pas.   320
Lui-même de sa fille a préparé la fuite.

OCTAVE

De quoi s'informe ici ma raison trop séduite?

Quoi! lorsqu'il faut régir l'univers consterné,
Entouré d'ennemis, du meurtre environné,
Teint du sang des proscrits que j'immole à mon père,　　　325
Détesté des Romains, peut-être d'un beau-frère;
Au milieu de la guerre, au sein des factions,
Mon cœur serait ouvert à d'autres passions!
Quel mélange inouï! Quelle étonnante ivresse
D'amour, d'ambition, de crimes, de faiblesse!　　　330
Quels soucis dévorants viennent me consumer!
Destructeur des humains t'appartient-il d'aimer?

Fin du premier acte

ACTE II

SCÈNE PREMIÈRE

FULVIE, AUFIDE

AUFIDE

Oui, j'ai tout entendu; le sang et le carnage
Ne coûtaient rien, madame, à votre époux volage.
Je suis toujours surpris que ce cœur effréné,
Plongé dans la licence, au vice abandonné,
Dans les plaisirs affreux qui partagent sa vie,   5
Garde une cruauté tranquille et réfléchie.
Octave même, Octave, en paraît indigné;
Il regrettait le sang où son bras s'est baigné;
Il n'était plus lui-même: il semble qu'il rougisse
D'avoir eu si longtemps Antoine pour complice.   10
Peut-être aux yeux des siens il feint un repentir,
Pour mieux tromper la terre et mieux l'assujettir;
Ou peut-être son âme en secret révoltée
De sa propre furie était épouvantée.
J'ignore s'il est né pour éprouver un jour   15
Vers l'humaine équité quelque faible retour; (15)
Mais il a disputé sur le choix des victimes;
Et je l'ai vu trembler en signant tant de crimes.

FULVIE

Qu'importe à mes affronts ce faible et vain remord?
Chacun d'eux tour à tour me donne ici la mort.   20
Octave que tu crois moins dur et moins féroce,
Sous un air plus humain cache un cœur plus atroce;
Il agit en barbare, et parle avec douceur.

a   K84, 'Variantes': [*See Appendix, section 3.*]

Je vois de son esprit la profonde noirceur;
Le sphinx est son emblème, (16) et nous dit qu'il préfère   25
Ce symbole du fourbe aux aigles de son père.
A tromper l'univers il mettra tous ses soins.
De vertus incapable, il les feindra du moins;
Et l'autre aura toujours dans sa vertu guerrière
Les vices forcenés de son âme grossière.   30
Ils osent me bannir, c'est là ce que je veux.
Je ne demandais pas à gémir auprès d'eux,
A respirer encore un air qu'ils empoisonnent.
Remplissons sans tarder les ordres qu'ils me donnent;
Partons. Dans quels pays, dans quels lieux ignorés   35
Ne les verrons-nous pas comme à Rome abhorrés?
Je trouverai partout l'aliment de ma haine.

SCÈNE II

FULVIE, ALBINE, AUFIDE

ALBINE

Madame, espérez tout; Pompée est à Césène;
Mille Romains en foule ont devancé ses pas;
Son nom et ses malheurs enfantent des soldats.   40
On dit qu'à la valeur joignant la diligence,
Dans cette île barbare il porte la vengeance;
Que les trois assassins à leur tour sont proscrits,
Que de leur sang impur on a fixé le prix.
On dit que Brutus même avance vers le Tibre,   45
Que la terre est vengée, et qu'enfin Rome est libre.
Déjà dans tout le camp ce bruit s'est répandu;
Et le soldat murmure, ou demeure éperdu.

FULVIE

On en dit trop, Albine: un bien si désirable
Est trop prompt et trop grand pour être vraisemblable;   50

Mais ces rumeurs au moins peuvent me consoler,
Si mes persécuteurs apprennent à trembler.

AUFIDE

Il est des fondements à ce bruit populaire.
Un peu de vérité fait l'erreur du vulgaire.
Pompée a su tromper le fer des assassins,   55
C'est beaucoup; tout le reste est soumis aux destins.
Je sais qu'il a marché vers les murs de Césène,
De son départ au moins la nouvelle est certaine;
Et le bruit qu'on répand nous confirme aujourd'hui
Que les cœurs des Romains se sont tournés vers lui.   60
Mais son danger est grand; des légions entières
Marchent sur son passage et bordent les frontières.
Pompée est téméraire, et ses rivaux prudents.

FULVIE

La prudence est surtout nécessaire aux méchants.
Mais souvent on la trompe: un heureux téméraire   65
Confond en agissant celui qui délibère.
Enfin Pompée approche. Unis par la fureur
Nos communs intérêts m'annoncent un vengeur.
Les révolutions fatales, ou prospères,
Du sort qui conduit tout sont les jeux ordinaires: 70
La fortune à nos yeux fit monter sur son char
Sylla, deux Marius, et Pompée et César;
Elle a précipité ces foudres de la guerre;
De leur sang tour à tour elle a rougi la terre.
Rome a changé de lois, de tyrans et de fers.   75
Déjà nos triumvirs éprouvent des revers.
Cassius et Brutus menacent l'Italie.
J'irai[1] chercher Pompée aux sables de Lybie.
Après mes deux affronts indignement soufferts,

---

[1] 'J'irais' was suggested in D13788 and D13806 but is not in 66P, 67A1 or W75G.

Je me consolerais en troublant l'univers. 80
Rappelons et l'Espagne et la Gaule irritée
A cette liberté que j'ai persécutée.
Puissé-je dans le sang de ces monstres heureux,
Expier les forfaits que j'ai commis pour eux!
Pardonne, Cicéron, de Rome heureux génie, [2] 85
Mes destins t'ont vengé, tes bourreaux m'ont punie:
Mais je mourrai contente en des malheurs si grands,
Si je meurs comme toi le fléau des tyrans!
  (*A Aufide.*)
Avant que de partir tâchez de vous instruire
Si de quelque espérance un rayon peut nous luire. 90
Profitez des moments où les soldats troublés
Dans le camp des tyrans paraissent ébranlés.
Annoncez-leur Pompée; à ce grand nom peut-être
Ils se repentiront d'avoir un autre maître.
Allez.
(*Ici on voit dans l'enfoncement Julie couchée entre des rochers.*)

SCÈNE III

FULVIE, ALBINE

FULVIE

Que vois-je au loin dans ces rochers déserts, 95
Sur ces bords escarpés d'abîmes entr'ouverts?
Que présente à mes yeux la terre encor tremblante?

ALBINE

Je vois, ou je me trompe, une femme expirante.

---

[2] To avoid repetition of 'heureux' (line 83), Voltaire suggested that line 85 be replaced in any subsequent edition by 'Cicéron, j'outrageai ta cendre et ton génie' (D13834, D13845).

FULVIE

Est-ce quelque victime immolée en ces lieux?
Peut-être les tyrans l'exposent à nos yeux;   100
Et par un tel spectacle ils ont voulu m'apprendre
De leur triumvirat ce que je dois attendre.
Allez, j'entends d'ici ses sanglots et ses cris:
Dans son cœur oppressé rappelez ses esprits.
Conduisez-la vers moi.

SCÈNE IV

FULVIE *sur le devant du théâtre,* JULIE *au fond,*
vers un des côtés, soutenue par ALBINE

JULIE

          Dieux vengeurs que j'adore!   105
Ecoutez-moi, voyez pour qui je vous implore!
Secourez un héros, ou faites-moi mourir!

FULVIE

De ses plaintifs accents je me sens attendrir.

JULIE

Où suis-je? et dans quels lieux les flots m'ont-ils jetée?
Je promène en tremblant ma vue épouvantée.   110
Où marcher?... Quelle main m'offre ici son secours,
Et qui vient ranimer mes misérables jours?

FULVIE

Sa gémissante voix ne m'est point inconnue.
Avançons... Ciel! que vois-je! en croirai-je ma vue?
Destins qui vous jouez des malheureux mortels,   115
Amenez-vous Julie en ces lieux criminels?
Ne me trompai-je point?... N'en doutons plus, c'est elle.

JULIE

Quoi! d'Antoine, grand Dieu! c'est l'épouse cruelle!
Je suis perdue!

FULVIE

Hélas! que craignez-vous de moi?
Est-ce aux infortunés d'inspirer quelque effroi?   120
Voyez-moi sans trembler; je suis loin d'être à craindre;
Vous êtes malheureuse, et je suis plus à plaindre.

JULIE

Vous!

FULVIE

Quel événement et quels dieux irrités
Ont amené Julie en ces lieux détestés?

JULIE

Je ne sais où je suis: un déluge effroyable,   125
Qui semblait engloutir une terre coupable,
Des tremblements affreux, des foudres dévorants,
Dans les flots débordés ont plongé mes suivants.
Avec un seul guerrier de la mort échappée,
J'ai marché quelque temps dans cette île escarpée: 130
Mes yeux ont vu de loin des tentes, des soldats;
Ces rochers ont caché ma terreur et mes pas.
Celui qui me guidait a cessé de paraître.
A peine devant vous puis-je me reconnaître;
Je me meurs. [3]

---

[3] In a letter to d'Argental of 22 June 1764, Voltaire discusses his revision of this
line: 'Ce *je me meurs* est en effet plus supportable que *je succombe*, et sert mieux la
déclamation. De plus, il y a un autre *succombe* dans la même scène, et il ne faut pas
succomber deux fois. L'auteur pourra bien succomber lui-même, mais j'espère qu'on
n'en saura rien' (D11943). The other occurrence of 'succomber' must have been
similarly excised, as no trace remains in the play as printed.

FULVIE

Ah! Julie!

JULIE

Eh quoi, vous soupirez!   135

FULVIE

De vos maux et des miens mes sens sont déchirés.

JULIE

Vous souffrez comme moi! quel malheur vous opprime?
Hélas! où sommes-nous?

FULVIE

                    Dans le séjour du crime;
Dans cette île exécrable où trois monstres unis
Ensanglantent le monde et restent impunis.   140

JULIE

Quoi! c'est ici qu'Antoine et le barbare Octave
Ont condamné Pompée et font la terre esclave!

FULVIE

C'est sous ces pavillons qu'ils règlent notre sort.
De Pompée ici même ils ont signé la mort.

JULIE

Soutenez-moi, grands dieux!

FULVIE

                    De cet affreux repaire   145
Ces tigres sont sortis. Leur troupe sanguinaire
Marche en ce même instant au rivage opposé.
L'endroit où je vous parle est le moins exposé;
Mes tentes sont ici; gardez qu'on ne nous voie.

Venez, calmez ce trouble où votre âme se noie.   150

JULIE

Et la femme d'Antoine est ici mon appui!

FULVIE

Grâces à ses forfaits je ne suis plus à lui.
Je n'ai plus désormais de parti que le vôtre.
Le destin par pitié nous rejoint l'une à l'autre.
Qu'est devenu Pompée?

JULIE

          Ah! que m'avez-vous dit?   155
Pourquoi vous informer d'un malheureux proscrit?

FULVIE

Est-il en sûreté? Parlez en assurance:
J'atteste ici les dieux, et Rome et ma vengeance,
Ma haine pour Octave, et mes transports jaloux,
Que mes soins répondront de Pompée et de vous;   160
Que je vais vous défendre au péril de ma vie.

JULIE

Hélas! c'est donc à vous qu'il faut que je me fie!
Si vous avez aussi connu l'adversité,
Vous n'aurez pas sans doute assez de cruauté
Pour achever ma mort et trahir ma misère.   165
Vous voyez où des dieux me conduit la colère.
Vous avez dans vos mains par d'étranges hasards
Le destin de Pompée et du sang des Césars.
J'ai réuni ces noms. L'intérêt de la terre
A formé notre hymen au milieu de la guerre.   170
Rome, Pompée et moi, tout est prêt à périr:
Aurez-vous la vertu d'oser les secourir?

FULVIE

J'oserai plus encor: s'il est sur ce rivage,
Qu'il daigne seulement seconder mon courage.
Oui, je crois que le ciel si longtemps inhumain,   175
Pour nous venger tous trois l'a conduit par la main;
Oui, j'armerai son bras contre la tyrannie.
Parlez.

JULIE

Que vous dirai-je? Errante, poursuivie,
Je fuyais avec lui le fer des assassins,
Qui de Rome sanglante inondaient les chemins;   180
Nous allions vers son camp: déjà sa renommée
Vers Césène assemblait les débris d'une armée;
A travers les dangers près de nous renaissants
Il conduisait mes pas incertains et tremblants.
La mort était partout: les sanglants satellites   185
Des plaines de Césène occupaient les limites:
La nuit nous égarait vers ce funeste bord
Où règnent les tyrans, où préside la mort.
Notre fatale erreur n'était point reconnue,
Quand la foudre a frappé notre suite éperdue.   190
La terre en mugissant s'entr'ouvre sous nos pas.
Ce séjour en effet est celui du trépas.

FULVIE

Eh bien, est-il encore en cette île terrible?
S'il ose se montrer, sa perte est infaillible,
Il est mort.

---

177   β: j'aimerai [*obviously a misprint*]
178   k84:
   Parlez: ne craignez plus.
                    JULIE
            Errante, poursuivie,

96

JULIE

Je le sais.

FULVIE

Où dois-je le chercher?   195
Dans quel secret asile a-t-il pu se cacher?

JULIE

Ah! madame...

FULVIE

Achevez; c'est trop de défiance,
Je pardonne à l'amour un doute qui m'offense.
Parlez, je ferai tout.

JULIE

Puis-je le croire ainsi?

FULVIE

Je vous le jure encore.

JULIE

Eh bien... il est ici.   200

FULVIE

C'en est assez; allons.

JULIE

Il cherchait un passage
Pour sortir avec moi de cette île sauvage;
Et ne le voyant plus dans ces rochers déserts,
Des ombres du trépas mes yeux se sont couverts.
Je mourais, quand le ciel une fois favorable   205
M'a présenté par vous une main secourable.

SCÈNE V

FULVIE, JULIE, ALBINE, un Tribun

LE TRIBUN

Madame, une étrangère est ici près de vous.
De leur autorité les triumvirs jaloux
De l'île à tout mortel ont défendu l'entrée.

JULIE

Ah! j'atteste la foi que vous m'avez jurée!　　　　　210

LE TRIBUN

Je la dois amener devant leur tribunal.

FULVIE *à Julie.*

Gardez-vous d'obéir à cet ordre fatal.

JULIE

Avilirais-je ainsi l'honneur de mes ancêtres?
Soldats des triumvirs, allez dire à vos maîtres,
Que Julie entraînée en ce séjour affreux　　　　　215
Attend pour en sortir des secours généreux;
Que partout je suis libre, et qu'ils peuvent connaître
Ce qu'on doit de respect au sang qui m'a fait naître,
A mon rang, à mon sexe, à l'hospitalité,
Aux droits des nations et de l'humanité.　　　　　220
Conduisez-moi chez vous, magnanime Fulvie.

206a　MSI: [*above this line:*] Acte 2ᵉ
206b　MSI: [*absent*]
206c　MSI: *à Fulvie*
209a　MSI: [*absent*]
210a　MSI: [*absent*]
211a-228　MSI: (*Il s'en va, avec Julie.*)

FULVIE

Votre noble fierté ne s'est point démentie;
Elle augmente la mienne; et ce n'est pas en vain
Que le sort vous conduit sur ce bord inhumain.
Puissé-je en mes desseins ne m'être point trompée!   225

JULIE

O dieux! prenez ma vie, et veillez sur Pompée!
Dieux! si vous me livrez à mes persécuteurs,
Armez-moi d'un courage égal à leurs fureurs!

Fin du second acte

ACTE III

SCÈNE PREMIÈRE

SEXTUS POMPÉE *seul*

Je ne la trouve plus: quoi! mon destin fatal
L'amène à mes tyrans, la livre à mon rival!
Les voilà, je les vois ces pavillons horribles
Où nos trois meurtriers retirés et paisibles
Ordonnent le carnage avec des yeux sereins,   5
Comme on donne une fête et des jeux aux Romains.
O Pompée! ô mon père! infortuné grand homme!
Quel est donc le destin des défenseurs de Rome!
O dieux, qui des méchants suivez les étendards,
D'où vient que l'univers est fait pour les Césars!   10
J'ai vu périr Caton (17) leur juge et votre image.
Les Scipions sont morts aux déserts de Carthage; (18)
Cicéron, tu n'es plus, (19) et ta tête et tes mains
Ont servi de trophée aux derniers des humains.
Mon sort va me rejoindre à ces grandes victimes.   15
Le fer des Achillas et celui des Septimes,
D'un vil roi de l'Egypte instruments criminels,
Ont fait couler le sang du plus grand des mortels. (20)
Ce n'est que par sa mort que son fils lui ressemble.
Des brigands réunis que la rapine assemble,   20

1-2   MS2:
    Je ne la trouve plus; cet exécrable bord
    Ne présente à mes yeux que des fers et la mort
11-12   MS2:
    Scipion, Cicéron, les Catons, et mon père,
    N'ont pas du Ciel encor épuisé la colère.
    Je sortais du berceau quand nageant dans le sang
    Que sa mâle vertu fit couler de son flanc,
    Caton me prédisait le sort qui me menace.   5
    Des divins Scipions j'ai vu périr la race.

Un prétendu César, un fils de Cépias, (21)
Qui commande le meurtre et qui fuit les combats,
Dans leur tranquille rage ordonnent de ma vie:
Octave est maître enfin du monde et de Julie.
De Julie! ah! tyran, ce dernier coup du sort   25

23   MS2: Dans sa tranquille rage ordonne de
25-45 MS2:
            <Et de ce monstre heureux je ne peux me venger!>
            ↑O Julie! ah, barbare! Est-ce à toi d'être heureux?+
            <De son sang en mourant je ne peux me plonger!>
            ↑Quoi! C'est moi qui la livre à tes indignes feux?+
            <Vous me laissez, ô dieux, de ma fureur stérile>
            ↑C'est moi qui te l'assure en voulant la défendre+
            <La honte de vous faire un reproche inutile!>
            ↑Et tu vas à tes lois l'enchaîner sur ma cendre...+
            Quel es-cet assassin qui s'avance vers moi?   5
                (*Tirant son épée, et courant sur Aufide.*)
            Meurs, traître; et puisse Octave expirer avec toi.

                        [AUFIDE]
            Seigneur, à vos genoux j'ose ici reconnaître
            Le fils du grand Pompée et mon auguste maître.

                        [POMPÉE]
            Quel es-tu? Lève-toi.

                        [AUFIDE]
            Je sers près de Fulvie

                        [POMPÉE]
                        Auprès de l'inhumaine   10
            Qui de Rome et du monde a mérité la haine?
            A son barbare époux viens-tu pour me livrer?

                        [AUFIDE]
            Du péril le plus grand je viens pour vous tirer.

                        [POMPÉE]
            Va, je n'attends rien d'elle; ôte-toi de ma vue

                        [AUFIDE]
            Mais de Julie au moins la main vous est connue.   15

                        [POMPÉE]
            Julie! ô ciel Julie! Ah! qu'as-tu dit?

                        [AUFIDE]
                        Lisez.

Atterre mon esprit luttant contre la mort.
Détestable rival, usurpateur infâme,
Tu ne m'assassinais que pour ravir ma femme;
Et c'est moi qui la livre à tes indignes feux!
Tu règnes, et je meurs, et je te laisse heureux!　　　　30
Et tes flatteurs tremblants sur un tas de victimes,
Déjà du nom d'Auguste ont décoré tes crimes!
Quel est cet assassin qui s'avance vers moi?

SCÈNE II

POMPÉE, AUFIDE

POMPÉE *l'épée à la main.*

Approche, et puisse Octave expirer avec toi!

AUFIDE

Jugez mieux d'un soldat qui servit votre père.　　　　35

POMPÉE

Et tu sers un tyran.

AUFIDE

　　　　　　　　Je l'abjure, et j'espère
N'être pas inutile, en ce séjour affreux,
Au fils, au digne fils d'un héros malheureux.
Seigneur, je viens à vous de la part de Fulvie.

POMPÉE

Est-ce un piège nouveau que tend la tyrannie?　　　　40
A son barbare époux viens-tu pour me livrer?

AUFIDE

Du péril le plus grand je viens pour vous tirer.

POMPÉE

L'humanité, grands dieux! est-elle ici connue?

AUFIDE

Sur ce billet, au moins, daignez jeter la vue.
(*Il lui donne des tablettes.*)

POMPÉE

Julie! ô ciel Julie! Est-il bien vrai?

AUFIDE

Lisez. 45

POMPÉE

O fortune! ô mes yeux! êtes-vous abusés?
Retour inattendu de mes destins prospères!
Je mouille de mes pleurs ces divins caractères.
(*Il lit.*)
'Le sort paraît changer, et Fulvie est pour nous;
Ecoutez ce Romain, conservez mon époux.' 50
Qui que tu sois, pardonne: à toi je me confie;
Je te crois généreux sur la foi de Julie.
Quoi! Fulvie a pris soin de son sort et du mien!
Qui l'y peut engager? Quel intérêt?

AUFIDE

Le sien.
D'Antoine abandonnée avec ignominie, 55
Elle est des trois tyrans la plus grande ennemie.

49-50 MS2:
    'Espérez, le sort change, et Fulvie est pour nous;
    Suivez ce digne ami, conservez mon époux.'
54a-62 MS2:
    Une juste vengeance à tous trois est commune. [1]
    Ah! vengeons-nous d'Octave, il ne me connaît pas.
    Je fus dès mon berceau pourri dans les combats,

[1] This line is presumably not intended to be spoken by Pompée but is a cue line at the end of Aufide's speech, which is not given in full by MS2.

Elle ne borne pas sa haine et ses desseins
A dérober vos jours au fer des assassins;
Il n'est point de péril que son courroux ne brave,
Elle veut vous venger.

POMPÉE

Oui, vengeons-nous d'Octave.   60
Elevé dans l'Asie au milieu des combats,
Je n'ai connu de lui que ses assassinats;
Et dans les champs d'honneur qu'il redoute peut-être, [2]
Ses yeux qu'il eût baissés, ne m'ont point vu paraître.
Antoine d'un soldat a du moins la vertu.   65
Il est vrai que mon bras ne l'a point combattu;
Et depuis que mon père expira sous un traître,
Nous fûmes ennemis sans jamais nous connaître.
Commençons par Octave; allons, et que ma main
Au bord de mon tombeau se plonge dans son sein.   70

66-67   MS2:
    Mon bras jusqu'à présent ne l'a point combattu;
    Depuis le jour funeste où le Ciel me fit naître
67   66P, 67A1: père eut tombé sous
70-306   MS2:
    Avant que d'expirer, se plonge dans son sein [3]
          [AUFIDE]
    Chez Fulvie avec moi venez en assurance
          [POMPÉE]
    Eh bien, je t'y suivrai malgré ma répugnance.
    Peut-elle me servir?
          [AUFIDE]
    Ses mains avec transport amèneront votre bras   5

[2] Voltaire corrected 'qu'il ne doute' to 'qu'il redoute' in D13806.
[3] This part of MS2 seems to be an amalgamation of scene 2 and scene 4 (without Julie present). The cue lines are not attributed on the manuscript, but we have suggested attributions in square brackets for ease of reference. Speeches other than Pompées are not given in full by the manuscript.

AUFIDE

Venez donc chez Fulvie, et sachez qu'elle est prête
D'Octave, s'il le faut, à vous livrer la tête.
De quelques vétérans je tenterai la foi;
Sous votre illustre père ils servaient comme moi.
On change de parti dans les guerres civiles.   75
Aux desseins de Fulvie ils peuvent être utiles.

[POMPÉE]
Mais que vois-je paraître?

[AUFIDE]
Antoine avec Octave,

[POMPÉE]
Je suis entre leurs mains, et ma fureur les brave.

[OCTAVE]
Quel est cet étranger?

[AUFIDE]
Seigneur c'est un soldat.
Qu'un zèle assez hardi fait agir par l'Etat.

[POMPÉE]
J'espère que ma main, si le ciel ne l'arrête,   10
D'un fatal ennemi fera tomber la tête

[OCTAVE]
<En quels lieux est> ↑Avez-vous vu⁺ Pompée

[POMPÉE]
Aux bords du Rubicon

[OCTAVE]
Est-il seul? ↑[*illegible*]⁺

[POMPÉE]
Suivi d'un si grand nom
Il sera reconnu.

[OCTAVE]
Hâtez-vous; vous savez quelle est la récompense.   15

[POMPÉE]
Elle est publique.
(*Il s'en va avec Aufide.*)

73   66P, 67A1: j'ai su tenter la

L'intérêt qui fait tout les pourrait engager
A vous donner retraite, et même à vous venger.

POMPÉE

Je pourrais arracher Julie à ce perfide!
Je pourrais des Romains immoler l'homicide! 80
Octave périrait!

AUFIDE

Seigneur, n'en doutez pas.

POMPÉE

Marchons.

SCÈNE III

POMPÉE, AUFIDE, JULIE

JULIE

Que faites-vous? Où portez-vous vos pas?
On vous cherche, on poursuit tous ceux que cet orage
Put jeter comme moi sur cet affreux rivage.
Votre père, en Egypte aux assassins livré, 85
D'ennemis plus sanglants n'était pas entouré.
L'amitié de Fulvie est funeste et cruelle;
C'est un danger de plus qu'elle traîne après elle.
On l'observe, on l'épie, et tout me fait trembler;
Dans ces horribles lieux je crains de vous parler. 90
Regagnons ces rochers et ces cavernes sombres,
Où la nuit va porter ses favorables ombres.
Demain les trois tyrans aux premiers traits du jour,
Partent avec la mort de ce fatal séjour.
Ils vont loin de vos yeux ensanglanter le Tibre. 95
Ne précipitez rien; demain vous êtes libre.

POMPÉE

Noble et tendre moitié d'un guerrier malheureux,
O vous! ainsi que Rome objet de tous mes vœux!
Laissez-moi m'opposer au destin qui m'outrage.
Si j'étais dans des lieux dignes de mon courage,   100
Si je pouvais guider nos braves légions,
Dans les camps de Brutus, ou dans ceux des Catons,
Vous ne me verriez pas attendre de Fulvie
Un secours incertain contre la tyrannie.
Les dieux nous ont conduits dans ces sanglants déserts;   105
Marchons aux seuls sentiers que ces dieux m'ont ouverts.

JULIE

Octave en ce moment doit entrer chez Fulvie;
Si vous êtes connu, c'est fait de votre vie.

AUFIDE

Seigneur, craignez plutôt d'être ici découvert;
Aux tribuns, aux soldats ce passage est ouvert;   110
Entre ces deux dangers que prétendez-vous faire?

JULIE

Pompée, au nom des dieux, au nom de votre père;
Dont le malheur vous suit, et qui ne s'est perdu
Que par sa confiance et son trop de vertu;
Ayez quelque pitié d'une épouse alarmée!   115
Avons-nous un parti, des amis, une armée?
Trois monstres tout-puissants ont détruit les Romains;
Vous êtes seul ici contre mille assassins...
Ils viennent, c'en est fait, et je les vois paraître.

AUFIDE

Ah! laissez-vous conduire: on peut vous reconnaître.   120
Le temps presse, venez, vous vous perdez sans fruit.

JULIE

Je ne vous quitte pas.

POMPÉE

A quoi suis-je réduit!

SCÈNE IV

POMPÉE, JULIE, AUFIDE *sur le devant.*
OCTAVE, Licteurs *au fond.*

OCTAVE

Je prétends vous parler; ne fuyez point, Julie.

JULIE

Aufide me ramène aux tentes de Fulvie.

OCTAVE *à Aufide.*

Demeurez. Je le veux... Vous, quel est ce Romain?   125
Est-il de votre suite?

JULIE

Ah! je succombe enfin.

AUFIDE

C'est un de mes soldats dont l'utile courage
S'est distingué dans Rome en ces jours de carnage:
Et de Rome à mon ordre il arrive aujourd'hui.

OCTAVE *à Pompée.*

Parle, que fait Pompée? Où Pompée a-t-il fui?   130

POMPÉE

Il ne fuit point, Octave; il vous cherche, et peut-être
Avant la fin du jour vous le verrez paraître.

OCTAVE

Tu sais en quel état il faut le présenter:
C'est sa tête, en un mot, qu'il me faut apporter;
Et tu dois être instruit quelle est la récompense.   135

POMPÉE

Elle est publique assez.

JULIE

O terreur!

POMPÉE

O vengeance!

SCÈNE V

Les personnages précédents, un TRIBUN militaire.

LE TRIBUN

Vous êtes obéi; grâce à votre heureux sort,
Pompée en ce moment est ou captif ou mort.

OCTAVE

Que dis-tu?

137-49   MS1: [*may be an early version of scene 5*]
        ACTE III, SCÈNE VII
Sortie – Ah! vengeons-nous du moins de ce grand adversaire
Réplique – A-t-il enfin reçu le coup qui le menace?
Je le dois à César, à Rome [*?*] à [*illegible*]

        [TRIBUN]
Au bord du Rubicon, dans les lieux écartés
J'ai trouvé ses suivants; ils sont tous arrêtés.
Un soldat aujourd'hui confirme ce rapport.   5
Partout on le poursuit, s'il paraît il est mort
    (*Il s'en va avec Octave.*)

LE TRIBUN

Ses suivants s'avançaient dans la plaine
Qui s'étend de Pisaure aux remparts de Césène;   140
Les rebelles bientôt entourés et surpris,
De leurs témérités ont eu le digne prix.

POMPÉE

Ah ciel!

LE TRIBUN

A la valeur que tous ont fait paraître,
On croit qu'ils combattaient sous les yeux de leur maître.

POMPÉE *à part.*

Je perds tous mes amis!

LE TRIBUN

S'il est parmi les morts,   155
Vos soldats à vos pieds vont apporter son corps.
S'il est vivant, s'il fuit, il va tomber sans doute
Aux pièges que nos mains ont tendus sur sa route.
Il ne peut échapper au trépas qui l'attend.

OCTAVE

Allez, continuez ce service important.   150
Vous, Aufide, en tout temps j'éprouvai votre zèle.
Je sais qu'Antoine en vous trouve un guerrier fidèle.
Allez: si ce soldat peut servir aujourd'hui,
Souvenez-vous surtout de répondre de lui.
Vous, licteurs, arrêtez le premier téméraire   155
Qui viendrait sans mon ordre en ce lieu solitaire.

POMPÉE *à Aufide.*

Viens guider mes fureurs.

JULIE

O dieux qui m'écoutez,
Dans quel péril nouveau vous nous précipitez!

SCÈNE VI

OCTAVE, JULIE

OCTAVE, *arrêtant Julie.*

Je vous ai déjà dit que vous deviez m'entendre.
Votre abord en cette île a droit de me surprendre; 160
Mais cessez de me craindre, et calmez votre cœur.

JULIE

Seigneur, je ne crains rien; mais je frémis d'horreur.

OCTAVE

Vous changerez peut-être en connaissant Octave.

JULIE

J'ai le sort des Romains, il me traite en esclave. [4]
Vous pouviez respecter mon nom et mon malheur. 165

OCTAVE

Sachez que de tous deux je suis le protecteur.
Les respects des humains et Rome vous attendent.
Ce nom que vous portez et leurs vœux vous demandent.
Je dois vous y conduire; et le sang des Césars
Ne doit plus qu'en triomphe entrer dans ses remparts. 170

---

158   K84, 'Variantes': [*See Appendix, section 4.*]

---

[4] Lines 159-64 were worked into the opening of the scene and added in D13812.
The previous opening line 'Enfin donc je me trouve sous le pouvoir d'Octave!' was
deleted.

III

Pourquoi les quittez-vous? ne pourrai-je connaître
Qui vous dérobe à Rome où le ciel vous fit naître?

JULIE

Demandez-moi plutôt, dans ces horribles temps,
Pourquoi dans Rome encore il est des habitants?
La ruine, la mort, de tous côtés s'annonce;   175
Mon père était proscrit; et voilà ma réponse.

OCTAVE

Mes soins veillent sur lui; ses jours sont assurés;
Je les ai défendus, vous les rendez sacrés.

JULIE

Ainsi je dois bénir vos lois et votre empire,
Lorsque vous permettez que mon père respire.   180

OCTAVE

Il s'arma contre moi; mais tout est oublié.
Ne lui ressemblez point par son inimitié.
Mais enfin, près de moi qui vous a pu conduire?

JULIE

La colère des dieux obstinés à me nuire.

OCTAVE

Ces dieux se calmeront. Ma sévère équité   185
A vengé le héros qui m'avait adopté.
Il n'appartient qu'à moi d'honorer dans Julie
Le sang, l'auguste sang dont vous êtes sortie.
Je dois compte de vous à Rome, aux demi-dieux
Que le monde à genoux révère en vos aïeux.   190

JULIE

Vous!

OCTAVE

Un fils de César ne doit jamais permettre
Qu'en d'étrangères mains on ose vous remettre.

JULIE

Vous son fils!... ô héros! ô généreux vainqueur!
Quel fils as-tu choisi? quel est ton successeur?
César vous a laissé son pouvoir en partage;   195
Sa magnanimité n'est pas votre héritage.
S'il versa quelquefois le sang du citoyen,
Ce fut dans les combats en répandant le sien.
C'est par d'autres exploits que vous briguez l'empire.
Il savait pardonner, et vous savez proscrire.   200
Prodigue de bienfaits, et vous d'assassinats,
Vous n'êtes point son fils, je ne vous connais pas.

OCTAVE

Il vous parle par moi: Julie, il vous pardonne
Les noms injurieux que votre erreur me donne.
Ne me reprochez plus ces arrêts rigoureux   205
Qu'arrache à ma justice un devoir malheureux.
La paix va succéder aux jours de la vengeance.

JULIE

Quoi! vous me donneriez un rayon d'espérance!

OCTAVE

Vous pouvez tout.

JULIE

Qui? moi!

203-50   K84, 'Variantes': [*See Appendix, section 5.*]

OCTAVE

Vous devez présumer
Quel est le seul moyen qui peut me désarmer,   210
Et qui de ma clémence est la cause et le gage.

JULIE

Vous parlez de clémence au milieu du carnage!
Hélas! si tant de sang, de supplices, de morts,
Ont pu laisser dans vous quelque accès aux remords,
Si vous craignez du moins cette haine publique,   215
Cette horreur attachée au pouvoir tyrannique:
Ou si quelques vertus germent dans votre cœur,
En les mettant à prix n'en souillez point l'honneur;
N'en avilissez pas le caractère auguste.
Est-ce à vos passions à vous rendre plus juste?   220
Soyez grand par vous-même.

OCTAVE

Allez, je vous entends;
Et j'avais bien prévu vos refus insultants.
Un rival criminel, une race ennemie...

JULIE

Qui?

OCTAVE

Vous le demandez! vous savez trop, Julie,
Quel est depuis longtemps l'objet de mon courroux;   225
Et Pompée...

JULIE

Ah! cruel, quel nom prononcez-vous?
Pompée est loin de moi: qui vous dit que je l'aime?

OCTAVE

Qui me le dit? vos pleurs; qui me le dit? vous-même.

Pompée est loin de vous, et vous le regrettez!
Vous pensez m'adoucir lorsque vous m'insultez! 230
Lorsque de Rome enfin votre imprudente fuite
Du sein de vos parents vous entraîne à sa suite!

JULIE

Ainsi vous ajoutez l'opprobre à vos fureurs.
Ah! ce n'est pas à vous à m'enseigner les mœurs.
Je ne suis point réduite à tant d'ignominie; 235
Et ce n'est pas pour vous que je me justifie.
J'ai quitté mon pays que vous ensanglantez,
Mes parents et mes dieux que vous persécutez.
J'ai dû sortir de Rome où vous alliez paraître;
Mon père l'ordonnait; vous le savez peut-être, 240
C'est vous que je fuyais; mes funestes destins
Quand je vous évitais m'ont remise en vos mains.
Commandez, s'il le faut, à la terre asservie;
Mon cœur ne dépend point de votre tyrannie.
Vous pouvez tout sur Rome, et rien sur mon devoir.[5] 245

OCTAVE

Vous ignorez mes droits, ainsi que mon pouvoir.
Vous vous trompez, Julie, et vous pourrez apprendre
Que Lucius sans moi ne peut choisir un gendre;
Que c'est à moi surtout que l'on doit obéir.
Déjà Rome m'attend; soyez prête à partir. 250

JULIE

Voilà donc ce grand cœur, ce héros magnanime,
Qui du monde calmé veut mériter l'estime!
Voilà ce règne heureux de paix et de douceur!
Il fut un meurtrier, il devient ravisseur!

___

[5] Flaubert commented on this speech: 'Il y a ici de l'Emilie. Corneille tourmentait
Voltaire. Son monstrueux commentaire en est une preuve' (*Le Théâtre de Voltaire*,
p.371).

OCTAVE

Il est juste envers vous: mais, quoi qu'il en puisse être, 255
Sachez que le mépris n'est pas fait pour un maître.
Que vous aimiez Pompée, ou qu'un autre rival
Encouragé par vous cherche l'honneur fatal
D'oser un seul moment disputer ma conquête,
On sait si je me venge; il y va de sa tête; 260
C'est un nouveau proscrit que je dois condamner;
Et je jure par vous de ne point pardonner.

JULIE

Moi, j'atteste ici Rome et son divin génie,
Tous ces héros armés contre la tyrannie, [6]
Le pur sang des Césars, et dont vous n'êtes pas, 265
Qu'à vos proscriptions vous joindrez mon trépas,
Avant que vous forciez cette âme indépendante
A joindre une main pure à votre main sanglante.
Les meurtres que dans Rome ont commis vos fureurs
De celui que j'attends sont les avant-coureurs. 270
Un nouvel Appius a trouvé Virginie;
Son sang eut des vengeurs; il fut une patrie;
Rome subsiste encor. Les femmes en tout temps
Ont servi dans nos murs à punir les tyrans.
Les rois, vous le savez, furent chassés pour elles. 275
Nouveau Tarquin, tremblez!
    (*Elle sort.*)

255-59   K84 'Variantes': [*See Appendix, section 6.*]

[6] Compare *La Mort de César*, III.ii.53-54: 'Mais je parle à Brutus, à ce puissant génie, / A ce héros armé contre la tyrannie' (*OCV*, vol.8, p.215).

SCÈNE VII

OCTAVE *seul*

Que d'injures nouvelles!
Quel reproche accablant pour mon cœur oppressé!
Ce cœur m'en a dit plus qu'elle n'a prononcé. [7]
Le cruel est haï, j'en fais l'expérience.
Je suis puni déjà de ma toute-puissance.   280
A peine je gouverne, à peine j'ai goûté
Ce pouvoir qu'on m'envie, et qui m'a tant coûté.
Tu veux régner, Octave, et tu chéris la gloire;
Tu voudrais que ton nom vécût dans la mémoire;
Il portera ta honte à la postérité.   285
Etre à jamais haï! quelle immortalité!
Mais l'être de Julie, et l'être avec justice!
Entendre cet arrêt qui fait seul ton supplice!
Le peux-tu supporter ce tourment douloureux
D'un esprit emporté par de contraires vœux,   290
Qui fait le mal qu'il hait, et fuit le bien qu'il aime, [8]
Qui cherche à se tromper et qui se hait lui-même?
Faut-il donc que l'amour ajoute à mes fureurs?
Ah! l'amour était fait pour adoucir nos mœurs.
D'indignes voluptés corrompaient mon jeune âge.   295
L'ambition succède avec toute sa rage.
Par quel nouveau torrent je me laisse emporter!
Que d'ennemis à vaincre! et comment les dompter?
Mânes du grand César! ô mon maître! ô mon père!
Que Brutus immola, mais que Brutus révère;   300

---

[7] Flaubert commented: 'Calque évidente, pour la forme, pour la couleur surtout du mon. d'Aug. dans Cinna' (*Le Théâtre de Voltaire*, p.372).

[8] Compare Racine, *Cantiques spirituels*, cantique 3 (based on St Paul's Epistle to the Romans, ch.7): 'Je ne fais pas le bien que j'aime / Et je fais le mal que je hais' (*Œuvres complètes*, ed. R. Picard, R. Gros and E. Pilon, 2 vol., Paris, 1950, vol.1, p.1017).

Héros terrible et doux à tous tes ennemis,
Tu m'as laissé l'empire à ta valeur soumis;
La moitié de ce faix accable ma jeunesse;
Je n'ai que tes défauts, je n'ai que ta faiblesse;
Et je sens dans mon cœur de remords combattu,   305
Que je n'ose avec toi disputer de vertu. [9]

Fin du troisième acte

---

[6] The reading in line 306 was substituted for 'Qu'il voudrait avec toi disputer de vertu' in D13812.

ACTE IV

SCÈNE PREMIÈRE

FULVIE, ALBINE

ALBINE

Quand sous vos pavillons de sa crainte occupée,
Invoquant en secret l'ombre du grand Pompée,
Les sanglots à la bouche et la mort dans les yeux,
Julie appelle en vain les enfers et les dieux,
Vous la laissez, Fulvie, à sa douleur mortelle.   5

FULVIE

Qu'elle se plaigne aux dieux; je vais agir pour elle.
J'attends ici Pompée.

ALBINE

         Eh! ne pouviez-vous pas
De cette île avec eux précipiter vos pas?

FULVIE

Non; de nos ennemis la fureur attentive
Couvre de meurtriers et l'une et l'autre rive.   10
Rien ne peut nous tirer de ce gouffre d'horreur,
J'y reste encore un jour, et c'est pour leur malheur.

ALBINE

Qu'espérez-vous d'un jour?

FULVIE

         La mort; mais la vengeance.

ALBINE

Eh peut-on se venger de la toute-puissance?

FULVIE

Oui, quand on ne craint rien.

ALBINE

Dans nos vaines douleurs   15
D'un sexe infortuné les armes sont les pleurs.
Le puissant foule aux pieds le faible qui menace,
Et rit en l'écrasant de sa débile audace.

FULVIE

Désormais à Fulvie ils n'insulteront plus.
Ils ne se joueront pas de mes pleurs superflus.   20
Je sais que ces brigands affamés de rapine,
En comblant mon opprobre ont juré ma ruine.
Prodigues ravisseurs et bas intéressés,
Ils m'enlèvent les biens que mon père a laissés.
On les donne pour dot à ma fière rivale.   25
Mais, Albine, crois-moi, la pompe nuptiale
Peut se changer encore en un trop juste deuil;
Et tout usurpateur est près de son cercueil.
J'ai pris le seul parti qui reste à ma fortune.
De Pompée et de moi la querelle est commune.   30
Je l'attends; il suffit.

ALBINE

Il est seul, sans secours.

FULVIE

Il en aura dans moi.

ALBINE

Vous hasardez ses jours.

FULVIE

Je prodigue les miens. Va, retourne à Julie,

Soutiens son désespoir et sa force affaiblie;
Porte-lui tes conseils, son âge en a besoin;   35
Et de mon sort affreux laisse-moi tout le soin.

ALBINE

L'état où je vous vois m'épouvante et m'afflige.

FULVIE

Porte ailleurs ton effroi; va, laisse-moi, te dis-je.
Pompée arrive enfin, je le vois. Dieux vengeurs,
Ainsi que nos affronts unissez nos fureurs! [1]   40

SCÈNE II

POMPÉE, FULVIE

FULVIE

Etes-vous affermi?

40a   K84, 'Variantes': [See *Appendix, section 7.*]
40a-42   MS2:

ACTE IV, SCÈNE III [2]
Sortie – Tout tombe, tout gémit qui peut vous seconder?
[JULIE]
Ne vous exposez point; demain vous êtes libre.
[POMPÉE]
C'est la première fois que le ciel a permis
Que mon front se cachât à des yeux ennemis.
[JULIE]
Il le faut.

[1] Flaubert commented on this scene: 'Scène vive et nette. Comparée à l'entourage il y a peu de périphrase et de déclamation. Cette pièce du reste en est plus sobre que celles de la même époque, *Les Guèbres* par exemple. L'imitation de Corneille en est peut-être la cause. Volt[aire] visait, ici, à la fermeté. Mais quelle sécheresse!' (*Le Théâtre de Voltaire*, p.373).

[2] This scene in MS2 seems to be an early version of scene 2, but including Julie as well as Pompée and Fulvie. See also Appendix, section 7. Cue lines for other actors have been tentatively attributed.

POMPÉE

J'ai consulté ma gloire;

[POMPÉE]
O Julie!

[JULIE]
Eh bien?

[POMPÉE]
Quoi! Le barbare   5
Vous enlève à mes bras! Ce monstre nous sépare!
Fulvie, écoutez-moi

[FULVIE]
Calmez-vous.

[POMPÉE]
Ah, grands Dieux!
<Je crains en ces moments de rencontrer ses yeux!>
↑Eloignez-la de moi, sauvez-la de ces lieux.+

[JULIE]
<Il n'est d'autre moyen que de m'ôter le jour>
↑Et ne peux-tu mourir en m'arrachant le jour+
Frappe!

[POMPÉE]
Ah! qu'un autre sang...

[JULIE]
Frappe au nom de l'amour,   10
Frappe au nom de l'hymen, au nom de la Patrie.

[POMPÉE]
Au nom de tous les trois accordez-moi, Julie,
Ce que j'ai demandé, ce que j'attends de vous.
Pour le salut de Rome et celui d'un époux,
Achevez, évoquez les mânes de mon père.   15
J'ai dû ce sacrifice à cette ombre si chère.
Il faut une main pure aussi que votre encens.

[JULIE]
Le Phare est encor teint de son sang précieux.

[POMPÉE]
Il n'était qu'homme alors; il est auprès des dieux.
Songez que César même est tombé sa victime   20
Et qu'aux pieds de mon père il a fini son sort.

J'ai craint qu'elle ne vît une action trop noire
Dans le meurtre inouï qui nous tient occupés.

FULVIE

Elle parle avec Rome, elle vous dit: frappez.

Puisse Octave à son tour subir la même mort!
Julie, ... il la mérite.
                    [FULVIE]
Je ne pourrais plus rien: votre amour seul le perd.
                    [POMPÉE]
Levez au ciel les mains. La mienne se prépare   25
A vous tirer au moins de celles du barbare.
                    [JULIE]
Cruel! pouvez-vous bien vous exposer sans moi?
                    [POMPÉE]
Allez, ne craignez rien; je fais ce que je dois.
Faites ce que je veux.
                    [JULIE]
Mais qu'allez-vous tenter?
                    [POMPÉE]
                    Ce que mon père ordonne.   30
Les Romains apprendront que nous étions tous deux
                    (a Fulvie)
Dignes de vivre ensemble, et de mourir pour eux.
Il a fallu sans doute à son âme interdite
Dérober les horreurs du coup que je médite.
                    [FULVIE]
J'ai tremblé que l'amour ne vous fît hésiter   35
                    [POMPÉE]
Il accroit ma fureur au lieu de l'arrêter.
                    [FULVIE]
Êtes-vous affermi?
                    [POMPÉE]
                    J'ai consulté la gloire;
J'ai cru voir, je l'avoue, une action trop noire

42   67A1: [absent]
43a-49   MS2:
Mais Rome entière parle, et tout me dit: frappez.
Je marche sans scrupule, et mes mains seront prêtes.

123

Ils partent dès demain, ces destructeurs du monde; 45
Ils partent triomphants: et cette nuit profonde
Est le temps, le seul temps, où nous pouvons tous deux
Sans autre appui que nous venger Rome sur eux.[3]
Seriez-vous en suspens?

POMPÉE

Non: mes mains seront prêtes.
Je voudrais de cette hydre abattre les trois têtes. 50
Je ne peux immoler qu'un de mes ennemis,
Octave est le plus grand; c'est lui que je choisis.

FULVIE

Vous courez à la mort.

POMPÉE

Elle anoblit ma cause.
De cet indigne sang c'est peu que je dispose;
C'est peu de me venger; je n'aurais qu'à rougir 55
De frapper sans péril, et sans savoir mourir.

FULVIE

Vous faites encor plus, vous vengez la patrie,

45-48   66P, 67A1: [absent]
51   K84: ne puis immoler
53   MS2: Votre mort est certaine
54   MS2, 66P, 67A1: Du sang de ce tyran c'est[4]
57-59   MS2:
    Vengeons sur des méchants le monde qu'on opprime

[POMPÉE]
    Punir un criminel, ce n'est pas faire un crime

[3] Lines 45-48 first appear in NM. Voltaire suggested this reading in D13806.
[4] This line was changed to the reading of β in D13806.

Et le sang innocent qui s'élève et qui crie;
Vous servez l'univers.

POMPÉE

J'y suis déterminé.
L'assassin des Romains doit être assassiné.   60
Ainsi mourut César: il fut clément et brave,
Et nous pardonnerions à ce lâche d'Octave!
Ce que Brutus a pu, je ne le pourrais pas!
Et j'irais pour ma cause emprunter d'autres bras!
Le sort en est jeté. Faites venir Aufide.   65

FULVIE

Il veille près de nous dans ce camp homicide,
Qu'on l'appelle... Déjà (a) les feux sont presque éteints,
Et le silence règne en ces lieux inhumains.

SCÈNE III

POMPÉE, FULVIE, AUFIDE

FULVIE à *Aufide.*

Approchez: que fait-on dans ces tentes coupables?

(*a*) On voit dans l'éloignement des restes de feux faiblement allumés
autour des tentes, et le théâtre représente une nuit.[5]

C'est servir son pays: j'y suis déterminé.
  K84, 'Variantes': [*See Appendix, section 8.*]
65-74 MS2: Ne perdons point de temps; faites venir Aufide.

[5] Flaubert commented: 'La plus g[ran]de poésie dram[atique] de V[oltaire] est
dans la mise en scène. Ce trait par exemple est tout local, pittoresque, charmant. C'est
peut-être là ce qu'il y a de mieux dans toute la pièce. Il ne le pensait pas, à coup sûr'
(*Le Théâtre de Voltaire*, p.373).

AUFIDE

Le sommeil y répand ses pavots favorables,   70
Lorsque les murs de Rome au carnage livrés
Retentissent au loin des cris désespérés
Que jettent vers les cieux les filles et les mères
Sur les corps étendus des enfants et des pères.
Le sang ruisselle à Rome; Octave dort en paix.   75

POMPÉE

Vengeance, éveille-toi! Mort, punis ses forfaits!
Dites-moi dans quels lieux ses tentes sont dressées?

FULVIE

Vous avez remarqué ces roches entassées
Qui laissent un passage à ces vallons secrets
Arrosés d'un ruisseau que bordent des cyprès.   80
Le pavillon d'Antoine est auprès du rivage;
Passez, et dédaignez de venger mon outrage.
Vous trouverez plus loin l'enceinte et les palis
Où du clément César est le barbare fils.
Avancez, vengez-vous.

AUFIDE

                        Une troupe sanglante   85
Dans la nuit, à toute heure, environne sa tente.
Des plaisirs de leurs chefs affreux imitateurs,
Ils dorment auprès d'eux dans le sein des horreurs.

POMPÉE

Vous avez préparé votre fidèle esclave?

76 MS2: Eveille-toi vengeance! et punis ses forfaits!
        (à *Fulvie*)

126

FULVIE

Il vous attend; marchez jusques au lit d'Octave.   90

POMPÉE *à Fulvie.*

Je laisse entre vos mains dans ce cruel séjour
L'objet, le seul objet pour qui j'aimais le jour;
Le seul qui pût unir deux familles fatales,
Deux races de héros en infortune égales,
Le sang des vrais Césars. Ayez soin de son sort,   95
Enseignez à son cœur à supporter ma mort.
Qu'elle envisage moins ma perte que ma gloire,
Que mort pour la venger, je vive en sa mémoire;
C'est tout ce que je veux. Mais en portant mes coups
Je vous laisse exposée, et je frémis pour vous;   100
Antoine est en ces lieux maître de votre vie,
Il peut venger sur vous le frère d'Octavie.

90-102   MS2:

    Mes esclaves partout ont une libre entrée,
    On ne craint rien de moi

[POMPÉE]
           Sa perte est assurée
    Mon sang sera mêlé dans les flots de son sang.
      (*A Aufide.*)
    Quel mot a-t-on donné?

[AUFIDE]
           Seigneur de rang en rang
    La parole a couru; c'est Pompée et Pharsale   5

[POMPÉE]
    Elle coûtera cher, elle sera fatale,
    Et le nom de Pompée est un arrêt du sort
    Qui du fils de César a prononcé la mort.
    Mais je tremble pour vous, je tremble pour Julie!
    Antoine vengera le frère d'Octavie.   10
    K84, 'Variantes': [*See Appendix, section 9.*]

FULVIE

Qui? lui! qui? ce mortel sans pudeur et sans foi? [6]
Cet oppresseur de Rome et du monde et de moi?
Lui qui m'ose exiler? Quoi! dans mon entreprise   105
Vous pensez qu'un tyran, qu'une mort me suffise?
Aviez-vous soupçonné que je ne saurais pas
Porter, ainsi que vous, et souffrir le trépas?
Que je dévorerais mes douleurs impuissantes?
Voyez de ces tyrans les demeures sanglantes: 110
C'est l'école du meurtre, et j'ai dû m'y former.
De leur esprit de rage ils ont su m'animer.
Leur loi devient la mienne; il faut que je la suive.
Il faut qu'Antoine meure, et non pas que je vive.
Il périra, vous dis-je.

POMPÉE

Et par qui?

FULVIE

Par ma main. (22)   115

POMPÉE

Osez-vous bien remplir un si hardi dessein?

---

[6] Voltaire suggested a passage to precede this line to the d'Argentals in the run-up to the performance of the play in 1764. 'Aufide: La parole a couru, c'est Pompée et Pharsale. / Pompée: Elle coûtera cher, elle sera fatale. / Mais que devient Julie et quel est votre sort? / Fulvie: Laissez moi mes destins, allez porter la mort. / Il me suffit. / Pompée: Je crains pour vous et pour Julie. / Antoine vengera le frère d'Octavie. / Fulvie: Qui? lui – qui? ce mortel sans pudeur et sans foi?' (D11856). Some of this passage was included in the acting version (see above, variants to lines 90-102) before being suppressed by the author later (see D12050).

FULVIE

Osez-vous en douter? le destin nous rassemble,
Pour délivrer la terre et pour mourir ensemble.
Que le triumvirat par nous deux aboli,
Dans la tombe avec nous demeure enseveli.   120
J'ai trop vécu comme eux: le terme de ma vie
Est conforme aux horreurs dont les dieux l'ont remplie;
Et Pompée aux enfers descendant sans effroi,
Y va traîner Octave avec Antoine et moi.

AUFIDE

Non, espérez encor; les soldats de ces traîtres [7]   125
Ont changé quelquefois de drapeaux et de maîtres.
Ils ont trahi Lépide; (23) ils pourront aujourd'hui
Vendre au fils de Pompée un mercenaire appui.
Pour gagner les Romains, pour forcer leur hommage,
Il ne faut qu'un grand nom, de l'or, et du courage.   130
On a vu Marius entraîner sur ses pas

116a-144a   MS2:
       Aufide, commandez à Séva de me suivre
                      [AUFIDE]
       Marchez avec Pompée
                      [POMPÉE]
                  Allez, puissiez-vous vivre
       Pour jouir de leur perte et pour faire trembler
       Quiconque à l'avenir leur voudrait ressembler!
       [*the following four lines are covered by a slip of paper:*]
       Que Julie avec vous sans pleurer sur ma cendre   5
       La couvre de lauriers où j'ose encor prétendre;
       Que Brutus vous admire; et que mon souvenir
       Passe avec votre gloire aux siècles à venir !
          Il s'en va.
123   66P, 67A1: enfers descendu [8] sans

[7] Lines 125-43: the whole of this speech was added by Voltaire in D13812.
[8] Alteration recorded in D13806.

Les mêmes assassins payés pour son trépas. (24)
Nous séduirons les uns, nous combattrons le reste.
Ce coup désespéré peut vous être funeste,
Mais il peut réussir. Brutus et Cassius   135
N'avaient pas après tout des projets mieux conçus. (25)
Téméraires vengeurs de la cause commune,
Ils ont frappé César et tenté la fortune.
Ils devaient mille fois périr dans le Sénat:
Ils vivent cependant, ils partagent l'Etat;   140
Et dans Rome avec vous je les verrai peut-être.
Mes guerriers sur vos pas à l'instant vont paraître.
Nous vous suivrons de près; il en est temps, marchons.

POMPÉE

Je t'invoque, Brutus! je t'imite; frappons!
(*Il sort avec Aufide.*)

SCÈNE IV

FULVIE, JULIE, ALBINE

JULIE

Il m'échappe, il me fuit; ô ciel! m'a-t-il trompée? [9]   145
Autel! fatal autel! mânes du grand Pompée!
Votre fils devant vous m'a-t-il fait prosterner
Pour trahir mes douleurs et pour m'abandonner?

FULVIE

S'il arrive un malheur, armez-vous de courage:
Il faut s'attendre à tout.

JULIE

Quel horrible langage!   150

[9] Lines 145-56: the whole of this passage was inserted by Voltaire in D13609.

S'il arrive un malheur! Est-il donc arrivé?

FULVIE

Non, mais ayez un cœur plus grand, plus élevé.

JULIE

Il l'est; mais il gémit: vous haïssez, et j'aime.
Je crains tout pour Pompée, et non pas pour moi-même.
Que fait-il?

FULVIE

Il vous sert... Les flambeaux dans ces lieux   155
De leur faible clarté ne frappent plus mes yeux (*b*).
Sommeil! sommeil de mort! favorise ma rage!

JULIE

Où courez-vous?

FULVIE

Restez; j'ai pitié de votre âge,
De vos tristes amours, et de tant de douleurs.
Gémissez, s'il le faut; laissez-moi mes fureurs.   160

SCÈNE V

JULIE, ALBINE

JULIE

Que veut-elle me dire? et qu'est-ce qu'on prépare?
Séjour de meurtriers, île affreuse et barbare,

(*b*)   Les flambeaux qui éclairent les tentes s'éteignent.

162   66P, 67A1: Séjour des meurtriers [10]

[10] Change proposed in D13788 and confirmed by D13806.

Je l'avais bien prévu, tu seras mon tombeau.
Albine, instruisez-moi de mon malheur nouveau:
Pompée est-il connu? Voit-il sa dernière heure? 165
N'est-il plus d'espérance? Est-il temps que je meure?
Je suis prête, parlez.

ALBINE

    Dans cette horrible nuit,
J'ignore ainsi que vous s'il succombe ou s'il fuit,
Si Fulvie au trépas aura pu le soustraire:
Elle suit les conseils d'une aveugle colère, 170
Qu'en ses transports soudains rien ne peut captiver.
Elle expose Pompée au lieu de le sauver.

JULIE

Je m'y suis attendue; et quand ma destinée,
Dans cet orage affreux m'a près d'elle amenée,
Je ne me flattais pas d'y rencontrer un port. 175
Je sais que c'est ici le séjour de la mort.
Je suis perdue, Albine, et ne suis point trompée.
La fille d'un César, la veuve d'un Pompée,
Sera digne du moins, dans ces extrémités,
Du sang qu'elle a reçu, des noms qu'elle a portés. 180
On ne me verra point déshonorer sa cendre
Par d'inutiles cris qu'on dédaigne d'entendre,
Rougir de lui survivre, et tromper mes douleurs
Par l'espoir incertain de trouver des vengeurs.
Pour affronter la mort, il échappe à ma vue; 185
Il a craint ma faiblesse; il m'a trop mal connue;
S'il prétend que je vive, il m'outrage en effet.
Allons.

SCÈNE VI

JULIE, ALBINE, POMPÉE

JULIE

O dieux! Pompée!

POMPÉE

Il est mort, c'en est fait.

JULIE

Qui?

POMPÉE

L'univers est libre.

JULIE

O Rome! ô ma patrie!
Octave est mort par vous!

POMPÉE

Oui, je vous ai servie.   190
De la terre et de vous j'ai puni l'oppresseur.

188a-191   MS2:

SCÈNE IX
Sortie – Etendez sur le fils une main salutaire !
Réplique – Ah Pompée!

[POMPÉE]
Il est mort.
[JULIE]
Qui?
[POMPÉE]
Le perfide Octave... Oui, je vous ai vengée,
J'ai vengé l'univers; oui, ma main s'est plongée
Dans le coupable sang de ce lâche oppresseur.   5

JULIE

O succès inouï! trop heureuse fureur!

POMPÉE

Ses gardes assoupis dans leur infâme ivresse,[11]
Laissaient un accès libre à ma main vengeresse.
Un de ses favoris, un de ses assassins,   195
Un ministre odieux de ses affreux desseins,
Seul auprès du tyran reposait dans sa tente;
J'entre; un dieu me conduit; une idée effrayante
De la mort que j'apporte, un songe avant-coureur,
Dans son profond sommeil excitant sa terreur,   200
De ses proscriptions lui présentait l'image.
Quelques sons mal formés de sang et de carnage
S'échappaient de sa bouche, et son perfide cœur
Jusque dans le repos déployait sa fureur.
De funèbres accents ont prononcé *Pompée*;   205
Dans son cœur à ce nom j'ai plongé cette épée;
Mon rival a passé du sommeil au trépas,
Trépas encor trop doux pour tant d'assassinats.
Il aurait dû périr par un supplice insigne.
Je sais que de Pompée il eût été plus digne   210
D'attaquer un César au milieu des combats;
Mais un César tyran ne le méritait pas.
Le silence et la mort ont servi ma retraite.

196-97   MS2:
       Un de ces confidents de ses affreux desseins
       Reposait près de lui dans cette horrible tente.
207   MS2: Il a passé soudain du sommeil
212   MS2: Mais César assassin ne

[11] Octave's 'gardes assoupis' may be compared with Duncan's 'spongy officers' in *Macbeth*, I.vii.71.

JULIE

Je goûte en frémissant une joie inquiète.
L'effroi qui me saisit corrompant mon espoir, 215
Empoisonne en secret le bonheur de vous voir.
Pourrez-vous fuir du moins de cette île exécrable?

POMPÉE

Moi, fuir!

JULIE

Il reste encore un tyran redoutable.

POMPÉE

Si le ciel nous seconde, il n'en restera plus.

JULIE

Et comment rassurer mes esprits éperdus? 220
Antoine va venger la mort de son complice.

POMPÉE

D'Antoine en ce moment les dieux vous font justice;
Et je mourrai du moins heureux dans mes malheurs
Sur les corps tout sanglants de nos deux oppresseurs.
Venez, il n'est plus temps d'écouter vos alarmes. 225

214-217 MS2: Hélas! pourrez-vous fuir de cette île exécrable?
220 MS2: [absent]
223-225 MS2:

> Lui mort, je me présente aux soldats étonnés
> Par les dons de Fulvie aisément entraînés
> Nous verrons quel mortel ils choisiront pour guide,
> Ou le fils de Pompée ou le lâche Lépide.
> Peut-être ils me suivront quand je serai connu. 5
> Le ciel me soutiendra comme il m'a soutenu;
> Il a conduit mon bras, bannissez vos alarmes.

JULIE

Ciel! pourquoi ces flambeaux, ces cris, ce bruit des armes?

POMPÉE

Je ne vois plus l'esclave à qui j'étais remis,
Et qui me conduisant parmi mes ennemis,
Jusques au lit d'Octave a guidé ma furie.

SCÈNE VII

POMPÉE, JULIE, ALBINE, AUFIDE

AUFIDE

Tout serait-il perdu? L'esclave de Fulvie   230
Saisi par les soldats est déjà dans les fers.
De César dans le camp le nom remplit les airs.
On marche, on est armé. Le reste je l'ignore.
J'ai des soldats. Allons.

JULIE *à Aufide.*

Ah! c'est toi que j'implore;

229a-246 MS2:
    Rendez-vous aux Rochers, aux abîmes profonds
    Où nous étions jetés, ou du moins nous vivions.
    Allez, tant que ma main de ce fer est armée,
    Je brave les tyrans qui vous ont opprimée.
    Les destins ont trop bien secondé mes fureurs   5
    [*on a piece of paper stuck over previously written lines:*]
    Pour n'en pas espérer de nouvelles faveurs:
    Le lâche fuit en vain, la mort vole à sa fuite
    C'est en la défiant que le brave l'évite [*end of paper*]
    Le danger suit le lâche et le brave <l'évite> ↑le dompte⁺
      (*Il s'en va.*)
    [*underneath the paper:*]
    Pour n'en pas espérer de nouvelles faveurs   10
    <Encouragé par [*glue*] votre époux [*illegible*]>
    ↑Quelque soit le parti [*illegible*] la valeur le surmonte⁺

C'est toi qui de Pompée es devenu l'appui. 235

AUFIDE

Je vous réponds du moins de mourir près de lui.

POMPÉE

Mettez votre courage à supporter ma perte.
La tente de Fulvie à vos pas est ouverte;
Rentrez, attendez-y les derniers coups du sort;
Confondez vos tyrans encore après ma mort 240
Conservez pour eux tous une haine éternelle;
C'est ainsi qu'à Pompée il faut être fidèle.
Pour moi, digne de vivre et mourir votre époux,
Je leur vendrai bien cher des jours qui sont à vous. [12]
Le lâche fuit en vain; la mort vole à sa suite; 245
C'est en la défiant que le brave l'évite. [13]

Fin du quatrième acte

[12] Lines 243-44 were substituted for 'Nous verrons, si le ciel après tant de malheurs / Ne voudra pas enfin seconder mes fureurs' (D13597).
[13] Lines 245-46 were incorporated in place of 'Le danger suit le lâche, et le brave l'évite' (D11947).

ACTE V

SCÈNE PREMIÈRE

JULIE, FULVIE, Gardes *dans le fond.*

JULIE

Vous me l'aviez bien dit qu'il me fallait tout craindre.
Voilà donc nos succès!

FULVIE

            Vous êtes seule à plaindre;
Vous aviez devant vous un avenir heureux;
Vous perdez de beaux jours, et moi des jours affreux.
Vivez, si vous l'osez: je déteste la vie;   5
Ma main n'a pu suffire à mon âme hardie.
Ces monstres que le ciel veut encor protéger,
Sont plus heureux que nous dans l'art de se venger.
Pompée en s'approchant de ce perfide Octave, (26)
En croyant le punir n'a frappé qu'un esclave,   10
Qu'un des vils instruments de ses sanglants complots,
Indigne de mourir sous la main d'un héros.
D'un plus grand ennemi j'allais purger le monde;
Je marchais, j'avançais dans cette nuit profonde,
Mon bras était levé, lorsque de toutes parts   15
Les flambeaux rallumés ont frappé mes regards.
Octave tout sanglant a paru dans la tente.
De leurs lâches licteurs une troupe insolente

---

a   K84, 'Variantes': [*See Appendix, section 10.*]
7   66P, 67A1: Les monstres [1]

[1] This reading was discarded and replaced in D13788; change confirmed in D13806.

Me conduit en ces lieux captive auprès de vous.
Fléchissez vos tyrans; je brave ici leurs coups.　　　　20
Qu'on me laisse le jour, ou bien qu'on me punisse;
Ma vengeance est perdue, et voilà mon supplice.
Ciel! si tu veux encor prolonger mes destins,
Que ce soit seulement pour mieux armer mes mains,
Pour mieux servir ma haine et ma fureur trompée.　　　25

JULIE

Hélas! avez-vous su ce que devient Pompée?
Est-il vivant ou mort en ces déserts sanglants?
Aufide aura-t-il pu dérober aux tyrans
Ce héros tant proscrit que la terre abandonne?

FULVIE

Il n'ose m'en flatter: mais aucun ne soupçonne　　　30
Que Pompée en effet soit errant sur ces bords.
Vers Césène aujourd'hui tous ses amis sont morts;
Le bruit de son trépas commence à se répandre.
Les tyrans sont trompés; et vous pouvez comprendre
Que ce bruit peut servir encore à le sauver.　　　35
C'est un soin que mes mains n'ont pu se réserver.
Vous êtes libre au moins; son salut vous regarde:
Vous me voyez captive, on m'arrête, on me garde.
Je ne puis rien pour vous, ni pour lui, ni pour moi.
J'attends la mort.

30　66P, 67A1, W68, W70L, W72P: Je n'ose[2]

[2] Voltaire suggested 'Je n'ose m'en flatter, mais aucun ne soupçonne' in place de
'Oui, l'on peut s'en flatter; nul mortel ne soupçonne' (D13477).

SCÈNE II

JULIE, FULVIE, OCTAVE, ANTOINE, Tribuns, Licteurs

ANTOINE

Tribuns, exécutez ma loi; 40
Gardez cette coupable, et répondez-moi d'elle.
Suivez de ses complots la trace criminelle;
Qu'on l'observe: et surtout que nous soyons instruits
Des complices secrets par son ordre introduits.

FULVIE

Je n'ai point de complice; et ces noms méprisables 45
Sont faits pour vos suivants, sont faits pour vos semblables,
Pour ces Romains nouveaux, qui formés pour servir
Se sont déshonorés jusqu'à vous obéir.
Traîtres, ne cherchez point la main qui vous menace,
La voici, vous deviez connaître mon audace. 50
L'art des proscriptions que j'apprenais sous vous,
M'enseignait à vous perdre et dirigeait mes coups.
Je n'ai pu sur vous deux assouvir ma vengeance;
Je l'attends de vous seuls et de votre alliance;
Je l'attends des forfaits qui vous ont faits amis, 55
Ils vont vous diviser comme ils vous ont unis.
Il n'est point d'amitiés entre les parricides.
L'un de l'autre jaloux, l'un vers l'autre perfides,
Vous détestant tous deux, du monde détestés,
Traînant de mers en mers vos infidélités, 60
L'un par l'autre écrasés, et bourreaux et victimes,
Puissent vos maux sans nombre être égaux à vos crimes!
Citoyens révoltés, prétendus souverains,
Qui vous faites un jeu du malheur des humains,
Qui passant du carnage aux bras de la mollesse, 65
Du meurtre et du plaisir goûtez en paix l'ivresse.
Mon nom deviendra cher aux siècles à venir,

Pour avoir seulement tenté de vous punir.

ANTOINE

Qu'on la ramène, allez.

SCÈNE III

JULIE, OCTAVE, ANTOINE, Gardes

JULIE *à Octave.*

               Ah! souffrez que Julie
Loin de ses oppresseurs accompagne Fulvie.   70
Mon bras n'est point armé, je n'ai contre vous trois
Que mon cœur, ma misère, et nos dieux et nos lois:
Vous les méprisez tous; mais si César encore,
Ce nom sacré pour vous, ce nom que Rome honore,
Sur vos cœurs endurcis a quelque autorité,   75
Osez-vous à son sang ravir la liberté?
Pensait-il qu'en ces lieux sa nièce fugitive,
Du fils qu'il adopta deviendrait la captive?

OCTAVE

Pensait-il que Julie avec tant de fureur
Du sang qui la forma pourrait trahir l'honneur?   80
Je ne crois point votre âme encore assez hardie
Pour oser partager les crimes de Fulvie.
Mais sans vous imputer ses forfaits insensés
L'amante de Pompée est criminelle assez.

JULIE

Oui, je l'aime, César, et vous l'avez dû croire.   85
Je l'aime, je le dis, j'en fais toute ma gloire.
J'ai préféré Pompée errant, abandonné,
A César tout-puissant, à César couronné.
Caton contre les dieux prit le parti du père;

85-95   K84, 'Variantes': [*See Appendix, section 11.*]

Je mourrai pour le fils: cette mort m'est plus chère,   90
Que ne l'est à vos yeux tout le sang des proscrits;
Sa main les rachetait, mon cœur en fut le prix.
Ne lui disputez pas sa noble récompense;
César, contentez-vous de la toute-puissance.
S'il honora dans Rome, et surtout aux combats,   95
Un nom dont il est digne, et qu'il n'usurpe pas;
Si vous êtes jaloux du nom qu'il fait revivre,
Songez à l'égaler, plutôt qu'à le poursuivre.

OCTAVE

Oui, César est jaloux comme il est irrité.
Je crois valoir Pompée, et j'en suis peu flatté.   100
Et vous... Mais nous allons approfondir le crime.

SCÈNE IV

OCTAVE, ANTOINE, JULIE, un Tribun, Gardes

ANTOINE

Eh bien, qu'avez-vous fait?

LE TRIBUN

On conduit la victime.

JULIE

Quelle victime, ô ciel!

OCTAVE

Quel est ce malheureux?
Où l'a-t-on retrouvé?

101a-102   MS1:

ACTE V, SCÈNE IV
Sortie – Je crois valoir Pompée, et j'en suis peu flatté.
Réplique – Eh bien, qu'avez-vous fait?
[LE TRIBUN]
On conduit la victime.

LE TRIBUN

Vers ces antres affreux,
Au milieu des rochers qu'a frappés le tonnerre;　105
Du sang de nos soldats il a rougi la terre.
Aufide, de Fulvie un secret confident,
A côté de ce traître est mort en combattant.
Il n'a cédé qu'à peine au nombre, à ses blessures.
Nos soins multipliés dans ces roches obscures　110
Ont du sang qu'il perdait arrêté les torrents,
Et rappelé la vie en ses membres sanglants.
On a besoin qu'il vive, et que dans les supplices
Il vous instruise au moins du nom de ses complices.

ANTOINE

C'est quelqu'un des proscrits qui frappant au hasard　115

105　MS1: rochers fendus par le
107-108　MS1:

　　　Mes yeux n'ont jamais vu cet excès de fureur.
　　　Puissent tous vos guerriers égaler sa valeur!
110　MS1: <Nos> ↑Mes⁺ soins
111-12　MS1:

　　　<β>↑L'ont arraché des mains du soldat furieux⁺
　　　<β>↑J'ai menacé son sang il vous est précieux⁺
114a-124a　MS1:

　　　Aufide, de Fulvie un secret confident
　　　A côté de ce traître est mort en combattant

　　　　　　[ANTOINE]
　　　Mais savez-vous du moins le nom de l'homicide?

　　　　　　[LE TRIBUN]
　　　<Longtemps faible et mourant, il n'a pu nous parler>
　　　↑Maître de son secret qu'il eût pu révéler⁺
　　　<A peine son sang même a cessé de couler>³
　　　↑Les seuls tourments sauront le contraindre à parler.⁺　5

---

³ The deleted lines in MS1 were changed by Voltaire to: 'De ce grand attentat il se
fait trop d'honneur / Pour daigner en cacher le motif et l'auteur' (D11977). This
reading differs from the alternative offered by MS1.

143

Nous rapportait la mort aux lieux dont elle part.
On l'aura pu choisir dans une foule obscure.
Casca fit à César la première blessure. (27)
Je reconnais Fulvie et ses vaines fureurs,
Qui toujours contre nous armeront des vengeurs;   120
Mais je la forcerai de nommer ce perfide.

LE TRIBUN

Il n'en est pas besoin; sa fureur intrépide
De ce grand attentat se fait encore honneur;
Il n'en cachera pas le motif et l'auteur.

OCTAVE

Vous pâlissez, Julie!

LE TRIBUN

Il vient.

JULIE

Ciel implacable,   125
Vous nous abandonnez!

SCÈNE V

Les Acteurs précédents, POMPÉE *blessé et soutenu.*[4] Gardes

OCTAVE

Quel es-tu? misérable!

126a-127   MS2:

ACTE V, SCÈNE V
Sortie – A peine son sang même a cessé de couler
(*Il est blessé.*)
Réplique – A ce meurtre inouï, qui pouvait t'engager?

[4] Flaubert commented on this description of Pompée: 'V[oltaire] y tenait, voir *Les Guèbres*' (*Le Théâtre de Voltaire*, p.377).

A ce meurtre inouï, qui pouvait t'engager?

POMPÉE

Est-ce Octave qui parle, et m'ose interroger?

LE TRIBUN

Réponds au triumvir.

POMPÉE

Eh bien, ce nom funeste,
Eh bien, ce titre affreux que la terre déteste,   130
Devaient t'apprendre assez mon devoir, mes desseins.

JULIE

Je me meurs!

OCTAVE

Qui sont-ils?

POMPÉE

Ceux de tous les Romains.

ANTOINE

Dans un simple soldat quelle étrange arrogance!

OCTAVE

Sa fermeté m'étonne ainsi que sa vaillance.
Qu'es-tu donc?

POMPÉE

Un Romain digne d'un meilleur sort.   135

OCTAVE

Qui t'amenait ici?

131-34   MS2: Ce nom t'apprend assez mon devoir, mon dessein

POMPÉE

Ton châtiment, ta mort;
Tu sais qu'elle était juste.

JULIE

Enfin, la nôtre est sûre![5]

POMPÉE

Du monde entier sur toi j'ai dû venger l'injure.
Apprenez, triumvirs, oppresseurs des humains,
Qu'il est des Scévola[6] comme il est des Tarquins,   140
Même erreur m'a trompé... Licteurs, qu'on me présente
Le feu qui doit punir ma main trop imprudente;
Elle est prête à tomber dans le brasier vengeur,
Ainsi qu'elle fut prête à te percer le cœur.

OCTAVE

Lui! le soldat d'Aufide! A ce nouvel outrage,   145
A ces discours hardis, et surtout au courage

137   MS2:
       Elle était juste

[JULIE]
Arrête!... hélas, la mienne est sûre!

144a-157   MS2:
       Je croirais qu'un mortel qui peut penser ainsi
       N'est autre que Pompée, et qu'il me parle ici.
       Antoine, et vous Octave, en cette même place
       Vous savez qu'un soldat dont vous vantez l'audace,
       Accompagné d'Aufide, à tous deux a promis   5
       Que Pompée en vos mains serait bientôt remis?

[ANTOINE or OCTAVE]
Oui

[5] Flaubert commented: 'Julie fait une exclamation *a parte* qui doit faire rire à la scène' (*Le Théâtre de Voltaire*, p.377).
[6] Mucius Scaevola had killed Tarquin's secretary instead of the tyrant he sought to assassinate.

Que ce Romain déploie à mes yeux confondus,
A ces traits de grandeur sur son front répandus,
Si je n'étais instruit que Pompée en sa fuite
Au pied de l'Apennin brave encor ma poursuite, 150
Je croirais... Mais déjà vous me tirez d'erreur,
Vous pleurez, vous tremblez; c'est Pompée.

JULIE

        Ah, seigneur!

POMPÉE

Tu ne t'es pas trompé:[7] le Romain qui te brave,
Qui vengeait sa patrie et d'Antoine et d'Octave,
Possède un nom trop beau, trop cher à l'univers, 155
Pour ne pas s'en vanter dans l'opprobre des fers.
De Pompée en ces lieux je t'ai promis la tête:
Frappez, maîtres du monde, elle est votre conquête.

JULIE

Malheureuse!

OCTAVE

  O destins!

JULIE

  O pur sang des héros!

[POMPÉE]
  Je tiens ma parole, et j'apporte sa tête;
158a-159b MS2: [absent]

---

[7] Flaubert commented on lines 141-53: 'Tout cela est étrangement artificiel. Cela pue la rhétorique. On n'y voit qu'un moule et rien de coulé dedans' (*Le Théâtre de Voltaire*, p.378).

Tyran, tu vois sa femme, elle
est digne de l'être.

Engraving depicting the dénouement of *Le Triumvirat*
(w75G, vol.6, facing p.113).

POMPÉE

Je n'ai pu de mon père égaler les travaux;   160
Je cède à des tyrans ainsi que ce grand homme;
Et je meurs comme lui le défenseur de Rome.

JULIE

Octave, es-tu content? tu tiens entre tes mains,
Et Julie, et Pompée, et le sort des humains.
Prétends-tu qu'à tes pieds mes lâches pleurs s'épuisent?   165
Le faible les répand, les tyrans les méprisent.
Je me reprocherais jusqu'au moindre soupir,
Qui serait inutile et le ferait rougir.
Je ne te parle plus du vainqueur de Pharsale.
Si ton père a du sien pleuré la mort fatale,   170
Celui qui des Romains n'est plus que le bourreau,
N'est pas digne de suivre un exemple si beau.
Tes édits l'ont proscrit, arrache-lui la vie;
Mais commence par moi, commence par Julie:
Tandis que je vivrai, tes jours sont en danger.   175
Va, ne me laisse point un héros à venger.
Toi qui m'osas aimer, apprends à me connaître;
Tyran, tu vois sa femme, elle est digne de l'être.

OCTAVE

Par un crime de plus fléchit-on mon courroux?
Il n'est que plus coupable en étant votre époux.   180
Antoine, vous voyez ce que nos lois demandent.

ANTOINE

Son supplice: il le faut; nos légions l'attendent.
Je ne balance point; César a pardonné,

160   MS2: J'ai voulu de
162a-187 MS2:
       Le sang du grand Pompée après les attentats
       Doit du fils de César attendre le trépas.

Mais César bienfaisant est mort assassiné.
Les intérêts, les temps, les hommes, tout diffère.　185
Je combattis longtemps, et j'honorai son père:
Il s'arma noblement pour le sénat romain.
Je ne connais son fils que pour un assassin.

POMPÉE

Lâches! par d'autres mains vous frappez vos victimes.
J'ai fait une vertu de ce qui fait vos crimes.　190
Je n'ai pu vous frapper[8] au milieu des combats.
Vous aviez vos bourreaux, je n'avais que mon bras.
J'ai sauvé cent proscrits; et je l'étais moi-même:
Vous l'êtes par les lois. Votre grandeur suprême
Fut votre premier crime, et méritait la mort.　195
Par le droit des brigands arbitres de mon sort,
Vous croyez m'abaisser! vous! Dans votre insolence
Sachez qu'aucun mortel n'aura cette puissance.
Le ciel même, le ciel, qui me laisse périr,
Peut accabler Pompée, et non pas l'avilir.　200

ANTOINE

Vous voyez sa fureur, elle nous justifie;
Assurez notre empire, assurez notre vie.

JULIE

Barbares!

191　MS2: [absent]
193-96　MS2:
　　　　Tyrans, j'aurais voulu vous donner cent trépas
　　　　Pour vous, monstres de Rome, et pour tous vos complices
　　　　Je n'ai pu me baigner dans ce sang odieux:
　　　　Mais mon nom seul encor vous fait trembler tous deux.
200a-244　MS2: [absent]

[8] Voltaire proposed 'punir' for 'frapper' in D13845.

OCTAVE

Je connais son courage effréné;
Et Julie en l'aimant l'a déjà condamné.

ANTOINE

Sa mort depuis longtemps fut par nous préparée,   205
Elle est trop légitime, elle est trop différée.
C'est vous qu'il attaquait, c'est vous seul qui devez
Annoncer le destin que vous lui réservez.

OCTAVE

Vous approuvez ainsi l'arrêt que je vais rendre?

ANTOINE

Prononcez, j'y souscris.

POMPÉE

                Je suis prêt à l'entendre,   210
A le subir.

OCTAVE *après un long silence.* [9]

        Je suis le maître de son sort.
Si je n'étais que juge, il irait à la mort.
Je suis fils de César, j'ai son exemple à suivre.
C'est à moi d'en donner... Je pardonne, il doit vivre.
Antoine, imitez-moi: j'annonce aux nations   215
Que je finis le meurtre et les proscriptions;
Elles ont trop duré; je veux que Rome apprenne...

ANTOINE

Que vous voulez sur moi laisser tomber la haine,
Ramener les esprits pour m'en mieux éloigner,
Séduire les Romains, pardonner pour régner.   220

---

[9] This stage direction was added at Voltaire's request (D13583).

OCTAVE

Non, je veux vous apprendre à vaincre la vengeance;
L'amour est plus terrible, a plus de violence.
A mon âge, peut-être, il devait m'emporter;
Il me combat encore, et je veux le dompter.
Commençons l'un et l'autre un empire plus juste.   225
Que l'on oublie Octave, et qu'on chérisse Auguste. (28)
Soyez jaloux de moi: mais pour mieux effacer
Jusqu'aux traces du sang qu'il nous fallut verser,
Pardonnons à Fulvie, à ces malheureux restes
Des proscrits échappés à nos ordres funestes: 230
Par les cris des humains laissons-nous désarmer;
Et puisse Rome un jour apprendre à nous aimer! (29)
    (*A Julie.*)
Je vous rends à Pompée en lui rendant la vie.
Il n'aurait rien reçu s'il vivait sans Julie.
    (*A Pompée.*)
Sois pour ou contre nous, brave ou subis nos lois,   235
Sans te craindre ou t'aimer je t'en laisse le choix.
Soutenons à l'envi les grands noms de nos pères,
Ou généreux amis, ou nobles adversaires.
Si du peuple romain tu te crois le vengeur,
Ne sois mon ennemi que dans les champs d'honneur.   240
Loin du triumvirat va chercher un refuge.
Je prends entre nous deux la victoire pour juge.
Ne versons plus de sang qu'au milieu des hasards;
Je m'en remets aux dieux, ils sont pour les Césars.

JULIE

Octave, est-ce bien vous? est-il vrai?

POMPÉE

                            Tu m'étonnes!   245
En vain tu deviens grand, en vain tu me pardonnes,

Rome, l'Etat, mon nom nous rendent ennemis.
La haine qu'entre nous nos pères ont transmis
Est par eux commandée, et comme eux immortelle.
Rome par toi soumise à son secours m'appelle.   250
J'emploierai tes bienfaits, mais pour la délivrer:
Va, je la dois servir, mais je dois t'admirer. [10]

Fin du cinquième et dernier acte

252-252a   MS2: La servir, te combattre ... et surtout t'admirer. / *Fin du Rôle*

[10] This line was suggested in place of the reading in MS2 (D13477).

NOTES

(1)   *en cette île funeste.*[1]
Cette île, où les triumvirs commencèrent les proscriptions, est dans la rivière Réno, auprès de Bononia, que nous nommons Bologne. Elle n'est pas si grande qu'elle semble l'être dans cette tragédie; mais je crois qu'on peut très bien supposer, surtout en poésie, que l'île et la rivière étaient plus considérables autrefois qu'aujourd'hui;   5 et surtout ce tremblement de terre dont il est parlé dans Pline peut avoir diminué l'une et l'autre. Il y a dans l'histoire plusieurs exemples de pareils changements produits par des volcans et par des tremblements de terre. Ce fut dans ce temps-là même que la nouvelle ville d'Epidaure, sur le golfe Adriatique, fut renversée de   10 fond en comble, et le cours de la rivière sur laquelle elle était située fut changé et très diminué.

(2)   *il épouse Octavie.*[2]
Il est bon d'observer qu'Antoine n'épousa Octavie que longtemps après; mais c'est assez qu'il ait été beau-frère d'Octave. Il ne répudia point Octavie; mais il fut sur le point de la répudier quand il   15 fut amoureux de Cléopâtre, et elle mourut de chagrin et de colère.

(3)   *Octave vous aima.*[3]
Les historiens disent que Fulvie fit les avances à Octave, et qu'il ne la trouva pas assez belle;[4] ce qui paraît en effet par les vers licencieux qu'il fit contre Fulvie.

a-655a   67A1, W70L: [*Notes absent.*]

[1] I.i.2.
[2] I.i.26.
[3] I.i.35.
[4] Suetonius (*Lives of the Caesars*, book 2, ch.62) merely says that because he fell out with his mother-in-law, Fulvia, Octavian divorced her daughter Claudia.

Quod f... Glaphyram Antonius, hanc mihi poenam   20
Fulvia constituit, se quoque uti f...
Aut f..., aut pugnemus, ait! quid quod mihi vita
Charior est ipsa mentula, signa canant.[5]

Cette abominable épigramme est un des plus forts témoignages de l'infamie des mœurs d'Auguste. Peut-être l'auteur de la pièce en   25 a-t-il inféré qu'Octave s'était dégoûté de Fulvie, ce qui arrive toujours dans ces commerces scandaleux. Octave et Fulvie étaient également ennemis des mœurs, et prouvent l'un et l'autre la dépravation de ces temps exécrables; et cependant Auguste affecta depuis des mœurs sévères.   30

(4) *Passer Antoine même en ses emportements.*[6]
Il est très vrai qu'Auguste fut longtemps livré à des débauches de toute espèce. Suétone nous en apprend quelques-unes.[7] Ce même Sextus Pompée dont nous parlerons, lui reprocha des faiblesses infâmes, *effeminatum insectatus est.* Antoine avant le triumvirat déclara que César, grand-oncle d'Auguste, ne l'avait adopté pour   35 son fils, que parce qu'il avait servi à ses plaisirs; *adoptionem avunculi stupro meritum.* Lucius[8] lui fit le même reproche, et prétendit même qu'il avait poussé la bassesse jusqu'à vendre son corps à Hirtius

[5] 'Because Antony handles Glaphyra, Fulvia has appointed this penalty for me, that I, too, should handle her. [...] Either handle me or let us fight, she says. And what that my person is dearer to me than my very life? Let the trumpets sound' (Martial, *Epigrams*, book 11, ch.20, lines 3-4, 7-8; trans. by Walter C. A. Ker, 2 vol., London and Cambridge, MA, 1947-1950, vol.2, p.253). Voltaire also uses this passage in the *Questions sur l'Encyclopédie*, *OCV*, vol.39, p.214, article 'Auguste Octave', where it is quoted in full. It is also quoted in Voltaire's edition of Suetonius, in a note by Joanne Schildio, which Voltaire marked with a slip on which he wrote: 'fulviam ego ut futuam quid si me manius oret' (*CN*, vol.9; Suetonius, *C. Suetonius Tranquillus et in eum Commentarius exhibente Joanne Schildio*, Leiden, 1662, BV3220, p.250). Montaigne, *Essais*, book 3, ch.2 refers to these lines to illustrate the petty motives for which great emperors will go to war.

[6] I.i.40.

[7] *Lives of the Caesars*, book 2, ch.68-69.

[8] The brother of Antony.

pour une somme très considérable.[9] Son imprudence alla depuis
jusqu'à arracher une femme consulaire à son mari au milieu d'un   40
souper; il passa quelque temps avec elle dans un cabinet voisin, et la
ramena ensuite à la table, sans que lui, ni elle, ni son mari en
rougissent.

Nous avons encore une lettre d'Antoine à Auguste conçue en ces
mots: *Ita valeas ut hanc epistolam cum leges non inieris Testullam, aut*   45
Terentillam, aut Russilam, aut Salviam, aut omnes. Anne refert ubi,
et in quam arrigas.[10] On n'ose traduire cette lettre licencieuse.

Rien n'est plus connu que ce scandaleux festin de cinq
compagnons de ses plaisirs avec six principales femmes de
Rome. Ils étaient habillés en dieux et en déesses, et ils en imitaient   50
toutes les impudicités inventées dans les fables:

Dum nova divorum coenat adulteria.[11]

Enfin on le désigna publiquement sur le théâtre par ce fameux
vers:

Videsne ut cinaedus orbem digito temperet?[12]   55

Presque tous les auteurs latins qui ont parlé d'Ovide prétendent
qu'Auguste n'eut l'insolence d'exiler ce chevalier romain, qui était
beaucoup plus honnête homme que lui,[13] que parce qu'il avait été
surpris par lui dans un inceste avec sa propre fille Julie, et qu'il ne

---

39   66P, T67, K84: Son impudence alla

[9] The consul Aulus Hirtius paid 300,000 sesterces, according to Suetonius.

[10] Suetonius, *Lives of the Caesars*, book 2, ch.69: 'Ita valeas, uti tu, hanc epistulam
cum leges, non inieris Tertullam aut Terentillam aut Rufillam aut Salviam
Titiseniam aut omnes. An refert, ubi et in qua arrigas'. 'Good luck to you if when
you read this letter you have not been with Tertulla or Terentilla or Rufilla or Salvia
Titisenia, or all of them. Does it matter where or in whom you have your stiff prick?'
(trans. J. C. Rolfe, London and Cambridge, MA, 1998, p.255).

[11] *Lives of the Caesars*, book 2, ch.70: 'Dum nova divorum cenat adulteria'
('feasting amid novel debaucheries of the gods', p.255).

[12] *Lives of the Caesars*, book 2, ch.68: 'Videsne ut cinaedus orbem digito temperat'
('Do you see how an effeminate finger controls the world?', p.253).

[13] See introduction, p.46.

relégua même sa fille que par jalousie. Cela est d'autant plus 60
vraisemblable, que Caligula publiait hautement que sa mère était
née de l'inceste d'Auguste et de Julie; c'est ce que dit Suétone dans
la vie de Caligula. [14] On sait qu'Auguste avait répudié la mère de
Julie le jour même qu'elle accoucha d'elle, et il enleva le même jour
Livie à son mari, grosse de Tibère, autre monstre qui lui succéda. 65
Voilà l'homme à qui Horace disait:

> *Res Italas armis tuteris, moribus ornes,*
> *Legibus emendes, etc.* [15]

Antoine n'était pas moins connu par ses débordements effrénés.
On le vit parcourir toute l'Appulie dans un char superbe traîné par 70
des lions, avec la courtisane Citheris qu'il caressait publiquement
en insultant au peuple romain. Cicéron lui reproche encore un
pareil voyage fait aux dépens des peuples, avec une baladine
nommée Hyppias et des farceurs. [16] C'était un soldat grossier, qui
jamais dans ses débauches n'avait eu de respect pour les bien- 75
séances. Il s'abandonnait à la plus honteuse ivrognerie et aux plus
infâmes excès. Le détail de toutes ces horreurs passera à la dernière
postérité dans les *Philippiques* de Cicéron. *Sed jam stupra et flagitia*
omittam, sunt quaedam quae honeste non possum dicere, etc. Phil. 2. [17]
Voilà Cicéron qui n'ose dire devant le Sénat ce qu'Antoine a osé 80
faire; preuve bien évidente que la dépravation des mœurs n'était
point autorisée à Rome comme on l'a prétendu. Il y avait même des
lois contre les gitons, qui ne furent jamais abrogées. Il est vrai que
ces lois ne punissaient point par le feu un vice qu'il faut tâcher de
prévenir, et qu'il faut souvent ignorer. Antoine et Octave, le grand 85

---

[14] *Lives of the Caesars*, book 4, ch.23.

[15] *Epistles*, II.i.2-3 ('guarding our Italian state with arms, gracing her with morals,
and reforming her with laws', trans. H. Rushton Fairclough, London and Cambridge, MA, 1947, p.397).

[16] *Philippics*, II.xxix. Cicero does not give the picturesque detail about the lions in
his reference to the journey with Cytheris, but both Pliny and Plutarch mention it.

[17] *Philippics*, II.xix (for 'omittam' read 'omittamus'): 'But let us now dismiss his
whoredoms and outrages; there are some things I cannot speak of with decency'
(trans. Walter C. A. Ker, Cambridge, MA, and London, 1969, p.111).

César et Sylla, furent atteints de ce vice: mais on ne le reprocha jamais aux Scipions, aux Metellus, aux Catons, aux Brutus, aux Cicérons; tous étaient des gens de bien, tous périrent cruellement.

Leurs vainqueurs furent des brigands plongés dans la débauche. On ne peut pardonner aux historiens flatteurs ou séduits, qui ont 90 mis de pareils monstres au rang des grands hommes; et il faut avouer que Virgile et Horace ont montré plus de bassesse dans les éloges prodigués à Auguste, qu'ils n'ont déployé de goût et de génie dans ces tristes monuments de la plus lâche servitude.

Il est difficile de n'être pas saisi d'indignation en lisant à la tête 95 des *Géorgiques*, qu'Auguste est un des plus grands dieux, et qu'on ne sait quelle place il daignera occuper un jour dans le ciel; s'il régnera dans les airs, ou s'il sera le protecteur des villes, ou bien s'il acceptera l'empire des mers?

> *An deus immensi venias maris, ac tua nautae*   100
> *Numina sola colant, tibi serviat ultima Thule.* [18]

L'Arioste parle bien plus sensément, comme aussi avec plus de grâce, quand il dit dans son admirable trente-cinquième chant:

> *Non fu si santo, ne benigno Augusto,*
> *Come la tromba di Virgilio suona;*   105
> *L'aver avuto in poësia buon gusto,*
> *La proscriptione iniqua gli perdona, etc.* [19]

Tacite fait aisément comprendre comment le peuple romain s'accoutuma enfin au joug de ce tyran habile et heureux, et comme

---

109-10   66P, NM, T67: heureux, et comment les

---

[18] Virgil, *Georgics*, book 1, ch.1, lines 29-30: 'whether thou come as god of the boundless sea and sailors worship thy deity alone, while furthest Thule owns thy lordship' (trans. H. Rushton Fairclough, 2 vol., London and Cambridge, MA,1950, vol.1, p.83).

[19] *Orlando furioso*, XXXV.xxvi: 'Augustus was not as august and beneficent as Virgil makes him out in clarion tones – but his good taste in poetry compensates for the evil of his proscriptions', trans. G. Waldman (Oxford, 1974), p.425.

les lâches fils des plus dignes républicains crurent être nés pour   110
l'esclavage. Nul d'eux, dit-il, n'avait vu la République. [20]

(5)   *mes deux tyrans en secret se détestent.* [21]
Non seulement Octave et Antoine se haïssaient et se craignaient
l'un et l'autre, non seulement ils s'étaient déjà fait la guerre auprès
de Modène, mais Octave avait voulu assassiner Antoine; et quand
ils conférèrent ensemble dans l'île du Réno, ils commencèrent par   115
se fouiller réciproquement; se soupçonnant également l'un et
l'autre d'être des assassins. Il est bien évident que la vengeance
du meurtre de César ne fut jamais que le prétexte de leur ambition.
Ils n'agirent que pour eux-mêmes, soit quand ils furent ennemis,
soit quand ils furent alliés. Il me semble que l'auteur de la tragédie a   120
bien raison de dire:

> *A quels mortels, grands dieux, livrez-vous l'univers!* [22]

Le monde fut ravagé depuis l'Euphrate jusqu'au fond de
l'Espagne par deux scélérats sans pudeur, sans loi, sans honneur,
sans probité, fourbes, ingrats, sanguinaires, qui dans une répu-   125
blique bien policée auraient péri par le dernier supplice. Nous
sommes encore éblouis de leur splendeur, et ne devrions être
étonnés que de l'atrocité de leur conduite. Si on nous racontait de
pareilles actions de deux citoyens d'une petite ville, elles nous
dégoûteraient; mais l'éclat de la grandeur de Rome se répand sur   130
eux: elle nous en impose, et nous fait presque respecter ce que nous
haïssons dans le fond du cœur.

127   66P, NM: de leurs splendeurs, et

[20] *Annals*, book 1, ch.3.
[21] I.i.82.
[22] I.i.52. The line is misquoted here and later (line 263): for 'mortels', read
'maîtres'. Rome is subjected to similarly deflationary treatment in *Les Anciens et les
modernes* (1765), where Tullia, Cicero's daughter, confronted by the vastness of the
known world of the eighteenth century, exclaims: 'Comment! Nous qui nous
appelions *les maîtres de l'univers*, nous n'en aurions donc possédé que la moitié! Cela
est humiliant' (*M*, vol.25, p.454).

Les derniers temps de l'empire d'Auguste sont encore cités avec admiration, parce que Rome goûta sous lui l'abondance, les plaisirs et la paix. Il régna avec gloire, mais enfin il ne fut jamais cité comme un bon prince. Quand le Sénat complimentait les empereurs à leur avènement, que leur souhaitait-il? d'être plus heureux qu'Auguste, meilleurs que Trajan, *felicior Augusto, melior Trajano*.[23] L'opinion de l'empire romain fut donc qu'Auguste n'avait été qu'heureux, mais que Trajan avait été bon. En effet, comment peut-on tenir compte à un brigand enrichi, d'avoir joui en paix du fruit de ses rapines et de ses cruautés? *Clementiam non voco*, dit Sénèque, *lassam crudelitatem*.[24]

(6)   *Lucius César a des amis secrets.*[25]
Ce Lucius César avait épousé une tante d'Antoine, et Antoine le proscrivit. Il fut sauvé par les soins de sa femme qui s'appelait Julie. Je n'ai trouvé dans aucun historien qu'il ait eu une fille du même nom; je laisse à ceux qui connaissent mieux que moi les règles du théâtre et les privilèges de la poésie, à décider s'il est permis d'introduire sur la scène un personnage important qui n'a pas réellement existé. Je crois que si cette Julie était aussi connue qu'Antoine et Octave, elle ferait un plus grand effet. Je propose cette idée moins comme une critique que comme un doute.

(7)   *l'infâme avarice, etc.*[26]
Le prix de chaque tête était de cent mille sesterces, qui font aujourd'hui environ vingt-deux mille livres de notre monnaie. Mais il est très probable que le sang de Sextus Pompée, de Cicéron et des principaux proscrits, fut mis à un prix plus haut, puisque

---

[23] Eutropius, *Breviarium historiae romanae*, book 8, ch.5.
[24] Seneca, *De clementia*, book 1, ch.11, 2: 'Ego vero clementiam non voco lassam crudelitatem' ('I, surely, do not call weariness of cruelty mercy', *Moral essays*, trans. J. W. Basore, 3 vol., London and Cambridge, MA, 1928, p.391).
[25] I.ii.107.
[26] I.ii.117.

Popilius Laenas, assassin de Cicéron, reçut la valeur de deux cent mille francs pour sa récompense.

Au reste, le prix ordinaire de cent mille sesterces pour les hommes libres qui assassineraient des citoyens, fut réduit à quarante mille pour les esclaves. L'ordonnance en fut affichée dans toutes les places publiques de Rome. Il y eut trois cents sénateurs de proscrits, deux mille chevaliers, plus de cent négociants, tous pères de famille. Mais les vengeances particulières, et la fureur de la déprédation firent périr beaucoup plus de citoyens que les triumvirs n'en avaient condamné. Tous ces meurtres horribles furent colorés des apparences de la justice. On assassina en vertu d'un édit: et qui osait donner cet édit? trois citoyens qui alors n'avaient aucune prérogative que celle de la force.

L'avarice eut tant de part dans ces proscriptions, de la part même des triumvirs, qu'ils imposèrent une taxe exorbitante sur les femmes et sur les filles des proscrits, afin qu'il n'y eût aucun genre d'atrocité dont ces prétendus vengeurs de la mort de César ne souillassent leur usurpation.

Il y eut encore une autre espèce d'avarice dans Antoine et dans Octave, ce fut la rapine et la déprédation qu'ils exercèrent l'un et l'autre dans la guerre civile qui survint bientôt après entre eux.

Antoine dépouilla l'Orient, et Auguste força les Romains et tous les peuples d'Occident soumis à Rome, de donner le quart de leurs revenus, indépendamment des impôts sur le commerce. Les affranchis payèrent le huitième de leurs fonds. Les citoyens romains, depuis le triomphe de Paul Emile jusqu'à la mort de César n'avaient été soumis à aucun tribut. Ils furent vexés et pillés lorsqu'ils combattirent pour savoir de qui ils seraient esclaves, ou d'Octave ou d'Antoine.

Ces déprédateurs ne s'en tinrent pas là. Octave, immédiatement avant la guerre de Pérouse, donna à ses vétérans toutes les terres du territoire de Mantoue et de Crémone. Il chassa de leurs foyers un nombre prodigieux de familles innocentes, pour enrichir les meurtriers qui étaient à ses gages. César, son père, n'en avait point usé ainsi; et même quoique dans les Gaules il eût exercé tous

160

165

170

175

180

185

190

les brigandages qui sont les suites de la guerre, on ne voit pas qu'il ait dépouillé une seule famille gauloise de son héritage. Nous ne savons pas si lorsque les Bourguignons, et après eux les Francs, vinrent dans la Gaule, ils s'approprièrent les terres des vaincus. Il 195 est bien prouvé que Clovis et les siens pillèrent tout ce qu'ils trouvèrent de précieux, et qu'ils mirent les anciens colons dans une dépendance qui approchait de la servitude; mais enfin, ils ne les chassèrent pas des terres que leurs pères avaient cultivées. Ils le pouvaient en qualité d'étrangers, de barbares et de vainqueurs; 200 mais Octave dépouillait ses compatriotes.

Remarquons encore que toutes ces abominations romaines sont du temps où les arts étaient perfectionnés en Italie, et que les brigandages des Francs et des Bourguignons sont d'un temps où les arts étaient absolument ignorés dans cette partie du monde, alors 205 presque sauvage.

La philosophie morale qui avait fait tant de progrès dans Cicéron, dans Atticus, dans Lucrèce, dans Memmius, et dans les esprits de tant d'autres dignes Romains, ne put rien contre les fureurs des guerres civiles. Il est absurde et abominable de dire que 210 les belles-lettres avaient corrompu les mœurs. Antoine, Octave et leurs suivants ne furent pas méchants à cause de l'étude des lettres, mais malgré cette étude. C'est ainsi que du temps de la Ligue les Montagne, les Charron, les de Thou, les l'Hôpital, ne purent s'opposer au torrent de crimes dont la France fut inondée. 215

(8) *Mon génie était né pour les guerres civiles.* [27]
Fulvie se rend ici une exacte justice. Elle précipita le frère d'Antoine dans sa ruine; elle cabala avec Auguste et contre Auguste. Elle fut l'ennemie mortelle de Cicéron; elle était digne de ces temps funestes. Je ne connais aucune guerre civile où quelque femme n'ait joué un rôle. 220

---

[27] I.ii.122.

(9) *Lépide; est un fantôme...*[28]
Il était en effet tel que l'auteur le dépeint ici. [29] Le lâche proscrivit jusqu'à son propre frère, pour s'attirer l'affection de ses deux collègues, qu'il ne put jamais obtenir. Il fut obligé de se démettre de sa place de triumvir après la bataille de Philippes: il demeura pontife comme l'auteur le dit, mais sans crédit et sans honneurs. 225 Octave et lui moururent paisibles, l'un tout-puissant, l'autre oublié.

(10) *L'Orient est à vous.*[30]
Ce ne fut point ainsi que fut fait le partage dans l'île du Réno. Ce ne fut qu'après la bataille de Philippes, qu'Octave se réserva l'Italie; et ce nouveau partage même fut la source de tous les malheurs 230 d'Antoine et de la prospérité d'Auguste. Mais n'est-on pas étonné de voir deux citoyens débauchés, dont l'un même n'était pas guerrier, partager tranquillement tout ce que possèdent aujourd'hui le sultan des Turcs, l'empereur de Maroc, la maison d'Autriche, les rois de France, d'Angleterre, d'Espagne, de Naples, 235 de Sardaigne, les républiques de Venise, de Suisse et de Hollande? et ce qui est encore plus singulier, c'est que cette vaste domination fut le fruit de sept cents ans de victoires consécutives, depuis Romulus jusqu'à César.

(11) *et je n'ai que des rois.*[31]
On remarque en effet qu'avant la bataille d'Actium, il y eut un jour 240 quatorze rois dans l'antichambre d'Antoine; mais ces rois ne valaient ni les légions romaines, ni même le seul Agrippa qui gagna la bataille, et qui fit triompher le peu courageux Auguste de la valeur d'Antoine. Ce maître de l'Asie faisait peu de cas des rois qui le servaient; il fit fouetter le roi de Judée Antigone; après quoi 245

[28] I.iii.143.
[29] See 'Préface', lines 77-78 and n.10 on Lepidus. The triumvir's proscription of his own brother forms part of the dramatic action in Shakespeare's *Julius Caesar*, act 4, scene 1.
[30] I.iii.155.
[31] I.iii.160.

ce petit monarque fut mis en croix. Le prétendu royaume d'Antigone se bornait au territoire pierreux de Jérusalem et à la Galilée. Antoine avait donné le pays de Jéricho à Cléopâtre, qui jouissait de la terre promise. Il dépouillait souvent un roi d'une province pour en gratifier un favori. Il est bon de faire attention à tant d'insolence d'un côté, et à tant d'abrutissement de l'autre.

(12) *Craignez-vous un augure?*[32]
Auguste feignit toujours d'être superstitieux; et peut-être le fut-il quelquefois. Il eut, au rapport de Suétone,[33] la faiblesse de croire qu'un poisson qui sautait hors de la mer sur le rivage d'Actium, lui présageait le gain de la bataille. Ayant ensuite rencontré un ânier, il lui demanda le nom de son âne; l'ânier lui répondit qu'il s'appelait *Vainqueur*. Octave ne douta plus qu'il ne dût remporter la victoire. Il fit faire des statues d'airain de l'ânier, de l'âne et du poisson; il les plaça dans le Capitole. On rapporte de lui beaucoup d'autres petitesses, qui en contrastant avec tant de cruautés, forment le portrait d'un méchant méprisable, mais qui devint habile: et c'est à lui qu'on a dressé des autels de son vivant!
 À quels mortels,[34] *grands dieux, livrez-vous l'univers!*

(13) *Sacrifier Pompée.*[35]
Ce Sextus Pompeius dont nous avons déjà parlé, était fils du grand Pompée. Son caractère était noble, violent et téméraire. Il se fit une réputation immortelle dans le temps des proscriptions; il eut le courage de faire afficher dans Rome qu'il donnerait à ceux qui sauveraient les proscrits, le double de ce que les triumvirs promettaient aux assassins. Il finit par être tué en Phrygie par ordre d'Antoine. Son frère Cneius avait été tué en Espagne à la bataille de Munda. Ainsi toute cette famille si chère aux Romains, et qui combattait pour les lois, périt malheureusement; et Auguste si

---

[32] I.iii.171.
[33] *Lives of the Caesars*, book 2, ch.96.
[34] Voltaire misquotes himself again here: for 'mortels' read 'maîtres' (I.i.52).
[35] I.iii.212.

longtemps l'ennemi de toutes les lois, mourut dans la vieillesse la plus honorée.

(14) *César en fit autant.* [36]
Cela est incontestable, et je crois qu'on peut remarquer que   275
presque tous les chefs de parti dans les guerres civiles, ont été
des voluptueux, si l'on en excepte peut-être quelques guerres
fanatiques, comme celle dans laquelle Cromwell se signala. Les
chefs de la Fronde, ceux de la Ligue, ceux des maisons de
Bourgogne et d'Orléans, ceux de la rose blanche et ceux de la   280
rose rouge, s'abandonnèrent aux plaisirs au milieu des horreurs de
la guerre. Ils insultèrent toujours aux misères publiques, en se
livrant à la plus énorme licence; et les rapines les plus odieuses
servirent toujours à payer leurs plaisirs. On en voit de grands
exemples dans les mémoires du cardinal de Retz. Lui-même   285
s'abandonnait quelquefois à la plus basse débauche, et bravait les
mœurs en donnant des bénédictions. Le duc de Borgia, fils du pape
Alexandre VI en usait ainsi dans le temps qu'il assassinait tous les
seigneurs de la Romagne; et le peuple stupide osait à peine
murmurer. Tout cela n'est pas étonnant. La guerre civile est le   290
théâtre de la licence, et les mœurs y sont immolées avec les
citoyens.

(15) *Vers l'humaine équité quelque faible retour.* [37]
Il faut avouer qu'Auguste eut de ces retours heureux, quand le
crime ne lui fut plus nécessaire, et qu'il vit qu'étant maître absolu, il
n'avait plus d'autre intérêt que celui de paraître juste. Mais il me   295
semble qu'il fut toujours plus impitoyable que clément; car après la
bataille d'Actium il fit égorger le fils d'Antoine au pied de la statue
de César, et il eut la barbarie de faire trancher la tête au jeune
Césarion, fils de César et de Cléopâtre, que lui-même avait
reconnu pour roi d'Egypte.   300

[36] I.iii.247.
[37] II.i.16.

Ayant un jour soupçonné le préteur Gallius Quintus d'être venu à l'audience avec un poignard sous sa robe, il le fit appliquer en sa présence à la torture; et dans l'indignation où il fut de s'entendre appeler tyran par ce sénateur, il lui arracha lui-même les yeux, si on en croit Suétone.[38]   305

On sait que César, son père adoptif, fut assez grand pour pardonner à presque tous ses ennemis; mais je ne vois pas qu'Auguste ait pardonné à un seul.[39] Je doute fort de sa prétendue clémence envers Cinna. Tacite ni Suétone ne disent rien de cette aventure. Suétone qui parle de toutes les conspirations faites contre 310 Auguste,[40] n'aurait pas manqué de parler de la plus célèbre. La singularité d'un consulat donné à Cinna pour prix de la plus noire perfidie, n'aurait pas échappé à tous les historiens contemporains. Dion Cassius n'en parle[41] qu'après Sénèque, et ce morceau de Sénèque ressemble plus à une déclamation qu'à une vérité 315 historique.[42] De plus, Sénèque met la scène en Gaule, et Dion à Rome. Il y a là une contradiction qui achève d'ôter toute vraisemblance à cette aventure. Aucune de nos histoires romaines, compilées à la hâte et sans choix, n'a discuté ce fait intéressant. L'histoire de Laurent Echard est aussi fautive que tronquée.[43] 320 L'esprit d'examen a rarement conduit les écrivains.

Il se peut que Cinna ait été soupçonné ou convaincu par Auguste de quelque infidélité, et qu'après l'éclaircissement, Auguste lui eût accordé le vain honneur du consulat: mais il n'est nullement probable que Cinna eût voulu par une conspiration s'emparer de 325

---

[38] *Lives of the Caesars*, book 2, ch.27. Voltaire marked this anecdote with a bookmark in his copy of Suetonius (*CN*, vol.9).

[39] Suetonius states that there is strong evidence to the contrary: 'The evidences of his clemency and moderation are numerous and strong' (*Lives of the Caesars*, book 2, ch.51, p.229).

[40] *Lives of the Caesars*, book 2, ch.19.

[41] *Roman history*, book 55, ch.14-22.

[42] *De clementia*, book 1, ch.9 (*Moral essays*, p.381-87).

[43] Voltaire had two translations of Echard's *Roman history* in his library: the 1728 edition in six volumes, and the new revised edition of 1737 (BV1200, BV1201).

la puissance suprême, lui qui n'avait jamais commandé d'armée, qui n'était appuyé d'aucun parti, qui n'était pas enfin un homme considérable dans l'empire. Il n'y a pas d'apparence qu'un simple courtisan ait eu la folie de vouloir succéder à un souverain affermi par un règne de vingt années, qui avait des héritiers; et il n'est 330 nullement probable qu'Auguste l'eût fait consul immédiatement après la conspiration.

Si l'aventure de Cinna est vraie, Auguste ne pardonna que malgré lui, vaincu par les raisons ou par les importunités de Livie, qui avait pris sur lui un grand ascendant, et qui lui persuada que le 335 pardon lui serait plus utile que le châtiment. Ce ne fut donc que par politique qu'on le vit une fois exercer la clémence; ce ne fut certainement point par générosité.

Je sais que le public n'a pu souffrir dans le *Cinna* de Corneille, que Livie lui inspirât la clémence qu'on a vantée. Je n'examine ici 340 que la vérité des faits; *une tragédie n'est pas une histoire.* [44] On reprochait à Corneille d'avoir avili son héros, en donnant à Livie tout l'honneur du pardon. Je ne déciderai point si on a eu raison ou tort de supprimer cette partie de la pièce qui est aujourd'hui regardée comme une vérité sur la foi de la déclamation de Sénèque. 345

Je crois bien qu'Auguste a pu pardonner quelquefois par politique, et affecter de la grandeur d'âme: mais je suis persuadé qu'il n'en avait pas; et sous quelques traits héroïques qu'on puisse le représenter sur le théâtre, je ne peux avoir d'autre idée de lui que celle d'un homme uniquement occupé de son intérêt pendant toute 350 sa vie. Heureux quand cet intérêt s'accordait avec la gloire. Après tout, un trait de clémence est toujours grand au théâtre, et surtout quand cette clémence expose à quelque danger. Il faut, dit-on, sur la scène être plus grand que nature.

---

[44] Compare the préface to *Rome sauvée*: 'Les savants ne trouveront pas ici une histoire fidèle de la conjuration de Catalina. Ils sont assez persuadés qu'une tragédie n'est pas une histoire; mais ils verront une peinture vraie des mœurs de ce temps-là' (*OCV*, vol.31A, p.149).

(16) *Le sphinx est son emblème, etc.* [45]

Il est vrai qu'Auguste porta longtemps au doigt un anneau sur   355
lequel un sphinx était gravé. [46] On dit qu'il voulait marquer par là
qu'il était impénétrable. Pline le naturaliste rapporte que lorsqu'il
fut seul maître de la République, les applications odieuses trop
souvent faites par les Romains à l'occasion du sphinx, le
déterminèrent à ne plus se servir de ce cachet; et il y substitua la   360
tête d'Alexandre: mais il me semble que cette tête d'Alexandre
devait lui attirer des railleries encore plus fortes, et que la
comparaison qu'on devait faire continuellement d'Alexandre et
de lui, n'était pas à son avantage. Celui qui par son courage
héroïque vengea la Grèce de la tyrannie du plus puissant roi de la   365
terre, n'avait rien de commun avec le petit-fils d'un simple
chevalier, qui se servit de ses concitoyens pour asservir sa patrie.
Voyez les remarques suivantes.

(17) *J'ai vu périr Caton.* [47]

Je propose quelques réflexions sur la vie et sur la mort de Caton. Il
ne commanda jamais d'armée, il ne fut que simple préteur, et   370
cependant nous prononçons son nom avec plus de vénération que
celui des Césars, des Pompées, des Brutus, des Cicérons, et des
Scipions mêmes. C'est que tous ont eu beaucoup d'ambition ou de
grandes faiblesses. C'est comme citoyen vertueux, c'est comme
stoïcien rigide, qu'on révère Caton malgré soi, tant l'amour de la   375
patrie est respecté par ceux mêmes à qui les vertus patriotiques sont
inconnues, tant la philosophie stoïcienne force à l'admiration ceux
mêmes qui en sont le plus éloignés. Il est certain que Caton fit tout
pour le devoir, tout pour la patrie, et jamais rien pour lui. Il est

369   66P, NM, T67, W68, W71L: propose ici quelques

[45] II.i.25.

[46] Voltaire marked the page of his copy of Suetonius on which this sphinx is
mentioned with a bookmark on which he wrote 'sphinx' (*CN*, vol.9). See also Pliny,
Natural history, book 37, ch.4.

[47] III.i.11.

presque le seul Romain de son temps qui mérite cet éloge. Lui seul, 380
quand il fut questeur, eut le courage, non seulement de refuser aux
exécuteurs des proscriptions de Sylla l'argent qu'ils redemandaient
encore en vertu des rescriptions que Sylla leur avait laissées sur le
trésor public; mais il les accusa de concussion et d'homicide, et les
fit condamner à mort; donnant ainsi un terrible exemple aux 385
triumvirs, qui dédaignèrent d'en profiter. Il fut ennemi de
quiconque aspirait à la tyrannie. Retiré dans Utique après la
bataille de Tapsa que César avait gagnée, il exhorte les sénateurs
d'Utique à imiter son courage, à se défendre contre l'usurpateur; il
les trouve intimidés; il a l'humanité de pourvoir à leur sûreté dans 390
leur fuite. Quand il voit qu'il ne lui reste plus aucune espérance de
sauver sa patrie, et que sa vie est inutile, il sort de la vie sans écouter
un moment l'instinct qui nous attache à elle; il se rejoint à l'être des
êtres loin de la tyrannie.

On trouve dans les odes de La Mothe un couplet contre Caton: 395

> *Caton d'une âme plus égale*
> *Sous l'heureux vainqueur de Pharsale*
> *Eût souffert que l'homme pliât,*
> *Mais incapable de se rendre*
> *Il n'eut pas la force d'attendre* 400
> *Un pardon qui l'humiliât.*[48]

On voit dans ces vers quelle est l'énorme différence d'un
bourgeois de nos jours et d'un héros de Rome. Caton n'aurait
pas eu une âme égale, mais très inégale, si ayant toute sa vie soutenu
la cause divine de la liberté, il l'eût enfin abandonnée. On lui 405
reproche ici d'être incapable de se rendre, c'est-à-dire d'être
incapable de lâcheté. On prétend qu'il devait attendre son
pardon; on le traite comme s'il eût été un rebelle révolté contre
son souverain légitime et absolu, auquel il aurait fait volontaire-
ment serment de fidélité. 410

---

[48] These lines from part of stanza 10 of La Motte's *L'Amour-propre: ode à
Monseigneur l'évêque de Soissons* (for 'l'homme pliât' read 'Rome pliât') *Œuvres de
Monsieur Houdar de La Motte*, 10 vol. in 11 (n.p., 1753), vol.1, part 2 (1753), p.367.

Les vers de La Mothe sont d'un cœur esclave qui cherche de l'esprit. Je rougis quand je vois quels grands hommes de l'antiquité nous nous efforçons tous les jours de dégrader, et quels hommes communs nous célébrons dans notre petite sphère.

D'autres plus méprisables ont jugé Caton par les principes d'une 415 religion qui ne pouvait être la sienne, puisqu'elle n'existait pas encore. Rien n'est plus injuste ni plus extravagant. Il faut le juger par les principes de Rome, de l'héroïsme et du stoïcisme, puisqu'il était Romain, héros et stoïcien.

(18)   *Les Scipions sont morts aux déserts de Carthage.* [49]
Je ne sais pas ce que l'auteur entend par ce vers. Je ne connais que 420 Métellus Scipion qui fit la guerre contre César en Afrique, conjointement avec le roi Juba. Il perdit la grande bataille de Tapsa, et voulant ensuite traverser la mer d'Afrique, la flotte de César coula son vaisseau à fond. Scipion périt dans les flots et non dans les déserts. J'aimerais mieux que l'auteur eût mis, *les Scipions* 425 *sont morts aux syrtes de Carthage*. Il faut de la vérité autant qu'on le peut.

(19)   *Cicéron, tu n'es plus, etc.* [50]
Je remarquerai sur le meurtre de Cicéron, qu'il fut assassiné par un tribun militaire nommé Popilius Laenas, pour lequel il avait daigné plaider, et auquel il avait sauvé la vie. Ce meurtrier reçut d'Antoine 430 deux cent mille livres de notre monnaie, pour la tête et les deux mains de Cicéron qu'il lui apporta dans le Forum. Antoine les fit clouer à la tribune aux harangues. Les siècles suivants ont vu des assassinats, mais aucun qui fût marqué par une si horrible ingratitude, ni qui ait été payé si chèrement. Les assassins de 435 Valstein, du maréchal d'Ancre, du duc de Guise le Balafré, du duc de Parme Farnèse bâtard du pape Paul III, et de tant d'autres, étaient à la vérité des gentilshommes, ce qui rend leur attentat

[49] III.i.12.
[50] III.i.13.

encore plus infâme; mais du moins ils n'avaient pas reçu de
bienfaits des princes qu'ils massacrèrent; ils furent les indignes   440
instruments de leurs maîtres; et cela ne prouve que trop que
quiconque est armé du pouvoir, et peut donner de l'argent, trouve
toujours des bourreaux mercenaires quand il le veut: mais des
bourreaux gentilshommes, c'est là ce qui est le comble de l'infamie.

Remarquons que cette horreur et cette bassesse ne furent jamais   445
connues dans les temps de la chevalerie; je ne vois aucun chevalier
assassin pour de l'argent.

Si l'auteur de l'*Esprit des lois* avait dit que l'honneur était
autrefois le ressort et le mobile de la chevalerie, il aurait eu raison:
mais prétendre que l'honneur est le mobile de la monarchie, après   450
les assassinats à prix fait du maréchal d'Ancre et du duc de Guise, et
après que tant de gentilshommes se sont faits bourreaux et archers,
après tant d'autres infamies de tous les genres, cela est aussi peu
convenable que de dire que la vertu est le mobile des républiques. [51]
Rome était encore république du temps des proscriptions de Sylla,   455
de Marius et des triumvirs. Les massacres d'Irlande, la Saint-
Barthélemi, les Vêpres siciliennes, les assassinats des ducs
d'Orléans et de Bourgogne, le faux monnayage, tout cela fut
commis dans des monarchies.

Revenons à Cicéron. Quoique nous ayons ses ouvrages, Saint-   460
Evremont est le premier qui nous ait avertis qu'il fallait considérer
en lui l'homme d'Etat et le bon citoyen. [52] Il n'est bien connu que
par l'histoire excellente que Midleton nous a donnée de ce grand

---

[51] Compare *Commentaire sur l'Esprit des lois*, ch.29: 'Vous me parlez sans cesse de
monarchie fondée sur l'honneur, et de république fondée sur la vertu. Je vous dis
hardiment qu'il y a dans tous les gouvernements de la vertu et de l'honneur' (*OCV*,
vol.80B, p.364; see also ch.10).

[52] *Œuvres mêlées*, 7 vol. (Amsterdam, 1706), vol.3, p.170 (*Discours sur les historiens
français*). Among the seven lost chapters of the *Réflexions sur les divers génies du
peuple romain* (vol.1, p.210 *et seq.*), chapter 13 dealt with Cicero's character and
political conduct (see p.290-91). In *La Mort de César* (1736), Cicero had been
presented unfavourably: 'Hardi dans le sénat, faible dans le danger, / Fait pour
haranguer Rome, et non pour la venger' (II.iv.165-66; *OCV*, vol.8, p.203). Some
reparation had been made by Voltaire in *Rome sauvée* (1742).

homme.[53] Il était le meilleur orateur de son temps, et le meilleur
philosophe. Ses *Tusculanes*[54] et son *Traité de la nature des dieux*,[55]   465
si bien traduits par l'abbé d'Olivet, et enrichis de notes savantes,
sont si supérieurs dans leur genre, que rien ne les a égalés depuis,
soit que nos bons auteurs n'aient pas osé prendre un tel essor, soit
qu'ils n'aient pas eu les ailes assez fortes.[56] Cicéron disait tout ce
qu'il voulait; il n'en est pas ainsi parmi nous. Ajoutons encore que   470
nous n'avons aucun traité de morale qui approche de ses *Offices*; et
ce n'est pas faute de liberté que nos auteurs modernes ont été si au-
dessous de lui en ce genre, car de Rome à Madrid on est sûr
d'obtenir la permission d'ennuyer en moralités.

Je doute que Cicéron ait été un aussi grand homme en politique.   475
Il se laissa tromper à l'âge de soixante et trois ans par le jeune
Octave, qui le sacrifia bientôt au ressentiment de Marc-Antoine.
On ne vit en lui ni la fermeté de Brutus, ni la circonspection
d'Atticus. Il n'eut d'autre fonction dans l'armée du grand Pompée
que celle de dire des bons mots. Il courtisa ensuite César; il devait,   480
après avoir prononcé les *Philippiques*, les soutenir les armes à la
main. Mais je m'arrête, je ne veux pas faire la satire de Cicéron.

(20)   *Ont fait couler le sang du plus grand des mortels.*[57]
Je propose ici une conjecture. Il me semble que l'intérêt des

[53] The *Miscellaneous works* of Conyers Middleton (2nd ed., 5 vol., London, 1755)
formed part of Voltaire's library (BV2447), as well as a French translation of his
Letter from Rome (BV2448). Middleton's *History of the life of Marcus Tullius Cicero*
(1741) was translated by the abbé Prévost, and published in 1743 (*Ferney catalogue*,
no.2067). The translation was praised by Voltaire in an article for the *Gazette
littéraire* of 9 May 1764 (*M*, vol.25, p.177-78; see also D12192 and D2970, where
Voltaire speaks of the translation as 'libre et très libre').

[54] The translation 'par messieurs Bouhier et d'Olivet' appeared in 1737 and ran to
a fourth edition in 1766. Voltaire owned the 1737 edition (BV778).

[55] There were 'remarques de M. le president Bouhier' with this translation, which
went through four editions between 1721 and 1766. Voltaire owned the 1721 edition
(BV773).

[56] Pierre Joseph Thoulier d'Olivet had been Voltaire's teacher at the Collège
Louis-le-Grand, and they remained in correspondence until d'Olivet's death in 1768.

[57] III.i.18.

ministres du jeune Ptolémée âgé de treize ans, n'était point du tout
d'assassiner Pompée, mais de le garder en otage, comme un gage   485
des faveurs qu'ils pouvaient obtenir du vainqueur, et comme un
homme qu'ils pouvaient lui opposer s'il voulait les opprimer.

Après la victoire de Pharsale, César dépêcha des émissaires
secrets à Rhodes, pour empêcher qu'on ne reçût Pompée. Il dut, ce
me semble, prendre les mêmes précautions avec l'Egypte; il n'y a   490
personne qui en pareil cas négligeât un intérêt si important. On
peut croire que César prit cette précaution nécessaire, et que les
Egyptiens allèrent plus loin qu'il ne voulait; ils crurent s'assurer de
sa bienveillance en lui présentant la tête de Pompée. On a dit qu'il
versa des larmes en la voyant: mais ce qui est bien plus sûr, c'est   495
qu'il ne vengea point sa mort; il ne punit point Septime, tribun
romain, qui était le plus coupable de cet assassinat. Et lorsque
ensuite il fit tuer Achillas, ce fut dans la guerre d'Alexandrie, et
pour un sujet tout différent. Il est donc très vraisemblable que si
César n'ordonna pas la mort de Pompée, il fut au moins la cause   500
très prochaine de cette mort. L'impunité accordée à Septime est
une preuve bien forte contre César. Il aurait pardonné à Pompée, je
le crois, s'il l'avait eu entre ses mains; mais je crois aussi qu'il ne le
regretta pas. Et une preuve indubitable, c'est que la première chose
qu'il fit, ce fut de confisquer tous ses biens à Rome. On vendit à   505
l'encan la belle maison de Pompée; Antoine l'acheta, et les enfants
de Pompée n'eurent aucun héritage.

(21)   *un fils de Cépias.* [58]
Dion Cassius nous apprend que le surnom du père d'Auguste était
Cépias. Cet Octavianus Cépias fut le premier sénateur de sa
branche. Le grand-père d'Auguste n'était qu'un riche chevalier   510
qui négociait dans la petite ville de Veletri, et qui épousa la sœur
aînée de César, soit qu'alors la famille des Césars fût pauvre, soit
qu'elle voulût plaire au peuple par cette alliance disproportionnée.
J'ai déjà dit qu'on reprochait à Auguste que son bisaïeul avait été

---

[58] III.i.21.

un petit marchand, un changeur à Veletri. Ce changeur passait 515
même pour le fils d'un affranchi. Antoine osa appeler Octave du
nom de Spartacus dans un de ses édits, en faisant allusion à sa
famille qu'on prétendait descendre d'un esclave. Vous trouverez
cette anecdote dans la huitième Philippique de Cicéron, *quem
Spartacum in edictis appellat*, etc. [59]   520

Il y a mille exemples de grandes fortunes qui ont eu une basse
origine, ou que l'orgueil appelle basse: il n'y a rien de bas aux yeux
du philosophe; et quiconque s'est élevé doit avoir eu cette espèce de
mérite qui contribue à l'élévation. Mais on est toujours surpris de
voir Auguste, né d'une famille si mince, un provincial sans nom, 525
devenir le maître absolu de l'empire romain, et se placer au rang des
dieux.

On lui donne des remords dans cette pièce, on lui attribue des
sentiments magnanimes; je suis persuadé qu'il n'en eut point; mais
je suis persuadé qu'il en faut au théâtre.   530

(22) *Par ma main.* [60]

Ce trait n'est pas historique, mais il ne m'étonne point dans Fulvie;
c'était une femme extrême en ses fureurs, et digne, comme elle le
dit, du temps funeste où elle était née. Elle fut presque aussi
sanguinaire qu'Antoine. Cicéron rapporte dans sa troisième
Philippique, que Fulvie étant à Brindes avec son mari, quelques 535
centurions mêlés à des citoyens voulurent faire passer trois légions
dans le parti opposé; qu'il les fit venir chez lui l'un après l'autre sous
divers prétextes, et les fit tous égorger. Fulvie y était présente; son
visage était tout couvert de leur sang; *Os uxoris sanguine respersum
constabat.* [61] Elle fut accusée d'avoir arraché la langue à Cicéron 540
après sa mort, et de l'avoir percée de son aiguille de tête.

[59] Voltaire's memory is at fault here. 'Quem in edictis Spartacum appellat' occurs
in the *Philippics*, but at III.viii. Cicero himself calls Antony a Spartacus (*Philippics*,
IV.vi). He refers to Antony's disparaging references to the lowly birth of Octavius
at III.vi.

[60] IV.iii.115.

[61] *Philippics*, III.ii: 'sanguine os uxoris respersum esse constabat'.

(23)   *Ils ont trahi Lépide.*[62]
Cette réflexion de Fulvie[63] est très convenable, puisqu'elle est fondée sur la vérité. Car après la bataille de Modène qu'Antoine avait perdue, il eut la confiance de se présenter presque seul devant le camp de Lépide; plus de la moitié des légions passa de son côté. Lépide fut obligé de s'unir avec lui, et cette aventure même fut l'origine du triumvirat.

545

(24)   *On a vu Marius entraîner sur ses pas*
       Les mêmes assassins payés pour son trépas.[64]
Non seulement ceux de Minturne qui avaient ordre de tuer Marius, se déclarèrent en sa faveur; mais étant encore proscrit en Afrique, il alla droit à Rome avec quelques Africains, et leva des troupes dès qu'il y fut arrivé.

550

(25)   . . . . *Brutus et Cassius*
       N'avaient pas, après tout, des projets mieux conçus.[65]
Il est constant que Brutus et Cassius n'avaient pris aucune mesure pour se maintenir contre la faction de César. Ils ne s'étaient pas assurés d'une seule cohorte; et même après avoir commis le meurtre, ils furent obligés de se réfugier au Capitole. Brutus harangua le peuple du haut de cette forteresse, et on ne lui répondit que par des injures et des outrages; on fut prêt de l'assiéger. Les conjurés eurent beaucoup de peine à ramener les esprits; et lorsqu'Antoine eut montré aux Romains le corps de César sanglant, le peuple animé par ce spectacle, et furieux de douleur et de colère, courut le fer et la flamme à la main vers les maisons de Brutus et de Cassius. Ils furent obligés de sortir de Rome. Le peuple déchira un citoyen nommé Cinna, qu'il crut être un des meurtriers. Ainsi il est clair que l'entreprise de Brutus, de Cassius et

555
560

[62] IV.iii.127.
[63] The line is spoken by Aufide, not Fulvie.
[64] IV.iii.131-32.
[65] IV.iii.135-36.

de leurs associés, fut soudaine et téméraire. Ils résolurent de tuer le 565
tyran, à quelque prix que ce fût, quoi qu'il en pût arriver.

Il y a vingt exemples d'assassinats produits par la vengeance ou
par l'enthousiasme de la liberté, qui furent l'effet d'un mouvement
violent plutôt que d'une conspiration bien réfléchie, et prudemment méditée. Tel fut l'assassinat du duc de Parme Farnèse, bâtard 570
du pape Paul III. Telle fut même la conspiration des Pazzi,[66] qui
n'étaient point sûrs des Florentins en assassinant les Médicis, et qui
se confièrent à la fortune.

(26)   *Pompée en s'approchant de ce perfide Octave,*
       En croyant le punir n'a frappé qu'un esclave.[67]
Il y eut quelques exemples de pareille méprise dans les guerres
civiles de Rome. L'esprit de vertige qui animait alors les Romains 575
est presque inconcevable. Lucius Terentius voulant tuer le père du
grand Pompée, pénétra seul jusque dans sa tente, et crut longtemps
l'avoir percé de coups; il ne reconnut son erreur que lorsqu'il
voulut faire soulever les troupes, et qu'il vit paraître à leur tête celui
qu'il croyait avoir égorgé. On dit que la même chose arriva depuis 580
à Maximien Hercule, quand il voulut se venger de Constantin son
gendre. Vous voyez aussi dans la tragédie de *Venceslas*, que
Ladislas assassine son propre frère, quand il croit assassiner le
duc son rival.[68]

(27)   *Casca fit à César la première blessure.*[69]
L'auteur se trompe ici. Casca n'était point un homme du peuple. Il 585
est vrai qu'il n'y eut en lui rien de recommandable; mais enfin,
c'était un sénateur, et on ne devait pas le traiter d'homme obscur, à

---

[66] Correction of 'telle fut la même', indicated by Voltaire in D13806. κ84 has 'telle
fut la conspiration même'.

[67] V.i.9-10.

[68] Ladislas kills Alexandre, believing him to be his rival Frédéric, in Rotrou's
Venceslas (1647; 1718, BV3018).

[69] V.iv.118.

moins qu'on n'entende par ce mot un homme sans gloire, ce qui me semble un peu forcé.

(28) . . . . *et qu'on chérisse Auguste.*[70]
C'est de bonne heure qu'Octave prend ici le nom d'Auguste. 590 Suétone nous dit[71] qu'Octave ne fut surnommé Auguste, par un décret du Sénat, qu'après la bataille d'Actium. On balança si on lui donnerait le titre d'Augustus ou de Romulus. Celui d'Augustus fut préféré; il signifie vénérable, et même quelque chose de plus, qui répond au grec *sebastos*. Il est bien plaisant de voir aujourd'hui 595 quelles gens prennent le titre de vénérables.

Il paraît pourtant qu'Octave avait déjà osé s'arroger le surnom d'Auguste à son premier consulat qu'il se fit donner à l'âge de vingt ans contre toutes les lois, ou plutôt qu'Agrippa et les légions lui firent donner. Ce fut cet Agrippa qui fit sa fortune, mais Octave sut 600 ensuite la conserver et l'accroître.

(29) *Et que Rome elle-même apprenne à nous aimer.*[72]
Il est constant que ce fut à la fin le but d'Octave après tant de crimes. Il vécut assez longtemps pour que la génération qu'il vit naître oubliât presque les malheurs de ses pères. Il y eut toujours des cœurs romains qui détestèrent la tyrannie, non seulement sous 605 lui, mais sous ses successeurs: on regretta la république, mais on ne put la rétablir; les empereurs avaient l'argent et les troupes. Ces troupes enfin furent les maîtresses de l'Etat; car les tyrans ne peuvent se maintenir que par les soldats; tôt ou tard les soldats connaissent leurs forces, ils assassinent le maître qui les paye, et 610 vendent l'empire à d'autres. Cette Rome si superbe, si amoureuse de la liberté, fut gouvernée comme Alger; elle n'eut pas même l'honneur de l'être comme Constantinople, où du moins la race des

---

[70] V.v.226.
[71] *Lives of the Caesars*, book 2, ch.7.
[72] V.v.232. The line is: 'Et puisse Rome un jour apprendre à nous aimer!'

Ottomans est respectée. L'empire romain eut très rarement trois empereurs de suite de la même famille depuis Néron. Rome n'eut jamais d'autre consolation que celle de voir les empereurs égorgés par les soldats. Saccagée enfin plusieurs fois par les barbares, elle est réduite à l'état où nous la voyons aujourd'hui. 615

Je finirai par remarquer ici que l'entreprise désespérée que le poète attribue à Sextus Pompée et à Fulvie, est un trait de furieux qui veulent se venger à quelque prix que ce soit, sûrs de perdre la vie en se vengeant; car si l'auteur leur donne quelque espérance de pouvoir faire déclarer les soldats en leur faveur, c'est plutôt une illusion qu'une espérance. Mais enfin, ce n'est pas un trait d'ingratitude lâche comme la conspiration de Cinna. Fulvie est criminelle, mais le jeune Pompée ne l'est pas. Il est proscrit, on lui enlève sa femme, il se résout à mourir pourvu qu'il punisse le tyran et le ravisseur. Auguste fait ici une belle action en le laissant aller comme un brave ennemi qu'il veut combattre les armes à la main. Cette générosité même est préparée dans la pièce par les remords qu'Octave éprouve dès le premier acte. Mais assurément cette magnanimité n'était pas alors dans le caractère d'Octave; le poète lui fait ici un honneur qu'il ne méritait pas. 620 625 630

Le rôle qu'on fait jouer à Antoine est peu de chose, quoique assez conforme à son caractère: il n'agit point dans la pièce; il y est sans passion: c'est une figure dans l'ombre qui ne sert, à mon avis, qu'à faire sortir le personnage d'Octave. Je pense que c'est pour cette raison que le manuscrit porte seulement pour titre: *Octave et le jeune Pompée*, et non pas *le Triumvirat*; mais j'y ai ajouté ce nouveau titre, comme je le dis dans ma préface, parce que les triumvirs étaient dans l'île, et que les proscriptions furent ordonnées par eux. 635 640

J'aurais beaucoup de choses à dire sur le caractère barbare des Romains, depuis Sylla jusqu'à la bataille d'Actium, et sur leur bassesse après qu'Auguste les eut assujettis. Ce contraste est bien frappant; on vit des tigres changés en chiens de chasse qui lèchent les pieds de leurs maîtres. 645

On prétend que Caligula désigna consul un cheval de son

écurie;[73] que Domitien consulta les sénateurs sur la sauce d'un turbot; et il est certain que le sénat romain rendit en faveur de   650 Pallas, affranchi de Claude, un décret[74] qu'à peine on eût porté du temps de la République en faveur de Paul-Emile et des Scipions.

Fin des Notes.

[73] The horse to which Caligula was so passionately attached was Incitatus, but Suetonius says that it was rumoured that Caligula planned to make this animal a consul: 'consulatum quoque traditur destinasse' (*Lives of the Caesars*, book 4, ch.55).

[74] Pallas was honoured by senatorial decree not only with immense gifts but also with the insignia of quaestors and praetors (Suetonius, *Lives of the Caesars*, book 5, ch.18).

APPENDIX

Early manuscript variants taken from the Kehl edition

The following variants, taken from the original manuscript version of the play which had been used for the performance in 1764, are reproduced from a separate section in the Kehl edition (K84, vol.5, p.187-206).

1. *Variant to I.iii*

The following scene took the place of the final version's I.iii (which in the original version opened the second act: see section 2 below).

(*Antoine parle bas à un tribun; il aperçoit Fulvie, et se détourne.*)

ANTOINE

Ah! c'est elle...

FULVIE

         Arrêtez, ne craignez point Fulvie.
Je suis une étrangère, aucun nœud ne nous lie;
Et je ne parle plus à mon perfide époux.
Mais après les hasards où j'ai couru pour vous,
Lorsque pour cimenter votre grandeur suprême   5
Je consens au divorce, et m'immole moi-même;
Quand j'ai sacrifié mon rang et mon amour,
Puis-je obtenir de vous une grâce à mon tour?

ANTOINE

Le divorce à mes yeux ne vous rend pas moins chère.
Avec la sœur d'Octave un hymen nécessaire   10
Ne saurait vous ravir mon estime et mon cœur.

FULVIE

Je le veux croire ainsi, du moins pour votre honneur.
Et bien, si de nos nœuds vous gardez la mémoire,

Je veux m'en souvenir pour sauver votre gloire.
Voyons à vous prier si je m'abaisse en vain? 15

ANTOINE

Que me demandez-vous? que faut-il?

FULVIE

Etre humain,
Etre éclairé du moins; savoir avec prudence
A tant de cruautés mêler quelque indulgence.
Un pardon généreux pourrait faire oublier
Des excès dont j'ai honte et qu'il faut expier. 20
Je demande en un mot la grâce de Pompée.

ANTOINE

Vous! de quel intérêt votre âme est occupée!
Qui vous rejoint à lui? pourquoi sauver ses jours?

FULVIE

L'intérêt dans les cœurs domine-t-il toujours?
A la simple pitié ne peuvent-ils se rendre? 25
Apprenez que sa voix se fait encore entendre.
Quand je voulus du sang, je n'eus point de refus;
Quand il faut pardonner, on ne m'écoute plus!
Cette grâce à vous-même est utile peut-être.

ANTOINE

Madame, il n'est plus temps: je n'en suis plus le maître. 30
Son trépas importait à notre sûreté,
Et l'arrêt aujourd'hui doit être exécuté. [1]

FULVIE

C'est assez, et ce trait manquait à votre outrage;
Voilà ce que des cieux m'annonçait le présage,
Quand la foudre, trop lente à punir les mortels, 35
A brisé dans vos mains vos édits criminels!
C'est donc là de César cet ami magnanime!

[1] This speech was added at Voltaire's request by the d'Argentals (see D11908).

Allez, vous n'imitez qu'Achillas et Septime.
Son nom vous était cher, et vous l'avez terni;
Et si César vivait, il vous aurait puni. 40
Je rends grace à l'affront qui tous deux nous sépare:
C'est moi qui répudie un assassin barbare.
Par un divorce heureux j'ai dû vous prévenir;
Et les nœuds des forfaits cessent de nous unir.

ANTOINE

Je pardonne au courroux; et le droit de vous plaindre 45
Doit vous être laissé quand il n'est plus à craindre.
Ce n'est pas à Fulvie à me rien reprocher;
De nos sévérités on la vit approcher;
Sa main pour Cicéron montra peu d'indulgence.
Elle s'est emportée à quelque violence; 50
Et je n'attendais pas qu'elle pût s'offenser
Des justes châtiments qu'on la vit exercer.

FULVIE

Il est vrai, j'ai trop loin porté votre vengeance;
J'en obtiens aujourd'hui la digne récompense.
Je n'ai que trop rougi de l'excès d'un courroux 55
Dont j'écoutai la voix en faveur d'un époux.
A trop d'emportement je me suis avilie:
Vous en étonnez-vous? je vous étais unie;
Un moment de fureur a fait mes cruautés.
Mais vous, toujours égal en vos atrocités, 60
Vous, assassin tranquille, et bourreau sans colère,
Vous vous livrez sans peine à votre caractère.
Pour être moins barbare il vous faut des efforts.
J'imitai vos fureurs, imitez mes remords.

2. *Variant to I.iii*

The following scene, corresponding approximately to the definitive
I.iii.133-207, opened the second act in the original version of the play.

ACTE II

SCÈNE I

OCTAVE, ANTOINE

ANTOINE

Ainsi Pompée échappe à la mort qui le suit!

OCTAVE

Antoine, croyez-moi, c'est en vain qu'il la fuit:
Si mon père a du sien triomphé dans Pharsale,
J'attends contre le fils une fortune égale;
Et ce nom de César, dont je suis honoré,   5
De sa perte à mon bras fait un devoir sacré:
Mon intérêt s'y joint.

ANTOINE

     Qu'il périsse ou qu'il vive,
Le Tibre dès demain nous attend sur sa rive.
Marchons au Capitole: il faut que les Romains
Apprennent à trembler devant leurs souverains.   10
Mais avant de partir, lorsque tout nous seconde,
Il est temps de signer le partage du monde.

OCTAVE

Je suis prêt: mes desseins ont prévenu vos vœux,
Je consens que la terre appartienne à nous deux.
Songez que je prétends la Gaule et l'Illyrie,   15
Les Espagnes, l'Afrique, et surtout l'Italie.
L'Orient est à vous.

ANTOINE

     Telle est ma volonté.
Tel est le sort du monde entre nous arrêté.

OCTAVE

Par des serments sacrés que notre foi s'engage;
Jurons au nom des dieux d'observer ce partage.   20

ANTOINE

Des serments entre nous? nos armes, nos soldats,
Nos communs intérêts, le destin des combats,
Ce sont là nos serments. Le frère d'Octavie
Devrait s'en reposer sur le nœud qui nous lie.
Nous nous connaissons trop: pourquoi cacher nos cœurs?   25
Les serments sont-ils faits pour les usurpateurs?
Je me croirais trompé si vous en vouliez faire.
Laissons-les à Lépide, aux lâches, au vulgaire.
Je vous parle en soldat; je ne puis vous celer
Que vous affectez trop l'art de dissimuler.   30
César dans ses traités invoquait la victoire;
Agissons comme lui, si vous voulez m'en croire.

OCTAVE

A votre audace altière il faut souvent céder;
N'en parlons plus. Quel rang voulez-vous accorder
A cet associé, triumvir inutile,   35
Qui reste sans armée et bientôt sans asile?

ANTOINE

Qu'il abdique.

OCTAVE

    Il le doit.

ANTOINE

    On n'en a plus besoin.
Des nos temples, dans Rome, on lui laisse le soin:
Qu'il demeure pontife, et qu'il préside aux fêtes
Que Rome, en gémissant, consacre à nos conquêtes.   40
....
....

OCTAVE

La foudre avait frappé ces tables criminelles.

ANTOINE

Le destin qui nous sert en produit de nouvelles.
Craignez-vous un augure?

OCTAVE

                Et ne craignez-vous pas   45
De révolter la terre à force d'attentats?

ANTOINE

C'est le dernier arrêt, le dernier sacrifice
Qu'aux mânes de César devait notre justice.

OCTAVE

Je n'en veux qu'à Pompée; et je vous avertis
Qu'il nous suffit du sang de nos grands ennemis: 50
Le reste est une foule impuissante, éperdue,
Qui sur elle en tremblant voit la mort suspendue,
Que dans Rome jamais nous ne redouterons,
Et qui nous bénira quand nous l'épargnerons.
On nous reproche assez une rage inhumaine;   55
Nous voulons gouverner, n'excitons plus la haine.

ANTOINE

Nommez-vous la justice une inhumanité?
Octave, un triumvir par César adopté,
Quand je venge un ami, craint de venger un père!
Vous trahissez son sang pour flatter le vulgaire!   60
Sur sa cendre avec moi n'avez-vous pas promis
La mort des conjurés et de leurs vils amis?
N'avez-vous pas déjà, par un zèle intrépide,
Sur nos plus chers parents vengé ce parricide?
A qui prétendez-vous accorder un pardon,   65
Quand vous m'avez vous-même immolé Cicéron?
Cicéron fut nommé père de la patrie,
Rome l'avait aimé jusqu'à l'idolâtrie;
Mais lorsqu'à ma vengeance un tribun l'a livré,
Rome où nous commandons a-t-elle murmuré?   70
Elle a gémi tout bas et gardé le silence.

Cassius et Brutus, réduits à l'impuissance,
Inspireront peut-être à quelques nations
Une éternelle horreur de nos proscriptions;
Laissons-les en tracer d'effroyables images, 75
Et contre nos deux noms révolter les deux âges.
Assassins de leur maître et de leur bienfaiteur,
C'est leur indigne nom qui doit être en horreur.
Ce sont les cœurs ingrats qu'il faut que l'on punisse;
Seuls ils sont criminels, et nous faisons justice. 80
Ceux qui les ont aidés, ceux qui les ont servis,
Qui les ont approuvés, seront tous poursuivis.
De vingt mille guerriers péris dans nos batailles
D'un œil sec et tranquille on voit les funérailles,
Sur leurs corps étendus, victimes du trépas, 85
Nous volons, sans pâlir, à de nouveaux combats,
Et de la trahision cent malheureux complices
Seraient au grand César de trop chers sacrifices!

OCTAVE

Sans doute on doit punir; mais ne comparez pas
Le danger honorable et les assassinats. 90
César est satisfait; ce héros magnanime
N'aurait jamais puni le crime par le crime.
Je ne me repens point d'avoir vengé sa mort;
Mais sachez qu'à mon cœur il en coûte un effort.
Je vois que trop de sang peut souiller la vengeance; 95
Je serais plus son fils en suivant sa clémence:
Quiconque veut la gloire avec l'autorité,
Ne doit verser le sang que par nécessité.
Pourquoi de Rome encor fouiller tous les asiles?
Je ne puis approuver des meutres inutiles. 100
C'est aux chefs, c'est aux grands, aux Brutus, aux Catons,
Aux enfants de Pompée, à ceux des Scipions,
C'est à de tels proscrits que la mort se destine.
Notre sécurité dépend de leur ruine.
Epargnons un ramas de citoyens sans nom 105
Qui seront subjugés par l'espoir du pardon;
C'est leur utile sang qu'il faut que l'on ménage;

Ne forçons point le peuple à sortir d'esclavage.
D'un œil d'indifférence....

3. *Variant to II*

The following scene in act 2 between Octave and Fulvie was subsequently suppressed.

FULVIE

Que le frère d'Antoine et l'amant de Julie
Ne craignant point de moi des reproches honteux;
Ma tranquille fierté les épargne à tous deux.
Mon cœur, indifférent aux maux qui le remplissent,
N'a rien à regretter dans ceux qui me trahissent.   5
Tout ce que je prétends et d'Antoine et de vous,
C'est de fuir loin d'Octave et d'un perfide époux.
Ne me réduisez point à cette ignominie
De parer le triomphe et le char d'Octavie;
Allez: régnez dans Rome, et foulez à vos pieds   10
Dans des ruisseaux de sang les citoyens noyés.
Au Capitole assis, partagez votre proie,
De mes nouveaux affronts goûtez la noble joie,
Mêlez dans votre gloire et dans vos attentats
Les jeux et les plaisirs à vos assassinats.   15
Mais laissez-moi cacher dans d'obscures retraites,
Loin de vous, loin de lui, l'horreur que vous me faites,
Ma haine pour vous deux, et mon mépris pour lui;
C'est tout ce qui me reste et me flatte aujourd'hui.
Délivrez-vous de moi, d'un témoin de vos crimes,   20
D'un cœur que vous mettez au rang de vos victimes;
C'est l'unique faveur que je viens demander:
Maîtres de l'univers, daignez-vous l'accorder?

OCTAVE

De votre sort toujours vous serez la maîtresse;
Je partage avec vous la douleur qui vous presse.   25
Je sais qu'Antoine et moi, forcés de vous trahir,

Devant vous désormais nous n'avons qu'à rougir;
Que nous sommes ingrats, qu'il est de votre gloire
D'oublier de nous deux l'importune mémoire.
Mais quels que soient les lieux que vous ayez choisis,　　30
Gardez-vous de vous joindre avec nos ennemis.
C'est ce qu'exige Antoine, et la seule prière
Que ma triste amitié se hasarde à vous faire.

4. *Variant to III.v*

In the first version of the play, Julie and Pompée do not appear together at the beginning of this act. Pompée appears on his own, without Julie, before Octave and Antoine; there then follows this scene:

ANTOINE

Dans quel chagrin votre âme est-elle ensevelie?
Que craignez-vous?

OCTAVE

Mon cœur, et les pleurs de Julie. [2]

ANTOINE

Des pleurs vous toucheraient?

OCTAVE

　　　　　　　　Son trouble, son effroi,
Dans mon étonnement ont passé jusqu'à moi.
J'ai frémi de la voir, j'ai frémi de l'entendre,　　　　5
Couvert de tout ce sang que ma main fait répandre.
Fulvie en prendra soin: ces bords ensanglantés

---

[2] Flaubert also commented on these variants. He compared the sentiments demonstrated by Octave in this scene to the lack of evidence for them in the published play: 'Il est plus question de l'amour d'Octave pour Julie. Octave en parle à Antoine qui lui reproche de s'y abandonner dans la pièce jouée, cela passe comme une ombre vague. On sait à peine qu'Octave l'aime et ce n'est pas une *nuance* mais une *couleur* manquée. Un reflet de passion colorant l'ensemble, mais c'est le sens même du caractère d'Octave manqué. Pompée était son rival, il devait en être jaloux, aimer Julie. Tout cela est à peine dit' (*Le Théâtre de Voltaire*, p.380).

Effarouchent ses yeux encore épouvantés.
Mais il faut dès demain que cette fugitive
Connaisse ses devoirs, m'obéisse, et me suive.   10
Je dois répondre d'elle; elle est de ma maison.

ANTOINE

Vous êtes éperdu...

OCTAVE

J'en ai trop de raison.

ANTOINE

Vous l'aimez trop, Octave.

OCTAVE

Il est vrai, ma jeunesse
Des plaisirs passagers connut la folle ivresse;
J'ai cherché comme vous, au sein des voluptés,   15
L'oubli de mes chagrins et de mes cruautés.
Plus endurci que moi, vous bravez l'amertume
De ce remords secret dont l'horreur me consume.
Vous ne connaissez pas ces tourments douloureux
D'un esprit entraîné par de contraires vœux,   20
Qui fait le mal qu'il hait, et fuit le bien qu'il aime,
Qui cherche à se tromper, et qui se hait lui-même. [3]
Je passai du carnage à ces égarements
Dont les honteux attraits flattaient en vain mes sens.
J'ai cru qu'en terminant la discorde civile,   25
J'aurais près de Julie un destin plus tranquille:
Je suis encor trompé; l'amour, l'ambition,
L'espoir, le repentir, tout n'est qu'illusion.

ANTOINE

Peut-être que Julie, en ces lieux amenée,
Venait entre vos mains mettre sa destinée.   30

___

[3] Lines 19-22 were reworked in the final version as part of Octave's soliloguy
(III.vii.289-92).

OCTAVE

Non, je ne le puis croire.

ANTOINE

       Il n'appartient qu'à vous
De régler ses destins, de choisir son époux.
Elle a pu dans ces jours de vengeance et d'alarmes
Apporter à vos pieds ses terreurs et ses larmes;
Vous en serez instruit.

OCTAVE

       Quoi! dans ses jeunes ans,   35
S'arracher sans scrupule au sein de ses parents!
Vous savez les soupçons dont mon âme est frappée.

ANTOINE

On dit qu'elle est promise à ce jeune Pompée.

OCTAVE

C'est mon rival en tout. Ce redoutable nom
Sera dans tous les temps l'horreur de ma maison.   40
En vain notre puissance à Rome est établie:
Il soulève la terre, il règne sur Julie;
Et Julie en secret a peut-être aujourd'hui
L'audacieux projet de s'unir avec lui.
De son sexe autrefois la timide décence   45
N'aurait jamais connu cet excès d'imprudence.
Mais la guerre civile, et surtout nos fureurs
Ont corrompu les lois, les esprits et les mœurs.
Aujourd'hui rien n'effraie et tout est légitime:
Notre fatal empire est le siècle du crime.   50

ANTOINE

Je ne vous connais plus, et depuis quelques jours
Un repentir secret règne en tous vos discours;
Je ne vous vois jamais d'accord avec vous-même.

OCTAVE

N'en soyez point surpris, si vous savez que j'aime.

ANTOINE

Rien ne m'a subjugé. Peut-être quelque jour   55
Comme César et vous je connaîtrai l'amour.
Cependant je vous laisse avec l'infortunée
Qu'on amène à vos yeux tremblante et consternée:
Vous pouvez aisément adoucir ses douleurs;
Gardez-vous de laisser trop d'empire à ses pleurs.   60
Aimez, puisqu'il le faut, mais en maître du monde.

5. *Variant to III.vi.203-50*

OCTAVE

Votre reproche est juste, et c'est un trait de flamme
Qui sort de votre bouche, et pénètre mon âme.
Vous pouvez tout sur moi: j'atteste à vos genoux
Le dieu qui vous envoie, et qui parle par vous,
Que le monde opprimé vous devra ma clémence.   5
Songez que c'est par vous, et par notre alliance
Que le ciel veut finir le malheur des humains.
Rome, l'empire et moi, tout est entre vos mains:
Son bonheur et le mien sur votre hymen se fonde.
Disposez de la foi d'un des maîtres du monde. [4]   10
César du haut des cieux ordonne ce lien,
Et vous rendez mon nom aussi grand que le sien.

JULIE

Je rends grâces au ciel, si sa voix vous inspire,
Si le fils de César mérite son empire,
Si vous lui ressemblez, si vous n'ajoutez pas   15
Le crime de tromper à tous vos attentats.
Soyez juste en effet, c'est peu de le paraître;
Pour un César alors je puis vous reconnaître.
Vous êtes de mon sang, et du sang des héros:
Allez à l'univers accorder le repos;   20
Mais sachez que ma foi n'en peut être le gage.

[4] Voltaire substituted 'de la foi' for 'de la main' (see D11943).

Ne devez qu'à vous-même un si grand avantage;
Ne cherchez la vertu qu'au fond de votre cœur;
En la mettant à prix vous ne souillez l'honneur,
Vous en avilissez le caractère auguste.   25
Est-ce à vos passions à vous rendre plus juste?
J'en rougirais pour vous.

                    OCTAVE

                    Eh bien, je vous entends:
Je sais de vos refus les motifs insultants;
Et vous ne me parlez de vertu, de clémence,
Que pour voir impuni le rival qui m'offense.   30
Le ciel vous a trompée; il vous met dans mes mains
Pour vous sauver l'affront d'accomplir vos desseins.
Vous m'osez préférer l'ennemi de ma race!
Son sang va me payer sa honte et son audace;
Il ne peut échapper à mon juste courroux;   35
Et Pompée....

                    JULIE

                    Ah! cruel, quel nom prononcez-vous!
Pompée est loin de moi.... Qui vous dit que je l'aime?

                    OCTAVE

Vos pleurs, votre mépris de ma grandeur suprême:
Lui seul à cet excès a pu vous égarer.
C'est le seul des mortels qu'on peut me préférer;   40
Et c'est le seul aussi que mes coups vont poursuivre.
J'aurais pu me forcer jusqu'à le laisser vivre;
Mais vous le condamnez quand vous suivez ses pas.
Vous l'aimez: c'est à vous qu'il devra son trépas.

                    JULIE, *à part.*

O Pompée!

                    OCTAVE

                    Oubliez le nom d'un téméraire   45
Que je dois immoler aux mânes de mon père,

A l'intérêt de Rome, à mes transports jaloux;
Et demain soyez prête à partir avec nous.

6. *Variant to III.vi.255-59*

This appears to be an earlier version of this speech of Octave's.

Il est juste envers vous: ou vous veniez vous-même
Vous soumettre à la loi d'un maître qui vous aime,
Ou vous osiez chercher au milieu des hasards
L'ennemi de mon règne et du nom des Césars;
Je dispose de vous dans ces deux conjonctures.   5
Je ne souffrirai pas que les races futures
Puissent me reprocher d'avoir laissé trahir
La majesté d'un nom que je dois soutenir.
Je comblerai de bien votre infidèle père,
J'imiterai le mien (sans prétendre à vous plaire)   10
Mais je perdrai le jour avant qu'aucun mortel
Dans sa témérité soit assez criminel
Pour m'oser un moment disputer ma conquête.

7. *Variant to IV.i*

The following two scenes originally came after act 4, scene 1 between
Fulvie and her confidants, and before the scene between Pompée and
Fulvie.

SCÈNE II

JULIE

Fulvie!
Soutenez mon courage et ma force affaiblie!
Pompée, absent de moi dans ce jour malheureux,
Quand j'invoque Pompée est un augure affreux!
Que fait-il? où va-t-il? vous connaissez ma crainte: 5
Elle est juste; et l'horreur qui dans vos yeux est peinte,
Ce front pâle et glacé redoublent mon effroi.

FULVIE

Julie, attendez tout de Pompée et de moi.
Gardons que dans ces lieux on ne nous puisse entendre:
Partout on nous observe, et l'on peut nous surprendre.   10
Veillez-y, cher Aufide; allez: de mes suivants
Choisissez les plus prompts et les plus vigilants;
Et qu'au moindre danger leur voix nous avertisse.

AUFIDE

Dans leur camp retirés Antoine et son complice
Ont fait tout préparer pour un départ soudain.   15
Demain du Capitole ils prendront le chemin;
Ils vous y conduiront.

FULVIE

     Leur marche triomphante
N'est pas encor bien sûre et peut être sanglante.
 (*Aufide sort.*)

JULIE

Que dites-vous?

FULVIE

   J'espère....

JULIE

     En quels dieux? en quels bras?

FULVIE

J'espère en la vengeance.

JULIE

     Elle ne suffit pas   20
Si je perds mon époux, que me sert la vengeance?
Il dissimule en vain son auguste naissance;
Sa présence trahit un nom si glorieux,
Sa grandeur mal cachée éclate dans ses yeux.
Le perfide Agrippa, Ventidius peut-être,   25

L'auront vu dans l'Asie, et vont le reconnaître.
Ah! périsse avec moi le detestable jour
Où l'un des triumvirs épris d'un vain amour,
Des vrais Césars en moi voyant l'unique reste
Osa me destiner un rang que je déteste!   30
Tout est funeste en lui: sa triste passion
Tient de la cruauté de sa proscription.
Sur les autels d'hymen portant ses barbaries,
Il y vient allumer le flambeau des furies.
Le sang des nations commence d'y couler;   35
Et c'est Pompée enfin qu'il y doit immoler.
J'aurais moins craint de lui s'il m'avait méprisée.
Les dieux dans vos malheurs vous ont favorisée,
Quand votre indigne époux vous a ravi son cœur;
La haine des tyrans est pour nous un bonheur.   40
Mais plaire pour servir, ramper sous un barbare
Qui traîne sa victime à l'autel qu'il prépare,
Et recevoir de lui pour présent nuptial
Le sang de mon amant versé par son rival!
Tombe plutôt sur moi cette foudre égarée   45
Qui, frappant dans la nuit cette infâme contrée,
Et se perdant en vain dans ces rochers affreux,
Epargnait nos tyrans, et dut tomber sur eux!

FULVIE

Et moi je vous prédis que du moins ce perfide
N'accomplira jamais cet hymen homicide.   50

JULIE

Je le sais comme vous; ma mort l'empêchera.

FULVIE

Et la sienne peut-être ici la préviendra.

JULIE

De quel espoir trompeur êtes-vous animée?
Avez-vous un parti, des amis, une armée?
Nous sommes deux roseaux par l'orage pliés,   55

L'un sur l'autre en tremblant vainement appuyés
Le puissant foule aux pieds le faible qui menace,
Et rit, en l'écrasant, de sa débile audace.
Tout tombe, tout gémit; qui peut vous seconder?

FULVIE

Croyez du moins Pompée, et laissez-vous guider.   60

SCÈNE III

JULIE, FULVIE, POMPÉE

JULIE

Héros né d'un héros, vous qu'une juste crainte
Me défend de nommer dans cette horrible enceinte,
Où portez-vous vos pas égarés, incertains?
Quel trouble vous agite? et quels sont vos desseins?
Regagnez ces rochers et ces retraites sombres   65
Où la nuit va porter ses favorables ombres.
Demain les trois tyrans, aux premiers traits du jour,
Partent avec la mort de ce fatal séjour:
Ils vont loin de vos yeux ensanglanter le Tibre.
Ne vous exposez point, demain vous serez libre.   70

POMPÉE

C'est la première fois que le ciel a permis
Que mon front se cachât à des yeux ennemis.

JULIE

Il le faut.

POMPÉE

O Julie!

JULIE

Eh bien?

POMPÉE

Quoi! le barbare

Vous enlève à mes bras! ce monstre nous sépare! 75
Fulvie, écoutez moi....

FULVIE

Calmez-vous.

POMPÉE

Ah! grands Dieux!
Eloignez-la de moi, sauvez-la de ces lieux.

JULIE

Que crains-tu? n'as-tu pas ce fer et ton courage?
Ne saurais-tu finir notre indigne esclavage?
Eh! ne peux-tu mourir en m'arrachant le jour? 80
Frappe, etc......[5]

POMPÉE

Ah! qu'un autre sang....

JULIE

Frappe, au nom de l'amour!
Frappe, au nom de l'hymen, au nom de la patrie!

POMPÉE

Au nom de tous les trois, accordez-moi, Julie,
Ce que j'ai demandé, ce que j'attends de vous,
Pour le salut de Rome et celui d'un époux. 85
Achevez, évoquez les mânes de mon père:
J'ai dû ce sacrifice à cette ombre si chère;
Il faut une main pure, ainsi que votre encens.

JULIE

Que serviront mes vœux et mes cris impuissants!
De Pompée au tombeau que pouvons-nous attendre? 90
Du fer des assassins il n'a pu se défendre;
Le Phare est encor teint de son sang précieux.

---

[5] This line is given as it is in K84, but the manuscript containing Pompée's role (MS2) does not indicate any omitted text at this point (see IV.ii, variant to lines 40a-42, line 12).

POMPÉE

Il n'était qu'homme alors; il est auprès des dieux.
De Pharsale et du Phare ils ont puni le crime:
Songez que César même est tombé sa victime,   95
Et qu'aux pieds de mon père il a fini son sort.

JULIE

Puisse Octave à son tour subir la même mort!

POMPÉE

Julie!.... Il la mérite.

JULIE

Ah! s'il était possible!
Mais si vous paraissez, la vôtre est infaillible.

FULVIE, *à Julie*

Si vous restez ici, c'est vous qui l'exposez;   100
Bientôt les yeux jaloux seront désabusés.
On le croit un soldat qui, dans ces temps de crimes,
A l'or des trois tyrans vient vendre des victimes.
Avec vous dans ces lieux s'il était découvert,
Je ne pourrais plus rien. Votre amour seul le perd.   105

POMPÉE

Levez au ciel les mains: la mienne se prépare[6]
A vous tirer au moins de celles du barbare.

JULIE

Cruel! pouvez-vous bien vous exposer sans moi?

POMPÉE

Allez, ne craignez rien, je fais ce que je dois:
Faites ce que je veux.

---

[6] Voltaire wrote to the d'Argentals: 'Combien de fois, petit frère, vous ai-je averti qu'il ne fallait pas qu'on envoyât Julie prier dieu quand on va assassiner les gens? Cela seul serait capable de faire tomber une pièce' (D12056).

JULIE

A vous je m'abandonne: 110
Mais qu'allez-vous tenter?

POMPÉE

Ce que mon père ordonne.

JULIE

Peut-être comme lui vous marchez au trépas!
Mais soyez sûr au moins qu'on ne me verra pas,
Par d'inutiles pleurs arrosant votre cendre,
Jeter d'indignes cris qu'on dédaigne d'entendre.   115
Les Romains apprendront que nous étions tous deux
Dignes de vivre ensemble, ou de mourir pour eux.

8. *Variant to IV.ii.57-59*

FULVIE

Vengeons sur des méchants le monde qu'on opprime.

POMPÉE

Punir un criminel, ce n'est pas faire un crime;
C'est servir son pays; j'y suis determiné....

9. *Variant to IV.iii.90-102*

This appears to be a first version of these lines. The first speaker is Fulvie.

Peut-être il est encor des yeux trop vigilants
Qui pour sa sûreté sont ouverts en tout temps.
Mes esclaves partout ont une libre entrée;
On ne craint rien de moi.

POMPÉE

Sa perte est assurée;
Mon sang sera mêlé dans les flots de son sang.   5
   (*A Aufide.*)
Quel mot a-t-on donné?

AUFIDE

Seigneur, de rang en rang
La parole a couru: c'est Pompée et Pharsale.

POMPÉE

Elle coûtera cher, elle sera fatale;
Et le nom de Pompée est un arrêt du sort   10
Qui du fils de César a prononcé la mort.
Mais je tremble pour vous, je tremble pour Julie;
Antoine vengera le frère d'Octavie. [7]

10. *Variant to V.i*

The following scene originally opened this act. [8] Fulvie appeared next,
first with Julie, then with Pompée.

OCTAVE

Ainsi donc cette nuit l'implacable Fulvie
Allait nous arracher l'empire avec la vie?

ANTOINE

Du fer qu'elle portait légèrement blessé,
Je vois avec mépris son courroux insensé.
Dans son emportement sa main mal assurée   5
N'a porté dans mon sein qu'une atteinte égarée.
Son esprit, étonné de ce nouveau forfait,
Laissait son bras sans force et son crime imparfait,
Aisément à mes yeux désarmée et saisie,
Dans la tente prochaine elle est avec Julie.   10

OCTAVE

Il le faut avouer: de si grands attentats
Sont dignes de nos jours et ne m'étonnent pas.

---

[7] Voltaire asked Lekain to suppress these lines (D12050).

[8] Voltaire wrote to the d'Argentals on 12 September 1764, to tell them he had
changed the beginning of this act: 'Il est convenu que les discours d'Octave et
d'Antoine n'étaient que raisonnables et ne pouvaient intéresser' (D12081).

ANTOINE

Mais quel est le Romain qui jusque dans nos tentes
A porté, sans frémir, ses fureurs impuissantes?

OCTAVE

D'Icile à mes côtés on a percé le sein, 15
....
Je goûtais, je l'avoue, un sommeil bien funeste.
Il semble qu'en effet quelque pouvoir céleste
Persécute mes nuits et grave dans mon cœur
Des traits de désespoir et des tableaux d'horreur. 20
Je vois le fer vengeur suspendu sur ma tête.
On m'abreuve du sang des Romains expirants:
Ces fantômes affreux fatiguaient tous mes sens.
Mon âme succombait d'épouvante frappée,
J'entendais une voix qui me criait: *Pompée!* 25
Je tressaille à ce nom, je m'arrache au sommeil. [9]
Je m'arme, je m'écrie; on saisit le perfide,
On n'aperçoit en lui qu'un Africain timide,
Un malheureux sans force, interdit, désarmé,
De qui la voix tremblante et l'œil inanimé 30
Nous découvrait assez qu'un si lâche coupable
D'un meurtre aussi hardi n'a point été capable.
Lui-même il en ignore et la cause et l'auteur,
Et pour oser tromper il a trop de terreur.
L'indomptable Fulvie a-t-elle en sa colère 35
Employé pour me perdre une main mercenaire,
Tandis que de la sienne elle osait vous frapper?

ANTOINE

L'assassin tel qu'il soit ne nous peut échapper.

[9] Flaubert quoted lines 25-26, and added the comment: 'Au 5e acte, 1er sc. c'est Octave qui racontait à Antoine l'assassinat au lieu d'Albine à Fulvie. C'était je crois meilleur [...] et il ajoute que son courroux est rallumé de sorte qu'on s'attend au châtiment' (*Le Théâtre de Voltaire*, p.380).

OCTAVE

Est-ce quelque proscrit qui, jusqu'en ces contrées,
Ose armer contre nous ses mains désespérées;   40
Et dans l'égarement se vengeant au hasard
Venait porter la mort aux lieux dont elle part?

ANTOINE

L'esclave nous a peint ce mortel téméraire;
Il ignorait, dit-il, son dessein sanguinaire.

OCTAVE

Mais il est à Fulvie.

ANTOINE

     Une femme en fureur   45
Sans doute a contre nous trouvé plus d'un vengeur;
Elle a pu le choisir dans une foule obscure.
Casca fit à César la première blessure.
Les plus vils des humains, ainsi que les plus grands,
S'armeront contre nous puisqu'on nous croit tyrans.   50
Ne nous attendons point à des destins tranquilles,
Mais aux meurtres secrets, mais aux guerres civiles,
Aux complots renaissants, aux conspirations;
C'est le fruit éternel de nos proscriptions;
Il est semé par nous, en voilà les prémices.   55
Les dieux à nos desseins ne sont pas moins propices;
Notre empire absolu n'est pas moins cimenté:
On ne peut le chérir, mais il est redouté.
La terreur est la base où le pouvoir se fonde;
Et ce n'est qu'à ce prix qu'on gouverne le monde.   60

OCTAVE

Que n'ai-je pu régner par des moyens plus doux!
Mais ce meurtre hardi rallume mon courroux.
Quoi! dans le même jour où Julie expirante
Par le sort est jetée en cette île sanglante,
Un meurtrier pénètre au milieu de la nuit,   65
A travers de ma garde, en ma tente, à mon lit!

Deux femmes, contre nous par la fureur unies,
A cet étrange excès se seront enhardies!
Julie aime Pompée, et par ce coup sanglant
Elle a voulu venger le sang de son amant.   70
Dans l'école du meurtre elle s'est introduite;
Elle en a profité; je vois qu'elle m'imite. [10]

ANTOINE

Nous allons démêler le fil de ces complots.

OCTAVE

Je suis assez instruit, et trop pour mon repos!
Je me vois détesté: que savoir davantage?   75
On ne m'apprendra point un plus sensible outrage.

11. *Variant to V.iii.85-95*

An earlier version of Julie's speech.

Je ne m'en défends plus: oui, je suivais sa trace,
Oui, j'attachais mon sort à sa noble disgrâce.
J'ai préféré Pompée abandonné des dieux,
A César fortuné, puissant, victorieux.
Que me reprochez-vous? cent peuples en alarmes   5
Ou rampent sous vos fers, ou tombent sous vos armes;
Le monde épouvanté reconnaît votre loi:
Au fils du grand Pompée il ne reste que moi.
Oui, mon cœur est à lui; laissez-lui son partage;
Respectez ses malheurs, respectez son courage.   10
J'ai voulu rapprocher, après tant de revers,
Deux noms aimés du ciel et chers à l'univers.
Dignes de notre race en héros si féconde,

---

[10] Flaubert quotes lines 71-72, but renders the second hemistich of line 72 as follows: 'Elle en a profité, *je vois qu'elle m'incite*' (italics in original). This reading leads him to make the following comment: 'A quoi bon ce trait dirigé contre lui-même? C'est toujours l'obstination de faire peindre les personnages par eux-mêmes, la réflexion du sujet sur lui-même, procédé faux et surtout anti dramatique' (*Le Théâtre de Voltaire*, p.380).

Nous nous aimions tous deux pour le bonheur du monde. [11]
Voilà mon crime, Octave; osez-vous m'en punir?   15
Dans vos indignes fers m'osez-vous retenir?
Quand César a pleuré sur la cendre du père,
Portez-vous sur le fils une main sanguinaire?
Il l'honora dans Rome, et surtout aux combats.

[11] Grimm remarked: 'Ce vers et quelques autres aussi plats firent rire' (*CLT*, vol.6, p.32).

Du gouvernement et de la divinité d'Auguste

Critical edition

by

Dennis Fletcher

CONTENTS

INTRODUCTION

1. *Background*

Du gouvernement et de la divinité d'Auguste owes its existence to the 'bien beau sujet' of *Le Triumvirat*, which Voltaire first mentioned to the d'Argentals in his letter of 23 June 1763 (D11276). Between the swift completion of the first draft in July 1763 and the publication of the final version towards the end of 1766, the play had shuttled to and fro between its author and the obligingly critical d'Argentals so many times that it fully deserved Voltaire's description of it as 'la plus voyageuse des tragédies' (D13231). It was only towards the end of this period that *Le Triumvirat* acquired the short essay on Augustus as one of its travelling companions, but by this time it had changed its character quite considerably, and the change accounts for the appearance of *Du gouvernement et de la divinité d'Auguste* with it in the same volume.

Voltaire was from the beginning well aware that his tragedy might prove strong meat for the delicate tastes of Parisian playgoers, but shrugged off his misgivings and felt that it was part of his duty as a dramatist to vary the diet of his public: 'On ne peut pas toujours être tendre', he explained to Bernis (D11329). When his misgivings were confirmed by the failure of the play at its first and only performance on 5 July 1764, Voltaire refused to allow his hopes to be blighted, but his correspondence shows how they fluctuated and finally sank to the point where *Le Triumvirat* was regarded by its author as 'une viande dont personne ne veut', which could only be made palatable to a restricted circle of connoisseurs by adding 'un ragoût piquant' (D13325, 30 May 1766). The sauce which was concocted to save the dish which was eventually served up chez Lacombe contained ingredients meant to cater for special tastes. The text of the play was larded with 'des notes historiques d'un pédant assez instruit de l'histoire romaine'

(D13231), then 'une histoire de toutes les proscriptions de ce monde qui fait dresser les cheveux de la tête' (D13294). *Des conspirations contre les peuples* was added together with *Du gouvernement et de la divinité d'Auguste* for good measure to make up, Voltaire hoped, 'un petit volume qui pourra plaire à quelques gens de lettres' (D13231). Writing to Lacombe on 5 May 1766, Voltaire explains that *Le Triumvirat* is 'accompagnée de notes que je crois intéressantes, et d'un morceau historique qui l'est encore davantage' (D13285). It seems likely that the 'morceau historique' here referred to is *Des conspirations* rather than *Du gouvernement et de la divinité d'Auguste*, which Voltaire would appear, throughout the correspondence of this period, to group with the whole apparatus of notes. In a letter of 23 May 1766, for instance, he echoes the opening words of *Du gouvernement* when he refers to 'des notes qui nous paraissent instructives et intéressantes pour *ceux qui aiment l'histoire* romaine' (D13310, emphasis added).

The change of destination of *Le Triumvirat* from stage to study had been foreshadowed in Voltaire's earliest mentions of the play in his correspondence. The idea of publication of the text together with explanatory notes is suggested obliquely by the reference to the annotated edition of *Olympie* in the letter of 13 July 1763, which is mainly concerned with *Le Triumvirat*. Voltaire's playfully strenuous defence of the historical accuracy of his characterisation in a letter to the d'Argentals of 7 September 1763 leads him to presage unconsciously the form of the edition which eventually appeared: 'Vous me forcerez à mettre des remarques' (D11401). The opening words of *Du gouvernement* are used, it may be noted, in an earlier letter which describes *Le Triumvirat*: 'Elle est plus faite pour ceux qui lisent l'histoire romaine que pour les lecteurs d'élégies' (D11329). At this time, the idea of directing his work exclusively towards a *reading* public would not seem to have been in Voltaire's mind, but this was the idea to which he finally reconciled himself, and to which we owe *Du gouvernement et de la divinité d'Auguste*. Voltaire's original scheme of writing a 'tragédie des coupe-jarrets' was abandoned in favour of composing a play which would place more emphasis on the conventional love-interest of 'le jeune Pompée' and Julie. As the hope of public performance faded, however, he was able to give free rein to his earlier design of presenting the horror and depravity of the period of the Triumvirate. 'Je me complaisais à peindre toute la licence de ces temps de cruauté et de débauche' (D11324), he had said of his first efforts. The plan which Voltaire finally adopted – that of providing a factual basis as a commentary and a corrective to the play, a standard of historical accuracy by which the reader might judge its presentation of manners and morals – allowed him to express his indignation and his humanitarian impulses. In *Des conspirations* he indulges those feelings which are aroused by the proscriptions of the triumvirs by extending his historical range. In *Du gouvernement* he pinpoints Augustus, whose role as Voltaire's *bête noire* has been made clear in the notes to the play. These notes, together with the short essay on Augustus, were to form the matter of an article in the second volume of the *Questions sur l'Encyclopédie* (1770), 'Auguste Octave' (see *OCV*, vol.39, p.211-22).

'Plutôt une satire de Rome qu'une tragédie' was how Voltaire described *Le Triumvirat* to Lacombe shortly before the latter published it (D13505). 'Les notes achèvent de peindre la nature humaine dans toute son exécrable turpitude', he had written to Lacombe, earlier in the same month (15 August 1766; D13495). The dramatist had yielded to the satirist. Voltaire had originally (23 July 1763) wanted Antony and Augustus to be seen for what they were: 'deux garnements fort débauchés' (D11314). He felt able to express the view, finally (14 July 1766), that 'on n'a eu d'autre intention que de dire ce qu'on pense d'Auguste et d'Antoine' (D13410). In the interval, however, he had had difficulties trying to keep Augustus out of the forefront of his mind (and of the play) with a view to achieving a theatrical success (D12081). It went against the grain to make Augustus a tender-hearted lover even for dramatic effect (D12977).

Once the project of achieving a successful production of *Le*

Triumvirat was abandoned, however, and once the idea of giving vent to the satirist's *saeva indignatio* in other writings published with the play took a hold on Voltaire, he seized with relish the opportunity to work off a long-standing grudge against Augustus. 'Je veux couler à fond la réputation d'Auguste; j'ai une dent contre lui depuis longtemps, pour avoir eu l'insolence d'exiler Ovide qui valait mieux que lui', he writes to the d'Argentals on 30 May 1766 (D13325). Whatever the most powerful animating force behind them, the notes relating to Augustus and *Du gouvernement et de la divinité d'Auguste* together make up an exercise in lively denigration which is an appealing element in what can still be regarded as 'un volume qui amusera quelques penseurs' (D13259).

2. *The text: government and power*

Characteristically, Voltaire concentrates on destroying the Augustan regime's façade of principle and legality and laying bare its foundations of expediency and practical politics. His argument is that Augustus's avoidance of the appearances of absolutism and his attachment to the outward form of republican institutions stemmed from ignoble motives: his fear of being assassinated as Julius Caesar had been and his realisation that he had to conciliate the traditionalists of the upper classes (and especially the senators), whom he distrusted but whose support was indispensable. [1]

In his discussion of the various titles conceived of by Augustus as a protective armour of legitimacy, Voltaire treats a subject which has given rise to divergence of opinion among scholars, both in terms of the titles adopted and their historical context and ultimate significance. For example, when Voltaire refers to the 'onze jours' (line 5) during which Augustus supposedly assumed the title of perpetual dictator, it seems that he had in mind the

---

[1] See A. H. M. Jones, *Augustus* (London, 1970).

events of 22 BC when Augustus, who was in Sicily, supposedly yielded to popular clamour for his return to Rome, where floods and famine were causing severe hardship; but did not consent to become dictator despite the public demand that he should take this step.[2] Instead, he decided to follow a republican precedent and took over himself the *Cura Annonae* – the management of the corn-supply – as Pompey had done in 57 BC. May it be that Voltaire's 'onze jours' refers to the brief duration of the extraordinary powers Augustus assumed to relieve the food-shortage? The mention of the advisory role of Agrippa in connection with Augustus's distaste for the dangerous title of perpetual dictator arises naturally out of the situation described above, for Augustus summoned his lieutenant from the East at this time to act as his regent and (throughout 21 BC) restore order in the capital.

Voltaire briefly lists the titles which Augustus adopted as a way of legitimising his power (lines 8-12), which have also given rise to academic debate, with the title of 'imperator', in particular, providing material for more than one full-length study.[3] Voltaire's figure of thirteen consulships is accurate: after his two periods of tenure of the office in 43 and 33 BC, Augustus was consul for nine consecutive years from 31 until 23 BC and then later again in 5 and 2 BC. The mention of the tribuneship immediately after that of Augustus's consulships is prompted, it would seem, by the fact that it was from 23 BC that Augustus himself dated the years of his 'reign' by his tenure of tribunician power.[4] Voltaire's assertion that this power was renewed is well attested, but there may be some confusion on his part on the question of the actual periods of

---

[2] See Suetonius, *Divus Augustus* 52 (Voltaire owned copies in French and Latin: see BV3219-21); Velleius Paterculus, *Historiae Romanae*, II.89.5; Cassius Dio, *Roman history*, book 54, ch.1 (see also *Ferney catalogue*, no.889); also Stefan Weinstock, *Divus Julius* (Oxford, 1972), p.339, n.4.

[3] See, for example, D. McFayden, The *History of the title imperator under the Roman Empire* (Chicago, IL, 1920), and R. Combès, *Imperator* (Montpellier, 1966).

[4] See *Res gestae divi Augusti*, trans. and ed. by P. A. Brunt and J. M. Moore (Oxford, 1967), p.10 et seq.

renewal. The power was probably progressively acquired by Octavian in partial instalments received in 36 BC, 30 BC and, finally, 23 BC.[5] The figure of ten years which Voltaire quotes may be related to the period for which Augustus, by the constitutional settlement of 27 BC, received the *imperium proconsulare*: the military command and jurisdiction over extensive provinces of the Empire. Scholars are at variance as to whether or not the title *princeps* adopted by Augustus and favoured by later emperors was an abbreviation of *princeps senatus*.[6] This was a normal republican title, given to the member of the Senate who was first asked his opinion by the presiding magistrate, and Augustus took it in 28 BC at the time of his first revision of the list of the Senate. Voltaire is right in tracing the origin of the title of emperor to the custom by which a military commander was acclaimed *imperator* by his troops on the field of battle after victory had been won. Stefan Weinstock has suggested that this custom probably arose under the influence of the acclamation of Hellenistic kings by their armies.[7] It is this aspect of the title which Augustus himself stresses in recording in the *Res gestae* the twenty-one salutations he had received.[8] The *praenomen imperatoris*, whether or not it was actually granted by the Senate to Julius Caesar his sons and descendants (a matter about which there is some doubt) was used by Octavius for some ten years before he assumed it officially in 27 BC. It seems likely that Augustus wished the title to be an indication of the fact that, like his great-uncle Julius, he was to be considered the permanent supreme commander. On the other hand, it seems that his usual circumspection prompted him to ensure that the title with its associations not only of military glory but also of dictatorship and military rule was not given undue prominence. Voltaire had previously drawn

[5] See T. Rice Holmes, *The Architect of the Roman Empire*, 2 vol. (Oxford, 1928-1931), vol.1, p.221-22.

[6] See John Buchan, *Augustus* (London, 1937), p.139; Rice Holmes, *The Architect of the Roman Empire*, vol.1, p.263-64 and Jones, *Augustus*, p.85.

[7] Weinstock, *Divus Julius*, p.108.

[8] See *Res gestae divi Augusti*, p.18.

attention to Augustus's extreme caution in eschewing a fairly
innocuous appellation like *Dominus*.[9] Since by the constitutional
settlement of 27 BC, the Senate was left in control of those
provinces of the Empire where little trouble might be expected,
its prestige was preserved by its nominal share in the government
and the patricians were mollified, as Voltaire suggests (lines 12-15).
He places prime emphasis, however, upon the truly important
elements of this constitutional settlement: Augustus's control of
the finances of the Empire and his appointment as commander-in-
chief of all its armed forces (lines 15-16).

3. The text: divinity

The question of divinity is linked to that of politics again by the
example of Julius Caesar, from whose downfall Augustus learned
so much. Julius Caesar had, with some success among those
responsible for passing decrees, sought divinity during his life,
not so much with the object of being regarded as a god-incarnate as
with that of establishing a divine (and hereditary) monarchy.[10] It
was the cherished idea of kingship which eventually proved fatal to
him, and it was this error of his great-uncle's which led Augustus to
deal carefully with the cognate (and, in the Hellenistic tradition,
inseparable) idea of divinity.

Behind the treatment of the question of Augustus's divinity one
feels the impulse to denigrate a figure who has been whitewashed,
Voltaire feels, by adulatory poets like Virgil and Horace whose
opinion has been accepted by posterity. Voltaire seems to resent
what he considers to be the undeservedly high posthumous
reputation enjoyed by Augustus compared with the more mixed
reception by posterity of Julius Caesar's career (see D13812). The

[9] 'Première lettre', *Lettres philosophiques*, ed. G. Lanson and A. Rousseau, 2 vol.
(Paris, 1964), vol.1, p.5.

[10] See Lily Ross Taylor, *The Divinity of the Roman emperor* (Middletown, CT,
1931), p.243-44.

death of the great Julius is clearly in Voltaire's mind when he refers to the good fortune which ensured that Augustus was spared the assassin's knife. In one of the notes on his *Le Triumvirat*, Voltaire enlarges upon 'la prétendue conjuration de Cinna' (line 38, and see above, p.166-67, n.15 to II.i.16, lines 308-38), not only casting doubt upon its historical authenticity but also taking the opportunity to expose every supposed act of clemency on Augustus's part as disguised expediency, and to contrast them with the genuine magnanimity of his adoptive father. In one of his longest notes on *Le Triumvirat*, Voltaire explains how he is 'saisi d'indignation en lisant à la tête des *Géorgiques*, qu'Auguste est un des plus grands dieux' (see above, p.158, n.4 to I.i.40, lines 95-96), and through the remainder of his commentary there breathes the same fiercely demythologising spirit. The tone of this essay is not so much indignant as incredulous at the idea that such a conspicuously flawed human as Augustus – 'monstre', 'brigand', 'scélérat[s] sans pudeur, sans loi, sans honneur, sans probité, fourbe[s], ingrat[s], sanguinaire[s]', are some of the terms applied to him in the notes to *Le Triumvirat* (see above, p.157, line 65; p.160, line 141; and p.159, lines 124-25) – could conceivably be elevated to the status of divinity.

Besides being 'du clément César [...] le barbare fils' (*Le Triumvirat*, IV.iii.84), Augustus, as Voltaire here presents him, had usurped in his lifetime the divinity which had been only posthumously accorded to his adoptive father. It is true that one of the first acts of the Triumvirate was the deification of Julius Caesar, which took place on 1 January 42 BC, a little under two years after his death. It is also true, however, that Octavius, despite his strong position as *divi filius*, an expression he constantly used, declined during his lifetime to be enshrined in a temple and chose to appear before his fellow Romans not as the declared *divus* but as the *princeps*, assuming a new title, 'Augustus', with its suggestion of merely potential divinity. This reluctance on his part sprang not so much from a desire to avoid blasphemy as from a wish to appear to conform to republican principles.

Voltaire rightly distinguishes between the straightforward institution of a state cult in the provinces and municipalities, and the more oblique form of emperor-worship which was characteristic of the society of Rome, more sensitive, as Augustus was acutely aware, to any violation of tradition. In the provinces, the cult of Augustus developed under his guidance through a combination of vigorous propaganda and active encouragement of any spontaneous expressions of loyalty. The creation of the one provincial centre of worship mentioned by Voltaire, that at Lugdunum (Lyons) illustrates the way in which the cult developed. Augustus on his departure from Gaul in 13 BC had left Drusus his son-in-law as legate with the task of unifying the Gallic tribes. The chiefs of all three tribes were summoned to a great celebration at Lugdunum on 1 August 12 BC. Two years later on the same date the tribes dedicated an altar to Roma (the goddess) and Augustus at the site near Lugdunum where the first assembly had been held. It was only after the Augustan period that a temple was established at Lugdunum.

Voltaire's remarks on the meaning of *divus* (line 35) do not present the whole picture. As used by poets like Ennius, Catullus and Lucretius, the word was at first indeed devoid of the connotation of divinity. But it gradually acquired the meaning of man made into god after having been applied for generations to deified emperors. The idea of the foremost citizen being, after his death, translated to the heavens as a god was an acceptable variation of the doctrine of the divinity of kings. Similarly, it is easy to understand how the custom of pouring libations to the emperor's genius, or guardian spirit, at banquets both public and private became, as Voltaire indicated, associated with the *lares*, each individual Roman family's household gods, who regularly received an offering of food at the conclusion of a supper. The distinction between the spirit of the emperor and his person is already blurred in the line from Horace's *Epistles* (II.i.16), which Voltaire quotes in line 22, and the merging of the worship of a shadowy genius into that of a *deus praesens* was accompanied by the replacement of bloodless offerings by sacrificial victims more appropriate to the Hellenistic cult of an incarnate god-king.

4. *Editions*

Further information on the collective editions of Voltaire's works may be found on p.613-18, below.

66

OCTAVE / ET / LE JEUNE POMPÉE, / OU / LE TRIUMVIRAT. / *AVEC* / DES REMARQUES / SUR LES PROSCRIPTIONS. / [*ornament: fruit and leaves*] / A AMSTERDAM, / *et se trouve a Paris*, / Chez Lacombe, Libraire, Quai de Conti. / [*thick-thin rule*] / M. D. CC. LXVII.

8°. sig. π, a⁴, A-L⁸, M² [$4 signed, –A1, roman]; pag. [2].viii.180

[n.p.] [*title*]; [n.p.] [*blank*]; i-viii Préface de l'éditeur, [1] [*half-title*]: Octave et le jeune Pompée, ou le Triumvirat. Tragédie; [2] Personnages; [3]-100 Le Triumvirat; 101-46 Notes; 147-50 Du gouvernement et de la divinité d'Auguste; 151-80 Des conspirations contre les peuples ou des proscriptions.

As the work is mentioned in the *Mémoires secrets* of 24 December 1766, Bengesco concludes that it appeared at the end of that year. First edition.

Bengesco 265; BnC 1258-59.

Oxford, Taylor: V3.A2.1764(6). Paris, Arsenal: GD-15122, 8-BL-13481(4), 8-BL-13094, 8-BL-13095, 8-BL-13096, 8-BL-13097(1); BnF: YF-6574, 8-YTH-12907, Rés-YF-3545, Z Beuchot 593, Z Bengesco 99, 8-RF-14557.

NM (1767)

Vol.4, p.185-87 Du gouvernement et de la divinité d'Auguste

T67

Vol.6, p.125-28 Du gouvernement et de la divinité d'Auguste

w68

Vol.6, p.93-94 Du gouvernement et de la divinité d'Auguste

w71L

Vol.5, p.75-76 Du gouvernement et de la divinité d'Auguste

w71P

Vol.6, p.25-28 Du gouvernement et de la divinité d'Auguste
The *table des matières* mistakenly indicates that the text begins on p.24.

w72P (1773)

Théâtre, vol.5, p.113-16 Du gouvernement et de la divinité d'Auguste

T73N

Vol.5, p.113-16 Du gouvernement et de la divinité d'Auguste

w75G

Vol.6, 203-205 Du gouvernement et de la divinité d'Auguste

w75X

Vol.5, p.203-205 Du gouvernement et de la divinité d'Auguste

T76X

Vol.4, p.214-17 Du gouvernement et de la divinité d'Auguste

K84

Vol.43, p.392-94 Veletri ou Velitri
The text forms the article 'Veletri' of the Kehl edition's version of
Dictionnaire philosophique (on the composite nature of this version, see

OCV, vol.35, p.264). Apart from a subheading 'Petite ville d'Ombrie, à neuf lieues de Rome; et par occasion de la divinité d'Auguste', this article offers no variants from *Du gouvernement et de la divinité d'Auguste*.

K85

Vol.43, p.392-94 Veletri ou Velitri [11]

5. *Principles of this edition*

Lines 3-42 form the first part of the article 'Auguste Octave' of the *Questions sur l'Encyclopédie*, which also includes material from the 'Notes' to *Le Triumvirat*. For the annotation of these, see John Renwick's edition of that article in *OCV*, vol.39, p.211-13. Those lines not included in the *QE* article are annotated here, and textual differences between this text and the relevant section of the *QE* article are also recorded.

The base text is w75G. Apart from insignificant variations in punctuation, capitalisation and the forms of place names, the text is the same in all editions of 'Du gouvernement'. The minor variants offered by the Kehl *Dictionnaire philosophique* article 'Veletri' (K84) are recorded.

Treatment of the base text

The spelling of the names of persons and places has been respected, and the original punctuation retained, with the following exceptions: the full stop at the end of the title has been deleted, and the comma after 'trône' (line 46) has been removed. The italics used for personal names have also been removed.

---

[11] This text is not included in K12, either under the heading 'Veletri' or 'Auguste Octave'. In K12, vol.55, p.336, between the articles 'Vampires' and 'Vénalité', there is a footnote: 'Veletri. Voyez Auguste Octave.' In K12, vol.48, p.363, the first section of the article (before the heading 'Des mœurs d'Auguste' which in editions of *QE* corresponds to *Du gouvernement*) is missing, and is replaced by a footnote: 'Voyez l'article Veletri.'

The following aspects of orthography and grammar in the base text have been modified to conform to modern usage:

I. Spelling

1. Consonants

- the consonant *p* was not used in: tems.
- the consonant *t* was not used in: suivans.
- double consonants were used in: renouvellé.

2. Vowels

- *e* was not used in: encor.

II. Accents

The acute accent

- was used in place of the grave in: siécle, troisiéme.
- was not used in: gemeaux.

III. Capitalisation

- initial capitals were attributed to: Consulats, Dictateur, Dieu(x), Empereur(s), Empire, Général, Mont, Océan, Occidental, Prince, République, Romain(e)(es) (adj.), Sénat, Souverain, Tribunat.

IV. Hyphenation

- the hyphen was used in: Jules-César, jusqu'à-ce, jusques-là, Maximien-Hercule, tout-à-fait.

V. Points of grammar

- the adverbial -*s* was used in: jusques.
- elision was used in: presqu'à la fois.

VI. Various

- the ampersand was used throughout except in the title.
- the long *s* was used.

DU GOUVERNEMENT
ET DE LA DIVINITÉ D'AUGUSTE

Ceux qui aiment l'histoire sont bien aises de savoir à quel titre un bourgeois de Veletri gouverna un empire qui s'étendait du mont Taurus au mont Atlas, et de l'Euphrate à l'océan occidental. [1] Ce ne fut point comme dictateur perpétuel, ce titre avait été trop funeste à Jules César. Auguste ne le porta que onze jours. La crainte de périr ⁙5 comme son prédécesseur, et les conseils d'Agrippa lui firent prendre d'autres mesures. Il accumula insensiblement sur sa tête toutes les dignités de la république. Treize consulats, le tribunat renouvelé en sa faveur de dix ans en dix ans, le nom de prince du sénat, celui d'empereur qui d'abord ne signifiait que général ⁙10 d'armée, mais auquel il sut donner une dénomination plus étendue; ce sont là les titres qui semblèrent légitimer sa puissance. Le sénat ne perdit rien de ses honneurs; il conserva même toujours de très grands droits. Auguste partagea avec lui toutes les provinces de l'empire; mais il retint pour lui les principales: enfin, maître de ⁙15 l'argent et des troupes, il fut en effet souverain.

a-b κ84: VELETRI OU VELITRI / *Petite ville d'Ombrie, à neuf lieues de Rome; et par occasion de la divinité d'Auguste*
9 κ84: de dix en dix ans,

[1] The article 'Auguste Octave' in the *Questions sur l'Encyclopédie* begins differently, substituting the following text for the first sentence: 'On a demandé souvent sous quelle dénomination, et à quel titre Octave citoyen de la petite ville de Veletri, surnommé Auguste, fut le maître d'un empire qui s'étendait du mont Taurus au mont Atlas, et de l'Euphrate à la Seine' (*OCV*, vol.39, p.211). There is typical Voltairean deflation in this contrast drawn between the infinitely great – the mighty Roman Empire – and the infinitely small – the Octavius of humble middle-class origins, who had already provided a butt for the gibes of his contemporaries, Antony (see Suetonius, *Divus Augustus*, ch.4) and Cicero (see *Philippics*, III.vi), who both referred to him as a money lender on the strength of his grandfather's occupation as a banker in the little town of Velitrae, situated some 25 miles to the south of Rome.

Ce qu'il y eut de plus étrange, c'est que Jules César ayant été mis au rang des dieux après sa mort, Auguste fut dieu de son vivant. Il est vrai qu'il n'était pas tout à fait dieu à Rome, mais il l'était dans les provinces. Il y avait des temples et des prêtres. L'abbaye d'Eney à Lyon était un beau temple d'Auguste. Horace lui dit:

> Jurandasque tuum per nomen ponimus aras. [2]

Cela veut dire qu'il y avait chez les Romains même d'assez bons courtisans pour avoir dans leurs maisons de petits autels qu'ils dédiaient à Auguste. Il fut donc en effet canonisé de son vivant; et le nom de dieu devint le titre, ou le sobriquet de tous les empereurs suivants. Caligula se fit dieu sans difficulté; il se fit adorer dans le temple de Castor et de Pollux. Sa statue était posée entre ces deux gémeaux; on lui immolait des paons, des faisans, des poules de Numidie, jusqu'à ce qu'enfin on l'immola lui-même. Néron eut le nom de dieu avant qu'il fût condamné par le sénat à mourir par le supplice des esclaves.

Ne nous imaginons pas que ce nom de dieu signifiât chez ces monstres, ce qu'il signifie parmi nous; le blasphème ne pouvait être porté jusque là. *Divus* voulait dire précisément *Sanctus*. De la liste des proscriptions, et de l'épigramme ordurière contre Fulvie, [3] il y a loin jusqu'à la divinité. Il y eut onze conspirations contre ce dieu, si l'on compte la prétendue conjuration de Cinna: mais aucune ne réussit; et de tous ces misérables qui usurpèrent les honneurs divins, Auguste fut sans doute le plus fortuné. Il fut véritablement celui par lequel la république romaine périt; car César n'avait été

---

25   K84: donc canonisé

[2] Horace, *Epistles*, II.i.16 ('We [...] set up altars to swear by in your name', trans. H. Rushton Fairclough, London and Cambridge, MA, 1947, p.397).

[3] The filthy epigram which is quoted in a note on *Le Triumvirat* (see p.154-55 above, n.3 to I.i.35) is meant to recall that its 'divine' author was not only of common clay, but an *âme de boue*, whose personal morals set the tone for the depravity of his age.

dictateur que dix mois, et Auguste régna plus de quarante années. [4]
Ce fut dans cet espace de temps que les mœurs changèrent avec le
gouvernement. Les armées composées autrefois de légions
romaines et des peuples d'Italie, furent dans la suite formées de   45
tous les peuples barbares. [5] Elles mirent sur le trône des empereurs
de leurs pays.

Dès le troisième siècle il s'éleva trente tyrans presque à la fois,
dont les uns étaient de la Transilvanie, les autres des Gaules,
d'Angleterre ou d'Allemagne. [6] Dioclétien était le fils d'un esclave   50
de Dalmatie. Maximien Hercule était un villageois de Sirmik. [7]

[4] The first section of the *QE* article ends here, at 'quarante années'. It continues
with two further sections 'Des mœurs d'Auguste' and 'Des cruautés d'Auguste'
which contain material from the 'Notes' of *Le Triumvirat* (see above, p.154-79).

[5] It was under the regime of Augustus that the Roman army became a standing
professional force. Recruitment came to be increasingly local and, as the net was
thrown wider and wider, the Roman legionary was less and less likely to feel any
sense of allegiance to Rome and more and more likely to be attached to his legion and
its commander. It was Augustus who instituted the form of military government in
which the emperor was elected by the consent of the army.

[6] The period from 238 until the accession of Diocletian in 284 was marked by civil
wars; there were at least twenty claimants for the title of emperor during this time,
but they were only temporary heads of armies, which constituted the true ruling
power. Voltaire's reference to thirty tyrants from all over the Empire would seem to
relate specifically to the period which followed the accession of Gallienus in 260.
Gibbon in his *Decline and fall* corroborated the wide geographical distribution of the
various claimants to supreme power at this period, but casts doubt upon their
number: 'It was probably some ingenious fancy, of comparing the thirty tyrants of
Rome with the thirty tyrants of Athens, that induced the writers of the Augustan
history to select that celebrated number, which has been gradually received into a
popular appellation' (Edward Gibbon, *The History of the decline and fall of the Roman
Empire*, ed. David Wormersley, 3 vol., London, 2005, vol.1, p.288; book 1, ch.10).

[7] Diocletian, whom the army proclaimed as emperor in 284, chose as his junior
partner in the business of imperial government a fellow soldier called Maximian. He
assumed the title Jovius (the supreme controller of the heavens), and gave to his
colleague, who was to undertake the purification of the western parts of the Empire
while he looked after the east, the title Herculius. Voltaire does not take up the
theme, related to the subject of his essay, which is suggested by these divine titles. He
chooses rather to insist upon what these titles were possibly meant to veil: the humble
origins of both these emperors. 'Divus Augustus' has been a mere 'bourgeois de

Théodose était d'Espagne, qui n'était pas alors un pays fort policé. [8]

On sait assez comment l'empire romain fut enfin détruit, comment les Turcs en ont subjugué la moitié, et comment le nom de l'autre moitié subsiste encore sur les rives du Danube chez les Marcomans. [9] Mais la plus singulière de toutes les révolutions, et le plus étonnant de tous les spectacles, c'est de voir par qui le Capitole est habité aujourd'hui. [10]

55

Veletri', but the degeneration of imperial prestige had surely reached its nadir with the freedman 'Jupiter' and his fellow Illyrian rustic 'Hercules'.

[8] Theodosius I, emperor 379-395, during whose reign Christianity became the official religion of the state.

[9] The Marcomanni (March-men or borderers) to whom Voltaire refers here would appear to be those tribes occupying the Rhaeto-Pannonian march, that extent of territory which, after the fall of Constantinople in 1453, made up what was left of the Holy Roman Empire.

[10] *Sur Messieurs Jean Law, Melon et Dutot* (1738): 'Le Capitole est habité aujourd'hui par des récollets' (*OCV*, vol.18A, p.243), a point also made in the *Dialogue entre Marc-Aurèle et un récollet* (1751) (*OCV*, vol.32A, p.133 and n.3). In this short dialogue, Voltaire shows the pope as the object of excessive devotion amounting to divine worship and explores the contrast between the contemporary seat of the papacy and imperial Rome.

Des conspirations contre les peuples, ou des proscriptions

Edition critique

par

Jacqueline Marchand

TABLE DES MATIÈRES

INTRODUCTION

L'échec d'*Olympie*, en mars 1764, marque le début d'une période où Voltaire connaîtra la froideur, voire l'hostilité du public parisien qu'il essaie encore de toucher au théâtre; le 5 juillet de la même année, *Octave et le jeune Pompée* est joué une seule fois, et quitte la scène pour n'y plus reparaître. C'est à cet échec que nous devons *Des conspirations contre les peuples*.

Non que le sujet de ce petit voyage ne soit pas conforme aux préoccupations habituelles de Voltaire; mais il ne pensait pas à le traiter quand il écrivit *Octave et le jeune Pompée*. Il y pensera en 1766, comme à un 'ragoût', destiné à relever la pièce qu'il fait imprimer, désespérant de la porter de nouveau sur la scène (D13325).

Octave et le jeune Pompée, qui s'appellera en 1766 le *Triumvirat*, est une composition étrange où les rochers, les flots et les orages – décor shakespearien – encadrent les tirades cornéliennes et masquent mal l'intention de refaire *Cinna* (voir ci-dessus, p.3-49). Mais ce qui nous intéresse ici est un aspect de la pièce qui n'est nullement secondaire. Octave et Antoine – traitant Lépide par le mépris – sont réunis dans l'île de la rivière Reno, près de Bologne, et réunis pour décider des proscriptions. Le mot revient constamment sous la plume du poète; Antoine pousse à la sévérité, Octave a des scrupules. Ces proscriptions des triumvirs en 43 sont une des 'Conspirations contre les peuples'. L'importance que Voltaire attache à cet aspect de la tragédie est soulignée par les termes qu'il emploie dans sa correspondance; c'est, dit-il aux d'Argental le 23 juillet 1763, 'la tragédie des coupe-jarrets; elle n'est pas fade' (D11314). Dans les mois qui suivent, il dit plutôt 'les roués' (D11799). Le 2 avril 1764, il dit 'les conspirateurs' (D11802); puis les 'marauds du triumvirat [...] ces gens de sac et de corde' (D13294). Le 17 juin (à Lekain, D11929), ce sont 'les trois coquins', terme repris dans une lettre à Jacques Lacombe du 20 août 1766, bien après l'échec de la pièce (D13505).

Malgré l'échec de la pièce à la scène parisienne, Voltaire corrige inlassablement ses vers. Après quelques essais pour obtenir une reprise (à Lekain, 18 juillet, D11993; aux d'Argental, même date, D11994), il renonce, au moins provisoirement, à porter *Octave et le jeune Pompée* à la scène. Mais il pense à publier la pièce. Ce n'est pourtant pas sans de longues hésitations qu'il se résigne à cette solution. Le 1er avril 1766, dans une lettre aux d'Argental (D13231), il explique longuement que 'le petit ex-jésuite' polit et repolit ses vers; il annonce une préface 'd'un de ses amis', des notes historiques 'd'un pédant assez instruit de l'histoire romaine'; mais pourquoi, après avoir parlé d''un petit volume qui pourra plaire à quelques gens de lettres', ajouter en conclusion: 'tout cela sera prêt pour le retour de Roscius Le Kain', si on a tout à fait perdu l'espoir de voir Lekain en Octave?

Il semble que le jugement des d'Argental ait été sévère. Ils ont déconseillé une reprise. Voltaire leur donne raison, avec tristesse (D13241). Il publiera *Octave*, mais non pas seul. L'ouvrage 'a fourni des remarques assez curieuses sur l'histoire romaine, et sur les temps de barbarie et d'horreur que chaque nation a éprouvés'. Il faut bien 'se réduire à publier un volume, mais l'auteur a bien travaillé, il a radoubé son vaisseau tant qu'il a pu' (aux d'Argental, 18 avril 1766, D13259).

Le 30 avril, le projet a pris corps (D13274):

Pendant que mon ex-jésuite se tue à forger des vers pour plaire à mes anges, je barbouille de la prose de mon côté. Je fais une histoire des proscriptions, à commencer depuis celle des 23 000 Juifs que les lévites égorgèrent pieusement du temps de Moïse, et à finir par celle des prophètes des Cévennes, qui faisaient une liste des impies que Dieu avait condamnés à mourir par leurs mains. Ce petit ouvrage peut être curieux, et les notes sur l'histoire romaine seront assez intéressantes. Une tragédie toute seule ne peut guère exciter la curiosité des lecteurs.

Peu à peu, l'importance accordée à *Octave* va diminuer, au bénéfice des *Proscriptions*. En même temps, les d'Argental cessent d'être les seuls confidents, et c'est aussi au libraire Lacombe que

Voltaire va exposer ses projets. Le 5 mai 1766, Voltaire lui envoie le *Dictionnaire philosophique*, lui propose 'l'édition des œuvres du même auteur' faite à Genève, plus trois volumes de mélanges. Puis il en vient au nouveau projet: 'Un homme de mes amis, qui veut être inconnu, m'a communiqué une tragédie, laquelle m'a paru très singulière, et qui n'est ni dans le style, ni dans les mœurs d'aujourd'hui. Elle est accompagnée de notes que je crois curieuses et intéressantes, et d'un morceau historique qui l'est encore davantage. Cela pourra faire un juste volume' (D13285). Voltaire estime assez Lacombe pour renoncer en sa faveur à ses éditeurs genevois, qui sont pourtant d'accès plus facile, et qu'il peut corriger sur épreuve autant qu'il veut. 'Je renonce cependant à ma méthode favorite pour gratifier un libraire de Paris qui est un véritable homme de lettres, fort au-dessus de sa profession, et dont je veux me faire un ami' (aux d'Argental, D13325). Il y a aussi une affaire de cent écus qui doivent être versés à Lekain par le libraire et qui ne paraît pas très claire: Lekain doit-il être dédommagé, du fait que la pièce est retirée du théâtre? D'ailleurs, le 3 septembre (D13532), Voltaire estimera que si on limite le tirage à 700 exemplaires, il n'y a rien à payer à Lekain. Quoi qu'il en soit, c'est bien Lacombe, libraire quai Conti, qui publiera, à la fin de 1766, avec la date de 1767, *Octave et le jeune Pompée, ou le Triumvirat, avec des remarques sur les proscriptions*. Il est à noter que le volume contient aussi une préface, fictivement attribuée à un éditeur ignorant des choses du théâtre, – c'est évidemment Voltaire – des notes abondantes sur la pièce, et le petit texte *Du gouvernement et de la divinité d'Auguste*. Mais seul le terme *proscriptions* figure dans le titre avec le nom de la pièce.

Pendant tout le mois de mai 1766, Voltaire ne cesse d'entretenir les d'Argental du volume projeté. 'Le petit ex-jésuite' qui révise encore le *Triumvirat* (c'est le nouveau titre) 'a cru se tirer d'affaire par des notes historiques, et par une histoire de toutes les proscriptions de ce monde qui fait dresser les cheveux à la tête' (12 mai, D13294). Voltaire s'occupe de ce nouveau travail en même temps que la diffusion des *Lettres sur les miracles* qui ont paru en recueil. 'J'aime beaucoup mieux, mes divins anges, vous parler des proscriptions de Rome que des tracasseries de Genève qui probablement vous ennuient beaucoup [...] Nous sommes assez contents des notes qui nous paraissent instructives et intéressantes pour ceux qui aiment l'histoire romaine' (aux d'Argental, 23 mai 1766, D13310). La lettre du 30 mai, aux mêmes, montre que Voltaire a définitivement renoncé à faire jouer *Octave*, et qu'il se passionne de plus en plus pour les textes annexes: 'Je vais d'abord parler du pauvre jésuite et du pauvre tripot. Mes anges doivent être convaincus de l'excès d'indifférence de tout le public pour une pièce qui n'est point jouée [...] Je veux couler à fond la réputation d'Auguste; j'ai une dent contre lui depuis longtemps, pour avoir eu l'insolence d'exiler Ovide qui valait mieux que lui' (D13325). Critiquer Auguste n'est pas dangereux, bien que Voltaire pût lui reprocher des crimes plus odieux que l'exil d'Ovide. Mais les d'Argental ont peut-être exprimé quelques craintes au sujet de la critique biblique. Voltaire leur écrit le 22 juin: 'Il faut donner la préférence à l'impression sur la représentation [...] On peut encore ajouter aux notes que vous avez jugé assez curieuses. Il n'est pas difficile de donner aux proscriptions hébraïques un tour qui désarme la censure théologique' (D13369). Et c'est ce qu'il fait aussitôt, puisqu'il écrit le 25 juin à Lacombe qu'il diffère l'envoi de son texte, afin de revoir les notes pour les rendre moins dangereuses, sans en modifier le fond (D13373). Un peu plus tard, dans une lettre du 20 août au même Lacombe, (D13505), Voltaire va jusqu'à écrire de la tragédie qu'elle est 'sans intérêt', et il ajoute: 'Les notes m'ont paru plus intéressantes que la pièce'. Dès lors, sans avouer, du moins à Lacombe, la paternité de l'ouvrage, Voltaire va en presser la publication. 'Pour moi, je vous avoue que les anecdotes sur les proscriptions me paraissent devoir attirer plus de lecteurs que la tragédie. L'auteur vous prie d'intituler l'ouvrage *Octave et le jeune Pompée, ou le triumvirat, avec des remarques sur les proscriptions*' (à J. Lacombe, 3 septembre 1766, D13532). C'est bien le titre qui a été finalement retenu.

Le volume s'imprime dans les derniers mois de 1766. Voltaire a dû avoir des épreuves au début de décembre. Le 5, il écrit à Lacombe (D13714):

Il y a une terrible faute, Monsieur, ou je me suis bien trompé, à la page 178. La voici: 'Il n'y a eu aucun exemple de proscription excepté chez les Juifs'. Il manque certainement là quelque chose. Il y a apparemment: 'dans la première antiquité connue'. Je vous en avertis aussitôt que je reçois votre paquet, afin que vous ayez la bonté d'y apporter un prompt remède.

Chose curieuse, la correction a été faite dans l'édition Lacombe en 1767, mais le texte primitif se retrouve dans les éditions postérieures, dont notre texte de base, w75G (voir ci-dessous, ligne 437).

Le 15 décembre, Voltaire presse encore son éditeur: 'Voici le temps de faire paraître vos proscriptions, il n'y a pas un moment à perdre' (à J. Lacombe, D13736). On remarquera qu'il n'est plus question d'*Octave*. Le volume a dû paraître dans le courant de décembre puisque dès le 15 Frédéric II remercie de l'envoi qui lui a été fait (D13739), mais il ne parle, lui, que d'*Octave*. Le 24 décembre, les *Mémoires secrets* annoncent la publication d'une tragédie 'non jouée', qui 'passe pour être d'un grand maître', et attribuent nommément à Voltaire 'un grand morceau historique sur les conspirations contre les peuples, ou sur les proscriptions'. Ils ajoutent: 'L'esprit philosophique, le génie de l'humanité, une connaissance profonde de l'histoire et du cœur des hommes ont dicté ces observations'.[1]

Le 2 janvier 1767, Voltaire a le volume en main. Il feint toujours de n'en être pas l'auteur, et il écrit à Damilaville (D13787):

On m'a envoyé de Paris une pièce très singulière, intitulée le *Triumvirat*, mais ce qui m'a paru mériter votre attention, et celle de tous les gens qui pensent, c'est une histoire des proscriptions. Elles commencent par celles des Hébreux et finissent par celles des Cévennes. Ce morceau m'a paru

---

[1] Louis Petit de Bachaumont, *Mémoires secrets pour servir à l'histoire de la République des Lettres en France depuis 1762 jusqu'à nos jours*, 36 vol. (Londres, 1777-1789), t.3, p.119.

très curieux. Cette histoire finit par ces mots: 'Il est vrai qu'il n'est plus de nos jours de persécutions générales' [...] Il me semble que la tragédie n'est faite que pour amener ce petit morceau.

Le même jour (D13788), Voltaire demande à Lacombe plusieurs corrections; le 5 janvier 1767, il réitère (D13806), et le même jour, dans une seconde lettre (D13812), il en demande d'autres. Son impatience, sa hâte d'aboutir se manifestent par le fait que dans la seconde lettre du 5 janvier il donne comme une addition nécessaire le passage final: 'Mais pour oser dire que nous sommes meilleurs que nos ancêtres', qui figurait certainement dans son texte manuscrit, puisque la seconde partie est citée dans la lettre à Damilaville, et surtout puisqu'aucune des corrections et additions demandées le 2 et le 5 janvier n'a été introduite avant les *Questions sur l'Encyclopédie* de 1771.

Ainsi Voltaire, oubliant ou feignant d'oublier que la pièce est antérieure de trois ans aux annexes, dit maintenant que c'est la tragédie qui a été faite 'pour amener' le morceau sur les proscriptions. Il est vrai que le thème des proscriptions est partout présent dans la pièce; mais à ne regarder qu'elle, on ne saurait croire qu'elle a été écrite pour 'couler à fond' la réputation d'Auguste; il a finalement le beau rôle, et son adversaire le jeune Pompée en est réduit à l''admirer' (V.v.252). Ce sont les notes, rédigées plus tard, qui sont plus sévères. Le morceau, assez court, intitulé *Du gouvernement et de la divinité d'Auguste*, s'attache surtout à démontrer qu'Auguste n'était point Dieu; on le croit sans peine. Dans les *Proscriptions*, un seul chapitre est consacré à Auguste, et encore son rôle n'est-il pas mis en valeur plus que celui des autres triumvirs de 43. Il y a une autre raison à la rédaction de notre texte, et à l'importance de plus en plus grande qu'il a prise dans l'esprit de l'auteur.

Cette raison, peut-être ne faut-il pas la chercher ailleurs que dans le caractère de Voltaire, que toute cruauté matérielle révolte, que le sang versé bouleverse. Opposer aux conspirations contre les tyrans les conspirations contre les peuples, c'est une idée capable de séduire l'homme que chaque année l'anniversaire de la Saint-Barthélemy rendait malade. Voltaire n'est pas favorable au régicide, parce qu'il songe toujours à l'assassinat de Henri IV, son souverain favori. Mais enfin, il y a des tyrans qui méritent la mort; tandis que jamais un peuple entier ne saurait la mériter. Voltaire est frappé surtout par le 'génocide', comme on dirait aujourd'hui; et la preuve, c'est que parmi les proscriptions, la plus horrible lui paraît toujours être le massacre des habitants du Nouveau Monde par les Espagnols.

Il semble que les termes 'conjurations contre les peuples' et 'proscriptions' lui apparaissent comme synonymes. 'Proscriptions' est souvent la leçon primitive, dans l'édition princeps (66) ou les premiers sous-titres parus dans les *Nouveaux Mélanges* de 1767 (NM) et dans l'édition in-4° (w68). Le mot est ensuite remplacé dans quelques cas par 'conjurations'; dans la *Correspondance*, c'est 'proscriptions' qui domine. Voltaire a voulu, de plus en plus nettement, se faire le champion des peuples massacrés; une des preuves en est, semble-t-il, dans le changement d'attitude à l'égard des protestants des Cévennes; dans la lettre du 30 avril 1766 il s'agit des 'prophètes des Cévennes, qui faisaient une liste des impies que Dieu avait condamnés à périr par leurs mains' (D13274). Dans le texte même des *Proscriptions*, l'optique n'est plus la même (lignes 384-91):

Il faut faire entrer sans doute dans ce triste catalogue les massacres des Cévennes et du Vivarais, qui durèrent pendant dix ans, au commencement de ce siècle. Ce fut en effet un mélange continuel de proscriptions et de guerres civiles. Les combats, les assassinats, et les mains des bourreaux ont fait périr plus de cent mille de nos compatriotes, dont dix mille ont expiré sur la roue, ou par la corde, ou dans les flammes, si on en croit tous les historiens contemporains des deux parties.

Les lecteurs de 1767 ne se sont pas trompés sur les intentions de l'auteur. La *Correspondance littéraire* qui avait sévèrement jugé *Octave* en 1764, sans savoir que la pièce était de Voltaire, écrit le 15 janvier 1767:

Si sa tragédie du *Triumvirat* est faible, les remarques sur les proscriptions dont il l'a accompagnée sont excellentes [...]. Il n'appartenait qu'à lui d'associer les persécutions religieuses de nos siècles modernes aux proscriptions des Sylla, des Octave, des Marc-Antoine et de les intituler *Des conspirations contre les peuples*. Cette seule inscription du dernier chapitre de ces remarques est d'un homme de génie. [2]

Le 26 janvier, D'Alembert remercie Voltaire pour l'envoi 'de vos excellentes notes sur le *Triumvirat*, que j'ai lues avec transport, et qui sont bien dignes de vous, et comme citoyen, et comme philosophe, et comme écrivain' (D13883). Il s'agit évidemment de tous les textes annexes, et non seulement des notes.

Voltaire, à plusieurs reprises, essaya d'obtenir du libraire Lacombe une seconde édition du petit volume de 1767 (lettres à Lacombe des 5 – deux lettres – 12 et 14 janvier 1767, D13806, D13812, D13834, D13845). Mais il ne semble pas que ce nouveau volume ait jamais paru. La publication des *Nouveaux Mélanges*, dans le courant de l'année 1767, rendait sans doute cette seconde édition moins nécessaire.

On peut lire dans les notes envoyées par Decroix à Beuchot, et rédigées d'après l'édition de Kehl, t.28, p.362: 'Cet ouvrage est de 1767, et fut imprimé à la suite du *Triumvirat*, tragédie de l'auteur.' [3] Wagnière écrit dans ses *Notes et remarques* (Saint-Pétersbourg): 'Ces conspirations etc. Vers 1767. Elles sont de M. de V.' [4] Comme le texte a été repris par les *Questions sur l'Encyclopédie* en 1771, nous renvoyons pour l'annotation à l'article 'Conspirations contre les peuples, ou proscriptions', édité par Olivier Ferret (*OCV*, t.40, p.206-30). Nous avons seulement signalé en note les différences textuelles entre la version des *QE* et le présent opuscule.

---

[2] *CLT*, t.7, p.212.
[3] BnF, n.a.fr.14301, f.56ʳ.
[4] Andrew Brown, 'Calendar of Voltaire manuscripts other than correspondence', *SVEC* 77 (1970), p.61.

Editions

De plus amples informations sur les éditions collectives se trouvent ci-dessous, p.613-18. Pour la liste des éditions des *QE*, voir *OCV*, t.37.

66

OCTAVE / ET / LE JEUNE POMPÉE, / OU / LE TRIUMVIRAT. / *AVEC* / DES REMARQUES / SUR LES PROSCRIPTIONS. / [*ornement*] / A AMSTERDAM, / *et se trouve A PARIS*, / Chez LACOMBE, Libraire, Quai de Conti. / [*deux filets*] / M. D. CC. LXVII.

in-8. sig. π, a⁴, A-L⁸, M² [$4 signe (-A1), chiffres romains]; pag. [2].viii.180.

[n.p.] [*titre*]; [n.p.] [*blanc*]; i-viii Préface de l'éditeur, [1] [*faux-titre*]: Octave et le jeune Pompée, ou le Triumvirat. Tragédie; [2] Personnages; [3]-100 Le Triumvirat; 101-46 Notes; 147-50 Du gouvernement et de la divinité d'Auguste; 151-80 Des conspirations contre les peuples ou des proscriptions.

La première édition, dont la parution est mentionnée dans les *Mémoires secrets* du 24 décembre 1766.

Bengesco 265; BnC 1258-59.

Oxford, Taylor: V3.A2.1764(6). Paris, Arsenal: GD-15122, 8-BL-13481(4), 8-BL-13094, 8-BL-13095, 8-BL-13096, 8-BL-13097(1); BnF: YF-6574, 8-YTH-12907, Rés-YF-3545, Z Beuchot 593, Z Bengesco 99, 8-RF-14557.

67

OCTAVE / ET / LE JEUNE POMPE, / OU / LE TRIUMVIRAT / *TRAGDIE* / *AVEC* / *DES REMARQUES* / *SUR LES PRO-SCRIPTIONS* / *A AMSTERDAM*, / Chez D. J. CHANGUION / MDCCLXVII

in-8. *⁴, A-D⁸, E⁴, A-C⁸, D¹ [$5 signé (-*1, E4), chiffres arabes]; pag. viii.72.50.

[i] [*titre*]; [ii] [*blanc*]; [iii]-[viii] Préface; [1] [*faux-titre*]; [2] Personnages;

[3]-[71] Acte I, scène I; [72] blank; [1]-[32] Notes; [33]-[50] Des Conspirations contre les peuples, ou des proscriptions.[5]

Chicago, University Library: PQ1221.T4 v.12 c.1.

NM

T.4, p.188-209 Des conspirations contre les peuples, ou des proscriptions

Ce tome contient les mêmes textes que 66, antérieure de quelques mois. Mais ici la pièce est précédée d'un *Avertissement*. Le volume contient aussi *Les Scythes*, et de nombreux autres textes, dont l'*Avis au public sur les Calas et les Sirven*, et le commentaire du livre *Des délits et des peines*.

Il y eut en 1770 plusieurs contrefaçons; la BnF en possède trois exemplaires, catalogués Z 24768, Z 24631, Z 24710; le second comporte deux planches gravées.

T67

T.6, p.129-56 Des conspirations contre les peuples, ou des proscriptions

w68

T.6, p.95-110 Des conspirations contre les peuples, ou des proscriptions

Cette édition reproduit exactement le texte des *Nouveaux Mélanges* de 1767, c'est-à-dire que les *Conspirations* y sont encore placées en annexe du *Triumvirat*.

w71L

T.5, p.77-93 Des conspirations contre les peuples, ou des proscriptions

w72P (1773)

Théâtre, t.5, p.117-46 Des conspirations contre les peuples, ou des proscriptions

---

[5] Nous remercions Mary Gibbons, de la University of Chicago Library, de nous avoir fourni cette description de l'exemplaire.

T73N

T.5, p.117-46 Des conspirations contre les peuples, ou des proscriptions

W75G

T.6, p.206-27 Des conspirations contre les peuples, ou des proscriptions

W75G* (1777-1778)

Ce sigle désigne les exemplaires de W75G, corrigés par Voltaire, qui se trouvent dans la Bibliothèque de Voltaire à Saint-Pétersbourg. Sur ces exemplaires, voir Samuel Taylor, 'The definitive text of Voltaire's works: the Leningrad *encadrée*', *SVEC* 124 (1974), p.7-132.

Dans l'exemplaire 'C' (ou 'Ferney'), le tome 6 porte des corrections de la main de Voltaire. Dans les *Conspirations*, il s'agit d'une seule note ajoutée (voir p.252, n.*d*).

Cette édition corrigée constitue le texte de base de notre édition.

Saint-Pétersbourg, Bibliothèque nationale de Russie: Bibliothèque Voltaire, 11-11.

W75X

T.5, p.206-27 Des conspirations contre les peuples, ou des proscriptions

T76X

T.4, p.218-42 Des conspirations contre les peuples, ou des proscriptions

K84

T.28, p.362-82 Des conspirations contre les peuples

Dans l'édition de Kehl, le texte fait partie des 'Mélanges historiques'. A part quelques infimes détails, le texte est celui des *QE*.

K85

T.28, p.362-82 Des conspirations contre les peuples

KI2

T.33, p.355-81 Des conspirations contre les peuples

Principes de cette édition

Le texte de base est w75G*. Les variantes ont été relevées à partir des éditions suivantes: 66, NM, w68, w75G, K84. On a signalé en note les différences avec l'article 'Conspirations contre les peuples, ou Proscriptions' des *QE*. Pour tout renseignement sur les variantes entre les différentes éditions des *QE*, nous renvoyons à cet article (*OCV*, vol.40, p.206-30).

Traitement du texte de base

On a conservé les italiques du texte de base, sauf dans les cas suivants: on imprime en romain les noms propres de personnes et les noms de famille. En plus, on a imprimé en italique les titres des livres. On a respecté l'orthographe des noms propres de lieux et de personnes. On a respecté la ponctuation du texte de base, à ces exceptions près: on a supprimé le point qui suit les titres et les sous-titres, et l'on a substitué le point-virgule à la virgule après 'Provence' (ligne 248). Les guillemets doubles – ',,' pour marquer le commencement de la citation et de chaque ligne, et ' '' ' à la fin de la citation – qui encadrent les traductions d'une partie de la bulle de Innocent VIII, lignes 363-65, 368-70 ont été remplacé par des guillemets simples au commencement et à la fin de la citation. On n'a pas conservé les accents ni les ligatures dans le texte latin. Ailleurs le texte de base a fait l'objet d'une modernisation portant sur la graphie, l'accentuation et la grammaire. Les particularités du texte de base dans ces trois domaines étaient les suivantes:

I. *Particularités de la graphie*

1. Consonnes

– absence de la consonne *p* dans le mot: tems et son composé: long-tems.
– absence de la consonne *t* dans les finales en *–ans* et en *–ens*: bouleversemens, contens, embrasemens, enfans, établissemens, habitans, innocens, méchans, passans, Protestans, régimens, serpens, talens, tremblemens, vêtemens.

– redoublement de consonnes contraire à l'usage actuel: appellait, appellés, jetter, mammelle, renouvellèrent.
– emploi de la consonne *z* au lieu du *s* dans: hazard.

2. Voyelles

– absence du *e* dans: encor (mais aussi: encore).
– emploi de l'*y* à la place du *i* dans: octroye, ayent.

3. Divers

– utilisation systématique de l'esperluette sauf en tête de phrase.
– élision archaïque: contr'eux, entr'eux.

4. Graphies particulières

– l'orthographe moderne a été rétablie dans les mots suivants: antropophages, ayeux, cahos, fidelle, *Quakres*, solemnellement, tette.

5. Abréviations

– St. devient saint.
– Charles I et François I deviennent Charles Ier, François Ier.

6. Le trait d'union

– il a été supprimé dans les noms et expressions suivants: Avocat-Général (mais aussi: Avocat Général), Charles-Quint, dès-lors, genre-humain (mais aussi: genre humain), grand-Maître, long-tems.
– il a été rétabli dans les noms et expressions suivants: (la) St. Barthelemi, St. Louis (église), St. Pierre (église).

7. Majuscules rétablies

– nous mettons la majuscule, conformément à l'usage moderne, à: Asie mineure, histoire ecclésiastique (titre d'ouvrage).

8. Majuscules supprimées

– les majuscules ont été supprimées dans: Abbé, Archevêque, Archidiacre, Avocat(-)Général, Brames, Caciques, Calvinistes, Catholiques, Chancelier, Chevalier(s), Chrétiens, Continent, Diable, Duc, Eglise (l'édifice), Empereur, Empire Grec, Généraux, Impératrice, Inquisiteur(s), Légat, Magistrats, (grand-)Maître, Manichéens, Marquis, Monarchie, Occident, Ordre, Orient, Pape, Parlement, Président, Primitifs, Prince(s), Protestans, *Quakres*, Religion, Roi(s), Roman, Vallées, Vice-Légat.

239

– nous mettons la minuscule aux mois de l'année: Avril, Juillet.

– nous mettons la minuscule aux adjectifs désignant des nations ou des peuples: Anglais, Chrétienne, Ephraïmite, Française, Juive, Romain(s), Siciliennes, Vaudoises.

II. *Particularités d'accentuation*

L'accentuation a été rendue conforme aux usages modernes à partir des caractéristiques suivantes du texte de base:

1. L'accent aigu

– il est absent dans: Bresil.
– il est présent dans: récensement
– il est employé au lieu de l'accent grave dans: huitiéme, neuviéme, siécle(s).

2. L'accent circonflexe

– il est absent dans: ame, idolatrie, maitres (mais aussi: grand-Maître)
– il est employé dans: déjeûner, toûjours.

3. Le tréma

– il est présent dans: connuës, entenduë, nuës, réjouïssances, renduës, rouë, vuës.

III. *Particularités grammaticales*

– accord du participe passé au pluriel dans la phrase: 'aucune île que j'ai parcourues' (ligne 206).
– emploi de l'*s* dans l'expression adverbiale: 'jusques-là'.
– emploi du pluriel en –*s* dans les noms propres 'Augustes' et 'Nérons'.
– emploi du pluriel en –*x* dans loix.
– l'adjectif numéral cardinal 'cent' demeure invariable, même quand il est multiplié: deux cent ans.
– l'adjectif numéral cardinal 'vingt' demeure invariable dans: quatre-vingt Chevaliers, etc.

DES CONSPIRATIONS CONTRE LES PEUPLES,
OU
DES PROSCRIPTIONS[1]

Celles des Juifs

Si l'on remonte à la plus haute antiquité reçue parmi nous, si l'on ose chercher les premiers exemples des proscriptions dans l'histoire des Juifs, si nous séparons ce qui peut appartenir aux passions humaines, de ce que nous devons révérer dans les décrets éternels, si nous ne considérons que l'effet terrible d'une cause divine, nous 5 trouverons d'abord une proscription de vingt-trois mille Juifs après l'idolâtrie d'un veau d'or; une de vingt-quatre mille pour punir l'Israélite qu'on avait surpris dans les bras d'une Madianite; une de quarante-deux mille hommes de la tribu d'Ephraïm, égorgés à un gué du Jourdain. C'était une vraie proscription; car 10 ceux de Galaad qui exerçaient la vengeance de Jephté contre les Ephraïmites, voulaient connaître et démêler leurs victimes en leur faisant prononcer l'un après l'autre le mot *shibolet* au passage de la rivière; et ceux qui disaient *sibolet*, selon la prononciation éphraïmite, étaient reconnus et tués sur le champ. Mais il faut 15

a-1 k84: PEUPLES. / Conspirations ou proscriptions juives ¶L'histoire est pleine de conspirations contre les tyrans; mais nous ne parlerons ici que des conspirations des tyrans contre les peuples.[2] Si l'on
d 66: [*absent*]
1 k84: antiquité parmi[3]

---

[1] Un paragraphe est ajouté dans les *QE*: 'Il y a des choses qu'il faut sans cesse mettre sous les yeux des hommes. Ayant retrouvé ce morceau qui intéresse l'humanité entière, nous avons cru que c'était ici sa place, d'autant plus qu'il y a quelques additions.' Voir *OCV*, t.40, p.206.
[2] Ce sous-titre et cette nouvelle phrase ont été ajoutés dans les *QE* (*OCV*, t.40, p.207).
[3] La leçon de k84 est également celle des *QE* (*OCV*, t.40, p.207).

considérer que cette tribu d'Ephraïm ayant osé s'opposer à Jephté, choisi par Dieu même pour être le chef de son peuple, méritait sans doute un tel châtiment.

C'est pour cette raison que nous ne regardons point comme une injustice l'extermination entière des peuples du Canaan; ils s'étaient attiré cette punition par leurs crimes; ce fut le Dieu vengeur des crimes qui les proscrivit.[4]

Celle de Mithridate

De telles proscriptions commandées par la Divinité même, ne doivent pas sans doute être imitées par les hommes; aussi le genre humain ne vit point de pareils massacres jusqu'à Mithridate. Rome ne lui avait pas encore déclaré la guerre, lorsqu'il ordonna qu'on assassinât tous les Romains qui se trouvaient dans l'Asie Mineure. Plutarque fait monter le nombre des victimes à cent cinquante mille; Appien le réduit à quatre-vingt mille.

Plutarque n'est pas croyable, et Appien même exagère. Il n'est pas vraisemblable que tant de citoyens romains demeurassent dans l'Asie Mineure, où ils avaient alors très peu d'établissements. Mais quand ce nombre serait réduit à la moitié, Mithridate n'en serait pas moins abominable. Tous les historiens conviennent que le massacre fut général, et que ni les femmes ni les enfants ne furent épargnés.

20

25

30

35

---

21   K84: s'étaient, sans doute, attiré
22-22a   K84: les poursuivit; les Juifs n'étaient que les bourreaux. / Celle
22a   66: [*sous-titre absent*]
30   K84: Plutarque n'est guère croyable, et Appien probablement exagère.[5]

---

[4] Dans les *QE*, Voltaire ajoute 'sans doute' ('ils s'étaient, sans doute, attiré'), ainsi que la phrase: 'les Juifs n'étaient que les bourreaux' après 'proscrivit' (*OCV*, t.40, p.208).

[5] Même variante dans les *QE* (*OCV*, t.40, p.208).

Celles de Sylla, de Marius et des Triumvirs

Mais environ dans ce temps-là même Sylla et Marius exercèrent sur leurs compatriotes la même fureur qu'ils éprouvaient en Asie. Marius commença les proscriptions, et Sylla les surpassa. La raison humaine est confondue quand elle veut juger des Romains. On ne conçoit pas comment un peuple chez qui tout était à l'enchère, et dont la moitié égorgeait l'autre, pût être dans ce temps-là même le vainqueur de tous les rois. Il y eut une horrible anarchie depuis les proscriptions de Sylla jusqu'à la bataille d'Actium, et ce fut pourtant alors que Rome conquit les Gaules, l'Espagne, l'Egypte, la Syrie, toute l'Asie Mineure et la Grèce.

Comment expliquerons-nous ce nombre prodigieux de déclamations qui nous restent sur la décadence de Rome, dans ces temps sanguinaires et illustres? *Tout est perdu*, disent vingt auteurs latins, *Rome tombe par ses propres forces, le luxe a vengé l'univers*. Tout cela ne veut dire autre chose, sinon que la liberté publique n'existait plus: mais la puissance subsistait; elle était entre les mains de cinq ou six généraux d'armée, et le citoyen romain qui avait jusque là vaincu pour lui-même, ne combattait plus que pour quelques usurpateurs.

La dernière proscription fut celle d'Antoine, d'Octave et de Lépide; elle ne fut pas plus sanguinaire que celle de Sylla.

Quelque horrible que fût le règne des Caligula et des Néron, on ne voit point de proscriptions sous leur empire; il n'y en eut point dans les guerres des Galba, des Othons, des Vitellius.

Celle des Juifs sous Trajan

Les Juifs seuls renouvelèrent ce crime sous Trajan. Ce prince humain les traitait avec bonté. Il y en avait un très grand nombre

36a 66: [*sous-titre absent*]
      NM: Celle de
60a 66: [*sous-titre absent*]

dans l'Egypte et dans la province de Cyrène. La moitié de l'île de Chypre était peuplée de Juifs. Un nommé André qui se donna pour un Messie, pour un libérateur des Juifs, ranima leur exécrable 65 enthousiasme qui paraissait assoupi. Il leur persuada qu'ils seraient agréables au Seigneur, et qu'ils rentreraient enfin victorieux dans Jérusalem, s'ils exterminaient tous les infidèles dans les lieux où ils avaient le plus de synagogues. Les Juifs séduits par cet homme massacrèrent, dit-on, plus de deux cent vingt mille personnes, dans 70 la Cyrénaïque et dans Chypre. Dion et Eusèbe disent que non contents de les tuer, ils mangeaient leur chair, se faisaient une ceinture de leurs intestins, et se frottaient le visage de leur sang. Si cela est ainsi, ce fut, de toutes les conspirations contre le genre humain dans notre continent, la plus inhumaine et la plus 75 épouvantable; et elle dut l'être, puisque la superstition en était le principe. Ils furent punis, mais moins qu'ils ne le méritaient, puisqu'ils subsistent encore.

Celle de Théodose, etc.

Je ne vois aucune conspiration pareille dans l'histoire du monde, jusqu'au temps de Théodose, qui proscrivit les habitants de 80 Thessalonique, non pas dans un mouvement de colère, comme on l'écrit si indignement, mais après six mois des plus mûres réflexions. Il mit dans cette fureur méditée un artifice et une lâcheté qui la rendaient encore plus horrible. Les jeux publics furent annoncés par son ordre, les habitants invités; les courses commen- 85 cèrent au milieu de ces réjouissances; ses soldats égorgèrent sept à huit mille habitants; quelques auteurs disent quinze mille. Cette

67　k84: rentreraient tous enfin
78a　66: [*sous-titre absent*]
78a-79　k84: *Théodose* ¶Je
81-82　k84: comme des menteurs mercenaires l'écrivent si souvent, [6] mais

[6] Même variante dans les *QE* (*OCV*, t.40, p.211).

proscription fut incomparablement plus sanguinaire et plus inhumaine que celle des Triumvirs; ils n'avaient compris que leurs ennemis dans leurs listes, mais Théodose ordonna que tout pérît 90 sans distinction. Les Triumvirs se contentèrent de taxer les veuves et les filles des proscrits, Théodose fit massacrer les femmes et les enfants, et cela dans la plus profonde paix, et lorsqu'il était au comble de sa puissance.

Celle de l'impératrice Théodora

Une proscription [7] beaucoup plus sanglante encore que toutes les 95 précédentes, fut celle d'une impératrice Théodora, au milieu du neuvième siècle. Cette femme superstitieuse et cruelle, veuve du cruel Théophile, et tutrice de l'infâme Michel, gouverna quelques années Constantinople. Elle donna ordre qu'on tuât tous les manichéens dans ses Etats. Fleury dans son *Histoire ecclésiastique,* 100 avoue qu'il en périt environ cent mille. Il s'en sauva quarante mille qui se réfugièrent dans les Etats du Calife, et qui devenus les plus implacables comme les plus justes ennemis de l'empire grec, contribuèrent à sa ruine. Rien ne fut plus semblable à notre Saint-Barthelemi, dans laquelle on voulut détruire les protestants, 105 et qui les rendit furieux.

Cette rage des conspirations contre un peuple entier sembla s'assoupir jusqu'au temps des Croisades. Une horde de croisés dans la première expédition de Pierre l'Hermite, ayant pris son chemin par l'Allemagne, fit vœu d'égorger tous les Juifs qu'ils rencon- 110 treraient sur leur route. Ils allèrent à Spire, à Worms, à Cologne, à

94-94a K84: puissance. Il est vrai qu'il expia ce crime; il fut quelque temps sans aller à la messe. [8] / *Celle*
94a 66: [*sous-titre absent*]
106-107 K84: furieux. / *Celle des croisés contre les Juifs* [9] ¶Cette

[7] Les *QE* donnent 'conspiration' au lieu de 'proscription' (*OCV*, t.40, p.212).
[8] Phrase ajoutée dans les *QE* (*OCV*, t.40, p.212).
[9] Sous-titre ajouté dans les *QE* (*OCV*, t.40, p.213).

Mayence, à Francfort; ils fendirent le ventre aux hommes, aux femmes, aux enfants de la nation juive qui tombèrent entre leurs mains, et cherchèrent dans leurs entrailles l'or qu'on supposait que ces malheureux avaient avalé. 115

Cette action des croisés ressemblaient parfaitement à celle des Juifs de Chypre et de Cyrène, et fut peut-être encore plus affreuse, parce que l'avarice se joignait au fanatisme. Les Juifs alors furent traités comme ils se vantent d'avoir traité autrefois des nations entières: mais selon la remarque de Suarez, *ils avaient égorgé leurs* 120 *voisins par une piété bien entendue, et les croisés les massacrèrent par une piété mal entendue.* Il y a au moins de la piété dans ces meurtres, et cela est bien consolant.

Celle de la croisade contre les Albigeois

La conspiration contre les Albigeois fut de la même espèce, et eut une atrocité de plus; c'est qu'elle fut contre des compatriotes, et 125 qu'elle dura longtemps. Suarez aurait dû regarder cette proscription comme la plus édifiante de toutes, puisque de saints inquisiteurs condamnèrent aux flammes tous les habitants de Bésiers, de Carcassonne, de Lavaur, et de cent bourgs considérables; presque tous les citoyens furent brûlés en effet, ou pendus, ou égorgés. 130

Les Vêpres siciliennes

S'il est quelque nuance entre les grands crimes, peut-être la journée des Vêpres siciliennes est la moins exécrable de toutes, quoiqu'elle

122-24   66: *entendue.* ¶La conspiration
123a   K84: *Celle des croisades contre* [10]
126   66, NM, K84: dura plus longtemps [11]
130a   66: [*sous-titre absent*]

[10] Même variante dans les *QE* (*OCV*, t.40, p.214).
[11] Même variante dans les *QE* (*OCV*, t.40, p.214).

le soit excessivement. L'opinion la plus probable est que ce massacre ne fut point prémédité. Il est vrai que Jean de Procida, émissaire du roi d'Arragon, préparait dès lors une révolution à   135
Naples et en Sicile; mais il paraît que ce fut un mouvement subit dans le peuple animé contre les Provençaux, qui le déchaîna tout d'un coup, et qui fit couler tant de sang. Le roi Charles s'était rendu odieux par le meurtre de Conradin et du duc d'Autriche, deux jeunes héros et deux grands princes dignes de son estime, qu'il fit   140
condamner à mort comme des voleurs. Les Provençaux qui vexaient la Sicile étaient détestés. L'un d'eux fit violence à une femme le lendemain de Pâques; on s'attroupa, on s'émut, on sonna le tocsin, on cria *meurent les tyrans*; tout ce qu'on rencontra de Provençaux fut massacré; les innocents périrent avec les coupables.   145

Les Templiers

Je mets sans difficulté au rang des proscriptions le supplice des Templiers. Cette barbarie fut d'autant plus atroce qu'elle fut commise avec l'appareil de la justice. Ce n'était point une de ces fureurs que la vengeance soudaine ou la nécessité de se défendre semble justifier; c'était un projet réfléchi d'exterminer tout un ordre   150
trop fier et trop riche. Je pense bien que dans cet ordre il y avait de jeunes débauchés qui méritaient quelque correction; mais je ne croirai jamais qu'un grand maître, et tant de chevaliers parmi lesquels on comptait des princes, tous vénérables par leur âge et par leurs services, fussent coupables des bassesses absurdes et inutiles   155
dont on les accusait. Je ne croirai jamais qu'un ordre entier de religieux ait renoncé en Europe à la religion chrétienne, pour

138   K84: Charles d'Anjou, frère de Saint Louis, s'était [12]
145a   66: [*sous-titre absent*]
146   K84: rang des conjurations contre une société entière le supplice [13]

[12] Même variante dans les *QE* (*OCV*, t.40, p.214).
[13] Même variante dans les *QE* (*OCV*, t.40, p.215).

laquelle il combattait en Asie, en Afrique; et pour laquelle même
encore plusieurs d'entre eux gémissaient dans les fers des Turcs et
des Arabes, aimant mieux mourir dans les cachots que de renier   160
leur religion.

Enfin je crois sans difficulté à plus de quatre-vingts chevaliers
qui, en mourant, prennent Dieu à témoin de leur innocence.
N'hésitons point à mettre leur proscription au rang des funestes
effets d'un temps d'ignorance et de barbarie.   165

Massacre dans le nouveau monde

Dans ce recensement de tant d'horreurs, mettons surtout les douze
millions d'hommes détruits dans le vaste continent du nouveau
monde. Cette proscription est à l'égard de toutes les autres ce que
serait l'incendie de la moitié de la terre à celui de quelques villages.

Jamais ce malheureux globe n'éprouva une dévastation plus   170
horrible et plus générale, et jamais crime ne fut mieux prouvé. Las
Casas, évêque de Chiappa dans la nouvelle Espagne, ayant
parcouru pendant plus de trente années les îles et la terre ferme
découvertes, avant qu'il fût évêque, et depuis qu'il eut cette dignité,
témoin oculaire de ces trente années de destruction, vint enfin en   175
Espagne, dans sa vieillesse, se jeter aux pieds de Charles Quint et
du prince Philippe son fils, et fit entendre ses plaintes qu'on n'avait
pas écoutées jusqu'alors. Il présenta sa requête au nom d'un
hémisphère entier: elle fut imprimée à Valladolid. La cause de
plus de cinquante nations proscrites dont il ne subsistait que de   180
faibles restes, fut solennellement plaidée devant l'empereur. Las
Casas dit que ces peuples détruits étaient d'une espèce douce, faible
et innocente, incapable de nuire et de résister, et que la plupart ne
connaissaient pas plus les vêtements et les armes que nos animaux
domestiques. J'ai parcouru, dit-il, toutes les petites îles Lucaies, et   185
je n'y ai trouvé que onze habitants, reste de plus de cinq cent mille.

165a   66: [*sous-titre absent*]

Il compte ensuite plus de deux millions d'hommes détruits dans Cuba et dans Hispaniola, et enfin plus de dix millions dans le continent. Il ne dit pas, j'ai ouï dire qu'on a exercé ces énormités incroyables, il dit: *je les ai vues: j'ai vu cinq caciques brûlés pour s'être* 190 *enfuis avec leurs sujets; j'ai vu ces créatures innocentes massacrées par milliers; enfin, de mon temps, on a détruit plus de douze millions d'hommes dans l'Amérique.*

On ne lui contesta pas cette étrange dépopulation, quelque incroyable qu'elle paraisse. Le docteur Sepulvéda qui plaidait 195 contre lui, s'attacha seulement à prouver que tous ces Indiens méritaient la mort, parce qu'ils étaient coupables du péché contre nature, et qu'ils étaient anthropophages.

Je prends Dieu à témoin, répond le digne évêque Las Casas, que vous calomniez ces innocents après les avoir égorgés. Non, ce 200 n'était pas parmi eux que régnait la pédérastie, et que l'horreur de manger de la chair humaine s'était introduite; il se peut que dans quelques contrées de l'Amérique que je ne connais pas, comme au Brésil ou dans quelques îles, on ait pratiqué ces abominations de l'Europe; mais ni à Cuba, ni à la Jamaïque, ni dans Hispaniola, ni 205 dans aucune île que j'ai parcourue, ni au Pérou, ni au Mexique où est mon évêché, je n'ai entendu jamais parler de ces crimes, et j'en ai fait les enquêtes les plus exactes. C'est vous qui êtes plus cruels que les anthropophages; car je vous ai vu dresser des chiens énormes pour aller à la chasse des hommes, comme on va à celle des 210 bêtes fauves. Je vous ai vu donner vos semblables à dévorer à vos chiens. J'ai entendu des Espagnols dire à leurs camarades, prête-moi une longe d'Indien pour le déjeuner de mes dogues, je t'en rendrai demain un quartier. C'est enfin chez vous seuls que j'ai vu de la chair humaine étalée dans vos boucheries, soit pour vos 215 dogues, soit pour vous-mêmes. Tout cela, continue-t-il, est prouvé au procès, et je jure par le grand Dieu qui m'écoute, que rien n'est plus véritable.

Enfin, Las Casas obtint de Charles Quint des lois qui arrêtèrent le carnage réputé jusqu'alors légitime, attendu que c'étaient des 220 chrétiens qui massacraient des infidèles.

249

Proscription à Mérindol

La proscription juridique des habitants de Mérindol et de Cabrière, sous François Ier, en 1546, n'est à la vérité qu'une étincelle en comparaison de cet incendie universel de la moitié de l'Amérique. Il périt dans ce petit pays environ cinq à six mille personnes des deux sexes et de tout âge. Mais cinq mille citoyens surpassent en proportion dans un canton si petit, le nombre de douze millions dans la vaste étendue des îles de l'Amérique, dans le Mexique, et dans le Pérou. Ajoutez surtout que les désastres de notre patrie nous touchent plus que ceux d'un autre hémisphère.

Ce fut la seule proscription revêtue des formes de la justice ordinaire; car les Templiers furent condamnés par des commissaires que le pape avait nommés, et c'est en cela que le massacre de Mérindol porte un caractère plus affreux que les autres. Le crime est plus grand quand il est commis par ceux qui sont établis pour réprimer les crimes et pour protéger l'innocence.

Un avocat général du parlement d'Aix nommé Guérin, fut le premier auteur de cette boucherie. *C'était*, dit l'historien César Nostradamus, *un homme noir ainsi de corps que d'âme, autant froid orateur que persécuteur ardent et calomniateur effronté*. Il commença par dénoncer en 1540 dix-neuf personnes au hasard comme hérétiques. Il y avait alors un violent parti dans le parlement d'Aix, qu'on appelait les *brûleurs*. Le président d'Oppède était à la tête de ce parti. Les dix-neuf accusés furent condamnés à la mort sans être entendus, et dans ce nombre il se trouva quatre femmes et cinq enfants qui s'enfuirent dans des cavernes.

Il y avait alors, à la honte de la nation, un inquisiteur de la foi en Provence; il se nommait frère Jean de Rome. Ce malheureux accompagné de satellites allait souvent dans Mérindol et dans les

---

221a   66: [*sous-titre absent*]
    K84: *Conspiration contre Mérindol*[14]

[14] Même variante dans les *QE* (*OCV*, t.40, p.218).

villages d'alentour; il entrait inopinément et de nuit dans les 250
maisons où il était averti qu'il y avait un peu d'argent; il déclarait
le père, la mère et les enfants hérétiques, leur donnait la question,
prenait l'argent, et violait les filles. Vous trouverez une partie des
crimes de ce scélérat dans le fameux plaidoyer d'Aubri, et vous
remarquerez qu'il ne fut puni que par la prison. 255

Ce fut cet inquisiteur qui, n'ayant pu entrer chez les dix-neuf
accusés, les avait fait dénoncer au parlement par l'avocat général
Guérin, quoiqu'il prétendît être le seul juge du crime d'hérésie.
Guérin et lui soutinrent que dix-huit villages étaient infectés de cette
peste. Les dix-neuf citoyens échappés devaient selon eux faire 260
révolter tout le canton. Le président d'Oppède, trompé par une
information frauduleuse de Guérin, demanda au roi des troupes
pour appuyer la recherche et la punition des dix-neuf prétendus
coupables. François Ier, trompé à son tour, accorda enfin les troupes.
Le vice-légat d'Avignon y joignit quelques soldats. Enfin en 1544 265
d'Oppède et Guérin à leur tête mirent le feu à tous les villages; tout
fut tué, et Aubri rapporte dans son plaidoyer que plusieurs soldats
assouvirent leur brutalité sur les femmes et sur les filles expirantes
qui palpitaient encore. C'est ainsi qu'on servait la religion.

Quiconque a lu l'histoire, sait assez qu'on fit justice; que le 270
parlement de Paris fit pendre l'avocat général, et que le Président
d'Oppède échappa au supplice qu'il avait mérité. Cette grande
cause fut plaidée pendant cinquante audiences. On a encore les
plaidoyers, ils sont curieux. D'Oppède et Guérin alléguaient pour
leur justification tous les passages de l'Ecriture, où il est dit: 275

Frappez les habitants par le glaive, détruisez tout jusqu'aux
animaux. (*a*)

Tuez le vieillard, l'homme, la femme, et l'enfant à la mamelle. (*b*)

Tuez l'homme, la femme, l'enfant sevré, l'enfant qui tète, le
bœuf, la brebis, le chameau et l'âne. (*c*) 280

(*a*) Deut. chap. 13.
(*b*) Josué, chap. 16.
(*c*) Premier Livre des Rois, chap. 15.

Ils alléguaient encore les ordres et les exemples donnés par l'Eglise contre les hérétiques. Ces exemples et ces ordres n'empê-chèrent pas que Guérin ne fût pendu. C'est la seule proscription de cette espèce qui ait été punie par les lois, après avoir été faite à l'abri de ces lois mêmes.

285

Proscription de la Saint-Barthelemi

Il n'y eut que vingt-huit ans d'intervalle entre les massacres de Mérindol et la journée de la Saint-Barthelemi. Cette journée fait encore dresser les cheveux à la tête de tous les Français, excepté ceux d'un abbé (d) qui a osé imprimer en 1758 une espèce d'apologie de cet événement exécrable. C'est ainsi que quelques esprits bizarres ont eu le caprice de faire l'apologie du diable. *Ce ne fut*, dit-il, *qu'une affaire de proscription.* Voilà une étrange excuse! Il semble qu'une affaire de proscription soit une chose d'usage comme on dit, une affaire de barreau, une affaire d'intérêt, une affaire de calcul, une affaire d'Eglise.

290

295

Il faut que l'esprit humain soit bien susceptible de tous les travers, pour qu'il se trouve au bout de près de deux cents ans un homme qui de sang froid entreprend de justifier ce que l'Europe entière abhorre. L'archevêque Péréfixe prétend qu'il périt cent mille Français dans cette conspiration religieuse. Le duc de Sully n'en compte que soixante et dix mille. M. l'abbé abuse du martyrologe des calvinistes, lequel n'a pu tout compter, pour affirmer qu'il n'y eut que quinze mille victimes. Eh! Monsieur

300

(d) il se nommait Caveirac

285a   66: [*sous-titre absent*]
       κ84:   *Conspiration de* [15]
289   κ84: abbé [*avec note*: Gaveiras] qui
n.d   66, NM, W68, W75G: [*note absente*]

[15] Même variante dans les *QE* (*OCV*, t.40, p.221).

l'abbé! ne serait-ce rien que quinze mille personnes égorgées, en
pleine paix, par leurs concitoyens! 305

Le nombre des morts ajoute sans doute beaucoup à la calamité
d'une nation, mais rien à l'atrocité du crime. Vous prétendez,
homme charitable, que la religion n'eut aucune part à ce petit
mouvement populaire. Oubliez-vous le tableau que le pape
Grégoire XIII fit placer dans le Vatican, et au bas duquel était 310
écrit, *Pontifex Colignii necem probat.* Oubliez-vous sa procession
solennelle de l'église Saint-Pierre à l'église Saint-Louis, le *Te
Deum* qu'il fit chanter, les médailles qu'il fit frapper pour perpétuer
la mémoire de l'heureux carnage de la Saint-Barthelemi? Vous
n'avez peut-être pas vu ces médailles; j'en ai vu entre les mains de 315
M. l'abbé de Rothelin. Le pape Grégoire y est représenté d'un côté,
et de l'autre c'est un ange qui tient une croix dans la main gauche et
une épée dans la droite. En voilà-t-il assez, je ne dis pas pour vous
convaincre, mais pour vous confondre?

La conjuration des Irlandais catholiques contre les protestants, 320
sous Charles Ier, en 1641, est une fidèle imitation de la Saint-
Barthelemi. Des historiens anglais contemporains, tels que le
chancelier Clarendon et un chevalier Jean Temple, assurent qu'il
y eut cent cinquante mille hommes de massacrés. Le parlement
d'Angleterre dans sa déclaration du 25 juillet 1643, en compte 325
quatre-vingt mille; mais M. Brooke qui paraît très instruit, crie à
l'injustice dans un petit livre que j'ai entre les mains. Il dit qu'on se
plaint à tort, et il semble prouver assez bien qu'il n'y eut que
quarante mille citoyens d'immolés à la religion, en y comprenant
les femmes et les enfants. 330

319-320   K84: confondre? / *Conspiration d'Irlande* [16] ¶La conjuration
325-26   66: compte cent cinquante mille

---

[16] Sous-titre ajouté dans les *QE* (*OCV*, t.40, p.223).

Proscription dans les vallées du Piémont

J'omets ici un grand nombre de proscriptions particulières. Les petits désastres ne se comptent point dans les calamités générales; mais je ne dois point passer sous silence la proscription des habitants des vallées du Piémont en 1655.

C'est une chose assez remarquable dans l'histoire, que ces   335
hommes presque inconnus au reste du monde aient persévéré constamment de temps immémorial dans des usages qui avaient changé partout ailleurs. Il en est de ces usages comme de la langue: une infinité de termes antiques se conservent dans des cantons éloignés, tandis que les capitales et les grandes villes varient dans   340
leur langage de siècle en siècle.

Voilà pourquoi l'ancien roman que l'on parlait du temps de Charlemagne subsiste encore dans le jargon [17] du pays de Vaud, qui a conservé le nom de pays roman. On retrouve des vestiges de ce langage dans toutes les vallées des Alpes et des Pyrénées. Les   345
peuples voisins de Turin qui habitaient les cavernes vaudoises, gardèrent l'habillement, la langue, et presque tous les rites du temps de Charlemagne.

On sait assez que dans le huitième et dans le neuvième siècle, la partie septentrionale de l'occident ne connaissait point le culte des   350
images; et une bonne raison, c'est qu'il n'y avait ni peintre ni sculpteur: rien même n'était décidé encore sur certaines questions délicates, que l'ignorance ne permettait pas d'approfondir. Quand ces points de controverse furent arrêtés et réglés ailleurs, les habitants des vallées l'ignorèrent, et étant ignorés eux-mêmes   355
des autres hommes, ils restèrent dans leur ancienne croyance; mais enfin, ils furent mis au rang des hérétiques et poursuivis comme tels.

330a   66: [*sous-titre absent*]
 K84: *Conspiration dans* [18]

[17] Les *QE* donnent 'patois' au lieu de 'jargon' (*OCV*, t.40, p.224).
[18] Même variante dans les *QE* (*OCV*, t.40, p.224).

Dès l'année 1487, le pape Innocent VIII envoya dans le Piémont un légat nommé Albertus de Capitoneis, archidiacre de Crémone, 360 prêcher une croisade contre eux. La teneur de la bulle du pape est singulière. Il recommande aux inquisiteurs, à tous les ecclésiastiques, et à tous les moines, 'de prendre unanimement les armes contre les Vaudois, de les écraser comme des aspics, et de les exterminer saintement'. *In haereticos armis insurgant, eosque velut* 365 *aspides venenosos conculcent, et ad tam sanctam exterminationem adhibeant omnes conatus.*

La même bulle octroie à chaque fidèle le droit de 's'emparer de tous les meubles et immeubles des hérétiques, sans forme de procès': *Bona quaecumque mobilia, et immobilia quibuscumque* 370 *licite occupandis*, etc.

Et par la même autorité elle déclara que tous les magistrats qui ne prêteront pas main-forte seront privés de leurs dignités: *Seculares honoribus, titulis, feudis, privilegiis privandi.*

Les Vaudois ayant été vivement persécutés, en vertu de cette 375 bulle, se crurent des martyrs. Ainsi leur nombre augmenta prodigieusement. Enfin la bulle d'Innocent VIII fut mise en exécution à la lettre, en 1655. Le marquis de Pianesse entra le 15 d'avril dans ces vallées avec deux régiments, ayant des capucins à leur tête. On marcha de caverne en caverne, et tout ce qu'on 380 rencontra fut massacré. On pendait les femmes nues à des arbres, on les arrosait du sang de leurs enfants, et on emplissait leur matrice de poudre à laquelle on mettait le feu.

Il faut faire entrer sans doute dans ce triste catalogue les massacres des Cévennes et du Vivarais, qui durèrent pendant dix 385 ans, au commencement de ce siècle. Ce fut en effet un mélange continuel de proscriptions et de guerres civiles. Les combats, les assassinats, et les mains des bourreaux ont fait périr plus de cent mille de nos compatriotes, dont dix mille ont expiré sur la roue, ou

---

388   K84: périr près de cent[19]

[19] Même variante dans les *QE* (*OCV*, t.40, p.226).

par la corde, ou dans les flammes, si on en croit tous les historiens 390
contemporains des deux partis.

Est-ce l'histoire des serpents et des tigres que je viens de faire?
non, c'est celle des hommes. Les tigres et les serpents ne traitent
point ainsi leur espèce. C'est pourtant dans le siècle de Cicéron, de
Pollion, d'Atticus, de Varius, de Tibulle, de Virgile, d'Horace, 395
qu'Auguste fit ses proscriptions. Les philosophes de Thou et
Montagne, le chancelier de l'Hôpital, vivaient du temps de la
Saint-Barthelemi, et les massacres des Cévennes sont du siècle le
plus florissant de la monarchie française. Jamais les esprits ne
furent plus cultivés, les talents en plus grand nombre, la politesse 400
plus générale. Quel contraste, quel chaos, quelles horribles
inconséquences composent ce malheureux monde! On parle des
pestes, des tremblements de terre, des embrasements, des déluges,
qui ont désolé le globe; heureux, dit-on, ceux qui n'ont pas vécu
dans le temps de ces bouleversements! Disons plutôt heureux ceux 405
qui n'ont pas vu les crimes que je retrace. Comment s'est-il trouvé
des barbares pour les ordonner, et tant d'autres barbares pour les
exécuter? Comment y a-t-il encore des inquisiteurs et des familiers
de l'Inquisition?

Un homme modéré, humain, né avec un caractère doux, ne 410
conçoit pas plus qu'il y ait eu parmi les hommes des bêtes féroces
ainsi altérées de carnage, qu'il ne conçoit des métamorphoses de
tourterelles en vautours; mais il comprend encore moins que ces
monstres aient trouvé à point nommé une multitude d'exécuteurs.
Si des officiers et des soldats courent au combat sur un ordre de 415
leurs maîtres, cela est dans l'ordre de la nature; mais que sans aucun
examen ils aillent assassiner de sang froid un peuple sans défense,
c'est ce qu'on n'oserait pas imaginer des Furies mêmes de l'enfer.
Ce tableau soulève tellement le cœur de ceux qui se pénètrent de ce
qu'ils lisent, que pour peu qu'on soit enclin à la tristesse, on est 420
fâché d'être né, on est indigné d'être homme.

La seule chose qui puisse consoler, c'est que de telles abominations n'ont été commises que de loin à loin; n'en voilà qu'environ
vingt exemples principaux dans l'espace de près de quatre mille

années. Je sais que les guerres continuelles qui ont désolé la terre 425
sont des fléaux encore plus destructeurs par leur nombre et par leur
durée; mais enfin, comme je l'ai déjà dit, le péril étant égal des deux
côtés dans la guerre, ce tableau révolte bien moins que celui des
proscriptions, qui ont toutes été faites avec lâcheté, puisqu'elles ont
été faites sans danger, et que les Sylla et les Auguste n'ont été au 430
fond que des assassins qui ont attendu des passants au coin d'un
bois, et qui ont profité des dépouilles.

La guerre paraît l'état naturel de l'homme. Toutes les sociétés
connues ont été en guerre, excepté les brames et les primitifs que
nous appelons *quakers*. Mais il faut avouer que très peu de sociétés 435
se sont rendues coupables de ces assassinats publics appelés
proscriptions. Il n'y en a aucun exemple excepté chez les Juifs. Le
seul roi de l'orient qui se soit livré à ce crime est Mithridate; et
depuis Auguste il n'y a eu de proscriptions dans notre hémisphère
que chez les chrétiens qui occupent une très petite partie du globe. 440
Si cette rage avait saisi souvent le genre humain, il n'y aurait plus
d'hommes sur la terre, elle ne serait habitée que par les animaux qui
sont sans contredit beaucoup moins méchants que nous. C'est à la
philosophie, qui fait aujourd'hui tant de progrès, d'adoucir les
mœurs des hommes; c'est à notre siècle de réparer les crimes des 445
siècles passés. Il est certain que quand l'esprit de tolérance sera
établi, on ne pourra plus dire:

> *Aetas parentum pejor avis tulit*
> *Nos nequiores, mox daturos*
> *Progeniem vitiosiorem.* 450

434   K84: guerre, hormis les brames[20]
435   K84: *quakers*, et quelques autres petits peuples.[21] Mais
437   66: exemple, dans la première antiquité connue, excepté[22]
       K84: exemple dans la haute antiquité, excepté[23]

[20] Même variante dans les *QE* (*OCV*, t.40, p.228).
[21] Même variante dans les *QE* (*OCV*, t.40, p.228).
[22] La leçon de 66 est indiquée par la lettre de Voltaire à Lacombe du 5 décembre
1766 (D13714). Voir ci-dessus, p.231.
[23] Même variante dans les *QE* (*OCV*, t.40, p.228).

On dira plutôt, mais en meilleurs vers que ceux-ci:

Nos aïeux ont été des monstres exécrables,
Nos pères ont été méchants,
On voit aujourd'hui leurs enfants
Etant plus éclairés devenir plus traitables.   455

Mais pour oser dire que nous sommes meilleurs que nos ancêtres, il faudrait que nous trouvant dans les mêmes circonstances qu'eux, nous nous abstinssions avec horreur des cruautés dont ils ont été coupables, et il n'est pas démontré que nous fussions plus humains en pareil cas. La philosophie ne pénètre pas toujours   460 chez les grands qui ordonnent, et encore moins chez les hordes des petits qui exécutent. Elle n'est le partage que des hommes placés dans la médiocrité, également éloignés de l'ambition qui opprime, et de la basse férocité qui est à ses gages.

Il est vrai qu'il n'est plus de nos jours de persécutions générales;   465 mais on voit quelquefois de cruelles atrocités. La société, la politesse, la raison inspirent des mœurs douces; cependant quelques hommes ont cru que la barbarie était un de leurs devoirs. On les a vu abuser de leur état jusqu'à se jouer de la vie de leurs semblables, en colorant leur inhumanité du nom de justice; ils ont   470 été sanguinaires sans nécessité: ce qui n'est pas même le caractère des animaux carnassiers. Toute dureté qui n'est pas nécessaire est un outrage du genre humain.

Puissent ces réflexions satisfaire les âmes sensibles et adoucir les autres!   475

469   K84: abuser de leurs misérables emplois, si souvent humiliés, jusqu'à [24]
473   66, NM, W68, K84: outrage au genre [25]
473-74   K84: humain. Les cannibales se vengent, mais ils ne font pas expirer dans d'horribles supplices un compatriote qui n'a été qu'imprudent. [26] [*Avec note*: Allusion au supplice du chevalier de La Barre. Voyez le Tome II de Politique et Législation.] ¶Puissent

[24] Même variante dans les *QE* (*OCV*, t.40, p.228).
[25] Même variante dans les *QE* (*OCV*, t.40, p.228).
[26] Phrase ajoutée dans les *QE* (*OCV*, t.40, p.228).

Les Scythes

Critical edition

by

Robert Niklaus

and

Thomas Wynn

CONTENTS

INTRODUCTION[1]

Voltaire once summed up *Les Scythes* as 'une drôle de tragédie où j'ai mis un petit-maître persan avec des paysans scythes, et une demoiselle de qualité qui raccommode ses chemises et celles de son père, supposé qu'on eût des chemises en Scythie'.[2] For all his irony, he believed the play to be well constructed[3] and acknowledged that it represents an experiment in tragedy.[4] With this work he responds positively to Diderot's dramatic innovations.[5] He may not depict a girl engaged in household drudgery, but he does present characters who have hitherto been absent from French

---

[1] Sadly, Robert Niklaus died before his work could be published. Thomas Wynn has kindly reviewed the edition and added new material to the introduction and notes.

[2] D13986. Sozame and his daughter Obéïde have fled Persia and found refuge in Scythia, where they have befriended Hermodan and his son Indatire. Obéïde and Indatire are about to be married, when Athamare, a Persian prince, comes to Scythia to claim Obéïde. Obéïde loves Athamare, but recognises Indatire's merits and is willing to follow her father's wishes. Athamare issues a challenge to his rival and Indatire is killed. In the general conflict that ensues the Persians are defeated and Athamare taken prisoner. According to local custom, the widow of a husband killed in battle must sacrifice his murderer at the altar. Obéïde secures a promise that when she has accomplished the deed and guilty blood has been shed all the Persians will be set free. She confesses her love and kills herself.

[3] 'Il n'y a pas un rôle dans la pièce qui ne dût contribuer à l'harmonie du tableau. Les confidents mêmes y ont un caractère' (D14179).

[4] 'Je trouve cette pièce très neuve et très intéressante' (D13727).

[5] On Voltaire's complex and evolving attitude to Diderot, see N. L. Torrey, 'Voltaire's reaction to Diderot', *Publications of the Modern Language Association of America* 50 (1935), p.1107-43; Henri Lagrave, 'Voltaire, Diderot et le "tableau scénique": le malentendu de *Tancrède*', *Le Siècle de Voltaire*, ed. Christiane Mervaud and Sylvain Menant, 2 vol. (Oxford, 1987), vol.2, p.569-75; H. T. Mason, 'Diderot critic of Voltaire's theatre', *Le Siècle de Voltaire*, vol.2, p.633-42; J.-M. Moureaux, 'La place de Diderot dans la correspondance de Voltaire: une présence d'absence', *SVEC* 242 (1986), p.169-217; Pierre Frantz, *L'Esthétique du tableau dans le théâtre du dix-huitième siècle* (Paris, 1998), p.115-43; and Russell Goulbourne, *Voltaire comic dramatist*, *SVEC* 2006:03, p.184-246.

tragedy, place them in a domestic (albeit exotic) setting and experiment with a new tragic lexicon, [6] and he develops a sense of *le pathétique* normally associated with the *drame*. He opens up the opportunity for further developments by future dramatists, claiming that *Les Scythes* is 'une très faible esquisse, que quelqu'un des jeunes gens qui s'élèvent aujourd'hui pourra finir un jour. On verra alors que tous les états de la vie humaine peuvent être représentés sur la scène tragique'. [7] Flaubert recognises in this statement 'un pressentiment du drame intime et l'aveu formel d'une poétique plus large', [8] and indeed *Les Scythes* may be considered a cautious step forward in the dismantling of traditional generic norms. [9]

i. *Sources*

Nominally presenting the conflict of the Scythians and the Persians, Voltaire's play is an allegory of two contemporary cultures: 'On hasarde aujourd'hui le tableau contrasté des anciens Scythes et des anciens Persans, qui, peut-être, est la peinture de quelques nations modernes'. [10] The Persians are none other than the French and the Scythians the Swiss: 'Ce sont plutôt les petits cantons suisses et un marquis français que les Scites et un prince persan' (D14087). The clarity of the allusion is not always absolute, for in many letters the Scythians are identified with the primitive

[6] 'On s'apercevra aussi que le style n'est point négligé, et que sa naïveté convenable au sujet, loin d'être un défaut est un véritable ornement; car tout ce qui est convenable est bien. Les mots de *toison*, de *glèbe*, de *gazon*, de *mousse*, de *feuillage*, de *soie*, de *lacs*, de *fontaines*, de *pâtres* etc qui seraient ridicules dans une autre tragédie, sont ici heureusement employés. Mais cette convenance n'est sentie qu'à la longue, elle plaît quand on y est accoutumé' (D14126).

[7] 'Préface de l'édition de Paris', lines 160-64.

[8] Gustave Flaubert, *Le Théâtre de Voltaire*, ed. Theodore Besterman, *SVEC* 50-51 (1967), p.381.

[9] Ewa Mayer, 'La variété générique dans *Tanis et Zélide* et *Les Scythes* de Voltaire', *Revue Voltaire* 6 (2006), p.145-53.

[10] 'Préface de l'édition de Paris', lines 35-37.

Swiss,[11] in others they are rather the inhabitants of Ferney,[12] and on occasion the Genevans.[13]

La Harpe distinguishes between 'les sujets d'histoire et les sujets d'invention', noting that *Les Scythes* belongs to the latter.[14] Voltaire had written on the Scythians before, but only cursorily,[15] and the historical background to this tragedy is slight: the civilised Persians had been at war with the Scythians under Cyrus and had been defeated in battle, and the primitive Scythians had kept their independence and their customs. Voltaire gestures towards history when Sozame briefly evokes the sequence of Persian leaders, Cyrus, Cambyse and Smerdis.[16] These names are found in Herodotus's *Histories*,[17] where Voltaire may also have found Indatire/Indathyrses. Herodotus describes various Scythian practices, including the sacrifice of prisoners of war, the scalping of enemies killed in battle (their scalps are sewn together to make capes, and other flayed skins are used to make quivers) and the execution of soothsayers and all their male offspring.[18] Voltaire

---

[11] D13746, D13953, D14014 and D14112, as well as in the 'Préface de l'édition de Paris' (variant to lines 72-87).

[12] D13878, D14100, D14107, D14122, D14173, D15458.

[13] D13719, D14016, D14117.

[14] Jean-François de La Harpe, *Lycée, ou cours de littérature ancienne et moderne*, 14 vol. (Paris, 1825), vol.10, p.354.

[15] Jean Balcou, 'Le Scythe voltairien', in *Nature et culture à l'âge classique*, ed. Christian Delmas and Françoise Gevrey (Toulouse, 1997), p.119-27.

[16] 'Cambyse, illustre téméraire, / Indigne successeur de son auguste père', i.e. Cyrus (act 1, scene 3, lines 173-74), and 'Smerdis de la vertu persécuteur impie' (line 178). According to Palissot, 'ce nom de Smerdis semblait peu fait pour les vers: il est, comme l'a dit Boileau, des préjugés d'oreille qu'il faut respecter: heureusement il n'est pas répété souvent dans la pièce'; see *Œuvres de Voltaire, nouvelle édition, avec des notes et des observations critiques, par M. Palissot*, 55 vol. (Paris, 1792), vol.6, p.167.

[17] Voltaire owned a copy of Du Ryer's translation, *Histoires d'Hérodote* (Paris, 1713, BV1631; *CN*, vol.4, p.380-84).

[18] See Herodotus's *Histories*, book 4, chapters 62, 64 and 69. Moréri also reports the violence of the Scythians: 'Lorsqu'ils avaient pris un homme à la guerre, ils en buvaient le sang, l'écorchaient, s'habillaient de sa peau, et mettaient la tête aux faîtes de leurs cabanes, ou bien ils en prenaient les têtes ou crânes, dont ils faisaient des

discards the bloodier aspects of Scythian culture (at least until the final act), while retaining the Scythians' reputation for rigorous simplicity, honour and liberty. He also shows some interest in geographical exactitude, correcting the first edition 'Nous partons dans la nuit, nous traversons le Phase, / Elle affronte avec moi les glaces du Caucase' to 'Nous partons, nous marchons de montagne en abîme, / Du Taurus escarpé nous franchissons la cime' (see act 1, scene 3, lines 217-18 and variants). Sozame's original route would have been too long by at least 100 leagues, and Voltaire was keen that such a 'balourderie' should not expose him to criticism by specialists such as d'Anville. [19]

Just as Voltaire repeatedly stresses in the 'Préface de l'édition de Paris' that the content of his play is innovative, so in the correspondence he frequently denies a debt to other playwrights. He was concerned that the public should not think that he had in any way copied Lemierre's *Guillaume Tell*, [20] although he was keen to know of its success in Paris (D13758). He was at particular pains to refuse any debt to Billardon de Sauvigny's *Hirza ou les Illinois*. [21] Sauvigny had submitted this piece to the Comédie-Française many months before Voltaire sent his own play, but it was only performed after *Les Scythes* and with a different dénouement after Sauvigny modified his own tragedy to differentiate it from that of Voltaire whilst accusing the latter of plagiarism. [22] Although the two plays both feature an opposition of the primitive and the

---

tasses à boire' (*Le Grand Dictionnaire historique, ou le mélange curieux de l'histoire sacrée et profane*, 8 vol., Amsterdam, 1759, vol.7, p.203; see BV2523). Aside from mentioning the Scythians' practice of blinding their slaves, Jaucourt's article in the *Encyclopédie* downplays their violence, focusing instead on their hardiness, their prizing of friendship and virtue, and their general disdain for precious stones and metals (see 'Scythes', *Encyclopédie*, vol.14, p.848).

[19] D14055, D14057 and D14058. Jean-Baptiste Bourgignon d'Anville had recently published an *Examen critique d'Hérodote sur ce qu'il rapporte de la Scythie* (Paris, 1766).

[20] D13685, D13705, D13716, D13746.

[21] D14179, D14277, D14317.

[22] See the article dated 1 June 1767, *CLT*, vol.7, p.325-26.

civilised, the obligation to kill the loved one and the decision to commit suicide, Voltaire had enough material to construct a new tragedy that differed in characters, incidents and the nature of its appeal.[23] The *Correspondance littéraire* reported that Voltaire could only be accused of plagiarising his own work because the play resembled *Alzire* and *Olympie*;[24] the journal did note, however, a certain resemblance to the opera *Callirhoé* by André Destouches and Pierre-Charles Roy, a similarity also noted by the marquis de Perry to Pierre Laulanie de Sudrat (5 August 1767, D14338):

C'est l'imitation entière d'une situation remarquable de l'opéra de *Callirhoé*, lorsque la future s'évanouit à l'autel de l'hymen, en apercevant l'amant favori. Je crois que le poète Roi, s'il était encore en vie, triompherait, bien que Voltaire lui eût dérobé un coup de théâtre aussi frappant, et qui influe autant sur toute la pièce; les épigrammes ne seraient pas épargnées.

We should note, however, that in *Callirhoé* it is the male lover Corésus who kills himself whereas in *Les Scythes* the heroine commits suicide before the lover can be executed.

2. *Genesis*

The initial elaboration of *Les Scythes* was rapid. The first allusion to the play in the correspondence is to be found in a letter to d'Argental dated 26 September 1766: 'Il est vrai que j'ai un beau sujet', he writes, 'mais c'est une belle femme qui me tombe entre les mains à l'âge de près de 73 ans: je la donnerai à exploiter à quelque jeune homme' (D13588). Voltaire had no intention of bequeathing this subject to another writer, and he started work on it himself with the hope that 'la nature épuisée accorde encore cette consolation à ma vieillesse' (3 November, D13644). The first act was completed by 8 November and the entire play was drafted by

---

[23] H. Carrington Lancaster, *French tragedy in the time of Louis XV and Voltaire*, 2 vol. (Baltimore, 1950), vol.2, p.428.
[24] *CLT*, vol.7, p.268.

19 November (D13676); on 22 November he described *Les Scythes* as 'une création de dix jours' (D13685). Voltaire explains this rapidity in terms of poetic inspiration (D13676):

Songez que quand on est porté sur un sujet intéressant, par la peinture des mœurs agrestes, opposées au faste des cours orientales, par des passions vraies, par des événements surprenants et naturels, on vogue alors à pleines voiles (non pas à plein voile, comme dit Corneille) et on arrive au port au bout de dix jours. [...]

Ce n'est pas *Tancrède*, ce n'est pas *Alzire*, ce n'est pas *Mahomet* etc. Cela ne ressemble à rien; et cependant, cela n'effarouche pas. Des larmes! On en versera, ou on sera de pierre. Des frémissements! On en aura jusqu'à la moelle des os ou on n'aura point de moelle. [...]

Ma bergerie part donc. Je l'envoie à M. le duc de Praslin pour vous. Faites lire cette drogue à Le Kain, que M. de Chauvelin manque le coucher du roi pour l'entendre. Mettez-moi chaudement dans le cœur de ce M. de Chauvelin, que M. le duc de Praslin juge à la lecture; puis moquez-vous de moi, et j'en rirai moi-même.

He judged that he had found an interesting subject and was offering a new type of drama in an unprecedented setting, as well as a relevant comment on a conflict between the primitive and the civilised, a theme that Rousseau had made topical. He had above all intended to create a deeply moving drama that would provoke tears and in which emotion would always gain at the expense of passion, thereby reflecting the current interest in the *drame*. His claim to have been swept along by the urge to create an experimental drama ('Cela ne ressemble à rien') may indeed be true, but this narrative of poetic inspiration also serves to occlude more prosaic though no less pressing concerns, and the concluding reference to the duc de Praslin indicates that political rather than simply artistic interests were also at play.

The speed at which Voltaire wrote *Les Scythes* — and the insistence with which he demanded its subsequent performance and publication – can be understood in the context of his attempts to escape the difficulties in which he found himself. Suggesting that Voltaire's investment in this 'tragédie autobiographique' was due to 'des raisons bien personnelles',[25] René Pomeau treats *Les Scythes* as a kind of distraction from more serious, even dangerous events. One might argue instead that the tragedy and its dissemination are, in part, a calculated response to those dangers. In late 1766 Voltaire was beset by accusations of having composed scandalous material,[26] including the *Lettres de Monsieur de Voltaire à ses amis du Parnasse* (which he himself attributed to La Beaumelle). He wrote to the d'Argentals on 20 November (D13680):

Je tiens qu'il faut donner cette pièce sur le champ, et en voici la raison. Il n'y a point d'ouvrage nouveau sur des matières très délicates qu'on ne m'impute. Les livres de cette espèce pleuvent de tous côtés. Je serai infailliblement la victime de la calomnie si je ne prouve l'alibi. C'est un bon alibi qu'une tragédie. On dit voyez ce pauvre vieillard! Peut-il faire à la fois cinq actes, et cela, et cela encore? Les honnêtes gens alors crient à l'imposture.

The *Lettres* were not the only work to threaten Voltaire's stock, for customs officials had recently intercepted '80 petits exemplaires d'un livre intitulé *Recueil nécessaire* de chansons et d'autres livres pareils' (23 December, D13762) being smuggled across the border. Described by Roger Pearson as 'Voltaire's deist anthology for freethinkers',[27] the *Recueil nécessaire* contained eight of his own works, including the *Sermon des cinquante* and the *Examen important*, as well as the *Analyse de la religion chrétienne* (attributed to Du Marsais) and Rousseau's *Profession de foi du vicaire savoyard*. Although Maupeou was to defuse the situation in January 1767, this scandal was nonetheless a blow to Voltaire. *Les Scythes* should be considered an element in his strategy to exonerate himself.

Voltaire's remark to Dorat that he 'n'avai[t] destiné cet ouvrage

---

[25] *VST*, vol.2, p.277.
[26] Voltaire mentions these accusations in the 'Avis au lecteur' (see lines 83-89).
[27] Roger Pearson, *Voltaire Almighty: a life in pursuit of freedom* (London, 2005), p.313.

qu'à [s]on petit théâtre' is not therefore to be believed, [28] and indeed just days before the Comédie-Française staged the play on 26 March, Voltaire told Chabanon (21 March, D14060):

On joue actuellement *Les Scythes* à Genève et à Lyon; on va les jouer à Paris dès que les spectacles se rouvriront. Les méchants m'attribuent tant d'ouvrages hétérodoxes que j'ai voulu leur faire voir que je ne faisais que de mauvaises tragédies. J'ai prouvé par là mon alibi; j'ai fait comme Alcibiade qui fit couper la queue à son chien, afin qu'on ne l'accusât pas d'autres sottises. *Les Scythes* pourront être sifflés par les Welches, mais j'aime mieux être sifflé par le parterre, que d'être calomnié par les cagots.

The initial composition of the play may only have taken a matter of days, but Voltaire spent months rewriting it: 'no play caused him more pain than *Les Scythes*'. [29] The corrections ranged from changing a word or a line, [30] to altering speeches, [31] and to reworking much longer sections, notably the fifth act. [32] Many of these corrections were sent to the d'Argentals: indeed they received some within a fortnight of being sent the first draft of the play (1 December, D13705). Voltaire addressed at least fifteen letters to them, detailing changes and recommendations as to how particular lines should be performed, and he recognised his imposition on the couple: 'Ce drame deviendra bientôt l'habit d'Arlequin. J'envoie à mes anges tous les ordinaires, de nouveaux morceaux à coudre. Je change toujours quelque chose dès que j'ai dit que je ne changerais plus rien. Mais, après tout, c'est pour plaire à mes anges' (3 December, D13712). Voltaire remarked on the seemingly unending process of (re)writing: 'Mon dernier mot est rarement mon dernier mot'. [33] On 18 March 1767, just a week

---

[28] 4 March 1767, D14014. See also his letter to Florian, 4 March 1767, D14016.

[29] H. T. Mason, *Voltaire* (London, 1975), p.28.

[30] For example D13685, D13799, D13944, D14055.

[31] For example D13965, D13987, D14017, D14029.

[32] For example D13882 and D14008.

[33] 30 January 1767, D13904. The last months of 1766 and the whole of 1767 show a staggering activity; see the preface to *OCV*, vol.63A, p.xxi-xxxi, and *La Guerre civile de Genève*, *OCV*, vol.63A, p.3-30.

before *Les Scythes* was performed the Comédie-Française, he sent two letters lamenting the fact that he was still at work on the play; in the first he told Gabriel Cramer that 'on n'a jamais fait avec une tragédie' (D14055), and in the other he wrote to the marquis de Ximénès: 'Je la corrige tous les jours, et j'y ai fait plus de cent vers nouveaux. On n'a jamais fini avec une tragédie' (D14054). Given that he sent the last extant set of corrections to Charles Bordes on 13 July 1767 (D14271), a remark reported by Fréron at the end of 1766 was thus almost accurate: 'Je viens d'apprendre que M. de Voltaire avait envoyé aux Comédiens une tragédie nouvelle de sa façon intitulée *Les Scythes*, en leur marquant qu'il n'avait mis que douze jours à la faire; on m'a dit en même temps que les Comédiens la lui avaient renvoyée, en le priant très humblement de mettre douze mois à la corriger.' [34]

3. *Advice from correspondents*

The genesis of *Les Scythes* is marked by discussions with a number of trusted correspondents, who suggested various ways in which the play might be improved. [35] Some of those correspondents were in communication with each other, as Voltaire acknowledged to Lekain: 'Mon cher ami, le petit concile de Ferney a répondu au grand concile de l'hôtel d'Argental' (D13990). Choiseul, one of the dedicatees of the play, wrote to him on 10 December 1766 (D13725):

[34] *Année littéraire*, 20 December 1766, vol.8, p.216.
[35] Charles Collé suggested that Voltaire's friends had other objectives: 'Les amis de M. de Voltaire les plus aveuglés, les plus fanatiques, M. d'Argental enfin, ont fait tout ce qu'ils ont pu pour le détourner de faire jouer ce radotage; les Comédiens eux-mêmes lui avaient renvoyé son ouvrage, pour y faire au moins des changements qui pussent le mettre en état d'être supporté sur la scène' (*Journal et mémoires de Charles Collé sur les hommes de lettres, les ouvrages dramatiques et les événements les plus mémorables du règne de Louis XV (1748-1772)*, ed. Honoré Bonhomme, 3 vol., Paris, 1868, vol.3, p.132).

[L]a pièce m'a fait en tout un grand plaisir, le rôle persan est admirable; je voudrais qu'Obéïde fût plus passionnée, qu'elle dît son secret plus tôt et qu'elle regrettât vraiment son amant dans les premiers actes, en le blâmant de lui avoir mis la main sous la jupe; elle paraît au contraire regretter les joujoux d'Ecbatane. Il faut à un amant aussi honnête, aussi courageux, aussi amoureux, une femme plus passionnée; il y a des négligences, dans le style et dans la versification, qui ne vous conviennent pas; je ne doute pas qu'en relisant vous ne les corrigiez [...] Il y a quelques vers qui cognent trop le nez sur les Suisses; enfin je retrancherais les imprécations de Obéïde, *les Hébreux*, etc. [36]

Choiseul's criticisms of the heroine, of her secret and of Athamare were echoed by other contemporaries, including the cardinal de Bernis, who wrote to Voltaire on 11 January 1767 (D13832):

Il faudrait bien établir dès les premiers actes que la femme scythe doit tuer de sa main le meurtrier de son mari. Cela augmenterait la vraisemblance et doublerait le trouble du spectateur. Obéïde renferme trop sa passion; on ne voit pas assez les efforts qu'elle a faits pour l'étouffer et pour la sacrifier au devoir et à l'honneur. L'outrage qu'elle a reçu n'est pas assez démêlé. Athamare a-t-il voulu l'enlever, ou lui faire violence? Le spectacle français ne souffrirait pas cette dernière idée; elle révolterait la décence des mœurs générales et réveillerait le goût des mauvaises plaisanteries si naturel à un Français. Obéïde ne se défend pas assez de l'horrible fonction de poignarder son amant; elle souscrit trop tôt à une loi des Scythes qui n'est fondée ni dans la pièce, ni dans l'histoire. On est surpris qu'Athamare conserve la vie par la seule raison qu'Obéïde a préféré de se tuer elle-même; car, convenez-en, ce n'est que par une subtilité qu'il se trouve compris dans le traité passé entre les Scythes et les Persans. Le coupable respire et l'innocence meurt. L'âme du spectateur n'est guère satisfaite quand les malheurs ne s'accordent pas avec la justice.

Voltaire did make some minor changes to meet these objections, but in the main rejected them. He was clearly not interested in presenting another passionate heroine, but rather one who would show emotion, provoke tears and speak with tenderness rather than indulge in outbursts of uncontrolled feeling. She did indulge

[36] Act 5, scene 4. No variant containing 'les Hébreux' is known.

in imprecations, for which there is inadequate preparation, but Voltaire himself recognised that he had allowed himself to be somewhat carried away and strove later to tone them down. Having read a newly printed edition of the play, Bernis wrote back to Voltaire on 30 April: 'J'ai trouvé dans cette pièce des changements heureux, et plusieurs morceaux qui prouvent que vous pouvez encore remplir cette carrière avec plus de force et d'intérêt que nos jeunes gens' (D14152). Voltaire also thanked Chauvelin for a letter with some useful recommendations: 'Nous allions faire une répétition des Scythes à Ferney quand je la reçus [...] Nous avons sur le champ changé beaucoup de choses à la scène d'Obéïde et de son père au cinquième acte. Nous pensons comme vous que cette scène trop longue refroidissait l'action' (26 January, D13882). Lekain also made some precise suggestions to d'Argental regarding particular verses (c.15 February, D13960).

The most sustained exchange regarding the reworking of the play was with the d'Argentals who were cast in the role of friendly critics: 'Voyez mes anges ce que vous en pensez. C'est vous qui êtes les juges souverains' (D13680). It is a sign of the seriousness with which the d'Argentals viewed this role that they sent a substantial critique of Les Scythes to Voltaire in early December 1766 (their 'Observations sur Les Scythes' is reproduced in Appendix 1). In addition to pointing out verbal infelicities they single out for criticism five main points (some of which were already made by Choiseul): Obéïde's passion is insufficiently developed; Athamare is not passionate enough; the dénouement occurs too quickly; there are lulls in the final act; and the spectator would find Sozame's response to Athamare's murder repugnant. From the very first Voltaire realised that the play hinged on the nature of Obéïde and its ambiguity is what had excited him. She was passionately in love with Athamare, yet unwilling to acknowledge it even to her confidante Sulma and hardly to herself. In Voltaire's eyes the great dramatic moment occurs when she can no longer suppress her feelings and is constrained to act, thereby precipitating the ultimate tragedy. He was unwilling to forgo the dramatic effect by any slow preparation which would acquaint the spectators with the true situation, as he made clear to the d'Argentals in his answer to their criticism (8 December, D13719):

Mais aussi comme mes anges laissent à Maman et à moi notre libre arbitre, nous nous avouons que nous condamnons, nous anathématisons votre idée de développer dans les premiers actes la passion d'Obéïde. Nous pensons que rien n'est si intéressant que de vouloir se cacher son amour à soi-même, dans ces circonstances délicates; de la laisser entrevoir par des traits de feu qui échappent; de combattre en effet sans dire, je combats; d'aimer passionnément sans dire, j'aime; et que rien n'est si froid que de commencer par tout avouer. Je n'ai lu la pièce à personne, mais je l'ai fait lire à de très bons acteurs qui sont dans notre confidence. Je les ai vus pleurer et frémir. [...] j'oserais bien répondre de l'intérêt le plus grand si cette tragédie était bien jouée.

On receipt of this letter, and possibly that of 10 December in which Voltaire states he has more or less agreed to all their corrections 'excepté leur cruelle proposition d'épuiser l'amour et l'intérêt en parlant trop tôt d'amour' (D13722), d'Argental sent Voltaire an 'Humble réplique sur *Les Scythes*', in which he again remarks upon the characters of Obéïde and Athamare (see Appendix 2). Voltaire acknowledged this letter on 22 December, declaring that he agreed with all the criticism, adding: 'Les trois quarts, au moins, de vos ordres sont prévenus, et vous serez ponctuellement obéis sur le reste' (D13754). The exchange continued, for on 10 February 1767 Voltaire responded to d'Argental's letter of 3 February (now lost), which seems to have offered more advice (D13944):

Je ne saurais être de l'avis de mon ange sur ce vers d'Obéïde dans la scène avec son père au cinquième acte,

Elle m'a plus coûté que vous ne pouvez croire.

Cela ne veut dire autre chose pour ce père, sinon qu'il en coûte beaucoup d'efforts à une jeune personne élevée à la cour, pour venir s'ensevelir dans des déserts; mais pour le spectateur cela veut dire qu'elle aime Athamare. Si j'avais le malheur de céder à cette critique, j'ôterais tout le piquant et tout l'intérêt de cette scène.

In the event, Voltaire chose not to include this line, although the following month he was to complain to the marquis de Florian that 'les changements que les anges nous proposent, nous paraissent absolument impraticables, ce serait nous couper la gorge' (D14016).

A key element of Voltaire's exchange with the d'Argentals and other correspondents was the possibility that Obéïde should express herself in a monologue, thereby alerting the spectator to her enduring love for Athamare. D'Argental seems to have recommended a monologue in a letter dated 21 April 1767 (see D14145); this letter has not survived and so the precise reasons for the recommendation are unclear, but, given that this letter and others on the same subject were sent in the wake of the staging of *Les Scythes* at the Comédie-Française, it may be that Voltaire's correspondents were attempting to rectify a problem that they perceived when the play was performed. In any case Voltaire rejected such a device, writing to d'Argental on 24 April: 'Un monologue d'Obéïde au commencement du second acte serait encore pis. Il y a sans doute beaucoup plus d'art à développer son amour par degré; j'y ai mis toutes les nuances que ma faible palette m'a pu fournir' (D14138). On 27 April he sent d'Argental two further letters, in which he again rejected the use of a monologue: 'ce monologue dans lequel Obéïde s'avouerait à elle-même son amour, tuerait entièrement son rôle; il n'y aurait plus aucune gradation. Tout ce qu'elle dirait ensuite ne serait qu'une malheureuse répétition de ce qu'elle se serait déjà dit à elle-même' (D14149, see also D14145). On 4 May he informed d'Argental that he had made two efforts at drafting a monologue, but he realised that they ran counter to his conception of the character of Obéïde (D14159):

Ce monologue que vous demandez, je l'ai entrepris de deux façons. Elles détruisent également tout le rôle d'Obéïde. Ce monologue développe tout d'un coup ce qu'Obéïde veut se cacher à elle-même dans tout le cours de la pièce. Tout ce qu'elle dira ensuite n'est qu'une froide répétition de son monologue; il n'y a plus de gradations, plus de nuances, plus de pièce. [...] Il y a plus encore, c'est que ce monologue est inutile. Tout monologue qui ne fournit pas de grands mouvements d'éloquence est froid. Je travaille toujours à ces pauvres *Scythes* malgré les éditions qu'on en fait partout.

D'Argental was not the only correspondent to recommend a monologue, for on 15 May Voltaire contends (D14173):

C'est en essayant mon habit de Sozame que je présente encore ma requête à M. et Mme d'Argental, à M. de Thibouville, à M. de Chauvelin[37] (à qui je n'ai pas pu encore faire réponse) et à toutes les belles dames qui se sont imaginé qu'Obéïde doit commencer par un beau monologue sur son amour adultère pour un homme marié qui a voulu l'enlever, et en faire une fille entretenue, monologue qui certainement jetterait de l'indécence, du froid et du ridicule sur tout son rôle.

If the heroine were to declare her feelings for Athamare at the start of the second act, she would be obliged to admit an adulterous passion, believing Athamare's wife to be still alive. The next day Voltaire renewed his attack on the proposed monologue, alleging that the actors at Ferney agreed with him, and establishing a parallel between *Les Scythes* and *Pamela* and *Clarissa*, pointing out that had Richardson stated at the outset that his own heroines loved their persecutors, the novels would have been ruined and the reader would have thrown the books away (D14179). At some point Lekain must also have recommended a monologue and then desisted, for in a letter dated 10 June Voltaire wrote to him and d'Argental: 'Puisque vous renoncez à votre diabolique monologue, je vous aimerai toujours et il n'y aura rien que je ne fasse pour vous plaire'.[38]

---

[37] These letters from Thibouville and Chauvelin have not survived, but Voltaire writes on 15 May 1767: 'Je reçois dans le moment une lettre de M. de Thibouville, lettre funeste, lettre odieuse, dans laquelle il propose un froid réchauffé du monologue d'Alzire. Cela est intolérable' (D14173).

[38] D14221. Voltaire's letters to Lekain concerning *Les Scythes* and Lekain's 'Réflexions soumises à celles de M. d'Argental' were reproduced in his *Mémoires de H. L. Lekain, publiés par son fils aîné, etc.* (Paris, an IX [1801]). Lekain's observations are from his letter to d'Argental which Besterman has dated c.15 February 1767 (D13960).

4. *Performances and publication*

Voltaire, as we have already noted, intended to use *Les Scythes* as an alibi for 'tant d'ouvrages hétérodoxes' (D14060). In November and December 1766 alone he wrote at least six times to the d'Argentals to stress the necessity of creating the cover he required. For instance on 1 December he urged that *Les Scythes* be performed before Lemierre's *Guillaume Tell* not only so that his work should not appear a copy, but also so that he should not lose 'l'agrément de mon alibi'.[39] A letter he sent to d'Argental on 11 April 1767 indicates that the need for an alibi had similarly informed his haste to have the play published: 'Il faut vous dire encore que lorsque je lui envoyai la pièce à imprimer mon seul but était de faire connaître aux méchants, et à ceux qui écoutent les méchants, qu'un homme occupé d'une tragédie ne pouvait l'être de toutes les brochures qu'on m'attribuait. Vous savez bien que je voulais prouver mon alibi' (D14099). Given the urgency of both the publication and performance of *Les Scythes* – 'Cette diversion est si absolument nécessaire qu'il faut que la pièce soit jouée ou lue' (7 January 1767, D13814) – the two means of dissemination will be considered in tandem.

The first Cramer edition (December 1766 to January 1767)

Voltaire's campaign to forge an alibi began in earnest, for the *Correspondance littéraire* could already note in November 1766 that 'M. de Voltaire vient d'envoyer à son ami M. d'Argental, chargé de tout temps du département tragique, une tragédie nouvelle qui a été reçue à la Comédie-Française par acclamation. On dit que nous y verrons le contraste des mœurs des Scythes avec les mœurs asiatiques, et que le sujet est d'ailleurs entièrement d'invention'.[40]

---

[39] D13705. See also D13680, D13686, D13695, D13712, D13716.
[40] *CLT*, vol.7, p.163.

At the same time Voltaire was in contact with Gabriel Cramer about the immediate publication of the play, and he wrote to the d'Argentals on 1 December: 'Hier je fis lire la pièce au coin de mon feu, à Cramer, non pas à Philibert Cramer le prince, mais à Gabriel Cramer le marquis; lequel est très bon acteur, et sent ce qui doit faire effet. Il a pleuré et frémi' (D13705). Two further letters, both dated to around November or December, indicate that Voltaire was keen for Cramer to publish the play as soon as possible. In the first he asks Gabriel Cramer to beg his brother Philibert to hasten the publication (D13703), and in the second his secretary Wagnière writes to Gabriel: 'On vous envoie, Monsieur, l'épître dédicatoire et la préface de la tragédie. On a besoin de la plus extrême diligence pour des raisons extrêmement pressantes' (D13704).

On 27 December Voltaire told d'Argental that he was finishing the play (D13768). Four days later he informed Gabriel Cramer that he had made many proof-corrections and asked him to send two copies to Choiseul and two to Praslin – to whom the play was also dedicated – 'couverts de satin cramoisi' and twelve unbound to himself (D13782). The Cramer edition must have been rushed through the press to appear at the very end of 1766 or in the very first days of 1767, for on 2 January Voltaire tells two correspondents that they will soon receive a copy of *Les Scythes*. The first letter was sent to Damilaville (D13787) and the second to the Parisian publisher Jacques Lacombe: 'Je vous avertis qu'il faut que cette pièce soit imprimée en huit jours, parce que MM. Cramer de Genève vont débiter leur édition dans les pays étrangers, et peut-être dans les provinces de France. Vous n'avez pas un moment à perdre' (D13788). There can be no doubt as to the existence of this Cramer edition even if the number of copies was strictly limited. Although Bengesco and Besterman were unable to locate a copy, two copies may be found in Brussels (see 66/67A* and 66/67B* in the list of editions below) and two in St Petersburg (66/67C* and 66/67D). One of the St Petersburg copies features many corrections in the hands of Wagnière, Rieu (the copy bears his bookplate) and, significantly, Voltaire himself; this copy was probably the very copy which Voltaire asked Rieu to bring to rehearsals. [41]

Although Voltaire was eager to publish the play rapidly, he nonetheless knew how sensitive the Paris publishers were to any infringement of their 'rights'. He was keen to have a Parisian edition with *approbation et privilège* and to take advantage of the patronage of the two cousins, Choiseul and Praslin, then the most powerful men in France, and of his friendship with the censor Marin. He wrote defensively to the d'Argentals on 3 January, giving a number of excuses for the Cramer edition (D13793):

1°. C'est que je n'ai pas voulu mourir intestat, et sans avoir rendu aux deux satrapes Nalrisp et Elochivis [42] l'hommage que je leur dois.

2°. C'est que mon épître dédicatoire est si drôle que je n'ai pu résister à la tentation de la publier.

3°. C'est qu'il n'y a réellement point de comédiens pour jouer cette pièce, et que je serai mort avant qu'il y en ait.

4°. C'est que j'emporte aux enfers ma juste indignation contre les comédiennes qui ont défiguré mes ouvrages pour se donner des airs penchés sur le théâtre, [43] et contre les libraires, éternels fléaux des auteurs, lesquels infâmes libraires de Paris m'ont rendu ridicule, et se sont emparés de mon bien pour le dénaturer avec un privilège du roi.

J'ai donc voulu faire savoir aux amateurs du théâtre avant que de mourir, que je protestais contre tous les libraires, comédiens, et

[41] D13963, D14088. That these volumes are in fact the missing first edition cannot be doubted, for the text is that to be found in the lengthy extracts of the play published in the *Correspondance littéraire* of 15 January and in references in Voltaire's letter to Jacques Lacombe dated 30 March which reads: 'Il y a plusieurs fautes d'impression dans l'édition des Cramer', and goes on to refer to the errors figuring in the errata of 66/67, warning of further corrections and specifying the pages on which the changes are to be effected (D14074).

[42] Anagrams of Praslin and Choiseul.

[43] Compare to the comment he made to the d'Argentals on 8 January 1767: 'J'ai d'ailleurs fait imprimer l'ouvrage pour prévenir l'impertinente absurdité des Comédiens que Mlle Clairon avait accoutumés à gâter toutes mes pièces; ce désagrément m'est beaucoup plus sensible que le succès ne pourrait être flatteur pour moi' (D13820).

comédiennes, qui sont les causes de ma mort, et c'est ce que mes anges verront dans l'avis au lecteur qui est après ma naïve préface. [44]

Probably on the same day he writes to Gabriel Cramer that he is sending him a substantial errata for his edition of *Les Scythes* and requesting two *cartons*, for on one page a line of verse had been forgotten and on another four lines; in addition some pages are unnumbered and others incorrectly numbered (D13799). On 4 January he writes to d'Argental sending him a copy of his play for Lekain and promising to forward directions for the production (D13801). On the same day he writes to Damilaville: 'Vous aurez par le premier ordinaire la tragédie des *Scythes* imprimée. On n'en a tiré que très peu d'exemplaires' (D13815).

Performances at Lausanne, Geneva and Ferney (November 1766 to March 1767)

The haste with which Voltaire had *Les Scythes* published was matched by his insistence that it be performed at the Comédie-Française, despite the perceived lack of suitable actors. On 7 January 1767 he told d'Argental 'on ne saurait donner trop tôt *Les Scythes*, il ne s'agit que de trouver un vieillard' (D13814), and the next day he wrote: 'Il serait bon sans doute que la pièce fût jouée, incessamment, et que les acteurs eussent leurs rôles, mais sans deux bons vieillards et sans une Obéïde qui sache faire entrevoir ses larmes en voulant les retenir, et qui découvre son amour sans en parler, tout est bien hasardé' (D13820). Yet his efforts to have the play performed were initially thwarted for reasons beyond his control.

Although we have no letter from Praslin or Choiseul indicating their reasons, it is clear from the correspondence that they were

---

[44] There were practical as well as strategic reasons for hurrying the production of the Cramer edition, for on 30 January 1767 Voltaire asked Cramer to send him six copies which he wished to correct for use by members of his cast (D13897), and he told Choiseul: 'Je n'en ai fait imprimer que quelques exemplaires pour épargner la peine des copistes' (20 February, D13975).

blocking the performance, while insisting that an authorised publication should follow and not precede the performance of the play. Praslin and Choiseul's intent was entirely opposed to Voltaire's own, and on 9 January he sent Beauteville a copy with a request that it be kept under lock and key (D13822):

Que *Les Scythes* vous amusent ou ne vous amusent pas, je vous demande en grâce de les enfermer sous cent clefs comme un secret de votre ambassade. M. le duc de Choiseul et M. le duc de Praslin sont d'avis qu'on joue la pièce avant qu'elle paraisse imprimée. Je ne suis point du tout de leur avis, mais je dois déférer à leur sentiment autant qu'il sera en moi.

Similarly, Voltaire informs Lacombe in a letter dated 12 January that the Cramer edition will not be circulated in France (D13834):

MM. Cramer ont imprimé *Les Scythes* au milieu des troubles de Genève, et la pièce est si fautive qu'elle est toute corrigée à la main. On n'en débitera aucun exemplaire en France. Le sentiment de M. le duc de Praslin et de M. le duc de Choiseul à qui la pièce est dédiée, est qu'on puisse la jouer à Paris avant qu'on la débite. On peut regarder leur opinion comme un ordre. [45]

One can only surmise at Praslin and Choiseul's reasons for delaying the performance and thus the publication; it may be that they wished to ensure that the text was precisely that used at the performance and as passed by the censor. [46] Bearing in mind that the Comédiens had the right to censor a play and the *lieutenant de police* might stop a performance if a disturbance was anticipated, they may have thought that delay allowed for a kind of indirect censorship, should any unexpected trouble arise, even after the *approbation* and *privilège* had been granted.

'La pièce dépend entièrement des acteurs', Voltaire told the d'Argentals on 11 February (D13945); given his constant and careful rewriting of *Les Scythes*, this statement should be treated

---

[45] See also D13905.

[46] Voltaire was compelled to change elements of Sozame's speech in act 5, scene 1; see D14133, D14167.

with some caution, but it nevertheless points to the great importance he placed upon the quality of its performance. On several occasions Voltaire remarks on the difficulty of performing the play,[47] and this difficulty derives from its experimental nature. In the 'Préface de l'édition de Paris' he admits his debt to Diderot, a 'philosophe sensible' (below, line 112). Although Voltaire insists upon the enduring importance of the spoken word, he seems increasingly open to a performance style that places greater emphasis on bodily rather than simply verbal expression. Thus when Mlle Clairon was performing as Aménaïde in *Tancrède*, Voltaire had expressed concern at her acting style: 'j'ai bien peur qu'on ne corrompe entièrement la tragédie par toutes ces panto-mimes' (15 December 1760, D9461). But when, at the end of act 4, scene 5 of *Les Scythes*, 'Sozame se tient près de [Hermodan] et lui tendant les bras sans écouter ce que dit Athamare', Voltaire writes: 'C'est ici que la grande pantomime est nécessaire'.[48] His responsiveness to this new kind of acting style informed his understanding of *Les Scythes* from the start: 'Le contraste qui anime la pièce d'un bout à l'autre, doit servir la déclamation, et prête beaucoup au jeu muet, aux attitudes théâtrales, à toutes les expressions d'un tableau vivant'.[49] It is not just in the acting style that *Les Scythes* draws on the *drame*; it is also in the range of characters, notably the two old men: 'les deux vieillards ont fait verser des larmes. C'est un grand jeu de théâtre, c'est la nature elle-même. Les galants Welches ne sont pas encore accoutumés à ces tableaux pathétiques. Je n'ai jamais vu sur notre théâtre un vieillard attendrissant' (16 May 1767, D14179). The many references to tableaux, pantomime, tears and *le pathétique* in general are

[47] For example, in the 'Préface de l'édition de Paris', lines 141-46, D13906 and D14108. On pathos and acting, see Sophie Marchand, 'Jouer les pleurs: représenta-tion des larmes et statut de l'interprète au dix-huitième siècle', *Revue d'histoire du théâtre* 234 (2007), p.163-76.

[48] Both these statements are part of Voltaire's marginal notes in 66/67C*.

[49] 20 November 1766, D13680. In the *Dissertation sur la tragédie*, Voltaire states how *tableaux animés* must be integrated in the action (*OCV*, vol.30A, p.158-59).

significant for they reveal the influence of the prevailing genre on Voltaire's poetics.

Voltaire's own theatre at Ferney was not the first theatre to stage *Les Scythes*, but it was from the numerous rehearsals there in January, February and March 1767 that he gained a clear sense of how the play should be performed. [50] His cast tended to change with his visitors, but a letter to Lekain of 23 February lists Mme Denis, Mme de La Harpe, Mme Dupuits (i.e. Mlle Corneille), M. de La Harpe, M. Dupuits, M. Cramer and Voltaire himself (D13990). We may surmise that Henri Rieu, who lived in Geneva at the time and certainly attended rehearsals, also took on a part on occasion. [51] Voltaire's conception of the tragedy is evident in the production notes found in the margin of Rieu's corrected Cramer copy (66/67c*). Although the notes are not exclusively concerned with the part of Obéïde, the vast majority of them show Voltaire's obsession with her role. [52] Voltaire often remarks on the quality of the actors at Ferney, especially M. and Mme La Harpe, [53] and his praise of the latter underlines the importance he accords to a particular performance style: 'Sa déclamation pleine de tendresse et de force est soutenue par la figure la plus noble et la plus théâtrale, par de beaux yeux noirs qui disent tout ce qu'ils veulent dire, par un geste naturel, par la démarche la plus libre, et par les attitudes les plus tragiques' (D13904). When Chabanon arrived at Ferney in the last week of April (D14138), he was promptly enlisted in the cast and performed to the great satisfaction of Voltaire, who wrote on

[50] See, for example, D13833, D13882, D13897, D13899, D13904.

[51] However, his *Anecdotes sur Monsieur de Voltaire* (Geneva, BGE: Ms. Suppl. 352, p.78-85) do not mention this particular tragedy. See Jean-Daniel Candaux, 'Précisions sur Henri Rieu', *Le Siècle de Voltaire*, vol.1, p.203-43 (p.226-28 and 239-43).

[52] See Robert Niklaus, 'The language of tragedy according to Voltaire in the light of his marginal comments and his corrections on a copy of the first edition of *Les Scythes*', *Voices in the air: French dramatists and the resources of language*, ed. John Dunkley and Bill Kirton (Glasgow, 1992), p.55-98.

[53] D13839, D13844, D13990, D14007, D14016, D14038, D14049. See also *CLT*, May 1767, vol.7, p.307.

27 May that he had never seen anybody 'de plus parfait qu'un M. de Chabanon qui a joué le rôle d'Indatire' (D14202). Such rehearsals meant that Ferney was both the testing ground and the model for productions of *Les Scythes* across France, for as he told d'Argental on 13 January 1767: 'Puisse cette pièce être jouée comme elle va l'être à Ferney!' [54]

Les Scythes was no doubt first performed in Lausanne, in the private theatre at Mon Repos, the home of Voltaire's friend, baron David Louis de Constant Rebecque, seigneur d'Hermenches. We can surmise that this performance took place on 11 March, since Voltaire had expressed his regret on 10 March at being unable to attend owing to poor health (D14026). It must have been after 7 March when Voltaire sent Hermenches a final batch of corrections (D14023) and before 12 March when Voltaire informed Dompierre d'Hornoy that the play had just been performed in Lausanne (D14031). On 13 March he tells the d'Argentals that Hermenches had played the part of Athamare with great success, whilst his wife had played that of Obéïde extremely well (D14033). Voltaire had been in touch with Hermenches since the beginning of January, when he undertook to bring him a copy of the Cramer edition of *Les Scythes* (D13810). He sent him a copy via his brother at the end of January, followed by corrections and practical advice on costumes and props during the following months. [55] Even so, Hermenches seems to have taken some liberties with the text, for he wrote to Belle de Zuylen (the future Mme de Charrière) from Mézières on 22 April:

Je vous dirai des *Scythes* que nous les avons joués à Lausanne beaucoup mieux à tous égards qu'ils n'ont été joués à Paris. Ils ont fait pleurer, ils ont intéressé. J'avais eu l'insolence de changer mon rôle, bon gré malgré

[54] D13839. See also his letter to the duc de Richelieu in which he praises M. and Mme La Harpe: 'C'est le meilleur acteur qu'il y ait aujourd'hui en France. Il est un peu petit, mais sa femme est grande. Elle joue comme Mlle Clairon, à cela près qu'elle est beaucoup plus attendrissante. Je souhaite que la pièce soit jouée à Paris et à Bordeaux comme elle l'est à Ferney' (16 March 1767, D14049).

[55] See D13969, D13953, D13985, D13991, D14023.

l'auteur. Je l'ai rendu intéressant, et cela change tout l'effet de la pièce. C'est une faible production de Voltaire à l'âge de cinquante ans, mais c'est un prodige pour un vieillard décrépit; ce serait un chef-d'œuvre pour tous les auteurs dramatiques du siècle. [56]

The nature of these changes is unclear, and Voltaire does not appear to have had a high opinion of Hermenches's talent as an author (see D13991, D14011), although he did appreciate his interest in the theatre and had acted on his stage at Mon Repos.

Voltaire welcomed Rieu's initiative that Jean Nicolas Prévost, also known as Rosimond, should stage the play at the theatre that had opened on the outskirts of Geneva the previous year. [57] He was keen that the play should be acted according to his exact wishes, telling Rieu: 'Si les acteurs n'ont pas encore appris leurs rôles, je vous enverrai ces changements. Il sera absolument nécessaire que je les fasse répéter moi-même. En ce cas, il faudrait que les acteurs et actrices vinssent coucher chez moi. Il est certain que si l'on ne prend pas ce parti cela sera joué très ridiculement.' [58] On 24 February he invited Rosimond, three of the actors and a copyist to come to Ferney and stay overnight (D13992), offering on 6 March to send his carriage to fetch them (D14021), but later on the same day, so as not to exhaust his horses by a double journey, he asked Rieu to order a carriage in Geneva (D14022). On 10 March, when he and Mme Denis were both unwell and had to cancel, he still insisted on a rehearsal in his presence (D14027). Rosimond's troupe staged the tragedy in Geneva on 21, 23 and

---

[56] *Lettres de Belle de Zuylen* [...] *à Constant d'Hermenches*, ed. Philippe Godet (Paris, 1909), p.311. Quoted by Besterman in his commentary on D14133.

[57] Anne Girard, 'Les théâtres de la région genevoise au temps de Voltaire', *Voltaire chez lui: Genève et Ferney*, ed. Erica-Deuber Pauli and Jean-Daniel Candaux (Geneva, 1994), p.83-104.

[58] c.15 February 1767, D13962. On Voltaire's attempts to control his actors, see Pierre Peyronnet, 'Voltaire "metteur en scène" de ses propres ouvrages', *Revue d'histoire du théâtre*, 30 (1978), p.38-54; and Maria Ines Aliverti, 'Les acteurs en tant que gens de lettres: occasions et limites d'un combat voltairien', in *Voltaire et ses combats*, ed. Ulla Kölving and Christiane Mervaud, 2 vol. (Oxford, 1997) vol.2, p.1479-86.

28 March, with the following cast: M. Dutilleul (Hermodan), M. Darcis (Indatire), M. Nicetti (Athamare), M. Rosimond (Sozame), Mme Sainville (Obéïde), Mlle Chateauneuf (Sulma), M. Corbin (Hircan) and M. Dulondel (Scythians and Persians). [59] The performance was a success and the actors were certainly not stoned after the imprecations of act 5, scene 4, as Voltaire at one time feared (D14003). Geneva had scooped a public premiere at the expense of Paris.

The precise date of the first performance at Ferney is not known. On 6 March Voltaire invited Rieu and Pierre Michel Hennin, *résident du roi* in Geneva, to attend a performance at Ferney on 12 March (D14022). However, as mentioned above, the projected rehearsal had to be postponed (D14027) and on 13 March he told the d'Argentals that the performance would take place in four days' time, on 17 March (D14033). The illness of the Dauphine which led to all the Parisian theatres being closed prompted Voltaire to postpone that performance as well. [60] On 16 March Hennin writes to say he will be unable to attend (D14051). On 18 March Voltaire writes to Gabriel Cramer informing him that Mme Denis is still confined to her bed and that he cannot yet fix a new date (D14055). Then silence and we hear nothing about his performances at Ferney until 13 April (D14107), except for a letter to the marquise de Florian in which Voltaire thanks her for her help at rehearsals without stating, however, when these took place (24 March, D14065). It seems fair to assume, however, that a performance took place before Easter (19 April) and probably a little before the date of the first performance at the Théâtre-Français.

Under Voltaire's close supervision, *Les Scythes* was performed to his complete satisfaction. He told the d'Argentals on 15 May that 'cette pièce n'a jamais été bien jouée que par nous' (D14173). In the

---

[59] Rieu gives this information in his manuscript annotations to 66/67c*. The Pellet edition (67GP) also gives the cast list.

[60] See D14035, D14038, D14043, D14045, D14050.

same letter the two 'vieillards' are proclaimed as 'attendrissants', and we can surmise that he shone in the part of Sozame which he assumed on many occasions.[61] Chabanon recollects Voltaire's performance style:

Durant les sept mois que je passai cette année à Ferney, nous ne cessâmes pas de jouer la tragédie devant Voltaire, et dans l'intention d'amuser ses loisirs par le spectacle de sa gloire. La première pièce que nous jouâmes fut *Les Scythes*, qu'il avait nouvellement achevée. Il y joua un rôle. Je n'ai pu juger son talent d'acteur, parce que mon rôle, me mettant toujours en scène avec lui, j'aurais craint de me distraire de mon personnage, si j'eusse donné au sien un esprit d'observation. A l'une de nos répétitions seulement, je me permis d'écouter et de juger le premier couplet qu'il avait à dire. Je me sentis fortement ému de sa déclamation, toute emphatique et cadencée qu'elle était. Cette sorte d'art était naturelle en lui.[62]

We have a contemporary testimony to Voltaire's infectious keenness. Lady Holland, in a letter to Emily, duchess of Leinster, dated 24 May, wrote: 'I was at Voltaire's play which entertained me of all things, though he did not act. The play was *Les Scythes*, a play of his own, and the *petite pièce*, *La Femme qui a raison*, his own also, they were really well acted; but the best part of the show was his eagerness and commendations both of the play and the performance'.[63] Chabanon, however, leaves a less positive account: '*Les Scythes* réussirent peu à Ferney. L'auteur s'en aperçut: cette vérité lui parvint comme toute vérité devrait parvenir aux rois, avec les ménagements qui en adoucissent l'amertume sans en dissimuler

---

[61] D14173, D14194, D14202, D14259. The play was also performed later in the year: 'Nous sommes entourés des troupes les plus honnêtes et les plus paisibles. Il n'y a rien eu de tragique que sur le théâtre de Ferney où nous leur avons donné *Les Scythes* et *Sémiramis*. De grands soupers ont été tous nos exploits militaires' (10 July, D14265).

[62] Michel Paul Guy de Chabanon, *Tableau de quelques circonstances de ma vie* (Paris, 1795), p.137-38.

[63] See D14196, note 1.

l'austère franchise. On redemandait *Adélaïde*, lorsque Voltaire eût voulu redonner *Les Scythes*'. [64]

'*Les Scythes*' at the Comédie-Française in 1767

The deferred and long-awaited performance of *Les Scythes* in Paris took place on 26 March 1767, when it was staged alongside Lesage's popular *Crispin rival de son maître*. There were further performances on 28, 30 March and 1 April. There were 1052 paying spectators and the receipts amounted to 3630 livres at the premiere; [65] at the second performance the number of spectators dropped to 869 and receipts to 2528; on 30 March, 831 spectators paid 2190; and on 1 April, 785 paid 1907. [66] The cast is recorded by Lekain on the manuscript copy of his part (MS1): Brizard (Hermodan), Molé (Indatire), d'Auberval (Sozame), Paulin (soldat scythe), Lekain (Athamare), Pin (Hircan), Mlle Durancy (Obéïde), Mme Préville (Sulma). [67] In the early days of the play's composition, Voltaire had expressed concern as to the ability of the Comédiens to perform *Les Scythes* according to his wishes. For instance, he told d'Argental on 11 December 1766 that the play 'fera du bien aux Comédiens quand ils auront des acteurs et des actrices' (D13727), and on 2 January 1767 he wrote to Damilaville that 'la pièce est injouable avec les acteurs que nous avons' (D13787). He did not supply Lekain with any recommendations in regard to staging or costume, leaving it to Thibouville with Lekain to arrange everything with the individual actors. 'C'est de toutes les pièces celle qui exige le moins de frais', he tells

---

[64] Chabanon, *Tableau de quelques circonstances de ma vie*, p.138-39.

[65] According to the *Mercure de France*, 'l'affluence des spectateurs était prodigieuse; et, comme il arrive toujours, cette foule de spectateurs n'a point été tranquille et a fait perdre une partie de la pièce' (April 1767, vol.1, p.181-82).

[66] H. Carrington Lancaster, 'The Comédie Française 1701-1774: plays, actors, spectators, finances', *Transactions of the American Philosophical Society* 41 (1951), p.818.

[67] See also *CLT*, April 1767, vol.7, p.269-70.

d'Argental (9 February, D13931). Significantly, his production notes – which he called 'musique' (D13793, D13801) – deal not with decoration but with acting, and as early as 12 January he had sent d'Argental a corrected copy of the tragedy 'avec les instructions nécessaires en marge' (D13833). On 14 February he sent Lekain a copy with corrections and copious notes 'qui disent aux acteurs dans quel esprit la pièce a été composée' (D13954). Three days later he wrote again to Lekain: 'L'exemplaire que j'envoie est chargé de notes pour l'intelligence des rôles; mais il n'y en a point pour Athamare, parce que vous le jouez: c'est à vous au reste à disposer des rôles: je vous prie de faire mes tendres compliments à Mlle Durancy, et de dire à M. Molé combien je m'intéresse à son rétablissement' (D13971).

Voltaire felt that he had to rely on Lekain whose ability and popularity he knew, yet he was all too aware that the part of Athamare was not really suited to him, partly in view of his age. He told the d'Argentals on 13 April: 'J'avoue que le rôle d'Athamare ne lui convient point. Il faudrait un jeune homme beau, bien fait, brillant, ayant une belle jambe et une belle voix, vif, tendre, emporté, pleurant tantôt de tendresse et tantôt de colère, mais comme il n'a rien de tout cela, qu'il y supplée un peu par des mouvements moins lents'. [68] He was also convinced that to advise him would prove futile, although on 27 April he did venture to recommend interrupting Obéïde 'avec un empressement plein de douleur et d'amour' (D14147). Voltaire's chief worry with regard to Molé was the player's poor health (D13971, D14043), but he felt that the role of Indatire was not a tiring one (D13954). The part suited him well and won him applause, and Voltaire insisted that he

---

[68] D14107. See also Voltaire's letter of 17 July, where he tells Lekain: 'Il est vrai que le rôle que vous voulez bien jouer dans cette pièce ne convient pas tout à fait à vos grands talents, et n'a pas ce sublime et cette terreur que vous savez si bien mettre sur la scène. Athamare est un très jeune homme amoureux, vif, pétulant dans sa tendresse; un jeune petit cheval échappé et puis c'est tout. Il est fait pour un petit blondin nouvellement entré au service. Mais vous savez vous plier à toute sorte de caractère' (D14284).

should be cast in the projected revival, going so far as to declare on 27 April: 'Le rôle d'Indatire ne peut tuer Molé; et il me tue s'il ne le joue pas' (D14145). Voltaire did express some misgivings about the actors in the minor roles: 'Il faudrait d'autres vieillards que Dauberval, il faudrait d'autres confidents; mais le seul spectacle de Paris, le seul qui lui fasse honneur dans l'Europe, est tombé dans la plus honteuse décadence et je vous avoue que je ne crois pas qu'il se relève' (11 April, D14099). He continued to send instructions regarding the acting style, writing for instance to d'Argental on 19 April (D14126):

Si Brisart peut avoir plus de sentiment, si d'Oberval peut être moins gauche, si Pin pouvait être moins ridicule, s'ils pouvaient prendre des leçons dont ils ont besoin, si de jeunes bergères vêtues de blanc venaient attacher des guirlandes dans le second acte aux arbres qui entourent l'autel pendant qu'Obéïde parle, si elles venaient le couvrir d'un crêpe dans la première scène du cinquième acte, si tous les acteurs étaient de concert, si les confidents étaient supportables, je vous réponds que cela ferait un beau spectacle.

Essayez, je vous prie, et surtout qu'Obéïde sache pleurer. Je vois bien qu'elle n'est pas faite pour les rôles attendrissants.

Voltaire judged Obéïde to be the most critical role, as he told Damilaville on 4 March: 'Tout dépendra du rôle d'Obéïde' (D14018). Increasingly he required of the actress the ability to express her grief by facial expression and the movement of the whole body as well as by her tears, a technique seemingly in line with the new rules of the *drame*. He was aware of the difficulty of this performance style, writing to the d'Argentals on 14 February (D13952):

Il serait trop aisé de jouer le rôle d'Obéïde à contre-sens; c'est dans ce rôle que la lettre tue, et que l'esprit vivifie; car dans ce rôle, pendant plus de quatre actes, *oui* veut dire *non*. *J'ai pris mon parti*, signifie, *je suis au désespoir. Tout m'est indifférent*[69] veut dire évidemment, *je suis très sensible.*

[69] Spoken in act 2, scene 1.

Ce rôle joué d'une manière attendrissante fait ce me semble un très grand effet

Although it had initially been mooted that Mlle Clairon might wish to perform in the role (D13712), from the first Voltaire recommended Mlle Durancy to play his heroine. In a letter, tentatively dated 28 October, Marmontel had drawn his attention to the actress, who had just joined the company of the Comédie-Française: 'Mlle Duranci qui a joué sur votre théâtre, débute dans ce moment. Elle joua hier le rôle d'Electre dans la tragédie d'*Oreste*. Elle ne le joua pas comme Mlle Clairon; mais dans le pitoyable état où la scène française est réduite, son talent n'est point à dédaigner. Elle a de la chaleur, assez d'intelligence et de noblesse, et quelques moments de génie' (D13633). Voltaire had indeed met Mlle Durancy at the very beginning of her career when she was fourteen and had performed at Les Délices (D14413). In a letter to Richelieu he provides a little more detail: 'La petite Durancy est mon élève. Elle vint il y a dix ans à Genève, c'était un enfant. Je lui promis de lui donner un rôle si jamais elle entrait à Paris à la comédie, elle me fit même par plaisanterie signer cet engagement; il est devenu sérieux et il a fallu le remplir. Je lui ai donné le rôle d'Obéïde' (D14049). Voltaire considered that some further training was in order for the actress to play the heroine to his satisfaction. As early as 11 February he had written: 'Si Mlle Durancy entend, comme je le crois, le grand art des silences, si elle sait dire de ces non qui veulent dire oui, si elle sait accompagner une cruauté d'un soupir, et démentir quelquefois ses paroles, je réponds du succès, sinon je réponds des sifflets' (D13945). In a letter to Lekain he observes: 'Ce personnage exige une douleur presque toujours étouffée, des repos, des soupirs, un jeu muet, une grande intelligence du théâtre' (2 March, D14007). He noted that the actress's voice was reputed to be 'un peu dure et un peu sèche',[70] and for the benefit of Lekain he developed the point (4 March, D14013):

[70] D14018. Pierre-David Lemazurier reports that according to several

Prendrez-vous la peine, mon cher ami, d'adoucir la voix de Mlle Durancy surtout dans les premiers actes? Baissera-t-elle les yeux quand il le faut? Dira-t-elle d'une manière attendrissante: Si la Perse a pour toi des charmes si puissants [...] Pleurera-t-elle et quelquefois soupirera-t-elle sans parler? Passera-t-elle de l'attendrissement à la fermeté, dans les derniers vers du troisième acte? Dira-t-elle *non* de la manière dont on dit *oui*? Si elle fait tout cela ce sera vous qu'il faudra remercier.

That the ability to cry is the key aspect to the performance is noted in Voltaire's letter of 11 April to d'Argental: 'Vous me faites bien du plaisir, mon cher ange, de me dire que Mlle Durancy a saisi enfin l'esprit de son rôle et qu'elle a très bien joué, mais je doute qu'elle ait pleuré, et c'était là l'essentiel. Mme de La Harpe pleure' (D14099). He returns to the need for the actress to shed tears in order to move the audience: 'Elle ne sait point pleurer, et par conséquent ne fera jamais répandre de larmes.'[71] His fears some-times led him to employ strident, colourful language, as when he writes to the d'Argentals: 'Que Mlle Durancy passe toute la semaine de Quasimodo à pleurer, qu'on la fouette jusqu'à ce qu'elle répande des larmes; si elle ne sait pas pleurer elle ne sait rien' (D14107).

The Lacombe, Pellet, 'Dutch' and 'Nouveaux Mélanges' editions

Voltaire had begun negotiations with Jacques Lacombe over the publication of *Les Scythes* at the end of 1766. On 15 December he promised to send Lacombe his play, requesting him to publish it within eight days of receipt of the manuscript and to print 500 copies (D13736). On 27 December he wrote again asking for no more than 750 copies to be printed so as to allow for corrections, and requested that two leaves should be left blank, for he was

---

contemporaries Mlle Durancy 'grasseyait, et prononçait mal les *je*' (*Galerie historique des acteurs du Théâtre français, depuis 1600 jusqu'à nos jours*, 2 vol., Paris, 1810, vol.2, p.220).

[71] D14142. See also his letter to d'Argental of 19 April (D14126).

already thinking of a second and revised edition (D13770). On 2 January 1767 he once more promised to send Lacombe the play, again insisting that publication should follow in eight days so as to forestall Cramer who was likely to place his edition on sale in the provinces as well as in foreign countries (D13788). On 5 January he asked Lacombe to defer publication until after the play was staged in Paris (D13806), and on 12 January he suggested that the printer should eventually bring out *Le Triumvirat* and *Les Scythes* together.[72] On 21 January he confirmed that Lacombe was his sole publisher for *Les Scythes*, which he must bring out 'quand cela sera convenable' and promised to send him his text (D13875). On 14 March he sent Lacombe a copy suitable for printing, remarking that the censors should not cause any difficulties since Choiseul and Praslin had seen the text (D14036); indeed Voltaire sent this package through the intermediary of Marin. The illness and subsequent death of the Dauphine enabled Voltaire to send further corrections to the d'Argentals on 16 March (D14043), which he also sent to Lacombe with a request that they be placed in an errata if it was too late for their inclusion in the main text (D14046). Further corrections were despatched on 20 March (D14057), 30 March (D14074) and at the end of March or early April (D14075). The edition must have appeared at the very beginning of April, for in a letter dated 8 April, Voltaire sends still further corrections to appear on the *planches* that he hopes have been kept ready, or in newly formed *cartons* (D14094). On 11 April he has still not received any copies of the Lacombe edition which he wishes to correct at once before forwarding two copies to d'Argental (D14099). Two days later he sends Lacombe further changes having not yet received any copies (D14103). Voltaire must have received some copies on 13 April, for he grumbles to the d'Argentals about a wrong reading (D14107), and on the same day he writes to Lacombe about the possibility of a second edition

---

[72] D13834. The one edition (67T) that joins the two plays is a Cramer production. See below, p.323.

(D14111). Lacombe was in fact to bring out six distinct issues (see 67PLA-E and 68PL). [73]

Henri Rieu was instrumental both in arranging the publication of *Les Scythes* by Pellet in Geneva and in seeing the edition (67GP) through the press. [74] Voltaire favoured this edition, but was anxious not to antagonise Cramer, as he told Rieu: 'Mon cher Corsaire, j'ai donné, comme vous le savez, *Les Scythes* à Gabriel Cramer, et je ne puis les donner à Guillaume Pelet. C'est à Guillaume à s'accommoder avec Gabriel. *S'il n'est point offensé* (punctum)' (*c.*15 March, D14041). Voltaire sent Rieu many emendations, all but the first in April 1767. [75] The Pellet edition appeared towards the end of April, judging by a letter Voltaire addressed to d'Argental on 19 April: 'Voilà trois éditions de ces pauvres *Scythes*, celle des Cramer, celle de Lacombe et une autre qu'un nommé Pellet vient de faire à Genève'. [76] Pellet dedicated his multi-volume *Théâtre français* to Voltaire on 15 April, [77] and merely bound his separate edition of *Les Scythes* in the second volume, which appeared in September or October at the latest. Rieu excluded the 'Epître dédicatoire', 'Préface de l'édition de Paris' and 'Avis au lecteur', and included an 'Avis des éditeurs' written in his editorial capacity. [78]

---

[73] Very few copies of the Lacombe editions are truly alike: printers rather arbitrarily corrected errors in some frames, whilst keeping those of others, or making new mistakes. Lacombe probably kept the type standing, printers corrected minor errors, or dropped letters, or made other minor changes from one copy to the next.

[74] See Samuel Taylor, 'La collaboration de Voltaire au *Théâtre français*, 1767-1769', *SVEC* 18 (1961), p.57-75. On the Pellet family, see John R. Kleinschmidt, *Les Imprimeurs et libraires de la république de Genève, 1700-1798* (Geneva, 1948).

[75] See D14005, D14008, D14021, D14027, D14112.

[76] D14126. See also Voltaire's letter to Rieu, dated to around 25 April, in which he pithily notes: 'Votre libraire Pellet me ferait grand plaisir s'il pouvait avoir achevé dans la semaine où nous entrons' (D14144).

[77] See Taylor, 'La collaboration de Voltaire au *Théâtre français*', p.67.

[78] See Appendix 3. Owing to Voltaire's co-operation and Rieu's care, 67GP marks a considerable improvement on 66/67, NM and 67PL, but its text is less

Voltaire makes frequent reference in his correspondence to a Dutch edition of *Les Scythes*, and already on 22 April he lists a Dutch edition as being in preparation (D14133). On 27 April he asks Lacombe to undertake a new edition of his play: 'Il me sera plus flatteur d'être imprimé par vous que par les éditeurs hollandais et par ceux des provinces' (D14146). On the same day he writes to d'Argental (D14149):

La nouvelle édition à laquelle on travaille à Genève sera achevée dans deux jours, et il a fallu envoyer la pièce telle qu'elle est en Hollande, pour prévenir l'édition qu'on y allait faire suivant celle de Paris. Me voilà donc engagé absolument à ne plus rien changer. On traduit cette pièce en italien et en hollandais; [79] les éditeurs et les traducteurs auraient trop de reproches à me faire si je les gênais par de nouveaux changements.

On 11 May Voltaire blames Lacombe for having brought out a new edition (possibly 67PLE) without awaiting his corrections, mentioning that 'on en annonçait une autre à La Haye en Hollande' (D14167), and on 14 August he tells Lekain that the Périsse edition is the eighth, [80] a figure which corrresponds with the number listed in his 'Préface des éditeurs de Lyon' in which he writes disarmingly: 'Pour l'édition de Hollande, on croira sans peine qu'elle n'approche pas de la nôtre, les éditeurs hollandais n'étant pas à portée de consulter l'auteur' (lines 18-20). No edition with the imprint La Haye or Amsterdam has been found; a Dutch edition must nonetheless surely exist. We know that Rey was interested in publishing *Les Scythes* from a letter no doubt addressed to him by Du Peyrou on 29 January: 'Je voudrais fort vous satisfaire sur la demande de l'ouvrage composé par M. de Voltaire en dix jours. Je suppose qu'il s'agit des *Scythes*, tragédie non imprimée et qui doit se jouer à Lausanne à ce que l'on assure. Si la pièce s'imprime vous

---

satisfactory than that of the Périsse edition (67LP), the proofs of which Voltaire corrected himself for the last time.

[79] No Dutch translation, however, is known before 1786; see below, p.334.

[80] D14365. See the next section for the publication history of this edition (67LP).

en aurez un exemplaire sans retard'. [81] We may perhaps presume in favour of 67x being the long-lost Dutch edition. [82]

Voltaire had expressed his dissatisfaction with the first Cramer edition in early January (D13799). On 30 January he informed Gabriel Cramer that he had changed half of the fifth act and added embellishments (D13897). Some time in February or March he still clung to the idea of re-publishing the play with a lengthy errata (D14003), but in the end the Cramers decided in favour of a fresh edition to be included in their *Nouveaux Mélanges*. Voltaire wrote to Gabriel Cramer in the middle of March that he was 'débarassé des *Scythes*' (D14040), perhaps suggesting that he had finished with emendations. Some time during that month Voltaire asked Cramer to send 'un exemplaire relié des nouveaux mélanges philosophiques et critiques qu'on dit qu'il a imprimés' (D14176), then again: 'M. de Voltaire prie Monsieur Caro de lui envoyer brochés, un exemplaire des nouveaux mélanges, et un quatrième volume de ces mélanges séparé, où sont les *Scythes*' (D14178). It seems that the edition was ready by 16 May, when Voltaire sent 'trois exemplaires d'une nouvelle édition de Genève' to d'Argental (D14179).

The Périsse edition, and other performances in 1767-1770

On 22 April 1767 Voltaire told d'Argental that *Les Scythes* was to be published in Lyons, and on 11 May he informed Lacombe that the Périsse brothers were beginning to publish an edition in that city. [83] Intended to be more complete than previous editions, this volume includes Voltaire's 'Préface des éditeurs de Lyon'; it was also meant to be more correct than those that had already appeared

[81] Neuchâtel, Bibliothèque publique de la ville, ms.1598a, f.13. See Jeroom Vercruysse, 'Voltaire et Marc Michel Rey', *SVEC* 58 (1967), p.1707-63 (p.1734-35).

[82] The variants of 67x make it clear that the publisher used 67PL as a base text, incorporating some corrections, probably sent by Voltaire himself or quite possibly Rieu which mark an advance on 67PLE.

[83] D14133, D14167. See also another letter to Lacombe dated 13 May 1767 (D14172), and the letter to Belmont of 2 June (D14208).

(D14179). Charles Bordes, member of the Académie de Lyon, was closely involved in realising that objective. Voltaire sent him corrections and emendations in late April or early May (D14153), and on 26 June he asked him to read the proofs (D14245). He asked him for an update on 8 July (D14261), recommended the play to his care two days later (D14266) and sent him further corrections on 13 July (D14271). The play was slow to arrive, as Voltaire complained to d'Argental on 22 July: 'je suis indigné de la lenteur du libraire de Lyon. Il me mande qu'enfin l'édition sera prête cette semaine; mais il m'a tant trompé que je ne peux plus me fier à lui' (D14298). In fact, the publisher's promise held true, for on 29 July Voltaire was in a position to write back to d'Argental: 'vos *Scythes* de Lyon sont prêts. J'y ai fait tout ce que j'ai pu'. [84] Voltaire valued this edition as the best, telling Lekain: 'C'est la seule à laquelle on doive se tenir. Elle est faite entièrement selon les vues de M. d'Argental. On a fait tout ce qu'on a pu pour profiter de ses observations judicieuses' (17 July, D14284). On 17 August he told Richelieu that this edition 'est sans contredit la meilleure', and four days later he remarked to Belmont that it was 'infiniment meilleure que toutes les autres'. [85] When the Veuve Duchesne wanted to include *Les Scythes* in her collection of Voltaire's drama and poetry, Voltaire advised her that 'il faut vous conformer entière-ment à l'édition de Lyon qui est la seule correcte' (26 November 1767, D14552). Voltaire never again turned his attention to the text of the play.

The initial run of *Les Scythes* at the Comédie-Française had come to an end on 1 April 1767, and Voltaire continued to exercise pressure on his friends to secure further performances. He was

---

[84] D14317. There were, however, to be some problems in the distribution of this new edition. On 14 August Voltaire writes to Lekain: 'La nouvelle édition de Lyon, qui est la huitième, est très bien reçue; mais l'interruption du commerce de Lyon avec Genève, m'a empêché jusqu'ici de l'avoir; vous l'aurez probablement à Paris avant moi' (D14365). See also D14339.

[85] D14375, D14387. See also his letters to Lacombe (17 July, D14283) and Lekain (14 August, D14365).

keen for the play to be performed again in Paris before it was staged in front of the court at Fontainebleau, as he told d'Argental on 27 April: 'C'est auprès du parterre qu'Indatire doit réussir à la longue et jamais à la cour' (D14145). Voltaire continued late into 1767 to press for the play to be performed in the capital,[86] yet *Les Scythes* was not to be revived there until 1770.

The play was, nonetheless, staged outside Paris. Voltaire refers to a performance in Lyons about which nothing is known except that Mme Denis, in a letter addressed to Marc Antoine Louis Claret de La Tourrette, states that her uncle is sending him *Les Scythes* which she hopes will please him 'si les comédiens prennent bien l'intelligence de la pièce'.[87] The *Affiches de Lyon*, however, do not mention any production of the tragedy, and it may have been staged in the private theatre of La Tourrette or of his brother, both of whom were well known to Voltaire (see D20067). At the beginning of the 'Préface des éditeurs de Lyon' Voltaire refers specifically to a performance given by the marquis de Langallerie in a 'théâtre de société'.[88]

Les Scythes was performed at Bordeaux on 15 May 1767.[89] It was the duc de Richelieu who issued the necessary directives. On 9 January Voltaire had written him a letter in which he must have been referring to *Les Scythes* (D13825):

Si vous avez, Monseigneur, une bonne actrice à Bordeaux, je vous enverrai une tragédie nouvelle pour votre Carnaval, ou pour votre Carême. Maman Denis et tous ceux à qui je l'ai lue, disent qu'elle est très

---

[86] For other letters in which Voltaire requests performances in Paris, see D14099, D14133, D14147, D14149, D14212, D14317, D14365.

[87] 12 March 1767, D14032. See also Voltaire's letters of 2 March (D14007) and 13 March (D14033).

[88] We do not know where or when the private performance took place, but Frédéric Philippe Alexandre, marquis de Langallerie, and his wife Angélique Constant de Rebecque lived for a time at the château d'Allaman, near Lausanne, later acquiring a residence at Lunéville.

[89] This is the information given on the title page of 67BC; see p.323. No performance is, however, mentioned in Henri Lagrave, Charles Mazouer and Marc Regaldo, *La Vie théâtrale à Bordeaux* (Paris, 1985).

intéressante. La grâce que je vous demanderai ce sera de mettre tout votre pouvoir de gouverneur à empêcher qu'elle ne soit copiée par le directeur de la Comédie, et qu'elle ne soit imprimée à Bordeaux. J'oserais même vous supplier d'ordonner que le directeur fît copier les rôles dans votre hôtel et qu'on vous rendît l'exemplaire à la fin de chaque répétition et de chaque représentation. En ce cas je suis à vos ordres.

On 21 February he announces to Lekain that the tragedy will be staged in Bordeaux (D13987), and on 25 April he writes to rekindle Richelieu's interest: 'J'ignore, Monseigneur, si vous vous amusez encore des spectacles dans votre royaume de Guyenne. Je vous envoie à tout hasard cette nouvelle édition, et en cas que vos occupations vous permettent de jeter les yeux sur cette pièce la voici telle que nous la jouons sur le théâtre de Ferney' (D14142). Richelieu must have put him in touch with Belmont, the *directeur des spectacles* of Bordeaux, at an early stage, for Voltaire sent him emendations for the benefit of the actor who was to play Sozame. [90] Whether there were further performances is not known, although in a letter to Richelieu dated 22 November 1769 Voltaire noted having heard that 'les *Scythes* viennent d'être représentés dans votre royaume de Bordeaux avec un très grand succès' (D16005).

Les Scythes was probably staged in many other theatres and for private entertainment. According to the *'s Gravenhaagse Courant* there was a performance at The Hague on 13 July 1767 and it was revived on 1 August when it was shown with Philidor's *Blaise le savetier*. [91] There was the possibility that the play appear at the Grand Théâtre de Bruxelles, which sought the advice of the prince de Ligne. [92] That he was anxious to stage the play is clear from his letter to Voltaire of 30 June (D14250):

[90] *c*.20 March, D14058. Voltaire also sent Belmont directions as to how the characters should be performed; see his letter of 13 April (D14108).

[91] See A. J. Koogje, 'Répertoire du théâtre français de La Haye, 1750-1789', *SVEC* 327 (1995), p.219-370 (p.270).

[92] See Henri Liebrecht, *Histoire du théâtre français à Bruxelles au dix-septième et au dix-huitième siècle* (Paris, 1923).

Eh bien, Monsieur, telle que vous l'avez jouée cette pièce, nos comédiens meurent d'envie de nous la donner; moi, de l'applaudir ici et de la faire applaudir. [...] Tout genre de bienfaits est digne de votre belle âme. Voici celui que j'exige; *Les Scythes.* – Ce que je vous promets, ce qui vous intéresse peu, c'est ma reconnaissance, des cris de joie, de la royale distinction que vous voudrez bien nous accorder; et pour mon particulier le plus tendre et le plus respectueux attachement à mon ordinaire, cela est tout simple.

Although many of Voltaire's tragedies were indeed staged at the Grand Théâtre in 1766-1767, *Les Scythes* is not listed in Boucherie's almanach, the *Spectacle de Bruxelles, ou Calendrier historique et chronologique du théâtre.*[93] There was certainly a performance of the play at Saint-Omer in August, for George Keate wrote to Voltaire from Brussels:

While I stayed at St Om[e]r I had the pleasure of seeing your last new tragedy *Les Scythes*, well represented. I admire it much; you have laid your scene in a new world unknown to the Daughters of Parnassus. – I was much pleased also with your Preface. – But

> Why talk of age? – the same bright fire
> Breathes still in ev'ry line,
> The Muses still as much inspire,
> Thy arts as strongly shine.
>
> True genius, like the orb of day
> Time's hand can never tame;
> The form it dwells in may decay,
> Its blaze remains the same.

And long absent may this period be in you![94]

[93] The edition by Jean Joseph Boucherie (67BB) suggests, however, that the play may have been performed because this printer/bookseller made a practice of printing editions of plays currently produced and had apparently little difficulty in obtaining the *privilège* necessary for publication in Brussels. See Jean-Philippe Van Aelbrouck, 'Le théâtre et la danse à Bruxelles de 1760 à 1765', *Etudes sur le dix-huitième siècle* 19 (1992), p.9-26 (p.11 and 15).

[94] 10 August, D14349. Keate was probably staying with the Irish Jacobite David O'Conor who had served in the French army and claimed to be equally at home in

Despite earlier remarks to the contrary, Voltaire was keen to have the play performed at Fontainebleau, as indicated in letters to Lekain (10 June, D14221) and d'Argental (20 June, D14232). Voltaire sought the patronage of Choiseul and Praslin (D14252) and that of Richelieu (D14300, D14391, D14418). On 29 July he urged one or two performances in Paris before the performance at court (D14317), reiterating his request to Lekain on 14 August (D14365). Some time between 12 and 18 September he must have learnt that the court was cancelling all entertainments at Fontainebleau, and he expresses his disgust to d'Argental in no uncertain terms (D14427):

[L]es comédiens me doivent la reprise des *Scythes* qu'ils ont abandonnés après les plus fortes chambrées pour jouer des pièces qui sont l'opprobre de la nation. J'espère que vous voudrez bien engager les premiers gentilshommes de la chambre qui sont vos amis, à me faire rendre justice; et que de son côté M. le maréchal de Richelieu, qui a fait jouer *Les Scythes* à Bordeaux avec le plus grand succès, ne souffrira pas qu'on me traite avec si peu d'égards. On dit qu'il n'y aura point de spectacles à Fontainebleau, ainsi je compte qu'on jouera *Les Scythes* à la Saint-Martin.

Voltaire's confidence was misjudged, for *Les Scythes* was not performed on St Martin's day (11 November).[95] In autumn 1769 Voltaire again insisted that the play be performed at Fontainebleau,[96] and indeed he believed that it would be staged there,[97] as

---

writing in French as in English. He had been living in Saint-Omer since 1765. A friend of Helvétius who recommended one of his tragedies to Garrick, he is known for his continued interest in the theatre. See Simon Davies, 'An Irish friend of Helvétius identified, with an unpublished letter', *SVEC* 267 (1989), p.245-52 (p.247).

[95] The duc de Duras told Voltaire on 9 December 1767 of his attempt to found a theatre company at Versailles under Préville, adding: 'Je n'aurai pas besoin de donner des ordres pour faire reprendre *Les Scythes*. Les comédiens entendent trop bien leurs intérêts pour ne pas le désirer mais je crois qu'il faut attendre le retour de la santé d'un comédien [Lekain] que la vérole et des indigestions mettent hors d'état de jouer de quelque temps' (D14580). Ultimately, *Les Scythes* was not staged at Versailles either.

[96] D15842, D15854, D15855, D15872, D15885, D15888, D15890.

[97] D15907, D15917, D15942, D15947.

did Lekain,[98] but it was withdrawn (D15970). *Les Scythes* may not have been staged at the French court, but it was put on by the King's French company at the Danish court theatre on 29 January 1768.[99]

'Les Scythes' at the Comédie-Française in 1770

Despite Voltaire's continued requests,[100] *Les Scythes* was not reprised in Paris until 1770. Several reasons may be proposed for the reluctance to stage the play: the initial run's relative lack of success, Lekain's indisposition from which he made a surprisingly prompt recovery, Molé's sore throat and above all the rivalry between Mlle Durancy and Mlle Dubois.[101] In any case, on 13 January 1770 d'Argental informed Voltaire that 'nous allons nous préparer aux *Scythes*',[102] and on 20 January Voltaire wrote to Lekain, effectively leaving the production in his hands: 'pour *Les Scythes* je m'en rapporte à votre zèle, à votre amitié et à vos admirables talents' (D16103). The tragedy was performed on 21, 24, 28 February, and 3 and 7 March. On 21 February there were 912 spectators paying 2111 *livres*; on 24 February 1094 with receipts amounting to 2820 *livres*; on 28 February there were 810 spectators paying 1515 *livres*; on 3 March the number of paying spectators dropped to 648, receipts being 1253; on 7 March the numbers fell still further to 423 with receipts amounting to no more than 803 *livres*.[103] Lekain recorded the cast as follows on the manuscript

[98] The actor noted on his manuscript (MS1): 'Recorrigée et remise au théâtre, pour la Cour, au mois de novembre 1769'.

[99] 68CP gives the names of cast members: M. Marsy (Hermodan), M. Du Tilliet (Indatire), M. de La Tour (Athamare), M. Deschamps (Sozame), Mlle Le Clerc (Obéïde), Mme La Motte (Sulma), M. Lorville (Hircan), M. Saintval (un scythe).

[100] For example, D14559, D14560, D14586, D15991, D16005, D16019.

[101] D14014, D14339, D14413, D14432, D14448, D14477, D14489, D14520, D14586, D14596, D14607.

[102] 'L'Institut et musée Voltaire en 1985', p.10. Extracted from *Genava*, nouvelle série 34 (1986).

[103] Lancaster, 'The Comédie-Française 1701-1774', p.827.

copy of his part (MS1): Brisard (Hermodan), Molé (Indatire), Dalainval (Sozame), Chevalier (soldat scythe), Lekain (Athamare), Dauberval (Hircan), Mlle Véstris (Obéïde),[104] Mme Molé (Sulma). The play was favourably received, according to the account d'Argental gave to Voltaire on 27 February (D16185):

Venons aux *Scythes*.
   Ils ont déjà eu deux représentations. La première a été bien, la seconde encore mieux. Il y avait plus de monde et la pièce a été plus ensemble, les mémoires plus sûres, l'exécution plus parfaite, la cabale s'est lassée ou s'est oubliée. On a rendu justice à l'ouvrage et on l'a trouvé digne de son auteur. Le Kain a joué comme il faut à présent et avec le zèle, l'amour qu'il a pour toutes vos productions. Mlle Vestris, guidée par ses leçons, a été admirable dans Obéïde et soyez sûr que ce mot d'admirable n'est point exagéré. Non seulement elle a rendu toute la finesse de son rôle mais dans les endroits où l'on doit s'abandonner elle a mis un feu, une chaleur qui ont fait la plus vive impression. Elle a été applaudie avec transport et on a partagé l'enthousiasme qui l'animait.

On 13 March d'Argental wrote once again to Voltaire, offering a slightly different account of the performances:

Je vous écrivis le lendemain de la seconde représentation des *Scythes*, c'est-à-dire vers le 25 du mois passé. [105] Le compte qu'on vous en a rendu n'est pas exact du moins quant à le Kain, il a joué son rôle aussi bien qu'il pouvait l'être, il n'y a pas produit autant d'effet que dans Orosmane, Vendome, et[c].), mais il n'en est pas susceptible. Obéïde domine entièrement et Mlle Vestris a laissé peu à desirer. Vous n'aviez demandé que quatre représentations, il y en a eu cinq. Nous en aurions donné davantage sans un certain *Silvain* qui tout triste, tout ennuyeux qu'il est attire tout Paris à l'opera comique. [106]

---

[104] Voltaire, possibly anticipating a performance of his tragedy, had written to the d'Argental couple on 23 May 1769: 'A l'égard des *Scythes* je baise le bout de vos ailes avec la plus tendre reconnaissance. Si Mlle Vestris joue bien je ne désespère pas du succès' (D15659).

[105] In fact 27 February, D16185.

[106] 'L'Institut et musée Voltaire en 1985', p.10-11. The allusion is to *Sylvain*, a play in one act and in free verse by J.-F. Marmontel with *ariettes* by Grétry, which

There is no record of *Les Scythes* being revived at the Comédie-Française, nor of it being performed during the Revolution. [107]

5. *Reception*

The first review of *Les Scythes* appeared in the *Correspondance littéraire*, in the number dated 15 January 1767. Based on extracts provided by the comte de Schomberg, who was given a copy of the work by Lekain, this account is critical, noting a certain weakness in style in spite of a characteristic 'coloris' and a regrettable didacticism. The writer deplores the lack of realism, the elegant French language used by both Persians and Scythians and the latters' constant extolling of their virtues. However, in fairness, he blames the French tradition in general for this fault, amounting to a 'ton faux', which would nevertheless not prevent the play proving a great success in Paris; and he concludes 'il en faut toujours venir à dire que la vieillesse de M. de Voltaire est bien différente de celle de Pierre Corneille'. [108] The February number returns to the tragedy, with comments following attendance at a reading. It is even more critical, doubting that the play would enjoy even 'un succès passager', and judging it to be 'faiblement et souvent mal écrite' and above all uninteresting. The 'code scythe' comes under attack as unfounded in nature and badly presented, for its terms should have been made known in the second act rather than the final act when the dramatist requires it to precipitate the final catastrophe. As a result the spectator remains completely cold: 'En général, ni la

---

was first performed by the Comédie-Italienne on 19 February 1770. It is clear that d'Argental disliked Marmontel (see D16196 and D16240).

[107] The play is not mentioned in the following: Alexandre Joannidès, *La Comédie-Française de 1680 à 1900. Dictionnaire général des pièces et des auteurs* (Paris, 1901); André Tissier, *Les Spectacles à Paris pendant la Révolution* (Geneva, 1992); Emmet Kennedy and others, *Theatre, opera and audiences in Revolutionary Paris: analysis and repertory* (Westport, CT, 1996).

[108] *CLT*, vol.7, p.210.

fable, ni l'exécution, ni les détails, rien ne me paraît heureux dans cette nouvelle tragédie, et je fais des vœux pour que son illustre auteur consacre le reste de ses années à des occupations plus satisfaisantes pour le public, et plus glorieuses pour lui-même'.[109]

The first performance of the play at the Comédie-Française on 26 March 1767 was far from triumphant, as Mme Du Deffand reported to Walpole: 'On joua hier *Les Scythes*, nouvelle tragédie de Voltaire; je n'ai vu personne qui y ait été, mais nous avons su par bricole qu'elle n'a point eu de succès'.[110] Bachaumont reports that 'ce sujet est absolument manqué. [...] Il y a cependant en divers endroits des morceaux de la plus grande force, et l'on rencontre partout dans ce drame *disjecta membra poetae*'.[111] Charles Collé attended the premiere; he remarks that the play was poorly received, despite a cabal: 'Les trois cents personnes, jetées dans le parterre, applaudirent quelques endroits, et très peu encore; le reste de la salle bâilla'. He declared that it is not 'un ouvrage de sa vieillesse, c'est un ouvrage de sa caducité'. He criticises the feebleness of the verse of this 'rapsodie septuagénaire', condemns the baseness of its dedication to Praslin and Choiseul, and addresses Sauvigny's claim that Voltaire plagiarised *Hirza ou les Illinois*: 'Si le fait est vrai, il faut que M. de Voltaire, indépendamment de l'infamie du larcin, radote à toute outrance pour s'être fait siffler à la place de M. de Sauvigny, et pour avoir entrepris un sujet aussi imaginaire, aussi peu vraisemblable, aussi plat, aussi impertinent que celui-là'.[112]

Voltaire soon learnt of the play's initial lack of success, writing to to Gabriel Cramer: 'On me siffle actuellement à Paris' (*c.*1 April, D14082). He was rather more optimistic in a letter to the marquise de Florian: 'La destinée des *Scythes* est à peu près comme la

---

[109] *CLT*, vol.7, p.223.

[110] *Horace Walpole's Correspondence with Madame Du Deffand and Wiart*, ed. W. S. Lewis and Warren Hunting Smith, 6 vol. (London, 1939), vol.1, p.276.

[111] *Mémoires secrets*, 36 vol. (London, 1780-1789), vol.3, p.163 (26 mars 1767).

[112] Collé, *Journal et mémoires*, vol.3, p.132-34 (March 1767). Collé does not say who organised the cabal, but it may well have been d'Argental.

mienne; ce sont des orages suivis d'un beau jour' (11 April, D14101). He heard from Marmontel that the performances on 20 March and 1 April were more successful (6 April, D14090), and he received 'deux lettres bien consolantes de M. d'Argental, et de M. de Thibouville écrites du 2 avril' (these have not survived), which prompted him to write to d'Argental: 'Ma réponse est qu'on s'encourage à retoucher son tableau lorsqu'en général les connaisseurs sont contents; mais qu'on est très découragé quand les faux connaisseurs et les cabales décrient l'ouvrage à tort et à travers. Alors on ne met de nouvelles touches que d'une main tremblante, et le pinceau tombe des mains' (11 April, D14099). Also on 11 April Voltaire writes to Lacombe: 'J'apprends que la pièce a eu beaucoup de succès le mercredi. Elle en aurait eu davantage le samedi si Le Kain n'était pas parti pour Lyon.' [113] He was unlikely to have been comforted by François de Chennevière's lukewarm response to the play (*c*.20 April, D14132):

J'ai lu *Les Scythes*. On ne saurait mettre cette pièce en parallèle avec *Zaïre*, *Alzire*, *Mahomet* et *Mérope*: mais on y trouve des traits qui caractérisent l'auteur; bien des gens la critiquent: mais tous conviennent qu'il y a des beautés. Vous savez l'envie règne toujours, encore plus sur le Parnasse qu'ailleurs.

The *Correspondance littéraire* returned to the play in its April number with the blunt statement: 'Cette pièce n'a point fait d'effet au théâtre, et il ne tiendrait qu'à nous d'appeler cela une chute'. [114] Nonetheless, the reviewer observes that indulgence is legitimate in view of Voltaire's age and his contribution to the world of letters. He states that he enjoyed the first act, the second somewhat less, and that the third act left him cold; the scene between Indatire and Athamare in the fourth act had been much applauded but Indatire's death and the two old men's grief had little dramatic effect; the fifth

---

[113] D14103. Lekain missed one performance when he went off to seek new actors in the provinces, much to Voltaire's disgust. Voltaire had contributed 300 *livres* as an honorarium to Lekain whilst engaging Lacombe to act likewise (13 April, D14107).

[114] *CLT*, vol.7, p.267.

act would have been better appreciated were it not for the previous two; and there had been little applause at the end of the performance, the spectators not making very favourable comments on their way out. He acknowledges that the tragedy had more success at subsequent performances and reports that there was talk of a revival in the winter (p.268):

Le grand reproche qu'on a fait à la tragédie des *Scythes*, c'est d'être froide et sans intérêt. Cependant ce ne sont ni les événements ni les situations tragiques qui y manquent, c'est la force tragique qu'on désire partout. La faiblesse du plan, des incidents, de l'exécution, se manifeste à chaque pas.

The critic contends that 'tout n'arrive que par la volonté précaire du poète' and that the acting was lamentable: Lekain failed to impress; Pin provoked hilarity by forgetting his lines in the third act; Molé played his part like a *petit-maître*; despite his fine appearance, Brizard left the critic cold; Dauberval was too polite and respectful for the role of a former warrior; and the lead actress was criticised at length (p.271-72):

Le fait est que la figure de Mlle Durancy est très ignoble, qu'elle a l'air d'une grosse servante de cabaret; qu'elle ne manque ni d'intelligence ni même de chaleur, mais qu'elle a un jeu dur comme sa physionomie, sans grâce, sans sentiment, sans âme. Cela ne fera donc jamais qu'une actrice médiocre qui jouera passablement bien les rôles qui lui auront été notés par Mlle Clairon ou par M. de Thibouville, mais qui n'entraînera jamais le spectateur par la force et le pathétique de ses propres accents. [...] Obéïde-Durancy eut un air et un accoutrement si ridicules, que je craignis que sa seule apparition ne fît faire des éclats de rire. Juchée sur des talons d'une demi-aune de hauteur, elle avait retroussé sa robe blanche garnie de peau de tigre jusqu'aux genoux. On voyait donc toute sa jambe, habillée de bas de couleur de chair entrelacés de rubans d'or et d'argent en forme de brodequins. Cet accoutrement, joint à sa figure et à une démarche rapide et gênée par l'énormité des talons, lui donnait l'air de quelque bipède sauvage errant dans les forêts de la Scythie, et cherchant à se dérober à la poursuite du chasseur.

The *Mercure de France* was somewhat more positive, noting that the audience admired many parts of the play which bore 'la fraîcheur et la force du grand homme qui en est l'auteur'. However it criticised some entrances and exits, considered that Athamare's role was subordinated to that of Indatire and observed that 'plusieurs scènes sont trop longues et refroidissent l'action, qui, d'elle-même, n'a pas tout l'intérêt qu'on attendait'.[115] In the following number it is pointed out that the tragedy had had four performances and had been much more attentively listened to and applauded. The exposition in the first act and the scene between Indatire and Athamare in the fourth act are singled out, without prejudice to others, as very fine and worthy of the great man.[116] The May issue included a short poem by M. de C***, presumably Cideville:

A M. de Voltaire, sur ce que bien des gens avaient critiqué sa tragédie des Scythes

Malgré l'effort des envieux
Personne n'aura, sous les cieux
De gloire semblable à la vôtre.
Votre hiver nous donne des fleurs
Qui pourraient ici, comme ailleurs,
Embellir le printemps d'un autre.[117]

The following month the *Mercure* published the 'Lettre de M. de Belloy à M. de Voltaire', followed by de Belloy's 'Vers sur la première représentation de la tragédie des *Scythes*';[118] it also printed the 'Lettre de M. de Voltaire à M. de Belloy', in which he thanks de Belloy for his 'sentiments nobles' and acknowledges receipt of his plays.[119] A further letter by Voltaire to de Belloy found its way into the *Mercure* under the title 'Seconde lettre de

[115] *Mercure de France*, April 1767, vol.1, p.181.

[116] *Mercure de France*, April 1767, vol.2, p.149-50.

[117] *Mercure de France*, May 1767, p.64.

[118] *Mercure de France*, June 1767, p.5-10 and p.11-16. Despite its title, the poem does not make any reference to *Les Scythes*, but focuses principally on the aging playwright's undimmed powers. The letter is reproduced in the correspondence (*c*.10 April 1767, D14098).

[119] *Mercure de France*, June 1767, p.17-18 and D14127.

M. de Voltaire à M. de Belloy'. [120] Voltaire was none too pleased at the liberty taken without consulting him, as he informs d'Argental: 'Mais pourquoi imprimer les lettres de ses amis? Est-ce qu'on écrit au public quand on fait des réponses inutiles à des lettres qui ne sont que des compliments?' (20 June, D14232).

Another correspondent's duplicity is also manifest in an exchange of letters. On 18 May Voltaire promised to send Mme Du Deffand a copy of the play, provided that she would have it read to her 'par quelqu'un qui sache lire des vers, c'est un talent aussi rare que celui d'en faire de bons' (D14187). Her response was rapid: 'Je vous remercie d'avance du présent que vous me promettez, Les Scythes; je chercherai un bon lecteur' (26 May, D14201). If this response was not especially enthusiastic, it was no doubt because she had already read the play, which she found 'détestable', as she had told Horace Walpole on 4 April. On 26 April she wrote again to Walpole, presumably in response to his own positive reaction to the play:

Vous faites beaucoup d'honneur aux Scythes; je trouve qu'ils ne valent pas la critique: cet ouvrage est d'un commençant qui n'annoncerait aucun talent ni génie. Ces Scythes sont des paysans de Chaillot ou de Vaugirard; les Persans des gens de fortune devenus gentilshommes; la Zobéide [sic] est une assez honnête fille, dont l'âme n'a pas grand mouvement, et à qui l'obéissance ne coûte guère: elle se tue parce qu'il faut faire une fin. [121]

She did not write to Voltaire on the subject again.

In June the fortnightly *Journal encyclopédique* reviewed the Lacombe edition of *Les Scythes* at some length, first drawing attention to Voltaire's statement in his preface that the play was not written for the public theatre and that, although simple, it would be difficult to stage since all the parts were principal parts and would require perfect acting in unison for success. The first performances of the tragedy had suffered from very bad acting, and in view of the current mediocrity into which the stage had fallen it is suggested

---

[120] *Mercure de France*, June 1767, p.206-208 and D14192.
[121] *Horace Walpole's Correspondence with Madame Du Deffand*, p.281 and 285.

that schools of declamation should be instituted and that Voltaire himself might launch such a project. Quoting extensively from the preface and the play itself, the critic makes some judgements, praising act 4, scene 2 as 'belle et bien digne de l'auteur', and concluding: 'Le public a jugé cette pièce avec trop de sévérité, quoiqu'on ait été forcé d'avouer que dans bien des endroits elle était digne de l'auteur. Il est certain qu'elle a beaucoup perdu aux premières représentations'. [122]

A positive response to the play is found in the marquis de Perry's letter to Pierre Laulanie de Sudrat (5 August, D14338):

Après tout ce que j'avais lu et entendu dire touchant la nouvelle pièce de M. de Voltaire, je ne me serais nullement attendu au plaisir qu'elle m'a fait. J'y ai trouvé, à la vérité, quelques endroits qui m'ont paru prêter le flanc aux plaisanteries d'un parterre français; mais ils ne m'ont point empêché d'être vivement affecté. Cette pièce, qu'on me disait froide, me semble fort intéressante, et je crois que je la préférerais à *Zulime*, à *Tancrède* et à *Olympie*. Au reste je n'ai point été trompé dans mon attente, en voyant qu'il y avait beaucoup d'allusions tant générales que particulières; elles sont frappantes.

Unfortunately, he does not elaborate on what these allusions might be. Another positive response comes in a letter from the Hungarian nobleman János Fékété, count of Galánta [123] to the playwright himself (29 October, D14505):

Je reçois dans l'instant vos *Scythes*. [124] Je vais les dévorer, sûr d'y retrouver le grand, l'inimitable Voltaire; permettez que j'interrompe ma lettre, pour ne pas différer le plaisir, que me va donner cette lecture.

---

[122] *Journal encyclopédique*, 1 June 1767, p.100-18 (p.112, 117-18).

[123] See C. Michaud, 'Lumières, franc-maçonnerie et politique dans les Etats de Hapsbourg: les correspondants du comte Fékété', *Dix-huitième siècle* 12 (1980), p.327-79.

[124] In response to the verses and bottles of Tokay which Fékété had sent him (see D14236, D14260, D14498), Voltaire presented him with a copy of *Les Scythes* (23 October, D14498). It was presumably with this letter that Voltaire included the poem *A Monsieur le comte de Fékété*, which starts: 'Un descendant des Huns veut voir mon drame scythe' (see *OCV*, vol.63B, p.592-93).

Mes larmes, Monsieur, sont le seul jugement que j'ose vous offrir de cette tragédie, un jeune apprenti n'apercevra peut-être pas toutes les beautés délicates, de l'arrangement, de l'invention, ou de l'élocution, mais le charme invincible du naturel, du vraiment tragique, ira au cœur de l'écolier, comme à celui du maître, et c'est ce qui me donne le droit d'être aussi touché de cette pièce qu'aurait pu l'être feu Crébillon. [125]

Fréron reviewed *Les Scythes* in the *Année littéraire* in an article dated 20 December. Just as the *Correspondance littéraire* had noted that the poet was too visible in engineering the plot mechanics, so Fréron remarks that Voltaire is too obvious in his tendency 'à rapprocher des objets éloignés les uns des autres, à marier des idées disparates, à saisir des mœurs différentes ou plutôt contraires', and he declares that he would prefer 'les passions et les caractères' to be contrasted. [126] Fréron outlines the plot at some length and, after Obéïde has killed herself, he offers a strong critique of the plot and the characters (p.159-61):

Cette catastrophe étonne plus qu'elle ne touche, parce qu'elle n'est pas amenée par le caractère d'Obéïde, qui dans toute la pièce se tait ou s'exprime faiblement sur sa passion. Cet amour n'éclate qu'à la fin du drame. Lorsqu'elle épouse Indatire, on n'est pas certain que son cœur soit prévenu pour un autre. Il fallait que le spectateur fût instruit qu'elle aimait Athamare; que son père lui-même ne l'ignorât pas; qu'indigné de ces feux, il exigeât son hymen avec le fils d'Hermodan; qu'elle éprouvât des alarmes, des tourments et des remords; qu'enfin, par respect pour l'auteur de ses jours, elle lui sacrifiât sa passion; alors elle eut intéressé; il y aurait eu plus d'action dans la pièce; le dénouement, qu'on ne doit point faire prévoir sans doute, mais qu'il est indispensable de préparer, aurait produit de l'effet. Il serait à souhaiter encore que l'auteur n'eut pas

---

[125] See also the letter to 'Son Excellence le C. de ...', in which he writes: '[Voltaire] a fait une tragédie de Scythes; elle est digne de lui et vaut mieux que quelques-unes des pièces qu'il a faites dans sa plus vigoureuse jeunesse; mais ayant été indignement rendue par les comédiens à Paris, elle n'eut pas le succès qu'elle mérite'; see Fékété, *Mes Rapsodies, ou recueil de différens essais de vers et de prose*, (Geneva [Vienna], 1781), p.251.

[126] *Année littéraire*, 1767, vol.8, p.145, 147.

rendu son Athamare odieux. Pourquoi le faire marié, quand il devient amoureux d'Obéïde? Pourquoi, lorsqu'Obéïde à son tour est engagée dans les nœuds de l'hymen, veut-il l'enlever à son mari comme il voulait la ravir à son père? Pourquoi forcer cet époux à se battre, et pourquoi lui faire perdre la vie? Cet Athamare ne respire que rapt, que carnage et que sang; et c'est pour un pareil monstre qu'Obéïde soupire et se tue! Cet amour et ce dévouement ne pouvaient être fondés que sur les qualités aimables de ce prince; et son ton, ses sentiments, ses actions révoltent. En conséquence Obéïde n'excite aucune pitié; au contraire on est étonné, non seulement qu'elle aime un homme si peu digne de sa tendresse, mais encore un homme marié; car enfin elle n'apprend que fort tard qu'il a perdu sa femme. Il n'y a ni raison, ni délicatesse, ni décence dans cette passion. On ne sait en vérité pour lequel de ses personnages M. de Voltaire a voulu nous intéresser. Ce ne peut être pour Obéïde; ce ne peut être pour Athamare. Est-ce pour Indatire? Je l'ai d'abord pensé. Il s'annonçait avec noblesse; il commençait à me plaire; mais il n'est point aimé, mais il est avili, mais il est tué par un rival méprisable; mon estime et ma sensibilité n'ont plus d'objet. Si quelqu'un doit périr dans ce drame, c'était le féroce Athamare: et c'est lui qui est sauvé. Le rôle d'Indatire n'est qu'esquissé; il est seulement indiqué; il n'est point rempli.

There follows a criticism of 'la loi scythe', unfavourably compared with that which demands the sacrifice of Iphigénie; and a savage conclusion: 'la pièce de M. de Voltaire n'est qu'un roman vicieux par la fable, par les caractères, par la conduite et par le dénouement' (p.163). Fréron proceeds to criticise harshly the style of the play, whilst asserting his respect for the wit and talents of the aged Voltaire and conceding that the tragedy contains fine passages such as act 1, scene 3 between the two old men, which is written 'avec la simplicité la plus noble et la plus touchante' (p.167). He informs his readers that the play had little success at its first performance and proceeds to devote his next letter to Sauvigny's *Hirza* which he deems to be based on approximately the same subject.

A substantial response to Voltaire's tragedy appeared in the form of an anonymous pamphlet, the *Examen des Scythes*. The writer claims to have seen it performed, and although the production was poor, he confesses that 'je goûtai le plaisir des âmes sensibles, je versai des larmes'. [127] Now that the play has been published, the author is disappointed – 'c'est un enfant de la vieillesse' (p.3) – and the pamphlet is lukewarm in appreciation and mild in criticism (p.4):

Non, la tragédie des *Scythes*, n'est pas un chef-d'œuvre, il s'en faut beaucoup; mais elle a des beautés de détail où l'on reconnaît encore la touche de Voltaire: la vieillesse est causeuse; quelquefois elle cause froidement, mais quelquefois aussi elle montre une vigueur qui devrait bien piquer d'émulation la jeunesse d'aujourd'hui: elle est toujours respectable, et si jamais vieillard mérite d'être écouté, c'est sans doute celui qui dans son printemps fut le chantre de Henri IV.

He summarises the plot, adding the occasional brief comment; he condemns the versification and 'un style diffus et prosaïque, des négligences, des répétitions, du remplissage' (p.13); he admires the tableaux in act 4, scene 2 featuring Athamare and Indatire (p.27); and towards the end implicitly recognises that Voltaire's play is innovative (p.32):

Je placerai ici une réflexion qui n'est pas hors de propos. On dit souvent: *Telle pièce à la honte des règles a fait verser des larmes; les critiques sont à plaindre, en raisonnant leurs plaisirs, ils s'en privent, les ignorants sont plus heureux.* J'avoue que le génie peut se mettre quelquefois au-dessus des règles, quand on y trouve de l'avantage; mais méfiez-vous de cette condescendance, elle est souvent abusive; croyez que les règles ordinairement ne nous laissent rien perdre, nous pouvons être privés de quelques beautés postiches, mais le vrai génie sait bien nous en dédommager.

This leads him to defend 'attendrissement', 'larmes' and 'le pathétique' in general. He is the only critic to note a 'gradation des sentiments pathétiques', but the concluding scene when Obéïde is about to kill Athamare does not have the desired effect because neither character has been made sufficiently interesting.

---

[127] *Examen des Scythes, tragédie de M. de Voltaire* (Paris, 1767), p.3. Judging by the extracts included, the author must have consulted a *Nouveaux Mélanges* edition.

The revival of the tragedy at the Comédie-Française in 1770 prompted a very favourable review in the *Mercure de France*:

On a fait reparaître sur ce théâtre *Les Scythes*, tragédie de M. de Voltaire. Mlle Vestris a été justement applaudie dans le rôle d'Obéïde, qu'elle a rendu avec beaucoup d'énergie et de vérité. Elle a fait sentir surtout les beautés fortes du cinquième acte. Les connaisseurs ont retrouvé avec plaisir dans beaucoup d'endroits de cet ouvrage, composé à soixante-quinze ans, la manière riche et brillante du successeur et du rival de Racine.

> Ce n'est plus Obéïde à la cour adoré,
> D'esclaves couronnés à toute heure entourée.
> Tous ces grands de la Perse à ma porte rampants,
> Ne viennent plus flatter l'orgueil de mes beaux ans.
> D'un peuple industrieux les talents mercenaires
> De mon goût dédaigneux ne sont plus tributaires. [128]
> etc. etc.

De pareils vers, pleins d'harmonie, de naturel et d'élégance flattent les oreilles exercées et délicates qui ne peuvent se faire à la tournure pénible et forcée de presque toutes nos pièces modernes dont le défaut le plus général et le plus inexcusable est une éternelle déclamation, qui est précisément l'opposé de la nature. La rhétorique tue la tragédie et l'on ne peut que trop répéter que le naturel est le plus grand charme des beaux arts.

On a admiré surtout le contraste heureusement tracé dans la scène du quatrième acte entre Athamare et Indatire, et la confidence des deux vieillards au premier. [129]

Some years later Chamfort and La Porte gave another positive response to *Les Scythes*, and they suggest that the play's value is likely to be best recognised through performance: 'c'est en revoyant cette pièce, que le public en développera les beautés, et les mettra au rang des chefs-d'œuvre qui sont en possession de plaire'. [130] The writers praise the contrasts between the Scythians

---

[128] Act 2, scene 1, lines 17-22.

[129] *Mercure de France*, April 1770, p.171-72.

[130] Joseph de La Porte and Sébastien Chamfort, *Dictionnaire dramatique*, 3 vol. (Paris, 1776), vol.3, p.125-26.

and the Persians, Voltaire's evocation of 'la sublime simplicité de la nature sauvage' and the depiction of Hermodan and Sozame. They quote from Voltaire's own preface and lay particular emphasis on the physicality of the play, the broken speech and the tender family and social relations.

Palissot offers a commentary on the play in the preface, notes and observations in his edition of Voltaire's theatre. It is sometimes critical, sometimes highly laudatory, especially of such moments as act 4, scene 2 – referred to by Voltaire as the 'scène de l'embaucheur' (D13778, D14033) – when Athamare fails to recruit Indatire as a mercenary, which were much applauded. He notes that the bucolic setting is innovative and praises the exposition of the play, but he claims that the tragedy fails as a piece of sustained drama: 'Les deux premiers actes nous paraissent renfermer ce qu'il y a de plus heureux; l'ouvrage dégénère ensuite, et l'intérêt ne se soutient plus que faiblement et par intervalles'. [131] Expressing his approval of Voltaire's contrast between Persian and Scythian mores, he notes that although the playwright's aim ('bien digne d'un poète philosophe') is to make the audience condemn the Persians' corruption and admire the Scythians' liberty, the tragedy has an altogether different effect (p.143):

[I]l nous semble que son but devait être de faire chérir cette liberté, dont le sentiment était si profondément gravé dans son cœur et dans la plupart de ses ouvrages; cependant, il faut l'avouer, il habilla de couleurs si séduisantes les vices polis des cours, et il prêta à la simplicité rustique des Scythes une austérité si dure, si rapprochée même de la férocité, qu'on est tenté de leur préférer les Persans. Athamare, prince d'Ecbatane, et Obéïde, sont les personnages sur lesquels il a rassemblé le plus d'intérêt: ce n'est donc pas la liberté que l'auteur fait aimer.

Like Palissot, La Harpe writes about *Les Scythes* several decades after its first publication, although he and his wife were, of course, closely involved with the play's performances at Ferney. He

---

[131] *Œuvres de Voltaire, Nouvelle édition, avec des notes et des observations critiques par M. Palissot*, vol.6, p.144.

compares the play unfavourably to *Alzire* and (unlike Palissot) finds the character of Athamare too arrogant and his actions too unlikely to elicit any sympathy from the spectator. He concludes that the 'dénouement est tout près du burlesque' and that the play's style is weaker and more defective than that of *Le Triumvirat*, though he observes that 'le coloris de l'auteur se retrouve dans quelques peintures de mœurs'. [132]

In general, contemporary criticism gave a mixed reception to a play that failed to arouse any great enthusiasm. In seeking to account for the fact, the writers made many valid points, mostly those raised by d'Argental, Chauvelin and Bernis from the very first. They showed awareness of Voltaire's standing but had at the back of their minds the traditional view of tragedy; pointing to stylistic blemishes and criticising the plot and characters, they did not address Voltaire's wish to renew tragedy by drawing on aspects of the *drame*. Very little if anything is said about Voltaire's attack on despotism and his final appeal for tolerance, no doubt because the philosophical message was considered banal by 1767 and unworthy of comment, but possibly, as Palissot suggested, [133] for fear of retribution at the hands of the powers of the day.

6. Manuscripts

Besides the manuscripts described here, Andrew Brown lists an unspecified scene with holograph corrections, in six pages, that passed at the Pixérécourt sale (Paris, 4 November 1840), p.106, no.957. Its present whereabouts are unknown. [134] Important manuscript corrections are also to be found in editions 66/67A*, 66/67B*, 66/67C* and 67PLB*, described in the next section.

---

[132] La Harpe, *Lycée, ou cours de littérature*, vol.10, p.359.

[133] *Œuvres de Voltaire*, vol.6, p.229-40.

[134] 'Calendar of Voltaire manuscripts other than correspondence', *SVEC* 77 (1970), p.38.

MS 1

Année 1766. [*underlined*] / \<Troisième> Quatrieme Rôle. Athamare / Dans Les Scythes Tragédie Nouvelle / De Monsieur De Voltaire – Recorrigée / et Remise au Théatre Pour La Cour, au mois / De Novembre 1769. / [*double rule*]

Copy by Lekain of the role of Athamare.

Paris, Comédie-Française: *Rôles joués par Le Kain et copiés de sa main 1760-1767*, no.18.

MS 2

Holograph list of corrections for act 3, scene 2.

Paris, BnF: ms.fr.12939, p.473.

MS 3

Corrections to act 2, scene 2 and to act 5, scene 2.

Geneva, BGE: Ms Suppl. 150, f.135-135^v.

MS 4

Nouvelles corrections pr [?] la Tragédie des Scites
List of errata to the first edition, 66/67, in Wagnière's hand.

Geneva, BGE: Ms Suppl. 150, f.137-137^v.

MS 4

Holograph fragment of act 5, scene 1. See variant to lines 20a-32.

A marker found between pages 146-47 of Naigeon's *Examen critique des apologistes de la religion chrétienne* (1766, BV2546) reads: 'obéide / je nen apprends que trop / sozame / scites jay déclaré / que \<je va> je cede a l'usage consacre / \<et que> des severes loix par vos ayeux dicté / \<il do> les têtes des rois peuvent être'.

Vladimir Lyublinsky, 'Voltaire and his library', *The Book collector* (London, summer 1958), vol.7, p.149; *CN* vol.6, p.15, and n.14, p.456-57.

St Petersburg, GpbV: 1-89.

7. *Editions*

Further information on the collective editions may be found on p.613-18 below.

66/67

[*half-title*] LES / SCYTHES, / TRAGEDIE. /

8°. sig. *⁸ A-D⁸ E⁴ F² [* $3, A-D $4, E $2, D $1 signed (-A1), arabic]; pag. XVI 76; page catchwords.

I-III Epître dédicatoire; IV-XI Préface; XII-XVI Avis au lecteur; [1] half-title; [2] Personnages; [3]-76 Les Scythes, tragédie; 76 typographical ornament (66/67A*) or errata (66/67B*, 66/67C*, 66/67D).

Published by Cramer in Geneva, this edition was probably intended to form part of the *Nouveaux Mélanges*, as shown by the catchword OCTAVE on all but one (66/67A*) of the four known copies, described below.

66/67A*

The 'Epître dédicatoire', 'Préface' and 'Avis au lecteur' (gathering *) have been wrongly bound in between pages 16 (A8ᵛ) and 17 (B1ʳ).

Page 76 ends with the word FIN followed by a vignette, and lacks the catchword OCTAVE. There is no errata, nor have the corrections been integrated in the body of the text.

The manuscript corrections are by an unknown hand. They are for the most part minor ones, lacking several of those in 66/67B*. Their small number point to an early date.

Jeroom Vercruysse, *Voltaire, catalogue de l'exposition organisée à l'occasion du bicentenaire de sa mort* (Brussels, 1978), p.145-47, and *Inventaire raisonné des manuscrits de la Bibliothèque royale Albert Iᵉʳ* (Brepols-Turnhout, 1983), no.425, p.80-81.

Brussels, Bibliothèque royale: VH 12,377 A1 (RP).

66/67B*

For the manuscript corrections in the hand of Wagnière, see J. Vercruysse 'Quelques vers inédits de Voltaire', *SVEC* 12 (1960), p.55-61.

Bengesco, vol.2, p.iv; Vercruysse, *Inventaire raisonné des manuscrits voltairiens de la Bibliothèque royale Albert Iᵉʳ*, no.426, p.81-82.

Brussels, Bibliothèque royale: FS 58 A1 (RP).

66/67c*

Rieu's personal copy used for making acting notes and a few corrections. Most of the latter are, however, in the hand of Wagnière, but some – especially the stage directions – are by Voltaire himself.

Rieu has added to the half-title: 'Représentée à Genéve / par la troupe / du Sr Rosimond / le Samedy 21 Mars 1767, / reprise le <mardy> Lundy suivant 23 & le samedi 28e du meme mois –', and to the list of characters the names of the actors who performed in Geneva.

Some of the manuscript corrections seem to have been made around the middle of February, though probably not much earlier, given Voltaire's comments on his health and level of activity in D13923 (6 February 1767). See D13960, 15 February, and act 5, scene 1, variant to lines 20a-32, line 1. Also D13965, which includes the corrections for act 4, scene 2 (variants to lines 93-97) and act 2, scene 4 (variant to line 202). A letter dated 7 March confirms readings to be found in this corrected copy (see D14023 and act 2, scene 2, lines 85-102 and variant; and act 5, scene 2, lines 116-20 and variant). The latest correction is given in D14138, 24 April (see act 4, scene 8, lines 291-93 and variant). For the most part they may be dated with some confidence 6 or 7 March, the revision having taken place in time for the performance of the play at Ferney scheduled for 12 March.

BV3772 (b).

St Petersburg, GpbV: 9-27.

66/67d

66/67d is uncut. It is followed by the first half-folio of *Octave ou le Triumvirat*.

BV3772 (a).

St Petersburg, GpbV: 9-27.

67PLA

LES / SCYTHES, / TRAGÉDIE. / Par M. DE VOLTAIRE. /

317

NOUVELLE ÉDITION, / Corrigée & augmentée sur celle de Genève. / [*typographical ornament*] / A PARIS, / Chez LACOMBE, Libraire, quai de Conti. / [*double rule*] / M.DCC.LXVII. / *AVEC APPROBA-TION ET PERMISSION.*

8°. sig. a⁸ A- E⁸ (-E8); [a, A-E $4 signed, roman (a2 signed a; Ciij signed C)]; pag. xvi 78; quire catchwords.

[i] title; [ii] blank; [iii]-vj Epître dédicatoire; vij-xiv Préface; [xv] caption title; [xvi] Personnages; [1]-74 Les Scythes; 74 Approbation; 75-78 Avis au lecteur.

Bengesco 266; Besterman, *Some eighteenth-century editions unknown to Bengesco*, *SVEC* 111 (1973), p.64-65, no.105; BnC 1422-25.

Paris, BnF: Rés. Z Bengesco 101; [135] 8° Yth. 16222; [136] Yf. 6693; [137] 8° Yth 19865. [138]

67PLB

LES / SCYTHES, / TRAGÉDIE. / Par M. DE VOLTAIRE. / NOUVELLE ÉDITION. / Corrigée & augmentée sur celle de Genève. / [*rule*] / Prix, 30 sols. / [*rule*] / [*ornament*] / A PARIS, / Chez LACOMBE, Libraire, quai de Conti. / [*double rule*] / M.DCC.LXVII. / *AVEC APPROBATION ET PERMISSION.*

8°. sig. a⁸ A-E⁸ (-E8) [a $4, roman (a2 signed a); A-E $4 signed, roman (Ciij signed C)]; pag. xvi 78; quire catchwords.

[i] title; [ii] blank; [iii]-vj Epître dédicatoire; [vij]-xiv Préface; [xv] caption title; [xvi] Personnages; [1]-74 Les Scythes; 74 Approbation; [75]-78 Avis au lecteur.

Bengesco 266; Besterman, *Some eighteenth-century Voltaire editions unknown to Bengesco*, *SVEC* 111 (1973), p.65, no.106; BnC 1426-27.

Paris, BnF: Rés. Bengesco 979 (2); Rés Z. Bengesco 100.

---

[135] The text of the 'Epître dédicatoire' is the shorter one of 66/67.
[136] An uncut copy.
[137] The caption title and list of characters precede the title page, acting as a half-title.
[138] The error in signature Ciij has been corrected and one line on page iv has been transferred to page v.

67PLB*

Corrections by Wagnière and Voltaire.

Geneva, BGE: Hf 5059 Rés.

67PLC

LES / SCYTHES, / TRAGÉDIE. / PAR M. DE VOLTAIRE. / NOUVELLE ÉDITION, / Corrigée & augmentée sur celle de Genève. / [*ornament*] / A PARIS, / Chez LACOMBE, Libraire, quai de Conti. / [*ornamental double rule*] / M.DCC.LXVII. / *AVEC APPROBATION ET PERMISSION.*

[*half-title*] LES / SCYTHES, / *TRAGÉDIE.*

8°. sig. A-M⁴ (-M4) [$2 signed, arabic (-A, F2, M2); except B, C, D, $3 signed]; pag. xvi 78; quire catchwords.

[i] title; [ii] blank; [iii]-vi Epître dédicatoire; vii-xiv Préface; [xv] half title; [xvi] Personnages; 1-74 Les Scythes; 74 Approbation; 75-78 Avis au lecteur.

Besterman, *Some eighteenth-century Voltaire editions unknown to Bengesco, SVEC* 111 (1973), p.65, no.107.

Geneva, ImV: D Scythes 1767/3. Paris, Arsenal: Rf 14559.

67PLD

LES / SCYTHES, / TRAGÉDIE. / PAR M. DE VOLTAIRE. / *NOUVELLE ÉDITION,* / Corrigée & augmentée sur celle de Genève. / [*ornament*] / A PARIS, / Chez LACOMBE, Libraire, quai de Conti. / [*double rule*] / M.DCC.LXVII. / *AVEC APPROBATION ET PERMISSION.*

[*half-title*] LES / SCYTHES, / *TRAGÉDIE.*

8°. sig. [A]⁴ B⁴-I⁴ [$1 signed (-A)]; pag. 72 (roman pagination continued in arabic); quire catchwords.

[i] title; [ii] blank; [iii]-iv Epître dédicatoire; [v]-x Préface; [xi] half title; [xii] Personnages; 13-68 Les Scythes; 69-72 Avis au lecteur.

Harvard University, Houghton Library: xFC7. V8893. 7667sba.

67PLE

LES / SCYTHES, / TRAGÉDIE. / Par M. DE VOLTAIRE. / NOUVELLE ÉDITION, / Corrigée & augmentée sur celle de Genève. / [*rule*] / Prix, 30 sols. / [*rule*] / [*ornament*] / A PARIS, Chez LACOMBE, Libraire, quai de Conti. / [*double rule*] / M.DCC.LXVII. / *AVEC APPROBATION ET PERMISSION.*

8°. sig. a⁸ A-E⁸ [aij signed a, aiij, aiv; A-E $4 signed, roman]; pag. xvi 78 [2]; quire catchwords.

[i] title; [ii] blank; [iii]-vj Epître dédicatoire; vij-xjv Préface; [xv] caption title; [xvi] Personnages; 1-74 Les Scythes; 75-78 Avis au lecteur; [79-80] blank.

Bengesco 266; Besterman, *Some eighteenth-century Voltaire editions unknown to Bengesco, SVEC* 111 (1973), p.65, no.106; BnC 1428.

Brussels, Bibliothèque royale: II. 15107 A. Geneva, ImV: D Scythes 1767/2. Paris, BnF: 8° Yth. 16223.

67GP

1767. / LES / SCYTHES. / *TRAGÉDIE / DE M. DE VOLTAIRE.* / Représentée pour la premiére fois à / GENEVE, par la troupe du Sr. / Rosimond, le Samedi 21. Mars 1767. / & à *Paris* le Jeudi 26. du même Mois. / NOUVELLE EDITION. / *Plus correcte qu'aucune de celles qui ont paru / jusqu'à présent, & augmentée de plusieurs / Vers fournis par l'Auteur.* / [*ornament*] / A GENEVE / Chez P. PELLET & FILS, Imprim. / [*double rule*] / M.DCC.LXVII.

[*Also included in*] THÉATRE / FRANÇAIS, / OU / RECUEIL / DE TOUTES / LES PIECES FRANÇAISES / RÉSTEES AU THÉA-TRE, / Avec les Vies des AUTEURS, des / Anecdotes sur celles des plus célèbres / ACTEURS & ACTRICES, & quel- / ques Dissertations Historiques sur le / Théatre, / [*rule*] / *TOME SECOND.* / [*rule*] / [*ornament*] / *A GENEVE,* / Chez P. PELLET & FILS, Imprim. / [*double rule*] / M.DCC.LXVII.

8°. sig. A-E⁸ F⁴ G² [$4 signed, arabic (-A1, -A2)]; pag. 91 (roman pagination continued in arabic); no catchwords.

[i] half-title; [ii] Personnages; [iii]-iv Avis des éditeurs; [5]-91 Les Scythes.

In an undated letter to Rieu, Voltaire wrote: 'Le titre qui porte jouée en 1767 à Genève jure un peu avec la préface qui dit que cette pièce n'a point été faite pour être jouée en public. Il ne serait pas mal que vous daignassiez faire un petit mot d'avertissement'.[139] Rieu excluded the original preface (as well as the dedication and 'Avis au lecteur') and included an 'Avis des éditeurs' written in his editorial capacity (see Appendix 3).

Bengesco 267; BnC 1430.

Geneva, BGE: Hf 4865. ImV: D Scythes 1767/6. Paris, Arsenal: Rf 14560.

67GP2

1767. / LES / SCYTHES, / TRAGÉDIE / *DE M. DE VOLTAIRE,* / Représentée pour la première fois à / GENEVE, par la Troupe du Sr. / Rosimond, le Samedi 21 Mars 1767, / & à *Paris* le Jeudi 26 du même mois. / NOUVELLE EDITION. / *Plus correcte qu'aucune de celles qui ont paru / jusqu'à présent, & augmentée de plusieurs / Vers fournis par l'Auteur.* / [*ornament, 12 x 8 mm*] / A GENEVE, / Chez P. PELLET & FILS, Imprim. / [*thick-thin rule, 55 mm*] / M. DCC. LXVII.

8°. sig. A-D⁸ [$4 signed (-A1, A2; A5 signed), arabic]; pag. 63; quire catchwords.

[1] title; [2] Personnages; [3]-[4] Avis des éditeurs; 5-63 Les Scythes.

Pagination arabic. The watermark on the paper used includes an uppercase 'M' in outline and what looks like a bunch of grapes.

Bengesco 267.

Austin, HRC: PQ 2077 S5 1767c.

67X

LES / SCYTHES, / *TRAGÉDIE.* / Par M. DE VOLTAIRE. / NOUVELLE ÉDITION, / Corrigée & augmentée de la propre main de / l'Auteur. / [*rule*] / Prix, 30 sols. / [*rule*] / [*ornament*] / A PARIS,

---

[139] D14486, which we consider to refer to *Les Scythes* and not *Charlot* as Besterman thought.

Chez LACOMBE, Libraire, quai de Conti. / [*double rule*] / M. DCC. LXVII. / *AVEC APPROBATION ET PERMISSION.*

[*Variant title page from a private Genevan collection*] LES / SCYTHES, / *TRAGÉDIE.* / Par M. De VOLTAIRE. / *NOUVELLE EDITION. Plus ample & plus correcte que celles qui ont / paru jusqu'à present.* / [*medallion portrait of Voltaire*] / A GENEVE, / *CHEZ LES FRERES ASSOCIÉS.* / [*double rule*] / M. DCC. LXVII.

[*half-title*] LES / SCYTHES, / *TRAGÉDIE.*

8°. sig. π *a*⁸ (-*a*8) A-E⁸ [$4 signed (-a1; A5, C5 signed), roman]; pag. xvi 80; quire catchwords (lacking before A).

[1] title; [2] blank; [i] half-title; [ii] Personnages; [iii]-vj Epître dédicatoire; [vij]-xiv Préface; [1]-74 Les Scythes; 75-78 Avis au lecteur; [79] Extrait d'une feuille périodique de Paris; [80] blank.

The variants of 67x make it clear that the publisher used one of the impressions of 67PL as a base text, incorporating some corrections, probably sent by Voltaire or Rieu, which mark an advance on 67PLE. The fact that Lacombe ignored so many of the changes that Voltaire sent him argues against his responsibility for 67x. The type used, Enschedé, and some of the watermarks 'aux armes d'Amsterdam' could point to Rey. The 'Extrait d'une feuille périodique de Paris', which provides a summary of the play and the names of the members of the cast of the Paris performances, might have been reproduced for the benefit of a non-Parisian market (see Appendix 4). 67x may well be the edition printed in Holland to which Voltaire frequently referred from April 1767.

Besterman, *Some eighteenth-century Voltaire editions unknown to Bengesco, SVEC* 111 (1973), p.65-66, no.108; BnC 1434.

Austin, HRC: PQ 2077 S5 1767. Paris, BnF: Yth. 20321. Geneva, ImV: D Scythes 1767/4.

NM (1767)

Vol.4: [*1*] half-title; [*2*] blank; [*3*] title; [*4*] blank; I-III Epître dédicatoire; IV-XI Préface; XII-XVI Avis au lecteur; [1] Les Scythes, tragédie; [2] Personnages; [3]-75 Les Scythes; 418 Errata. [140]

---

[140] The corrections found in the errata have been made in later impressions; see Geneva, ImV: A 1761/1; Oxford, VF; Worcester College: XXI 7 (4).

67T

LES SCYTHES / ET / LE TRIUMVIRAT / [*rule*] / Tragedies. / [*rule*] / [*ornament*] / [*thick-thin rule*] / M.DCC.LXVII.

8°; pag. 4 xvi 184; page catchwords.

[*1*] title; [*2*]-[*4*] blank; I-III Epître dédicatoire; IV-XI Préface; XII-XVI Avis au lecteur; [1] Les Scythes, Tragedie; [2] Personnages; [3]-75 Les Scythes, tragédie. [76] blank; [77] Octave et le jeune Pompée, ou le Triumvirat, tragédie; [78] Avertissement; 79-83 Préface de l'éditeur de Paris; [84] Personnages; [85]-152 Le Triumvirat; 153-84 Notes.

This edition, certainly by Cramer, is based on NM.

Possibly Bengesco 269 (vol.1, p.71).

Modena, Biblioteca Estense: A.18.H.15.

67BC

LES / SCYTHES, / TRAGÉDIE / DE MONSIEUR DE VOLTAIRE. / *TROISIEME ÉDITION,* / Avec de nouveaux changemens qui ont été envoyés / par l'Auteur à la Direction de Bordeaux, & qui / ne se trouvent dans aucune de celles qui ont paru / jusques à ce jour. / *Représentée sur le Théatre de la Comédie de cette Ville,* / *le 15 Mai 1767.* / [*vignette*] / *A BORDEAUX,* / Chez JEAN CHAPPUIS, Imprimeur-Libraire; / sur les Fossés de Ville. / [*double rule*] / M. DCC. LXVII. / *AVEC APPROBATION.*

8° in 4s., sig. a-b⁴ A-H⁴ [aii, b signed; A-H $1 signed]; pag. xvi 63; quire catchwords.

[i] title; [ii] blank; iii-vj Epître dédicatoire; vij-xv Préface; [xvi] Personnages, Avertissement; [1]-63 Les Scythes.

Voltaire asked Belmont for a copy of the Chappuis edition on 2 June 1767, 'quoique j'y aie fait depuis beaucoup de changements dont elle avait besoin' (D14208). Contrary to the indication on the title page, Chappuis's edition was the fourth after those of Cramer, Lacombe and Pellet. Lacombe's edition may have served as his base text.

The 'Avertissement' states: 'On a cru devoir désigner par des guillemets », les corrections, les changements et les augmentations qui ont été envoyés par M. de Voltaire à la Direction de Bordeaux. Ils ne serviront à convaincre d'autant plus le public, suivant l'avis qu'on lui a ci-devant

323

donné, que les éditions qui ont paru jusques à présent, ne sont point correctes, et ne sont nullement conformes aux représentations qui se donneront sur le théâtre de cette ville' (p.xvi).

Bengesco 268; BnC 1429.

Austin, HRC: PQ 2077 S5 1767b. Paris, BnF: Rés. Z. Bengesco 104.

67N

LES / SCYTHES, / *TRAGÉDIE* / NOUVELLE, / PAR / MONSIEUR DE VOLTAIRE. / [*ornament*] / NEUFCHATEL. / [*rule*] / MDCCLXVII.

8°. sig. A-E⁸ [$5 signed, arabic; A2 signed A4]; pag. 80; page catchwords.

[1] title; [2] blank; 3-5 Epître dédicatoire; 6 Personnages; 7-80 Les Scythes.

Besterman, *Some eighteenth-century Voltaire editions unknown to Bengesco*, *SVEC* 111 (1973), p.66, no.109; J. Vercruysse, 'Notes sur les imprimés et les manuscrits de la collection Launoit', *SVEC* 20 (1962), p.249-59 (p.250).

Brussels, Bibliothèque royale: Launoit coll. F.S.56.A. Geneva, ImV: BE 66 (2). Oxford, Taylor: V3 S5 1767; V3 A2 1764 (26).

67LP

LES / *SCYTHES*, / TRAGÉDIE. / *NOUVELLE EDITION*, / *Corrigée & augmentée sur celle de Genève.* / [*rule*] / *Prix, 30 sols.* / [*rule*] / [*ornament*] / *A LYON*, / Chez LES FRERES PERISSE. / [*double rule*] / M.DCC.LXVII.

[*Variant title page from a private collection*] LES / SCYTHES, / TRAGÉDIE. / *NOUVELLE EDITION.* / *Corrigée & augmentée sur celle de Genève.* / [*ornament*] / A LYON, / Chez LES FRERES PERISSE. / [*double rule*] / MDCC.LXVII.

[*half-title*] *LES* / SCYTHES, / *TRAGÉDIE*.

8°. sig. a⁸ b⁴ A-E⁸ (-A8) [a signed aiij, aiv; b, A-E $4 signed, roman]; pag. xxiv 78; quire catchwords.

[i] half-title; [ii] blank; [iii] title; [iv] blank; v-viij Epître dédicatoire; ix-

xvj Préface des éditeurs de Lyon; xvij-xxiij Préface de l'édition de Paris; xxiv Personnages; 1-74 Les Scythes; 75-78 Avis au lecteur.

The 'Préface des éditeurs de Lyon' was written by Voltaire for this edition.

Bengesco 267; BnC 1431.

Paris, BnF: 8° Yth 16224.

67PD1

LES / SCYTHES, / *TRAGÉDIE*, / Par M, DE VOLTAIRE. / NOUVELLE ÉDITION, / Corrigée & augmentée sur celle de Geneve, / [*rule*] / Le prix est de 30 sols. / [*rule*] / [*vignette*] / A PARIS, / Chez la Veuve DUCHESNE, Libraire, rue St Jacques, / au-dessous de la Fontaine Saint Benoît, / au Temple du Goût. / [*ornamental double rule*] / M.DCC.LXVII. / *Avec Approbation & Privilege.* /

8°. sig. A-E⁸ [$4 (-A title page), roman]; pag. xij 68; quire catchwords.

[i] title; [ii] Personnages; [iii]-v Epître dédicatoire; vj-xij Préface; [1]-68 Les Scythes.

This edition, clearly unauthorised by Voltaire, seems to be based on one of the impressions of 67PL and is far inferior to the Duchesne editions T67 and 77. On 2 May 1767 Mme Duchesne wrote to Voltaire that: 'il se débite dans Paris fort souvent des ouvrages qui paraissent être de mon fonds, et que souvent je ne connais pas; ce sont des auteurs qui les font imprimer pour leur compte et les font débiter de même, en y faisant mettre mon adresse, parce que la maison a une sorte de célébrité' (D14156). It is possible that 67PD1, so indifferently printed, could be one such edition.

Paris, Bibliothèque Sainte-Geneviève: 8° Y2388.

67PD2

LES / SCYTHES, / *TRAGEDIE.* / PAR Monsieur DE VOLTAIRE. / *NOUVELLE EDITION,* / *Corrigée & augmentée sur celle de Genève.* / [*ornament*] / A PARIS, / Chez La Veuve DUCHESNE, ruë Saint / Jacques au Temple du Goût. [*thick-thin rule*] / M. DCC.LXVII.

8°. sig. A-F⁴ [A1 unsigned; B-F $2 signed, arabic]; pag. 48; quire catchwords.

[1] title [2] Acteurs; 3-47 Les Scythes; [48] blank.

This is unlikely to be Parisian in origin: the use of gatherings signed to 2 and of different fonts for the signatures, together with the small typeface and various typographical errors in the running-titles, suggest a provincial French printing from somewhere like Lyons or Avignon.

Oxford: VF.

67BB

LES / SCYTHES, / TRAGÉDIE, / Par M. DE VOLTAIRE. / NOUVELLE ÉDITION, / Corrigée & augmentée sur celle de Geneve. / [*rule*] / Le prix est de 30 sols. / [*rule*] / [*vignette*] / A BRUXELLES. / Chez JJ BOUCHERIE, Imprimeur Libraire ruë / de l'Hôpital. / [*ornamental double rule*] / M.DCC.LXVII. / *Avec Privilege.*

8°. sig. A-E⁸ [$4, -A1, roman]; pag. XII 68; quire catchwords.

[I] title; [II] Personnages; [III]-V Epître dédicatoire; [VI-XII] Préface de l'édition de Paris; 1-68 Les Scythes.

The text follows that of 67LP.

'L'Institut et musée Voltaire en 1981', p.6. Extracted from *Genava*, nouvelle série 30 (1982).

Geneva, ImV: BE 19 (2).

67AC

LES / SCYTHES, / *TRAGÉDIE.* / PAR Monsieur DE VOLTAIRE. / *NOUVELLE EDITION,* / *Corrigée & augmentée sur celle de Genève.* / [*ornament*] / A AVIGNON, / Chez *LOUIS CHAMBEAU*, Imprimeur-Libraire, / près les RR.PP. Jésuites. / [*triple rule*] / CC.LXVII. [*sic*]

8°. sig. A-F⁴ [A unsigned; B-F $2 signed, arabic]; pag. 48; quire catchwords.

[1] title [2] Acteurs; 3-47 Les Scythes; [48] blank.

Besterman, *Some eighteenth-century Voltaire editions unknown to Bengesco, SVEC* 111 (1973), p.66, no.110.

Geneva, ImV: D Scythes 1767/5.

т67 (1768)

Vol.6: [157] Les Scythes, tragédie; nouvelle édition, corrigée et augmentée sur celle de Genève; [158] blank; [159]-62 Epître dédicatoire; 163-72 Préface de l'édition de Paris; 173-79 Préface des éditeurs de Lyon; 180 Acteurs; [181]-258 Les Scythes.

The Veuve Duchesne wrote to Voltaire on 12 April 1767 requesting that he suppress the 'Avis au lecteur', in which he took exception to her husband's editions of his plays, and undertaking to make all necessary corrections (D14105). On 27 November Voltaire sent an errata which she had mislaid (D14554). The printing is far superior to the very inadequate 67PD1 and 67PD2, ostensibly also printed by Duchesne. The text is that of 67LP (which is also that of w68). The NB placed after the 'Préface de l'édition de Paris' in many editions is to be found at the end of the 'Préface des éditeurs de Lyon'. Understandably, Mme Duchesne omitted the unfavourable 'Avis au lecteur'.

68PL

LES / SCYTHES, / TRAGÉDIE. / NOUVELLE ÉDITION, / CORRIGÉE ET AUGMENTÉE / *Sur celles faites à Genève, à Paris & à Lyon.* / [*vignette*] / A PARIS, / Chez LACOMBE, Libraire, Quai de Conti. / [*double rule*] / M.DCC.LXVIII.

[*half-title*] LES / SCYTHES, / *TRAGÉDIE.*

8°. sig a⁸ b⁴ A-E⁸ (E8 blank) [a signed aiij; b $2, A-E $4 signed, arabic]; pag. xxiv 78; catchwords 'PREFACE' (p.xvj), 'LES' (p.xxiv).

[i] half-title; [ii] blank; [iii] title; [iv] blank; v-viij Epître dédicatoire; ix-xvj Préface de l'éditeur; xvij-xxiij Préface de la première édition de Paris; xxiv Personnages; 1-74 Les Scythes, tragédie; [75]-78 Avis au lecteur.

The 'Préface de l'éditeur' is in fact the 'Préface des éditeurs de Lyon' in which, after the first sentence, the rest of the first paragraph has been cut.

Bengesco 270; Besterman, *Some eighteenth-century Voltaire editions unknown to Bengesco*, *SVEC* 111 (1973), p.75, no.111; BnC 1435-37.

Geneva, BGE: Hf 5002 / 36. Paris, BnF: Rés. Yf 3590; Rés. Z. Bengesco 105; 8°. Yth. 16221;[141] Rés. Z. Beuchot 805.[142]

68LP

LES / SCYTHES, / TRAGÉDIE. / NOUVELLE ÉDITION, / *Corrigée & augmentée sur celle de Geneve*. / [*rule*] / Prix, 30 sols. / [*rule*] / [*ornament*] / *A LYON*, / Chez LES FRERES PERISSE. / [*double rule*] / M.DCC.LXVIII.

A reprint of 67LP, but with a different ornament on the title page and on the first page of the text.

Geneva, ImV: D Scythes 1768/2. Namur, BU: Litt. Fr. 12° 8751 (1).

68CP

LES / SCYTHES, / TRAGEDIE, / Par Mr. DE VOLTAIRE, / *Représentée sur le Théâtre de la Cour, par les* / *Comédiens François ordinaires du Roi, le 29* / Janv. 1768. / [*ornament*] / [*double rule*] / *A COPENHAGUE*, / Chez CL. PHILIBERT, / Imprimeur-Libraire. / [*rule*] / M. DCC. LXVIII. / *Avec Permission du Roi.*

[*Also included in*] THEATRE ROYAL, / *DE DANNEMARC*, / OU / RECUEIL / DES MEILLEURES PIECES / DRAMATIQUES FRANÇOISES, / *Représentées sur le Théâtre de la Cour, depuis 1766 à 1769*. / [*rule*] / ŒUVRES CHOISIES DE THEATRE / DE MR DE VOLTAIRE. / *TOME II.* / *A COPENHAGUE.* / Chez CL. PHILIBERT, / Imprimeur-Libraire. / [*rule*] / M DCC LXX. / *Avec Permission du Roi.*

8° sig. [A1] *4 A²-D⁸ E⁴ [* $3 signed, arabic; A-E $5 signed, arabic (E3 signed E5)]; pag. viii 72; page catchwords.

[1] title; [2] Personnages; [I]-VIII Préface; 3-72 Les Scythes.

---

[141] Lacks the 'Avis au lecteur'.
[142] The text is that of 67PLB for p.1-48.

Besterman, 'A provisional bibliography of Scandinavian and Finnish editions and translations of Voltaire', *SVEC* 47 (1966), p.53-92 (p.57). Århus, Statsbiblioteket. Copenhagen, Der Kongelige Bibliotek.

w68

Vol.6: 111 Les Scythes, tragédie; 112-13 Epître dédicatoire; 114-19 Préface de l'édition de Paris; 120-24 Préface des éditeurs qui nous ont précédé immédiatement; 124 Personnages; 125-96 Les Scythes; 197-200 Avis au lecteur.

T70

Vol.6: 209 Les Scythes, tragédie; 211-14 Epître dédicatoire; 215-22 Préface; 224 Personnages; 225-95 Les Scythes; 295 Approbation; 296-300 Avis au lecteur.

70

[in decorative frame] LES / SCYTHES. / TRAGEDIE / EN CINQ ACTES, EN VERS, / *Par Mr. de VOLTAIRE.* / *[vignette: medallion with head in profile with leaf and drawer handle motifs on either side and star and leaf motifs below, 27 x 23 mm]* / *[decorative rule composed of alternating stars and leaves, 58 mm]* / à DRESDE, 1770. / CHEZ GEORGE CONR. WALTHER, / *Libraire de la Cour.*

8°. sig. A-E⁸, F² [$5 signed (-A1, F2), arabic]; pag. 84; page catchwords. [1] title; [2] blank; [3]-5 Epître dédicatoire; 6-13 Préface; 14 Personnages; 15-84 Les Scythes.

Carefully printed with rules, decorative type and ornaments. Uses italics in I.i for lines 21-24 and includes footnote 'Détachez ce morceau, et enflez un peu la voix.' Bound with the erroneous date '1790' on the spine. Typographical error on page 50, where the page number is printed '05'.

Bengesco, vol.1, p.483, no.270.

Austin, HRC: PQ 2077 S5 1770.

W70L (1772)

Vol.17: [287] Les Scythes tragédie, revue et corrigée par l'auteur; [288] blank; 289-96 Préface; 297-302 Avis au lecteur; [303] Les Scythes, tragédie. Revue et corrigée par l'auteur; [304] Personnages; 305-80 Les Scythes, tragédie.

W71L (1772)

Vol.5: [95] Les Scythes, tragédie; 96-98 Epître dédicatoire; 98-103 Préface de l'édition de Paris; 103-107 Préface des éditeurs qui nous ont précédé immédiatement; [108] Personnages; 109-163 Les Scythes, tragédie; 164-67 Avis au lecteur.

W72P (1773)

Théâtre, vol.5: [147] Les Scythes, tragédie; [148] blank; 149-52 Epître dédicatoire; 153-62 Préface de l'édition de Paris; 163-69 Préface des éditeurs qui nous ont précédé immédiatement; [170] Personnages; [171]-250 Les Scythes.

T73AL

Vol.6: [197] Les Scythes, tragédie; [198] blank; 199-201 Epître dédicatoire; 202-209 Préface de l'édition de Paris; 210-15 Préface des éditeurs qui nous ont précédé immédiatement; 216-21 Avis au lecteur; [222] Personnages; 223-300 Les Scythes.

T73N

Vol.5: [147] Les Scythes; tragédie; [148] blank; 149-52 Epître dédicatoire; 153-62 Préface de l'édition de Paris; 163-69 Préface des éditeurs qui nous ont précédés immédiatement; [170] Personnages; [171]-250 Les Scythes; tragédie.

Omits the 'Avis au lecteur'.

74

LES / SCYTHES. / *TRAGÉDIE* / DE MONSIEUR DE VOLTAIRE. / Conforme à l'Edition in 4. donnée par l'Auteur. / [*vignette*] / *A BORDEAUX*, / Chez JEAN CHAPPUIS, Imprimeur-Libraire, sur / les Fossés de Ville. / [*double rule*] / M.DCC.LXXIV. / *AVEC APPROBATION.*

4°. sig. A-F⁴ G [$2, signed, roman]; pag. 50; quire catchwords.

[1] title; [2] Personnages; [3]-50 Les Scythes.

Contrary to the indication given on the title page the text owes nothing to w68, merely reproducing Jean Chappuis's earlier edition 67BC. It retains the sign " before lines given in 67BC as corrections by Voltaire.

Brussels, Bibliothèque royale: II 28849 A.

W75G

Vol.6: [229] Les Scythes, tragédie; [230] blank; 231-33 Epître dédicatoire; 234-41 Préface de l'édition de Paris; 242-47 Préface des éditeurs qui nous ont précédé immédiatement; [248] Personnages; 249-322 Les Scythes.

W75X

Vol.6: [229] Les Scythes, tragédie; [230] blank; 231-33 Epître dédicatoire; 234-41 Préface de l'édition de Paris; 242-47 Préface des éditeurs qui nous ont précédé immédiatement; [248] Personnages; 249-322 Les Scythes.

T77

Vol.7: [1] Les Scythes, tragédie. Revue et corrigée par l'auteur; [2] blank; 3-5 Epître dédicatoire; 6-13 Préface de l'édition de Paris; 14-19 Préface des éditeurs qui nous ont précédé immédiatement; 20-25 Avis au lecteur; 26 Acteurs; [27]-108 Les Scythes.

77

LES / SCYTHES, / *TRAGEDIE / EN CINQ ACTES* / ET EN VERS. / *PAR M. DE VOLTAIRE.* / *Corrigée & augmentée sur celle de Geneve.* / [*ornamental double rule*] / [*ornament*] / NOUVELLE EDI-TION. / [*ornamental double rule*] / [ornament] / *A PARIS.* / Chez N. B. DUCHESNE, Libraire, Rue S. Jacques, au / dessous de la Fontaine S. Bénoît, au Temple du Goût. / [*ornamental double rule*] / M.DCC.LXXVII.

8°. sig. A-F⁴ [$2 signed, arabic (-A)]; pag. 48; quire catchwords.

[1] title page; [2] Acteurs; [3]-48 Les Scythes.

The last page carries an advertisement for the Avignon bookseller, Jacques Garrigan.

The text is that of 67LP and w68.

Besterman, *Some eighteenth-century Voltaire editions unknown to Bengesco*, *SVEC* 111 (1973), p.75, no.112; BnC 1438.

Oxford, Taylor: V3 S5 1777. Paris, BnF: Yf 11325.

78

LES / SCYTHES, / TRAGEDIE. / EN CINQ ACTES, / ET EN VERS. / Par Monsieur DE VOLTAIRE. / [ornamental double rule] / NOUVELLE ÉDITION. / Corrigée & augmentée sur celle de Genève. / [ornamental double rule] / [ornament] / A PARIS, / Chez DIDOT, l'aîné, Imprimeur / & Libraire, Rue Pavée. / [rule] / M.DCC.LXXVIII.

8°. sig. A-F⁴ [$2 signed, arabic]; pag. 48; quire catchwords.

[1] title; [2] Acteurs; [3]-47 Les Scythes; [48] blank.

The last page carries an advertisement for the Avignon booksellers, Bonnet frères.

Besterman, *Some eighteenth-century Voltaire editions unknown to Bengesco*, *SVEC* 111 (1973), p.75, no.113; Charles Wirz, 'L'Institut et musée Voltaire en 1981', p.187-89.

Geneva, ImV: D Scythes 1778/1;[143] D Scythes 1778/2. Paris, Arsenal: Rf. 14564.

K84

Vol.5: [207] Les Scythes, tragédie. Représentée, pour la première fois, le 16 mars 1767; [208] blank; [209]-11 Epître dédicatoire; [212]-20 Préface de l'édition de Paris; [221]-26 Préface des éditeurs qui nous ont précédés immédiatement; [227] blank; [228] Personnages; [229]-99 Les Scythes, tragédie; 300 Variantes des Sycthes.

K85

Vol.5: [207] Les Scythes, tragédie. Représentée, pour la première fois, le 16 mars 1767; [208] blank; [209]-11 Epître dédicatoire; [212]-20 Préface de l'édition de Paris; [221]-26 Préface des éditeurs qui nous ont précédés

---

[143] In this impression, there is too much space between the last two letters of 'Les', in *Les Scythes*, on the title page; page 15 is misnumbered 19; and there is no advertisement on the final page.

immédiatement; [227] blank; [228] Personnages; [229]-99 Les Scythes tragédie; 300 Variantes des Sycthes.

KI2

Vol.5: [233] Les Scythes, tragédie. Représentée, pour la première fois, le 16 mars 1767; [234] blank; [235]-38 Epître dédicatoire; [239]-47 Préface de l'édition de Paris; [248]-55 Préface des éditeurs qui nous ont précédés immédiatement; [256] Personnages; [257]-334 Les Scythes, tragédie; [335] Variantes des Scythes; [336] Notes.

8. *Translations and adaptations*

Zobeide, a translation or rather an adaptation of *Les Scythes* by Joseph Cradock, was performed at the Theatre Royal in Covent Garden on 11 December 1771. Voltaire heard that it ran for twenty performances and that it enjoyed three editions.[144] It is only in the epilogue that Voltaire's name is mentioned:

> Why ramble with Voltaire to eastern climes,
> To Scythian laws, and antiquated times?
> Change but the names, his tragedy, at best,
> Slides into comedy, and turns to jest.[145]

Nonetheless Voltaire wrote to Cradock on 9 October 1773 to thank him for a copy of the work (D18580):

> Thanks to yr muse a foreign copper shines,
> Turn'd in to gold, and coin'd in sterling lines.
> You have done to much honour to an old sick man of eighty.

The tragedy was also translated into Italian[146] and German in

[144] D18313, D18577. See Hywel Berwyn Evans, 'A Provisional bibliography of English editions and translations of Voltaire', *SVEC* 8 (1956), p.103.

[145] Joseph Cradock, *Zobeide, a tragedy* (London, 1771, BV903), p.82.

[146] *Gli Sciti tragedia* (Florence, 1768). For this, and later collective editions, see Besterman, 'A Provisional bibliography of Italian editions and translations of Voltaire', *SVEC* 18 (1961), p.297.

1768,[147] Portuguese in 1781[148] and Dutch and Flemish in 1786.[149] Although there is no translation or adaptation of *Les Scythes* in Swedish, Léopold's *Oden ou l'émigration des Ases* borrowed extensively from Voltaire's play as well as from some of his other tragedies.[150]

On 15 January 1767 the *Correspondance littéraire* remarked that '*Les Scythes* et *Olympie* ne sont proprement que des opéras dans le goût de Metastasio, et qu'avec très peu de changements on en ferait des drames lyriques'.[151] Indeed Gaetano Rossi's adaptation *Gli Sciti* was put to music by Giuseppe Nicolini (La Scala, Milan, 1799) and by Simone Mayr (La Fenice, Venice, 1800).[152] Rossi provides a happy ending and owes little to Voltaire apart from the general setting and the rivalry between Indatire and Athamare. It was also adapted by Andrea Leone Totolla and set to music by Saverio Mercandante in 1823 (San Carlo, Naples).

The play was also adapted as *Koulikan, ou les Tartares*, a 'mélodrame en trois actes, en prose, et à grand spectacle' performed for the first time at Paris's Théâtre de la Gaîté on 13 May 1813; the young Eugène Scribe had a hand in its composition, and he recalled: 'J'ai fait avec [Henri] Dupin un mélodrame où nous avons pris Voltaire pour collaborateur: *Koulikan*, tiré des *Scythes*. Succès médiocre, mais qui m'a rapporté 200 francs'.[153]

---

[147] *Mahomet, der Prophet und die Scythen* (Leipzig, 1768). See Hans Fromm, *Bibliographie deutscher übersetzungen aus dem französischen 1700-1948*, 6 vol. (Baden-Baden, 1950-1953), vol.6, p.275.

[148] *Os Scythas tragedia* (Lisbon, 1781). The translation is by Albino de Sousa Coelho e Almeida. See Besterman, 'A Provisional bibliography of Portuguese editions of Voltaire', *SVEC* 76 (1970), p.30.

[149] *De Scyten, treuerspel, gevolgd naar het Fransche van Voltaire*, in N. Nomsz, *Nagelatene tooneelpëzy* (Amsterdam, 1818), and *De Scyten, treurspel, gevold naar het Fransche van Voltaire* (Amsterdam, 1796). The translations are dated 1786. See Jeroom Vercruysse, 'Bibliographie provisoire des traductions néerlandaises et flamandes de Voltaire', *SVEC* 116 (1973), p.47.

[150] Kjell R. G. Strömberg, 'La tragédie voltairienne en Suède', *Revue d'histoire littéraire de la France* 23 (1916), p.107-19.

[151] *CLT*, vol.7, p.209.

[152] Ronald S. Ridgway, 'Voltairian bel canto: operatic adaptations of Voltaire's tragedies', *SVEC* 241 (1986), p.126-54 (p.149 and 154); and John Stewart Allitt, *J. S. Mayr: father of Italian music* (Shaftesbury, 1989), p.177.

[153] Quoted in Paul Bonnefon, 'Scribe sous l'Empire et sous la Restauration d'après des documents inédits', *Revue d'histoire littéraire de la France* 27 (1920), p.321-70 (p.326). On Scribe's debt to eighteenth-century theatre, see Jean-Claude Yon, *Eugène Scribe: la fortune et la liberté* (Paris, 2000), p.33-42.

9. *Principles of this edition*

We have taken 67LP as our base text, as it was praised by Voltaire as the best of the editions to appear in 1767 (see above, p.295). We have recorded variants from eighteenth-century editions, MS1, MS3, MS4 and manuscript alterations on published editions.

Treatment of the base text

The punctuation of the base text has been retained, in particular the dashes used to indicate 'les pauses, les silences, les tons ou radoucis, ou élevés, ou douloureux',[154] but spelling has been modernised. The following aspects of orthography, accentuation and grammar in the base text have been modified to conform to modern usage:

1. Consonants

− *p* was not used in: long-tems; tems.
− *t* was not used in words ending in *-ans* or *-ens*: adoucissemens; amans; amusemens; applaudissemens; ardens; avilissans; brillans; cens; combattans; contens; diamans; différens; emportemens; enfans; événemens; expirans; frappans; garans; habitans; ignorans; impertinens; importans; imposans; instrumens; méchans; momens; monumens; mourans; mouvemens; ornemens; parens; penchans; présens; puissans; rempans; ressentimens; rians; sanglans; sentimens; sermens; suivans; talens; touchans; tourmens; tremblans; vaillans; violens.
− a single consonant was used in: apareil; apas; aprête; échapé; flaté; flater; grifonner; tranquile.
− double consonants were used in: allarmer; appanage; appellèrent; appercevoir; applani; complette; fidelle; fidelles; infidelles; rappellait; rappellant; renouvellant; secrettes.

2. Vowels

− *y* was used instead of *i* in: asyle.
− *i* was used instead of *y* in: s'asseient; croiez-moi; essuia; himen; himenée; mistère; stile; tirannique; tirans.

---

[154] 'Préface de l'édition de Paris', lines 172-73.

3. Accents

The acute accent

– was used in: dangéreuse; mercénaire; pésante; réjaillît; sécourir.
– was not used in: deshonneur; desirs; himenée; regner.
– was used instead of the grave accent in: aliéne; entiérement; fléches; grossiéreté; piéges; poéte; régne.

The grave accent

– was not used in: achete (=achète); chere; complette; déja; fidelle; fidelles; infidelles; levres; misere; modele; piece; pöete; premiere; regne (=règne); secrettes; siege; souleve.

The circumflex accent

– was used in: chûte; cîme; ôtage; plûpart; sû; vû.
– was not used in: ame; brulaient; grace.
– was used instead of the acute accent in: mêlanges.
– was used instead of the grave accent in: blasphême; diadême; glêbe.

The dieresis

– was used in: évanouïe; obéïssiez; pöete.
– was used instead of the acute accent in: poësie.

4. Capitalisation

– initial capitals have been removed in: Ami; Arts; Auteur; Brochure; Citoyen; Critiques; Dariques; Dieux; Française (adj.); Immortels; Maître; Manuscrit; Ministre; Monarque; Musique; Persanne (adj.); Persans (adj.); Prince; Public; République; Rois; Salon; Seigneur; Sénat; Soldat; Soldats; Soleil; Souveraine; Trône; Vieillard.

5. Specific spellings

– modern spelling has been applied to the following words: abyme; amis (=ami); azile; empoulées; encor; entr'elle (=entre elle); Et (=Eh); galimathias; harzarder; plutôt (=plus tôt); quoiqu'il (=quoi qu'il); rempans; rendroit; rhythme; sçais; sçait; solemnelles; solemnités.

6. Points of grammar

– the -s ending was used adverbially in: guères.
– a plural ending in -x was used in: loix.

7. Various

– the ampersand was used throughout, except at the beginning of a sentence.
– the hyphen was used in the following words and expressions: en même-temps; long-tems; mal-intentionnés; si-tôt; sur-tout; très-convenable; très-difficile; très-faible; très-grande; très-injustement; très-peu.
– the hyphen was not used in: au dessus.
– the spelling 'doi' was retained for the sake of the visual rhyme in 'Ce que le sort m'enlève, et ce que je te doi' (II.i.44).
– the full stop was removed after 'Peut-il bien seulement supporter qu'on propose' (V.iv.205).

LES SCYTHES, TRAGÉDIE

ÉPÎTRE DÉDICATOIRE

Il y avait autrefois en Perse un bon vieillard *qui cultivait son jardin*, car il faut finir par là; et ce jardin était accompagné de vignes et de champs; *et paulum silvae super his erat*;[1] et ce jardin n'était pas auprès de Persépolis, mais dans une vallée immense entourée des montagnes du Caucase couvertes de neiges éternelles; et ce vieillard n'écrivait ni sur la population, ni sur l'agriculture, comme on faisait par passe-temps à Babilone, ville qui tire son nom de Babil; mais il avait défriché des terres incultes, et triplé le nombre des habitants autour de sa cabane.[2]

Ce bonhomme vivait sous Artaxerxes, plusieurs années après l'aventure d'Obéïde et d'Indatire, et il fit une tragédie en vers persans, qu'il fit représenter par sa famille et par quelques bergers du mont Caucase, car il s'amusait à faire des vers persans assez passablement, ce qui lui avait attiré de violents ennemis dans Babilone, c'est-à-dire, une demi-douzaine de gredins qui aboyaient sans cesse après lui, et qui lui imputaient les plus grandes platitudes, et les plus impertinents livres qui eussent jamais déshonoré la Perse, et il les laissait aboyer, et griffonner, et calomnier; et c'était pour être loin de cette racaille, qu'il s'était retiré avec sa famille auprès du Caucase, *où il cultivait son jardin*.

Mais, comme dit le poète persan Horace, *Principibus placuisse viris, non ultima laus est*.[3] Il y avait à la cour d'Artaxerxes un

a-64   67GP, 67AC, 67PD2, 68CP, W70L, 74, 77, 78: [*absent*]
a   66/67C*: [*in Wagnière's hand*] avec notes pr Genève
1   W75G, W75X: avait en

[1] Horace, *Satires*, II.vi.3. ('And up above these a bit of woodland', trans. H. Rushton Fairclough, London and Cambridge, MA, 1947, p.211).
[2] See Jonathan Zufferey, *Le Village mobile: population et société à Ferney-Voltaire 1700-1789* (Chauray, 2011).
[3] Horace, *Epistles*, I.xvii.35. ('Yet to have won favour with the foremost men is not the lowest glory', trans. H. Rushton Fairclough, London and Cambridge, MA, 1947, p.363).

principal satrape, et son nom était Elochivis,[4] comme qui dirait habile, généreux et plein d'esprit, tant la langue persane a d'énergie. Non seulement le grand satrape Elochivis versa sur le jardin de ce bon homme les douces influences de la cour, mais il fit rendre à ce territoire les libertés et franchises dont il avait joui du temps de Cyrus; et de plus il favorisa une famille adoptive du vieillard.[5] La nation surtout lui avait une très grande obligation de ce qu'ayant le département des meurtres, il avait travaillé avec le même zèle et la même ardeur que Nalrisp,[6] ministre de paix, à donner à la Perse, cette paix tant désirée; ce qui n'était jamais arrivé qu'à lui.

Ce satrape avait l'âme aussi grande que Giafar le Barmécide, et Aboulcasem;[7] car il est dit dans les annales de Babilone, recueillies par Mir Kond,[8] que lorsque l'argent manquait dans le trésor du roi, appelé l'Oreiller, Elochivis en donnait souvent du sien, et qu'en une année, il distribua ainsi dix mille dariques, que Dom Calmet évalue à une pistole la pièce. Il payait quelquefois trois cents dariques, ce qui ne valait pas trois aspres, et Babylone craignait qu'il ne se ruinât en bienfaits.

25

30

35

40

29-34 66/67: vieillard. ¶Ce satrape [66/67c*: β]

30-33 NM, 67T, 67N: meurtres, il avait donné la paix à la Perse: car cela n'était jamais arrivé qu'à lui.

---

[4] Etienne François, comte de Stainville, duc de Choiseul.

[5] Choiseul had persuaded Louis XV to subscribe for 200 copies of the edition of Pierre Corneille's theatre, the proceeds of which were to benefit Marie Françoise Corneille (see *VST*, vol.1, p.93).

[6] César Gabriel, comte de Choiseul, duc de Praslin was cousin of the duc de Choiseul.

[7] Ja'far al-Barmaki (767-803) and Aboulcassem appear in several *Arabian nights* tales. Voltaire would regularly use these nicknames for the Choiseuls in his correspondence (see *Benaldaki à Caramouftée femme de Giafar le Barmécide*, *OCV* vol.73, p.478-81, especially p.480, n.2, and D15951)

[8] Mohammed ibn Khāvand Chāh (1433-1498), known in the West as Mirkhond or Mir-Khvand, author of *Gardens of purity*, a multi-volume history of Persia.

Le grand satrape Nalrisp joignait aussi au goût le plus sûr, et à l'esprit le plus naturel, l'équité et la bienfaisance. Il faisait les délices de ses amis, et son commerce était enchanteur; de sorte que les Babiloniens, tout malins qu'ils étaient, respectaient et aimaient ces deux satrapes, ce qui était assez rare en Perse. 45

Il ne fallait pas les louer en face; *recalcitrabant undique tuti*:[9] c'était la coutume autrefois, mais c'était une mauvaise coutume qui exposait l'encenseur et l'encensé aux méchantes langues.

Le bon vieillard fut assez heureux pour que ces deux illustres Babiloniens daignassent lire sa tragédie persane, intitulée *Les Scythes*. Ils en furent assez contents. Ils dirent qu'avec le temps ce campagnard pourrait se former; qu'il y avait dans sa rapsodie du naturel et de l'extraordinaire, et même de l'intérêt; et que pour peu qu'on corrigeât seulement trois cents vers à chaque acte, la pièce pourrait être à l'abri de la censure des malintentionnés; mais les malintentionnés prirent la chose à la lettre. 50 55

Cette indulgence ragaillardit le bonhomme, qui leur était bien respectueusement dévoué, et qui avait le cœur bon, quoiqu'il se permît de rire quelquefois aux dépens des méchants et des orgueilleux. Il prit la liberté de faire une épître dédicatoire à ses deux patrons en grand style, qui endormit toute la cour et toutes les académies de Babilone, et que je n'ai jamais pu retrouver dans les annales de la Perse. 60

---

42 66/67, 67PLA, NM, 67T, 67N: Il y avait un autre grand satrape, et son nom était Nalrisp; il joignait

56-58 66/67, 67PL, 67BC, 67PDI, 67X, T70: des malintentionnés. ¶Cette indulgence [67PLB*: β *with 'les choses' corrected to 'la chose'*]

[9] The original reads 'Recalcitrat undique tutus' ('He kicks backwards, protected on all sides', Horace, *Satires*, II.i.20).

PRÉFACE DES ÉDITEURS DE LYON[1]

L'édition que nous donnons de la tragédie des Scythes, est la plus ample et la plus correcte qu'on ait faite jusqu'à présent. Nous pouvons assurer qu'elle est entièrement conforme au manuscrit d'après lequel la pièce a été jouée sur le théâtre de Ferney, et sur celui de M. le marquis de l'Angalerie. Car nous savons qu'elle 5 n'avait été composée que comme un amusement de société pour exercer les talents de quelques personnes d'un rare mérite qui ont du goût pour le théâtre.

L'édition de Paris ne pouvait être aussi fidèle que la nôtre, puisqu'elle ne fut entreprise que sur la première édition de Genève, 10 à laquelle l'auteur changea plus de cent vers, que le théâtre de Paris ni celui de Lyon n'eurent pas le temps de se procurer. Pierre Pellet imprima depuis la pièce à Genève, mais il y manque quelques morceaux qui, jusqu'à présent, n'ont été qu'entre nos mains. D'ailleurs, il a omis l'épître dédicatoire qui est dans un goût 15 aussi nouveau que la pièce, et la préface, que les amateurs ne veulent pas perdre.

Pour l'édition de Hollande, on croira sans peine qu'elle n'approche pas de la nôtre, les éditeurs hollandais n'étant pas à portée de consulter l'auteur. 20

a   w68, w71, w75G, w75X, K: PRÉFACE DES ÉDITEURS QUI NOUS ONT PRÉCÉDÉ IMMÉDIATEMENT
    68PL: PRÉFACE DE L'EDITEUR
    a-126   66/67, 67PL, 67GP, 67X, NM, 67T, 67BC, 67N, 67PDI, 67BB, 67AC, 68CP, 74, 77, 78: [*absent*]
    1   68PL: L'édition nouvelle que
    2-23   68PL: présent. ¶Il
    7   w75G, K: personnes de mérite

[1] Voltaire wrote this preface especially for 67LP, the edition published by the Périsse brothers in Lyons. On the publication history of *Les Scythes* referred to here, see Introduction, p.275-94 and p.316-24.

344

Ceux qui ont fait l'édition de Bordeaux sont dans le même cas; enfin de huit éditions qui ont paru, la nôtre est la plus complète. Il faut de plus considérer que dans presque toutes les pièces nouvelles, il y a des vers qu'on ne récite point d'abord sur la scène, soit par des convenances qui n'ont qu'un temps, soit par crainte de fournir un prétexte à des allusions malignes. Nous trouvons, par exemple, dans notre exemplaire ces vers de Sozame à la troisième scène du premier acte:

> Ah crois-moi, tous ces exploits affreux,
> Ce grand art d'opprimer, trop indigne du brave,
> D'être esclave d'un roi pour faire un peuple esclave,
> De ramper par fierté pour se faire obéir,
> M'ont égaré longtemps, et font mon repentir.

Il y a dans l'édition de Paris:

> Ah! crois-moi; tous ces lauriers affreux,
> Les exploits des tyrans, des peuples les misères,
> Ces états dévastés par des mains mercenaires,
> Ces honneurs, cet éclat par le meurtre achetés,
> Dans le fond de mon cœur je les ai détestés.

Ce n'est pas à nous à décider lesquels sont les meilleurs; nous présentons seulement ces deux leçons différentes aux amateurs qui sont en état d'en juger; mais sûrement il n'y a personne qui puisse avec raison faire la moindre application des conquêtes des Perses et du despotisme de leurs rois, avec les monarchies et les mœurs de l'Europe telle qu'elle est aujourd'hui.

L'auteur des *Scythes* nous apprend qu'on retrancha à Paris, dans *L'Orphelin de la Chine*, des vers de Gengiskan, que l'on récite aujourd'hui sur tous les théâtres.[2]

On sait que ce fut bien pis à *Mahomet*, et ce qu'il fallut de peines, de temps et de soins pour rétablir sur la scène française cette tragédie unique en son genre, dédiée à un des plus vertueux papes que l'église ait eus jamais.

---

[2] *L'Orphelin de la Chine*, III.iii.145 (see *OCV*, vol.45A, p.169).

Ce qui occasionne quelquefois des variantes que les éditeurs ont peine à démêler, c'est la mauvaise humeur des critiques de profession qui s'attachent à des mots, surtout dans des pièces 55 simples, lesquelles exigent un style naturel, et bannissent cette pompe majestueuse dont les esprits sont subjugués aux premières représentations dans des sujets plus importants.

C'est ainsi que la *Bérénice* de l'illustre Racine essuya tant de reproches sur mille expressions familières que son sujet semblait 60 permettre:

Belle reine, et pourquoi vous offenseriez-vous? [3]
Arsace, entrerons-nous? [4] – Et pourquoi donc partir? [5]
A-t-on vu de ma part le roi de Comagène? [6]
Il suffit. Et que fait la reine Bérénice? [7]   65
On sait qu'elle est charmante, et de si belles mains ... [8]
Cet amour est ardent, il le faut confesser. [9]
Encore un coup, allons, il n'y faut plus penser. [10]
Comme vous je m'y perds d'autant plus que j'y pense. [11]
Si Titus est jaloux, Titus est amoureux. [12]   70
Adieu, ne quittez point ma princesse, ma reine; [13]
Eh quoi, Seigneur, vous n'êtes point parti! (a) [14]
Remettez-vous, Madame, et rentrez en vous-même. [15]

(a) C'est Bérénice qui dit ce vers à Antiochus. Visé, qui était dans le parterre, cria: 'Qu'il parte.'

[3] *Bérénice*, act 1, scene 2.
[4] Act 1, scene 3.
[5] Act 1, scene 3.
[6] Act 2, scene 1.
[7] Act 2, scene 1.
[8] Act 2, scene 2.
[9] Act 2, scene 2.
[10] Act 2, scene 2.
[11] Act 2, scene 5.
[12] Act 2, scene 5.
[13] Act 3, scene 1.
[14] Act 3, scene 3.
[15] Act 4, scene 2.

Car enfin, ma princesse, il faut nous séparer. [16]
Dites, parlez. – Hélas que vous me déchirez! [17]   75
Pourquoi suis-je empereur? pourquoi suis-je amoureux? [18]
Allons, Rome en dira ce qu'elle en voudra dire. [19]
Quoi! Seigneur. – Je ne sais, Paulin, ce que je dis. [20]

Environ cinquante vers dans ce goût, furent les armes que les
ennemis de Racine tournèrent contre lui. On les parodia à la farce   80
italienne. Des gens qui n'avaient pu faire quatre vers supportables
dans leur vie, ne manquèrent pas de décider dans vingt brochures,
que le plus éloquent, le plus exact, le plus harmonieux de nos
poètes, ne savait pas faire des vers tragiques. On ne voulait pas voir
que ces petites négligences, ou plutôt ces naïvetés qu'on appelait   85
négligences, étaient liées à des beautés réelles, à des sentiments
vrais et délicats, que ce grand homme savait seul exprimer. Aussi,
quand il s'est trouvé des actrices capables de jouer Bérénice, elle a
toujours été représentée avec de grands applaudissements; elle a
fait verser des larmes; mais la nature accorde presque aussi   90
rarement les talents nécessaires pour bien déclamer, qu'elle
accorde le don de faire des tragédies dignes d'être représentées.
Les esprits justes et désintéressés les jugent dans le cabinet, mais les
acteurs seuls les font réussir au théâtre.

Racine eut le courage de ne céder à aucune des critiques que l'on   95
fit de *Bérénice*; il s'enveloppa dans la gloire d'avoir fait une pièce
touchante d'un sujet dont aucun de ses rivaux, quel qu'il pût être,
n'aurait pu tirer deux ou trois scènes. Que dis-je? une seule qui eût
pu contenter la délicatesse de la cour de Louis XIV.

Ce qui fait bien connaître le cœur humain, c'est que personne   100
n'écrivit contre la *Bérénice* de Corneille qu'on jouait en même
temps, et que cent critiques se déchaînaient contre la *Bérénice* de
Racine. Quelle en était la raison? C'est qu'on sentait dans le fond

---

[16] Act 4, scene 5.
[17] Act 4, scene 5.
[18] Act 4, scene 6.
[19] Act 4, scene 6.
[20] Act 4, scene 6.

de son cœur la supériorité de ce style naturel auquel personne ne pouvait atteindre. On sentait que rien n'est plus aisé que de coudre 105 ensemble des scènes ampoulées, et rien de plus difficile que de bien parler le langage du cœur.

Racine tant critiqué, tant poursuivi par la médiocrité et par l'envie, a gagné à la longue tous les suffrages. Le temps seul a vengé sa mémoire. 110

Nous avons vu des exemples non moins frappants, de ce que peuvent la malignité et le préjugé. *Adélaïde Du Guesclin* fut rebutée dès le premier acte jusqu'au dernier. On s'est avisé, après plus de trente années, de la remettre au théâtre, sans y changer un seul mot, et elle y a eu le succès le plus constant. 115

Dans toutes les actions publiques, la réussite dépend beaucoup plus des accessoires que de la chose même. Ce qui entraîne tous les suffrages dans un temps, aliène tous les esprits dans un autre. Il n'est qu'un seul genre pour lequel le jugement du public ne varie jamais, c'est celui de la satire grossière qu'on méprise, même en 120 s'en amusant quelques moments; c'est cette critique acharnée et mercenaire d'ignorants qui insultent à prix fait aux arts qu'ils n'ont jamais pratiqués; qui dénigrent les tableaux du Salon, sans avoir su dessiner; qui s'élèvent contre la musique de Rameau sans savoir solfier. Misérables bourdons qui vont de ruche en ruche se faire 125 chasser par les abeilles laborieuses!

PRÉFACE DE L'ÉDITION DE PARIS

On sait assez que chez des nations polies et ingénieuses, dans des grandes villes comme Paris et Londres, il faut absolument des spectacles dramatiques: on a peu besoin d'élégies, d'odes, d'églogues; mais les spectacles étant devenus nécessaires, toute tragédie, quoique médiocre, porte son excuse avec elle, parce qu'on en peut donner quelques représentations au public, qui se délasse par des nouveautés passagères, des chefs-d'œuvre immortels dont il est rassasié.

La pièce qu'on présente ici aux amateurs, peut du moins avoir un caractère de nouveauté, en ce qu'elle peint des mœurs qu'on n'avait point encore exposées sur le théâtre tragique. Brumoy s'imaginait, comme on l'a déjà remarqué ailleurs, qu'on ne pouvait traiter que des sujets historiques.[1] Il cherchait les raisons pour lesquelles les sujets d'invention n'avaient point réussi, mais la véritable raison est que les pièces de Scudéri et de Bois Robert, qui sont dans ce goût, manquent en effet d'invention, et ne sont que des fables insipides, sans mœurs et sans caractères. Brumoy ne pouvait deviner le génie.

Ce n'est pas assez, nous l'avouons, d'inventer un sujet dans lequel, sous des noms nouveaux, on traite des passions usées et des événements communs. *Omnia jam vulgata.*[2] Il est vrai que les spectateurs s'intéressent toujours pour une amante abandonnée, pour une mère dont on immole le fils, pour un héros aimable en

---

a-174 67GP, 67N, 67PD2, 67AC, 74, 77, 78: [*absent*]
a 66/67, 67PL, 67X, NM, 67T, 67BC, 67PD1, 68CP, T70, 70, W70L: PRÉFACE
68PL: PRÉFACE DE LA PREMIÈRE ÉDITION DE PARIS
1 W68, W75G, W75X, K: On sait que

---

[1] See the *Dissertation sur la tragédie ancienne et moderne*, which serves as an introduction to *Sémiramis* (*OCV*, vol.30A, p.153).

[2] 'Are known by everyone now' (Virgil, *Georgics*, book 3, line 4).

349

danger, pour une grande passion malheureuse, mais s'il n'est rien de neuf dans ces peintures, les auteurs alors ont le malheur de n'être regardés que comme des imitateurs. La place de Campistron est triste; le lecteur dit: Je connaissais tout cela, et je l'avais vu bien mieux exprimé.   25

Pour donner au public un peu de ce neuf qu'il demande toujours, et que bientôt il sera impossible de trouver, un amateur du théâtre a été forcé de mettre sur la scène l'ancienne chevalerie, le contraste des mahométans et des chrétiens, celui des Américains et des Espagnols, celui des Chinois et des Tartares.[3] Il a été forcé de joindre à des passions si souvent traitées, des mœurs que nous ne connaissions pas sur la scène.   30

On hasarde aujourd'hui le tableau contrasté des anciens Scythes et des anciens Persans, qui, peut-être, est la peinture de quelques nations modernes. C'est une entreprise un peu téméraire d'introduire des pasteurs, des laboureurs avec des princes, et de mêler les mœurs champêtres avec celles des cours.   35

Mais enfin cette invention théâtrale (heureuse ou non) est puisée entièrement dans la nature. On peut même rendre héroïque cette nature si simple: on peut faire parler des pâtres guerriers et libres, avec une fierté qui s'élève au-dessus de la bassesse que nous attribuons très injustement à leur état, pourvu que cette fierté ne soit jamais boursouflée; car qui doit l'être? Le boursouflé, l'ampoulé ne convient pas même à César. Toute grandeur doit être simple.   40   45

C'est ici en quelque sorte l'état de nature, mis en opposition avec l'état de l'homme artificiel, tel qu'il est dans les grandes villes. On peut enfin étaler, dans des cabanes, des sentiments aussi touchants que dans des palais.   50

On avait souvent traité en burlesque cette opposition si frappante, des citoyens des grandes villes avec les habitants des campagnes, tant le burlesque est aisé, tant les choses se présentent en ridicule à certaines nations.   55

---

[3] The allusions are to *Tancrède*, *Zaïre*, *Alzire* and *L'Orphelin de la Chine*.

On trouve beaucoup de peintres qui réussissent dans le grotesque, et peu dans le grand. Un homme de beaucoup d'esprit, et qui a un nom dans la littérature, s'étant fait expliquer le sujet d'*Alzire*, qui n'avait pas encore été représentée, dit à celui qui lui exposait ce plan: 'J'entends, c'est Arlequin sauvage.'[4]   60

Il est certain qu'*Alzire* n'aurait pas réussi, si l'effet théâtral n'avait convaincu les spectateurs que ces sujets peuvent être aussi propres à la tragédie que les aventures des héros les plus connus et les plus imposants.

La tragédie des *Scythes* est un plan beaucoup plus hasardé. Qui 65 voit-on paraître d'abord sur la scène? Deux vieillards auprès de leurs cabanes, des bergers, des laboureurs. De qui parle-t-on? D'une fille qui prend soin de la vieillesse de son père, et qui fait le service le plus pénible. Qui épouse-t-elle? Un pâtre, qui n'est jamais sorti des champs paternels. Les deux vieillards s'asseyent sur 70 un banc de gazon. Mais que des acteurs habiles pourraient faire valoir cette simplicité!

Ceux qui se connaissent en déclamation et en expression de la nature, sentiront surtout quel effet pourraient faire deux vieillards dont l'un tremble pour son fils, et l'autre pour son gendre, dans le 75 temps que le jeune pasteur est aux prises avec la mort, un père affaibli par l'âge et par la crainte, qui chancelle, qui tombe sur un siège de mousse, qui se relève avec peine, qui crie d'une voix entrecoupée qu'on coure aux armes, qu'on vole au secours de son fils, un ami éperdu qui partage ses douleurs et sa faiblesse; qui l'aide 80

72-87 w70L: cette simplicité! ¶Imaginez au lieu de Persans et de Scythes, un grand seigneur du temps de François I, qui vient reprendre sa maîtresse retirée chez des Suisses ou chez des Grisons. C'est là le sujet de cette tragédie. Le costume, les décorations, la déclamation, tout doit être dans un goût différent de celui de Sémiramis ou de Zaïre. ¶Mais il faut partout de ces peintures vivantes et animées.   5 ¶C'est là le véritable

[4] Louis-François Delisle de la Drevetière's *Arlequin sauvage* (1721); see also La Harpe, *Cours de littérature ancienne et moderne*, 16 vols (Paris, 1813), vol.12, p.117.

d'une main tremblante à se relever: ce même père qui, dans ces moments de saisissement et d'angoisse, apprend que son fils est tué, et qui, le moment d'après, apprend que son fils est vengé: ce sont là, si je ne me trompe, de ces peintures vivantes et animées qu'on ne connaissait pas autrefois, et dont M. Le Kain a donné des leçons 85 terribles qu'on doit imiter désormais.

C'est là le véritable art de l'acteur. On ne savait guère auparavant que réciter proprement des couplets, comme nos maîtres de musique apprenaient à chanter proprement. Qui aurait osé avant Mlle Clairon jouer dans *Oreste* la scène de l'urne 90 comme elle l'a jouée? [5] Qui aurait imaginé de peindre ainsi la nature, de tomber évanouie tenant l'urne d'une main, en laissant l'autre descendre immobile et sans vie? Qui aurait osé, comme M. Le Kain, sortir les bras ensanglantés du tombeau de Ninus, [6] tandis que l'admirable actrice [7] qui représentait Sémiramis se 95 traînait mourante sur les marches du tombeau même? Voilà ce que les petits-maîtres et les petites-maîtresses appelèrent d'abord *des postures*, et ce que les connaisseurs étonnés de la perfection inattendue de l'art, ont appelé des tableaux de Michel Ange. C'est là en effet la véritable action théâtrale. Le reste était une conversation 100 quelquefois passionnée.

C'est dans ce grand art de parler aux yeux qu'excelle le plus grand acteur qu'ait jamais eu l'Angleterre, M. Garrik, qui a effrayé et attendri parmi nous ceux mêmes qui ne savaient pas sa langue. [8]

Cette magie a été fortement recommandée il y a quelques années 105 par un philosophe, [9] qui, à l'exemple d'Aristote, a su joindre aux sciences abstraites, l'éloquence, la connaissance du cœur humain, et l'intelligence du théâtre. Il a été en tout de l'avis de l'auteur de *Sémiramis*, qui a toujours voulu qu'on animât la scène par un plus

---

[5] The reference is to act 3, scene 4 of *Oreste*; see also D13989.
[6] See D6958, D6965, and *Sémiramis*, *OCV*, vol.30A, p.66.
[7] Marie Anne Françoise Dumesnil created the role of Sémiramis.
[8] See Ian McIntyre, *Garrick* (London, 1999), p.335-38 and 347-55.
[9] An allusion to Diderot; see Introduction, p.280.

grand appareil, par plus de pittoresque, par des mouvements plus 110
passionnés qu'elle ne semblait en comporter auparavant. Ce
philosophe sensible a même proposé des choses que l'auteur de
Sémiramis, d'*Oreste* et de *Tancrède*, n'oserait jamais hasarder. C'est
bien assez qu'il ait fait entendre les cris et les paroles de
Clitemnestre qu'on égorge derrière la scène: paroles qu'une actrice 115
doit prononcer d'une voix aussi terrible que douloureuse, sans quoi
tout est manqué. Ces paroles faisaient dans Athènes un effet
prodigieux; tout le monde frémissait, quand il entendait, *o
teknon! teknon! Oikteiré ten tékousan.*[10] Ce n'est que par degrés
qu'on peut accoutumer notre théâtre à ce grand pathétique. 120

> Mais il est des objets que l'art judicieux
> Doit offrir à l'oreille, et reculer des yeux.[11]

Souvenons-nous toujours qu'il ne faut pas pousser le terrible
jusqu'à l'horrible. On peut effrayer la nature, mais non pas la
révolter et la dégoûter. 125

Gardons-nous surtout de chercher dans un grand appareil, et
dans un vain jeu de théâtre, un supplément à l'intérêt et à
l'éloquence. Il vaut cent fois mieux, sans doute, savoir faire
parler ses acteurs, que de se borner à les faire agir. Nous ne
pouvons trop répéter que quatre beaux vers de sentiment valent 130
mieux que quarante belles attitudes. Malheur à qui croirait plaire
par des pantomimes, avec des solécismes ou avec des vers froids et
durs, pires que toutes les fautes contre la langue. Il n'est rien de
beau en aucun genre que ce qui soutient l'examen attentif de
l'homme de goût. 135

L'appareil, l'action, le pittoresque font un grand effet sans
doute: mais ne mettons jamais le bizarre et le gigantesque à la
place de la nature, et le forcé à la place du simple; que le décorateur
ne l'emporte point sur l'auteur: car alors au lieu de tragédies, on
aurait la rareté, la curiosité. 140

---

[10] 'My child! My child! Have pity on your mother' (Sophocles, *Electra*, line 1410-11).

[11] Boileau, *Art poétique*, canto 3, lines 53-54.

La pièce qu'on soumet ici aux lumières des connaisseurs est simple, mais très difficile à bien jouer; on ne la donne point au théâtre, parce qu'on ne la croit point assez bonne. D'ailleurs presque tous les rôles étant principaux, il faudrait un concert, et un jeu de théâtre parfait, pour faire supporter la pièce à la représentation. Il y a plusieurs tragédies dans ce cas, telles que *Brutus*, *Rome sauvée*, *La Mort de César*, qu'il est impossible de bien jouer dans l'état de médiocrité où on laisse tomber le théâtre, faute d'avoir des écoles de déclamation, comme il y en eut chez les Grecs, et chez les Romains leurs imitateurs.

Le concert unanime des acteurs est très rare dans la tragédie. Ceux qui sont chargés des seconds rôles ne prennent jamais de part à l'action, ils craignent de contribuer à former un grand tableau, ils redoutent le parterre, trop enclin à donner du ridicule à tout ce qui n'est pas d'usage. Très peu savent distinguer le familier du naturel. D'ailleurs, la misérable habitude de débiter des vers comme de la prose, de méconnaître le rythme et l'harmonie, a presque anéanti l'art de la déclamation.

L'auteur n'osant donc pas donner *Les Scythes* au théâtre,[12] ne présente cet ouvrage que comme une très faible esquisse, que quelqu'un des jeunes gens qui s'élèvent aujourd'hui pourra finir un jour.

On verra alors que tous les états de la vie humaine peuvent être représentés sur la scène tragique, en observant toujours toutefois les bienséances sans lesquelles il n'y a point de vraies beautés chez les nations policées, et surtout aux yeux des cours éclairées.

Enfin, l'auteur des *Scythes* s'est occupé pendant quarante ans du soin d'étendre la carrière de l'art. S'il n'y a pas réussi, il aura du moins dans sa vieillesse la consolation de voir son objet rempli par des jeunes gens qui marcheront d'un pas plus ferme que lui dans une route qu'il ne peut plus parcourir.

145

150

155

160

165

170

164   66/67, NM, 67T, 68CP, W70L: observant toutefois

[12] This statement is clearly not true: see D13814 and Introduction p.278-302.

NB. *Les tirets – qu'on trouvera dans les vers, indiquent les pauses, les silences, les tons ou radoucis, ou élevés, ou douloureux, que l'acteur doit employer, en cas que cette faible tragédie soit jamais représentée.*

172-74 68PL: [*absent*]

PERSONNAGES

Hermodan, père d'Indatire, habitant d'un canton scythe.
Indatire.
Athamare, prince d'Ecbatane.
Sozame, ancien général persan, retiré en Scythie.
Obéide, fille de Sozame. 5
Sulma, compagne d'Obéïde.
Hircan, officier d'Athamare.
Scythes et Persans.

---

a   67AC, T67, 78: ACTEURS
8   MS1: [*with stage direction:*] *La scène est dans une cité de la Scythie sur les rives de l'Oxin.*

LES SCYTHES, TRAGÉDIE

ACTE PREMIER

SCÈNE PREMIÈRE

(*Le théâtre représente un bocage et un berceau, avec un banc de gazon: on voit, dans le lointain, des campagnes et des cabanes.*)[1]

HERMODAN, INDATIRE, et deux Scythes couverts de peaux de tigres ou de lions.

HERMODAN

Indatire, mon fils, quelle est donc cette audace?
Qui sont ces étrangers? Quelle insolente race
A franchi les sommets des rochers d'Immaüs?[2]
Apportent-ils la guerre aux rives de l'Oxus?[3]
Que viennent-ils chercher dans nos forêts tranquilles?[4]   5

INDATIRE

Mes braves compagnons sortis de leurs asiles,[5]
Avec rapidité se sont rejoints à moi,
Ainsi qu'on les voit tous s'attrouper sans effroi
Contre les fiers assauts des tigres d'Hircanie.[6]

---

[1] On the play's decoration, see D13906 and D14023.

[2] A reference to the Himalayas.

[3] 'Grande rivière d'Asie [qui] se déchargeait autrefois dans la mer Caspienne, mais aujourd'hui les habitants incommodés par les pirates, ont fermé son embouchure, et détourné ses eaux par des canaux qui arrosent leurs terrains. Le nom moderne de ce fleuve est le Gihou' (article 'Oxus', in *Encyclopédie*, vol.11, p.728).

[4] See the d'Argentals' 'Observations sur *Les Scythes*' in Appendix 1, lines 32-33 and n.4.

[5] 66/67C* indicates: 'le caractère de ce role est l'empressement la naïveté la <fierté> simplicité, peu de déclamation'.

[6] 'Province de l'empire des Perses, renfermée dans le pays des Parthes' (article 'Hircanie', in *Encyclopédie*, vol.8, p.219).

Notre troupe assemblée est faible, mais unie,   10
Instruite à défier le péril et la mort.
Elle marche aux Persans, elle avance; et d'abord,
Sur un coursier superbe à nos yeux se présente[7]
Un jeune homme entouré d'une pompe éclatante;
L'or et les diamants brillent sur ses habits,   15
Son turban disparaît sous les feux des rubis;
Il voudrait, nous dit-il, parler à notre maître.
Nous le saluons tous, en lui faisant connaître
Que ce titre de maître aux Persans si sacré
Dans l'antique Scythie est un titre ignoré.[8]   20
'Nous sommes tous égaux sur ces rives si chères,
Sans rois et sans sujets, tous libres et tous frères.
Que veux-tu dans ces lieux? Viens-tu pour nous traiter
En hommes, en amis, ou pour nous insulter?'
Alors il me répond, d'une voix douce et fière,   25
Que des états persans visitant la frontière,
Il veut voir à loisir ce peuple si vanté
Pour ses antiques mœurs et pour sa liberté.
Nous avons avec joie entendu ce langage.
Mais j'observais pourtant je ne sais quel nuage,   30
L'empreinte des ennuis ou d'un dessein profond,
Et les sombres chagrins répandus sur son front.
Nous offrons cependant à sa troupe brillante,
Des hôtes de nos bois la dépouille sanglante,
Nos utiles toisons, tout ce qu'en nos climats   35

13 66/67, 67PLA, 67PLB, 67PLC, 67PLD, NM, 67T, 67N, 68CP, T70,
W70L: L'olivier à la main, devant nous se présente [67PLB*: β]
24 67PLA, 67PLB, 67PLC, 67PLD, 67BC, 67PDI, T70: [with note:] Détachez ce
morceau, [67PLD, 67BC, 67PDI: et] enflez un peu la voix. [67PLB*: note struck out][9]
31 66/67: L'image des [66/67A*, 66/67C*: β]

[7] See D14108.
[8] 66/67C* indicates: 'changés icy de ton et enflés un peu'.
[9] No doubt one of the two deletions requested by Voltaire since the note was
clearly intended as a direction for the actors (see D14075).

La nature indulgente a semé sous nos pas,
Mais surtout des carquois, des flèches, des armures,
Ornements des guerriers et nos seules parures.
Ils présentent alors, à nos regards surpris,
Des chefs-d'œuvre d'orgueil sans mesure et sans prix,   40
Instruments de mollesse, où sous l'or et la soie
Des inutiles arts tout l'effort se déploie.
Nous avons rejeté ces présents corrupteurs,
Trop étrangers pour nous, trop peu faits pour nos mœurs,
Superbes ennemis de la simple nature: 45
L'appareil des grandeurs au pauvre est une injure;
Et recevant enfin des dons moins dangereux,
Dans notre pauvreté nous sommes plus grands qu'eux.
Nous leur donnons le droit de poursuivre en nos plaines,
Sur nos lacs, en nos bois, aux bords de nos fontaines,   50
Les habitants des airs, de la terre et des eaux.
Contents de notre accueil, ils nous traitent d'égaux.
Enfin, nous nous jurons une amitié sincère.
Ce jour, n'en doutez point, nous est un jour prospère.
Ils pourront voir nos jeux et nos solennités,   55
Les charmes d'Obéïde et mes félicités.

HERMODAN

Ainsi donc, mon cher fils, jusqu'en notre contrée,
La Perse est triomphante; Obéïde adorée,
Par un charme invincible a subjugué tes sens!
Cet objet, tu le sais, naquit chez les Persans.   60

INDATIRE

On le dit; mais qu'importe où le ciel la fit naître!

HERMODAN

Son père jusqu'ici ne s'est point fait connaître;

41   66/67: où sans l'or [66/67A*, 66/67C*: β]
61a   77: [absent]

Depuis quatre ans entiers qu'il goûte dans ces lieux
La liberté, la paix que nous donnent les dieux,
Malgré notre amitié, j'ignore quel orage 65
Transplanta sa famille en ce désert sauvage.
Mais dans ses entretiens j'ai souvent démêlé
Que d'une cour ingrate il était exilé.
Il est persécuté: la vertu malheureuse
Devient plus respectable, et m'est plus précieuse. 70
Je vois avec plaisir que du sein des honneurs,
Il s'est soumis sans peine à nos lois, à nos mœurs,
Quoiqu'il soit dans un âge où l'âme la plus pure
Peut rarement changer le pli de la nature.

INDATIRE

Son adorable fille est encore au-dessus. 75
De son sexe et du nôtre elle unit les vertus.
Courageuse et modeste, elle est belle et l'ignore.
Sans doute elle est d'un rang que chez elle on honore.
Son âme est noble au moins; car elle est sans orgueil,
Simple dans ses discours, affable en son accueil. 80
Sans avilissement à tout elle s'abaisse; [10]
D'un père infortuné soulage la vieillesse,
Le console, le sert, et craint d'apercevoir
Qu'elle va quelquefois par delà son devoir.
On la voit supporter la fatigue obstinée, 85
Pour laquelle on sent trop qu'elle n'était point née.

74a   77: [*absent*]
77   66/67, 67PL, NM, 67T, 67N, 67PDI, 68CP, W70L, T70: Le croiriez-vous,
mon père? elle [67PLB*: β]
      67BC, 74: Elle est jeune et prudente; elle
80   66/67, 67PL, NM, 67T, 67N, 67PDI, W70L, T70: Jamais aucun dégoût
[66/67A*: *changed to* dédain] ne glaça son accueil. [67PLB*: β]
      67BC: affable dans son
      78: dans ces discours

[10] For emendations to lines 75-81, see D14108.

Elle brille surtout dans nos champêtres jeux,
Nobles amusements d'un peuple belliqueux.
Elle est de nos beautés l'amour et le modèle;
Le ciel la récompense en la rendant plus belle. 90

HERMODAN

Oui, je la crois, mon fils, digne de tant d'amour.
Mais, d'où vient que son père admis dans ce séjour,
Plus formé qu'elle encore aux usages des Scythes,
Adorateur des lois que nos mœurs ont prescrites,
Notre ami, notre frère en nos cœurs adopté, 95
Jamais de son destin n'a rien manifesté?
Sur son rang, sur les siens pourquoi se taire encore?
Rougit-on de parler de ce qui nous honore?
Et puis-je abandonner ton cœur trop prévenu
Au sang d'un étranger qui craint d'être connu? 100

INDATIRE

Quel qu'il soit, il est libre, il est juste, intrépide,
Il m'aime, il est enfin le père d'Obéïde.

HERMODAN

Que je lui parle au moins.

SCÈNE II

HERMODAN, INDATIRE, SOZAME

INDATIRE *allant à Soẓame.*

O vieillard généreux!
O cher concitoyen de nos pâtres heureux!
Les Persans en ce jour venus dans la Scythie, 105
Seront donc les témoins du saint nœud qui nous lie!

103c   66/67, 67PL, 67X, NM, 67T, 67BC, 67N, 67PDI, 68CP, W70L, T70: [*stage
direction absent*; 66/67C*: β]

361

Je tiendrai de tes mains un don plus précieux
Que le trône où Cyrus se crut égal aux dieux.
J'en atteste les miens, et le jour qui m'éclaire,
Mon cœur se donne à toi, comme il est à mon père;   110
Je te sers comme lui. Quoi, tu verses des pleurs!

SOZAME

J'en verse de tendresse; et si dans mes malheurs
Cette heureuse alliance, où mon bonheur se fonde,
Guérit d'un cœur flétri la blessure profonde,
La cicatrice en reste; et les biens les plus chers   115
Rappellent quelquefois les maux qu'on a soufferts.

INDATIRE

J'ignore tes chagrins, ta vertu m'est connue;
Qui peut donc t'affliger? Ma candeur ingénue
Mérite que ton cœur au mien daigne s'ouvrir.

HERMODAN

A la tendre amitié tu peux tout découvrir,   120
Tu le dois.

SOZAME

O, mon fils! ô mon cher Indatire!
Ma fille est, je le sais, soumise à mon empire;
Elle est l'unique bien que les dieux m'ont laissé.
J'ai voulu cet hymen, je l'ai déjà pressé;
Je ne la gêne point sous la loi paternelle;   125
Son choix ou son refus, tout doit dépendre d'elle. [11]

124-26 66/67:
>Mon unique espérance et mon cœur oppressé [66/67C*: β]
>Ne sait point se servir de la loi paternelle. [66/67C*: *changed to* <Mais je
>n'userai point de la loi paternelle> β]
>Son choix, ou son refus, tout son sort dépend d'elle. [66/67C*: β]

[11] For emendations to lines 121-26, see D14005, D14043 and D14046.

Que ton père aujourd'hui pour former ce lien,
Traite son digne sang comme je fais le mien;
Et que la liberté de ta sage contrée,
Préside à l'union que j'ai tant désirée.   130
Avec ce digne ami laisse-moi m'expliquer:
Va, ma bouche jamais ne pourra révoquer
L'arrêt qu'en ta faveur aura porté ma fille.
Va, cher et noble espoir de ma triste famille;
Mon fils, obtiens ses vœux; je te réponds des miens.   135

INDATIRE
J'embrasse tes genoux, et je revole aux siens.

SCÈNE III
HERMODAN, SOZAME

SOZAME
Ami, reposons-nous sur ce siège sauvage,
Sous ce dais qu'ont formé la mousse et le feuillage, [12]
La nature nous l'offre; et je hais dès longtemps
Ceux que l'art a tissus dans les palais des grands.   140

HERMODAN
Tu fus donc grand en Perse?

SOZAME
Il est vrai.

141-42 66/67: [66/67A*, 66/67B*, 66/67C*: β]
SOZAME
Oui.

---

[12] Flaubert remarks that 'le banc de gazon joue un grand role dans cette scène' (*Le Théâtre de Voltaire*, ed. Theodore Besterman, *SVEC* 50-51, 1967, p.383).

363

HERMODAN

Ton silence
M'a privé trop longtemps de cette confidence.
Je ne hais point les grands. J'en ai vu quelquefois
Qu'un désir curieux attira dans nos bois:
J'aimai de ces Persans les mœurs nobles et fières.   145
Je sais que les humains sont nés égaux et frères; [13]
Mais je n'ignore pas que l'on doit respecter [14]
Ceux qu'en exemple au peuple un roi veut présenter;
Et la simplicité de notre république,
N'est point une leçon pour l'état monarchique.   150
Craignais-tu qu'un ami te fût moins attaché?
Crois-moi, tu t'abusais.

SOZAME

Si je t'ai tant caché [15]
Mes honneurs, mes chagrins, ma chute, ma misère,
La source de mes maux; pardonne au cœur d'un père.
J'ai tout perdu; ma fille est ici sans appui;   155
Et j'ai craint que le crime, et la honte d'autrui
Ne rejaillît sur elle et ne flétrît sa gloire.
Apprends d'elle et de moi la malheureuse histoire.

HERMODAN (*Ils s'asseyent tous deux.*)
Sèche tes pleurs, et parle.

HERMODAN
Pourquoi ton silence
M'a-t-il privé toujours de cette confidence.

[13] 66/67c* indicates: 'avec onction'.
[14] 66/67c* indicates: 'changés de ton'.
[15] See the d'Argentals' *Observations* in Appendix 1, lines 53-54 and n.15.

SOZAME

Apprends que sous Cyrus
Je portai la terreur aux peuples éperdus.   160
Ivre de cette gloire, à qui l'on sacrifie,
Ce fut moi dont la main subjugua l'Hircanie,
Pays libre autrefois.

HERMODAN

Il est bien malheureux;
Il fut libre.

SOZAME

Ah! crois-moi, tous ces exploits affreux,
Ce grand art d'opprimer, trop indigne du brave,   165
D'être esclave d'un roi pour faire un peuple esclave,
De ramper par fierté, pour se faire obéir,
M'ont égaré longtemps, et font mon repentir...[16]
Enfin, Cyrus sur moi répandant ses largesses,
M'orna de dignités, me combla de richesses.   170

162   66/67, 67PL, 67X, NM, 67T, 67BC, 67N, 67PDI, 68CP, T70, W70L,
74: C'est moi de qui la main [67PLB*: β]
164-68   66/67A*, 66/67B*, 66/67D, 67PL, NM, 67T, 67BC, 67N, 67PDI, T70,
W70L, 74: [67PLB*: β *though 'm'ont trompé' was first written for 'm'ont égaré' in line*
168]

        Ah! crois-moi, tous ces lauriers affreux,
        Les exploits des tyrans, des peuples les misères,
        Ces Etats dévastés par des mains mercenaires,
        Ces honneurs, cet éclat par le meurtre achetés,
        Dans le fond de mon cœur je les ai détestés.   5
          66/67C*:
        Ah! crois-moi, ces lauriers sont affreux,
        Fouler au pied le faible et corrompre le brave
        Etre esclave à la cour et rendre un peuple esclave
        Ramper pour s'élever c'est le dessin des grands.
        Cette erreur orgueilleuse a trompé mes beaux ans.   5

[16] For emendations to lines 164-68, see D14116.

A ses conseils secrets je fus associé.
Mon protecteur mourut; et je fus oublié.
J'abandonnai Cambyse, illustre téméraire,
Indigne successeur de son auguste père.
Ecbatane, du Mède autrefois le séjour,   175
Cacha mes cheveux blancs à sa nouvelle cour,
Mais son frère Smerdis gouvernant la Médie,
Smerdis de la vertu persécuteur impie,
De mes jours honorés empoisonna la fin.
Un enfant de sa sœur, un jeune homme sans frein,   180
Généreux, il est vrai, vaillant, peut-être aimable,
Mais dans ses passions caractère indomptable,
Méprisant son épouse en possédant son cœur,
Pour la jeune Obéïde épris avec fureur,
Prétendit m'arracher, en maître despotique,   185
Ce soutien de mon âge et mon espoir unique.
Athamare est son nom; sa criminelle ardeur
M'entraînait au tombeau couvert de déshonneur.

HERMODAN

As-tu par son trépas repoussé cet outrage?

SOZAME

J'osai l'en menacer. Ma fille eut le courage   190
De me forcer à fuir les transports violents
D'un esprit indomptable en ses emportements.
De sa mère en ce temps, les dieux l'avaient privée. [17]
Par moi seul à ce prince elle fut enlevée.

---

[17] 'Obéïde comme Arzame dans *Les Guèbres*, comme toutes les jeunes filles du
théâtre de Voltaire a un père mais pas de mère. [...] Maintenant on affectionne plus
particulièrement la jeune fille qui reste avec sa mère, sa pauvre mère. Le brave père
est un peu écarté. Autrefois elle était avec lui dans une cabane rustique, et l'aidait
dans ses travaux vertueux et agrestes' (Flaubert, *Le Théâtre de Voltaire*, p.384). On
the father in Voltairean tragedy, see Norbert Sclippa, *La Loi du père et les droits du
cœur: essai sur les tragédies de Voltaire* (Geneva, 1993).

Les dignes courtisans de l'infâme Smerdis,   195
Monstres, par ma retraite à parler enhardis,
Employèrent bientôt leurs armes ordinaires,
L'art de calomnier en paraissant sincères;
Ils feignaient de me plaindre en osant m'accuser,
Et me cachaient la main qui savait m'écraser. [18]   200
C'est un crime en Médie, ainsi qu'à Babylone,
D'oser parler en homme à l'héritier du trône. ...

HERMODAN

O de la servitude effets avilissants!
Quoi! la plainte est un crime à la cour des Persans!

SOZAME

Le premier de l'Etat, quand il a pu déplaire,   205
S'il est persécuté, doit souffrir et se taire. [19]

HERMODAN

Comment recherchas-tu cette basse grandeur? [20]

SOZAME (*Les deux vieillards se lèvent.*)

Ce souvenir honteux soulève encor mon cœur.
Ami, tout ce que peut l'adroite calomnie,
Pour m'arracher l'honneur, la fortune et la vie,   210

198   66/67, 67PL, 67GP, 67X, NM, 67T, 67BC, 67N, 67PDI, 68CP, T70, W7OL,
74: Le grand art de tromper en paraissant sincères; [67PLB*: β]
205-208   66/67: [*absent*; 66/67C*: β]
209-10   66/67: [66/67C*: β]
          Oui. Tout ce que pouvait l'adroite calomnie
          Pour m'arracher l'honneur, et les biens et la vie, [66/67A*: β]

[18] See the d'Argentals' *Observations* in Appendix 1, line 55, and n.16 and 17.
[19] Voltaire remarks to Damilaville: 'Je suis bien aise que la police ait passé ces deux vers' (D14018, 4 March 1767).
[20] In the same letter, Voltaire observes: 'La police a jugé sainement que ces choses-là n'arrivaient qu'en Perse' (D14018).

Tout fut tenté par eux, et tout leur réussit.
Smerdis proscrit ma tête; on partage, on ravit
Mes emplois et mes biens, le prix de mon service.
Ma fille en fait sans peine un noble sacrifice,
Ne voit plus que son père, et subissant son sort   215
Accompagne ma fuite et s'expose à la mort.
Nous partons, nous marchons de montagne en abîme,
Du Taurus escarpé nous franchissons la cime. [21]
Bientôt dans vos forêts, grâce au ciel, parvenu,
J'y trouvai le repos qui m'était inconnu.   220
J'y voudrais être né. Tout mon regret, mon frère, [22]
Est d'avoir parcouru ma fatale carrière
Dans les camps, dans les cours, à la suite des rois,
Loin des seuls citoyens gouvernés par les lois.
Mais je sens que ma fille aux déserts enterrée,   225
Du faste des grandeurs autrefois entourée,
Dans le secret du cœur pourrait entretenir
De ses honneurs passés l'importun souvenir. [23]
J'ai peur que la raison, l'amitié filiale,
Combattent faiblement l'illusion fatale   230
Dont le charme trompeur a fasciné toujours

---

217 67PLB, 67PDI, T70: Nous partons dans la nuit; et d'abîme en abîme [67PLB*: β]
   217-18 66/67: [66/67C*: β]
        Nous partons dans la nuit, nous traversons le Phase,
        Elle affronte avec moi les glaces du Caucase.
225 66/67, NM, 67T, 67N, 68CP, W70L: Mais je crains que [66/67C*: β]
227 66/67, 67N, 68CP, W70L: cœur ne puisse entretenir [66/67C*: β]

---

[21] Voltaire realised that the original lines were marred by an error of geography: 'On s'est mépris d'environ 150 lieues' (D14055; see also D14057 and D14058).

[22] 'Comme toute cette scène est d'un style très simple et très amical, je crains encore que le mot du frère n'y donne le ton du couvent' (D13960, 15 February 1767, Lekain to d'Argental). See also the d'Argentals' *Observations* in Appendix 1, lines 41-44, and n.10.

[23] For emendation to lines 225-28, see D14029.

Des yeux accoutumés à la pompe des cours.
Voilà ce qui tantôt rappelant mes alarmes,
A rouvert un moment la source de mes larmes.

HERMODAN

Que peux-tu craindre ici? Qu'a-t-elle à regretter?   235
Nous valons pour le moins ce qu'elle a su quitter;
Elle est libre avec nous, applaudie, honorée;
D'aucuns soins dangereux sa paix n'est altérée.
La franchise qui règne en notre heureux séjour
Fait mépriser les fers et l'orgueil de ta cour. [24]   240

SOZAME

Je mourrais trop content si ma chère Obéïde
Haïssait comme moi cette cour si perfide.
Pourra-t-elle en effet penser dans ses beaux ans,

---

235   66/67: De quoi t'alarmes-tu? Qu'a-t-elle [66/67C*: β]
238   66/67: D'aucun soin dangereux sa paix
     66/67C*, 67PL, 67GP, NM, 67T, 67BC, 67N, 67PDI, 67AC, W70L, T70,
74: Jamais de tristes soins sa paix
239 66/67, 67PL, NM, 67T, 67BC, 67N, 67PDI, 67AC, W70L, T70, 74: en nos
déserts heureux
     67GP: en nos heureux déserts
240   66/67: mépriser les cours et leurs [66/67A*, 66/67B*, 66/67C*, NM,
67N, W70L: ta cour et ses] fers dangereux.
     67PL, 67T, 68D, 67PDI, T70, 74: mépriser la cour et ses fers dangereux.
[67PLB*: β]
     67GP: Fait mépriser ta cour et détester ses fers.
243-46 66/67, 67PL, 67GP, 67X, NM, 67T, 67BC, 67N, 67PDI, 68, W70L, T70,
74: [67PLB*: β]
     Mais j'exige de toi que ta tendre amitié
     Me garde le secret que je t'ai confié.
     Ne révèle jamais mes grandeurs éclipsées,
     Ni mes soupçons présents, ni mes douleurs passées;

---

[24] For emendations to lines 238-40, see D14033.

Ainsi qu'un vieux soldat détrompé par le temps?
Tu connais, cher ami, mes grandeurs éclipsées,   245
Et mes soupçons présents, et mes douleurs passées;[25]
Cache-les à ton fils; et que de ses amours
Mes chagrins inquiets n'altèrent point le cours.

HERMODAN

Va, je te le promets; mais apprends qu'on devine
Dans ces rustiques lieux ton illustre origine.   250
Tu n'en es pas moins cher à nos simples esprits.
Je tairai tout le reste et surtout à mon fils;
Il s'en alarmerait.

SCÈNE IV

HERMODAN, SOZAME, INDATIRE

INDATIRE

Obéïde se donne,
Obéïde est à moi, si ta bonté l'ordonne,
Si mon père y souscrit.

SOZAME

Nous l'approuvons tous deux.   255
Notre bonheur, mon fils, est de te voir heureux.
Cher ami, ce grand jour renouvelle ma vie,
Il me fait citoyen de ta noble patrie.[26]

257-58   66/67: [66/67c*: β]
      Allons chez Obéïde, et que cette journée
      Soit pour le peuple Scythe à jamais fortunée.

[25] For emendations to lines 241-46, see D14174.
[26] For emendations to lines 257-58, see D14043 and D14046.

SCÈNE V

SOZAME, HERMODAN, INDATIRE, UN SCYTHE

LE SCYTHE

Respectables vieillards, sachez que nos hameaux   260
Seront bientôt remplis de nos hôtes nouveaux.
Leur chef est empressé de voir dans la Scythie
Un guerrier qu'il connut aux champs de la Médie.
Il nous demande à tous en quels lieux est caché
Ce vieillard malheureux qu'il a longtemps cherché.   265

HERMODAN *à Sozame.*

O ciel! jusqu'en mes bras il viendrait te poursuivre!

INDATIRE

Lui, poursuivre Sozame! Il cesserait de vivre.

LE SCYTHE

Ce généreux Persan ne vient point défier
Un peuple de pasteurs innocent et guerrier.
Il paraît accablé d'une douleur profonde: 270
Peut-être est-ce un banni qui se dérobe au monde,
Un illustre exilé, qui dans nos régions
Fuit une cour féconde en révolutions.
Nos pères en ont vu, qui loin de ces naufrages,
Rassasiés de trouble, et fatigués d'orages,   275
Préféraient de nos mœurs la grossière âpreté
Aux attentats commis avec urbanité.
Celui-ci paraît fier, mais sensible, mais tendre;
Il veut cacher les pleurs que je l'ai vu répandre. [27]

---

[27] Lekain corrects Voltaire's grammar to 'je lui ai vu' (D13960).

HERMODAN *à So̧ame.*

Ses pleurs me sont suspects, ainsi que ses présents.   280
Pardonne à mes soupçons, mais je crains les Persans.
Ces esclaves brillants veulent au moins séduire.
Peut-être c'est à toi qu'on cherche encore à nuire;
Peut-être ton tyran, par ta fuite trompé,
Demande ici ton sang à sa rage échappé.   285
D'un prince quelquefois le malheureux ministre
Pleure en obéissant à son ordre sinistre.

SOZAME

Oubliant tous les rois dans ces heureux climats,
Je suis oublié d'eux, et je ne les crains pas.

INDATIRE *à So̧ame.*

Nous mourrions à tes pieds, avant qu'un téméraire   290
Pût manquer seulement de respect à mon père. [28]

LE SCYTHE

S'il vient pour te trahir, va, nous l'en punirons.
Si c'est un exilé, nous le protégerons.

INDATIRE

Ouvrons en paix nos cœurs à la pure allégresse.
Que nous fait d'un Persan la joie ou la tristesse?   295
Et qui peut chez le Scythe envoyer la terreur?
Ce mot honteux de crainte a révolté mon cœur.
Mon père, mes amis, daignez de vos mains pures
Préparer cet autel redouté des parjures,

282   66/67: veulent toujours séduire [66/67A*, 66/67B*, 66/67C*: β]
289a   66/67, 67PL, NM, 67T, 67BC, 67N, 67PDI, 74: *à Hermodan.* [67PLB*: β]

[28] Lekain suggests 'Nous mourrons à tes pieds avant qu'un téméraire / Puisse jamais manquer de respect à ton père' (D13960).

Ces festons, ces flambeaux, ces gages de ma foi. 300
 (*A Sozame.*)
Viens présenter la main qui combattra pour toi,
Cette main trop heureuse à ta fille promise,
Terrible aux ennemis, à toi toujours soumise.

ACTE II

SCÈNE PREMIÈRE

OBÉÏDE, SULMA

SULMA

Vous y résolvez-vous?

OBÉÏDE

Oui, j'aurai le courage[1]
D'ensevelir mes jours en ce désert sauvage.[2]
On ne me verra point, lasse d'un long effort,
D'un père inébranlable attendre ici la mort,
Pour aller dans les murs de l'ingrate Ecbatane, 5
Essayer d'adoucir la loi qui le condamne,
Pour aller recueillir des débris dispersés
Que tant d'avides mains ont en foule amassés.
Quand sa fuite en ces lieux fut par lui méditée,
Ma jeunesse peut-être en fut épouvantée. 10
Mais j'eus honte bientôt de ce secret retour,
Qui rappelait mon cœur à mon premier séjour.
J'ai sans doute à ce cœur fait trop de violence,[3]

3 w72p: d'un vain effort
12 67pd1: Qui rappelle mon

[1] 66/67c* indicates: 'L'actrice doit <faire> sentir dans cette scène un grand mélange d'attendrissement de douleur et de fermeté'.
[2] Voltaire tells the d'Argentals: 'Cela seul dit de la manière dont Mme de La Harpe le récite, fait cent fois plus d'effet qu'un monologue qui est presque toujours du remplissage' (D14173, 15 May 1767). Flaubert was less convinced by these opening lines: 'La question de Sulma est étrange. Elle a dû être faite souvent. C'est pour donner à Obéïde l'occasion d'étaler sa vertueuse résignation' (*Le Théâtre de Voltaire*, p.386).
[3] 66/67c* indicates: 'avec un soupir'.

Pour démentir jamais tant de persévérance.
Je me suis fait enfin dans ces grossiers climats,   15
Un esprit et des mœurs que je n'espérais pas.
Ce n'est plus Obéïde à la cour adorée,
D'esclaves couronnés à toute heure entourée;
Tous ces grands de la Perse à ma porte rampants,
Ne viennent plus flatter l'orgueil de mes beaux ans.   20
D'un peuple industrieux les talents mercenaires[4]
De mon goût dédaigneux ne sont plus tributaires.
J'ai pris un nouvel être; et s'il m'en a coûté[5]
Pour subir le travail avec la pauvreté,
La gloire de me vaincre et d'imiter mon père,[6]   25
En m'en donnant la force est mon noble salaire.

SULMA

Votre rare vertu passe votre malheur;
Dans votre abaissement je vois votre grandeur.
Je vous admire en tout; mais le cœur est-il maître
De renoncer aux lieux où le ciel nous fit naître?   30
La nature a ses droits; ses bienfaisantes mains
Ont mis ce sentiment dans les faibles humains.
On souffre en sa patrie; elle peut nous déplaire;[7]

30   66/67, 67PL, 67GP, 67X, NM, 67T, 67BC, 67N, 67PDI, 67AC, 68CP, W7OL,
T70, 74: De n'aimer pas les lieux [67PLB*: β]
33   W72P: peut vous déplaire

[4] According to Palissot, 'Dans ses belles années, l'auteur n'eût pas mieux fait ces
deux vers' (Œuvres de Voltaire, nouvelle édition, avec des notes et des observations
critiques, par M. Palissot, vol.6, p.175).
[5] 66/67C* indicates: 'douleureux'. In a letter to the d'Argentals Voltaire
suggested replacing 'Elle m'a plus coûté que vous ne pouvez croire' with 'Me
dompter en tout temps est mon sort et ma gloire' (D13945, 11 February 1767).
Beuchot and Moland were unable to situate this change, which may well have been
applied here to an earlier version of this scene which has been lost.
[6] 66/67C* indicates: 'noble et ferme'.
[7] See d'Argental's 'Humble réplique' in Appendix 2, lines 27-28, and n.3.

Mais quand on l'a perdue, alors elle est bien chère.

OBÉÏDE

Le ciel m'en donne une autre, et je la dois chérir,   35
La supporter du moins, y languir, y mourir;
Telle est ma destinée – Hélas! tu l'as suivie!
Tu quittas tout pour moi, tu consoles ma vie;
Mais je serais barbare en t'osant proposer
De porter ce fardeau qui commence à peser.   40
Dans les lâches parents qui m'ont abandonnée,
Tu trouveras peut-être une âme assez bien née,
Compatissante assez pour acquitter vers toi
Ce que le sort m'enlève, et ce que je te doi.
D'une pitié bien juste elle sera frappée,   45
En voyant de mes pleurs une lettre trempée.⁸
Pars, ma chère Sulma; revois, si tu le veux,
La superbe Ecbatane et ses peuples heureux:
Laisse dans ces déserts ta fidèle Obéïde.⁹

SULMA

Ah! que la mort plutôt frappe cette perfide,¹⁰   50

35-38 66/67, 67PL, NM, 67T, 67BC, 67N, 67PDI, 67AC, T70, W70L, 74:
[67PLB*: β]
      Si la Perse a pour toi des charmes si puissants,
      Je ne te contrains pas, quitte moi, j'y consens;
      J'en gémirai, Sulma: dans mon palais nourrie,
      Tu fus en tous les temps le soutien de ma vie.
40   66/67, 67PLA, 67PLB, 67PLC, 67PLD, NM, 67T, 67BC, 67N, 67PDI, T70,
W70L, 74: De supporter un joug qui [67PLB*: β]
      67GP: De porter un joug qui

⁸ Voltaire recommends that the actress playing Obéïde should cry here, just as
Mme de La Harpe did (D14145).
⁹ Voltaire notes that the actress must cry at this point (D14173 and D14179).
¹⁰ Lekain contends to d'Argental that this line is potentially misleading: 'Quoique
l'épithète de *perfide* se rapporte à Sulma, il est peut-être à craindre qu'il n'y ait

Si jamais je conçois le criminel dessein
De chercher loin de vous un bonheur incertain;
J'ai vécu pour vous seule, et votre destinée
Jusques à mon tombeau tient la mienne enchaînée;
Mais je vous l'avouerai, ce n'est pas sans horreur 55
Que je vois tant d'appas, de gloire, de grandeur,
D'un soldat de Scythie être ici le partage.

OBÉÏDE

Après mon infortune, après l'indigne outrage
Qu'a fait à ma famille, à mon âge, à mon nom,
De l'immortel Cyrus un fatal rejeton, 60
De la cour à jamais lorsque tout me sépare,
Quand je dois tant haïr ce funeste Athamare, [11]
Sans état, sans patrie, inconnue en ces lieux,
Tous les humains, Sulma, sont égaux à mes yeux; [12]
Tout m'est indifférent!

SULMA

Ah! contrainte inutile! 65
Est-ce avec des sanglots qu'on montre un cœur tranquille?

61-62   66/67, 67PLA, 67PLB, 67PLC, 67PLD, NM, 67T, 67N, 67PD1, T70, W70L:
[67PLB*: β]
            Après la honte enfin, qu'une telle insolence [66/67C*: que cette violence]
            Fait toujours rejaillir sur la faible innocence
63   66/67, 67T, 67N, 68CP: Morte pour mon pays, enterrée [66/67C*: *changed to* et cachée] en
            67PLA, 67PLB, 67PLC, NM, W70: Morte pour mon pays, et cachée en
[MS4: β]
65-77   66/67D, NM, 67N, 67AC, 68CP: Tout m'est indifférent. Mon

---

amphibologie, à cause du nom d'Obéïde qui finit le vers précédent' (D13960,
c.15 February 1767).
[11] The actress should cry here too (D14173 and D14179).
[12] 66/67C* indicates: 'en soupirant'.

OBÉÏDE

Cesse de m'arracher, en croyant m'éblouir,
Ce malheureux repos dont je cherche à jouir!
Au parti que je prends je me suis condamnée.
Va, si mon cœur m'appelle aux lieux où je suis née,   70
Ce cœur doit s'en punir: il se doit imposer [13]
Un frein qui le retienne et qu'il n'ose briser. [14]

SULMA

D'un père infortuné, victime volontaire,
Quels reproches, hélas! auriez-vous à vous faire?

OBÉÏDE

Je ne m'en ferai plus. Dieux! je vous le promets,   75
Obéïde à vos yeux ne rougira jamais.

SULMA

Qui, vous?

OBÉÏDE

Tout est fini. Mon père veut un gendre,

67   66/67A*, 66/67B*, 66/67C*, NM, 67PL, 67GP, 67X, 67T, 67BC, 67PDI,
67AC, W70L, 74: Hélas! veux-tu m'ôter en croyant m'éblouir
    69-77   66/67B*, 66/67C*, NM, 67PLA, 67PLB, 67PLC, 67PLD, 67T, 67BC,
T70, W70L, 74: Cesse de m'affliger. Mon
    70   67PLB*: <Va si j'aime en secret les lieux où je suis née> β
         67PLE, 67GP, 67X, 67PDI: Va, si j'aime en secret les lieux où je suis née
    71   67PLB*: <Mon cœur> β
         67PLD, 67PLE, 67GP, 67X, 67BC, 67PDI: Mon cœur
    72a-77   67PLE, 67GP, 67X, 67BC, 67PDI: N'en demande pas plus. Mon

    [13] See D14108 for emendations.
    [14] D14126 and D14149 confirm the reading of D14108. Voltaire remarks to
d'Argental about lines 70-72: 'ces vers dis-je contiennent tout le monologue qu'on
propose; et ils font un bien plus grand effet dans le dialogue. Il y a cent fois plus de
délicatesse, plus d'intérêt de curiosité, plus de passion, plus de décence, que si elle
commençait grossièrement par se dire à elle-même dans un monologue inutile,
qu'elle aime un homme marié' (D14179).

378

Il désigne Indatire, et je sais trop l'entendre; [15]
Le fils de son ami doit être préféré.

SULMA

Votre choix est donc fait!

OBÉÏDE

Tu vois l'autel sacré (*a*) 80
Que préparent déjà mes compagnes heureuses,
Ignorant de l'hymen les chaînes dangereuses,
Tranquilles, sans regrets, sans cruel souvenir. [16]

SULMA

D'où vient qu'à cet aspect vous paraissez frémir?

(*a*) De jeunes filles apportent l'autel, elles l'ornent de guirlandes, de
fleurs, et attachent des festons aux arbres qui l'entourent.

78   66/67, 67N, 67AC, 68CP: C'est dans ses derniers ans un appui [66/67B*: un
parti] qu'il doit prendre,
    66/67A*, 67GP, 67PLB*, 67PLE, 67PDI: Il ne commande point, mais je
    66/67C*: <c'est dans ses derniers ans un parti qu'il faut prendre> Il ne
l'ordonne point, mais je
    NM, 67T, 67PLA, 67PLB, 67PLC, 67PLD, 67X, 67BC, T70, W70L, 74: Il ne
l'ordonne point, mais je
    80-80a   67GP:

OBÉÏDE
(*De jeunes filles dressent un autel au fond du théâtre.*)
Tu vois l'autel sacré [*note absent*]
    80   W70L: [*note absent*]
    n.*a*   66/67, 67X, NM, 67T, 67BC, 67PL, 67BB, 68CP, 70: De jeunes filles
dressent un autel au fond du théâtre.

[15] For emendations, see D14029 and D14043.
[16] 66/67C* indicates: 'en soupirant'. Voltaire notes that Mme de La Harpe made
the audience cry at this point (D14179).

SCÈNE II

OBÉÏDE, SULMA, INDATIRE

INDATIRE

Cet autel me rappelle à ces forêts si chères;[17]   85
Tu conduis tous mes pas, je devance nos pères.
Je viens lire en tes yeux, entendre de ta voix,
Que ton heureux époux est nommé par ton choix:[18]
L'hymen est parmi nous le nœud que la nature
Forme entre deux amants de sa main libre et pure.   90
Chez les Persans, dit-on, l'intérêt odieux,
Les folles vanités, l'orgueil ambitieux,
De cent bizarres lois la contrainte importune,
Soumettent tristement l'amour à la fortune.
Ici le cœur fait tout, ici l'on vit pour soi;   95

85-88   66/67, 67N, 68CP:
        En ce temple si simple, en ces forêts si chères,
        Le cœur seul me conduit: j'y devance nos pères.
        Je veux entendre encor de ta divine voix
        Qu'un époux qui t'adore est nommé par ton choix.
87   MS3: Je veux lire
95-102   66/67, 67N: [66/67C*: β]
        On dit qu'en ces climats on ne vit point pour soi;
        On y parle d'amour, on méconnaît sa loi;
        Et comme un héritage une fille est vendue.
        Elle se donne ici. Son âme toute nue
        S'explique dans ses yeux comme dans ses discours.   5
        Rien n'altéra jamais nos innocents amours

[17] This speech was subject to emendations (D14017 and D14023, and see also MS3, which gives the reading of β), because it was crucial to setting up the dénouement. Voltaire tells Lekain of the necessity of including in the early acts 'quelques fondements de la loi qui fait le sujet du 5e acte; mais il n'est pas naturel qu'on parle dans un mariage de venger la mort d'un époux, dont la vie semble en sûreté, et qui n'est encore menacé de rien par personne. [...] Cependant il serait heureux que le spectateur pût au moins devenir quelque chose de cette loi, qui a, en effet existé en Syrie. Voici comme je m'y prends à la deuxième scène du second acte' (D14017).

[18] 66/67C* indicates: 'avec empressement plein d'onction et d'une naïveté noble'.

D'un mercenaire hymen on ignore la loi,
On fait sa destinée. Une fille guerrière
De son guerrier chéri court la noble carrière,
Elle aime à partager ses travaux et son sort,
L'accompagne aux combats, et sait venger sa mort.[19]   100
Préfères-tu nos mœurs aux mœurs de ton empire?
La sincère Obéïde aime-t-elle Indatire?

OBÉÏDE

Je connais tes vertus, j'estime ta valeur,[20]
Et de ton cœur ouvert la naïve candeur;
Je te l'ai déjà dit, je l'ai dit à mon père;   105
Et son choix et le mien doivent te satisfaire.

INDATIRE

Non, tu sembles parler un langage étranger;
Et même en m'approuvant, tu viens de m'affliger.
Dans les murs d'Ecbatane est-ce ainsi qu'on s'explique?
Obéïde, est-il vrai qu'un astre tyrannique,[21]   110
Dans cette ville immense a pu te mettre au jour?
Est-il vrai que tes yeux brillèrent à la cour,
Et que l'on t'éleva dans ce riche esclavage,
Dont à peine en ces lieux nous concevons l'image?

Et mon âme qui vole au-devant de ton âme,[22]
Doit l'échauffer au moins de l'ardeur qui m'enflamme!

[19] Voltaire sends a heated response to a suggestion made by the d'Argentals: 'Il ne s'agit point ici de ce que les femmes scythes doivent faire, mais de ce qu'elles savent faire, cela est fort différent. Votre, *Doit venger sa mort*, montrerait la corde, il serait impertinent qu'au cinquième acte Obéïde dit *moi, je dois vous venger!* Vous gâteriez tout par ce léger changement' (D14043).

[20] 66/67c* indicates: 'avec bonté et avec regret'.

[21] See the d'Argentals' *Observations* in Appendix 1, lines 50-51, n.13.

[22] Lekain remarks to d'Argental that 'Quoique cette expression soit simple et ingénue, je crains que la répétition [du mot 'âme'] ne paraisse aux plaisants du parterre, un jeu de mots' (D13960, *c.*15 February 1767).

Dis-moi, chère Obéïde, aurais-je le malheur 115
Que le ciel t'eût fait naître au sein de la grandeur?

OBÉÏDE

Ce n'est point ton malheur, c'est le mien. – Ma mémoire
Ne me retrace plus cette trompeuse gloire.
Je l'oublie à jamais.

INDATIRE

Plus ton cœur adoré[23]
En perd le souvenir, plus je m'en souviendrai. 120
Vois-tu d'un œil content cet appareil rustique,[24]
Le monument heureux de notre culte antique,
Où nos pères bientôt recevront les serments
Dont nos cœurs et nos dieux sont les sacrés garants?
Obéïde, il n'a rien de la pompe inutile, 125
Qui fatigue ces dieux dans ta superbe ville;
Il n'a pour ornement que des tissus de fleurs,
Présents de la nature, images de nos cœurs.

OBÉÏDE

Va, je crois que des cieux le grand et juste maître
Préfère ce saint culte, et cet autel champêtre, 130
A nos temples fameux que l'orgueil a bâtis.
Les dieux qu'on y fait d'or y sont bien mal servis.

124   66/67, 67PLA, 67PLB, 67PLC, 67PLD, 67BC, 67N, 67PDI, 68CP, T70,
74: et les dieux
126   66/67, 67PLA, 67PLB, 67PLD, NM, 67N, 67PDI, T70: fatigue les dieux
[67PLB*: β]
       67PLC, 67BC, 74: fatigue les yeux

[23] 66/67C* indicates: 'vivement et avec tendresse'.
[24] Flaubert describes these three lines as expressing a 'mouvement passionné,
poétique et qui sans la raide forme qui le resserre serait tout moderne. C'est
certainement ce qu'il y a de meilleur dans la pièce' (*Le Théâtre de Voltaire*, p.387).

INDATIRE

Sais-tu que ces Persans venus sur ces rivages
Veulent voir notre fête et nos riants bocages?
Par la main des vertus ils nous verront unis.   135

OBÉÏDE

Les Persans! – Que dis-tu! – Les Persans!

INDATIRE

                                        Tu frémis!
Quelle pâleur, ô ciel, sur ton front répandue!
Des esclaves d'un roi peux-tu craindre la vue?

OBÉÏDE

Ah, ma chère Sulma!

SULMA

                        Votre père et le sien
Viennent former ici votre éternel lien! 25   140

INDATIRE

Nos parents, nos amis, tes compagnes fidèles,
Viennent tous consacrer nos fêtes solennelles.

OBÉÏDE *à Sulma.*

Allons, – je l'ai voulu.

---

25 The error in scansion in this line is found in all editions.

SCÈNE III

OBÉÏDE, SULMA, INDATIRE, SOZAME, HERMODAN.
Des filles couronnées de fleurs, et des Scythes sans armes, font un demi-cercle autour de l'autel.

HERMODAN

Voici l'autel sacré,
L'autel de la nature à l'amour préparé,
Où je fis mes serments, où jurèrent nos pères. 145
(*à Obéïde*)
Nous n'avons point ici de plus pompeux mystères:
Notre culte, Obéïde, est simple comme nous. [26]

SOZAME *à Obéïde.*

De la main de ton père accepte ton époux.
(*Obéïde et Indatire mettent la main sur l'autel.*)

INDATIRE

Je jure à ma patrie, à mon père, à moi-même,
A nos dieux éternels, à cet objet que j'aime, 150
De l'aimer encor plus quand cet heureux moment
Aura mis Obéïde aux mains de son amant;
Et, toujours plus épris, et toujours plus fidèle,
De vivre, de combattre, et de mourir pour elle.

OBÉÏDE

Je me soumets, grands dieux, à vos augustes lois; 155
Je jure d'être à lui. – Ciel! qu'est-ce que je vois!
(*Ici Athamare et des Persans paraissent.*)

---

147   66/67, 67PL, 67X, NM, 67T, 67BC, 67N, 67PDI, 68CP, T70, W70L,
74: comme vous.

[26] See D13960 and D14172.

SULMA

Ah! Madame.

OBÉÏDE

Je meurs, qu'on m'emporte.

INDATIRE

Ah! Sozame,
Quelle terreur subite a donc frappé son âme?
Compagnes d'Obéïde, allons à son secours.
(*Les femmes scythes sortent avec Indatire.*)

SCÈNE IV

SOZAME, HERMODAN, ATHAMARE, HIRCAN, Scythes

ATHAMARE

Scythes, demeurez tous...

SOZAME

Voici donc de mes jours   160
Le jour le plus étrange et le plus effroyable.

ATHAMARE

Me reconnais-tu bien?

SOZAME

Quel sort impitoyable

159d-62   66/67, 67PL, 67GP, 67X, NM, 67T, 67BC, 67N, 67PDI, 68CP, T70,
W70L, 74: [67PLB*: β *with stage direction*]

SOZAME

Scythes, demeurez tous... Voici donc de mes jours
Le jour le plus étrange et le plus effroyable.
(*Athamare avance avec deux suivants.*)
Athamare, est-ce toi? quel sort impitoyable

T'a conduit dans ces lieux de retraite et de paix?
Tu dois être content des maux que tu m'as faits.
Ton indigne monarque avait proscrit ma tête;   165
Viens-tu la demander? malheureux, elle est prête;
Mais tremble pour la tienne. Apprends que tu te vois
Chez un peuple équitable et redouté des rois.
Je demeure étonné de l'audace inouïe
Qui t'amène si loin pour hasarder ta vie.   170

ATHAMARE

Peuple juste, écoutez; je m'en remets à vous.
Le neveu de Cyrus vous fait juge entre nous.

HERMODAN

Toi neveu de Cyrus! et tu viens chez les Scythes!

ATHAMARE

L'équité m'y conduit. – Vainement tu t'irrites;
Infortuné Sozame, à l'aspect imprévu   175
Du fatal ennemi par qui tu fus perdu.
Je te persécutai; ma fougueuse jeunesse
Offensa ton honneur, accabla ta vieillesse;
Un roi t'a dépouillé de tes biens, de ton rang;

165-68   67PLB*: [*struck out*]
172a-81   66/67, 67PL [*but not* 67PLB*], 67GP, 67X, NM, 67T, 67BC, 67N,
67PDI, 68CP, T70, W70L, 74:
        Apprenez que dans moi vous voyez un coupable.
        Vous voyez dans Sozame un vieillard vénérable.
        Qui soutint autrefois de ses vaillantes mains
        Le pouvoir dont Cyrus effraya les humains.
        Quand Smerdis a régné, ma fougueuse jeunesse,   5
        A du brave Sozame affligé la vieillesse
        Smerdis l'a dépouillé de ses biens, de son rang.
        Une sentence inique a poursuivi son sang
        Ce prince est chez les morts; et la première idée
175   67PLB*: Trop malheureux Sozame
178   67PLB*: honneur affligea ta vieillesse.

Un jugement inique a poursuivi ton sang. 180
Scythes, ce roi n'est plus, et la première idée
Dont après son trépas mon âme est possédée,
Est de rendre justice à cet infortuné.
Oui, Sozame, à tes pieds les dieux m'ont amené,
Pour expier ma faute, hélas! trop pardonnable; 185
La suite en fut terrible, inhumaine, exécrable;
Elle accabla mon cœur; il la faut réparer,
Dans tes honneurs passés daigne à la fin rentrer.
Je partage avec toi mes trésors, ma puissance;
Ecbatane est du moins sous mon obéissance; 190
C'est tout ce qui demeure aux enfants de Cyrus;
Tout le reste a subi les lois de Darius.
Mais je suis assez grand, si ton cœur me pardonne.
Ton amitié, Sozame, ajoute à ma couronne.
Nul monarque avant moi sur le trône affermi,[27] 195
N'a quitté ses Etats pour chercher un ami.
Je donne cet exemple, et ton maître te prie;
Entends sa voix, entends la voix de ta patrie,
Cède aux vœux de ton roi, qui vient te rappeler,
Cède aux pleurs qu'à tes yeux mes remords font couler. 200

183   67GP: Et de
195-200   66/67, 67PL, 67GP, 67X, NM, 67T, 67BC, 67N, 67PDI, 68CP, W70L,
T70, 74:

>   Approuve mes regrets, mon repentir, mes vœux,
>   L'objet de mes remords est de te rendre heureux,
>   Renonce à tes déserts, et revois ta patrie;
>   Ecoute en ta faveur ton prince qui te prie,
>   Qui met à tes genoux sa faute et ses douleurs, 5
>   Et qui s'honore encor de les baigner de pleurs.

199-200   67PLB*:

>   Celle de ton devoir qui te doit rappeler
>   Et des pleurs qu'à tes yeux mes remords font couler

[27] See D14179.

HERMODAN

Je me sens attendri d'un spectacle si rare.

SOZAME

Tu ne me séduis point, généreux Athamare.
Si le repentir seul avait pu t'amener,
Malgré tous mes affronts je saurais pardonner.
Tu sais quel est mon cœur; il n'est point inflexible;   205
Mais je lis dans le tien; je le connais sensible.
Je vois trop les chagrins dont il est désolé;
Et ce n'est pas pour moi que tes pleurs ont coulé.
Il n'est plus temps; adieu. Les champs de la Scythie
Me verront achever ma languissante vie.   210
Instruit bien chèrement, trop fier et trop blessé,
Pour vivre dans ta cour où tu m'as offensé,
Je mourrai libre ici. – Je me tais; rends-moi grâce
De ne pas révéler ta dangereuse audace.
Ami, courons chercher et ma fille et ton fils.   215

HERMODAN

Viens, redoublons les nœuds qui nous ont tous unis.

202   66/67, NM, 67T, 67N, 68CP: C'en est trop; lève-toi [66/67A*, 66/67B*:
Tu ne m'attendris point; 66/67C*: Tu ne <m'attendris> me séduis point],
malheureux Athamare.

67PL, 67GP, 67X, 67BC, 67PDI, T70, W70L, 74: point, malheureux
Athamare. [67PLB*: β]

204   66/67, 67PL, 67GP, 67X, NM, 67T, 67BC, 67N, 67PDI, 68CP, T70, W70L,
74: je pourrais pardonner [67PLB*: β]

211-14   66/67, 67PL, 67GP, 67X, NM, 67T, 67BC, 67N, 67PDI, 68CP, T70,
W70L, 74: [67PLB*: β]
    Retourne en tes états où tu devais rester;
    Abandonne un objet qui te les fit quitter.
    Tu m'entends, il suffit. Va, pars, et rends-moi grâce
    De ne pas révéler ton imprudente audace.

215   66/67, 67GP, NM, 67T, 67N, β, T67, 68PL, 68CP, W70L: Amis, courons
[error]

SCÈNE V

ATHAMARE, HIRCAN

ATHAMARE

Je demeure immobile. Ô ciel! ô destinée!
Ô passion fatale à me perdre obstinée!
Il n'est plus temps, dit-il: il a pu sans pitié,
Voir son roi repentant, son maître humilié.   220
Ami, quand nous percions cette horde assemblée,
J'ai vu près de l'autel une femme voilée,
Qu'on a soudain soustraite à mon œil égaré.
Quel est donc cet autel de guirlandes paré?
Quelle était cette fête en ces lieux ordonnée?   225
Pour qui brûlaient ici les flambeaux d'hyménée?
Ciel! quel temps je prenais! A cet aspect d'horreur
Mes remords douloureux se changent en fureur.
Grands dieux, s'il était vrai!

HIRCAN

　　　　　　　　Dans les lieux où vous êtes
Gardez-vous d'écouter ces fureurs indiscrètes: 230
Respectez, croyez-moi, les modestes foyers
D'agrestes habitants, mais de vaillants guerriers;
Qui sans ambition, comme sans avarice,
Observateurs zélés de l'exacte justice,
Ont mis leur seule gloire en leur égalité,   235
De qui vos grandeurs même irritent la fierté.
N'allez point alarmer leur noble indépendance;
Ils savent la défendre; ils aiment la vengeance;[28]

220　66/67, 67PL, 67GP, 67X, NM, 67T, 67BC, 67N, 67PDI, 68CP, T70, W70L,
74: Souffrir à ses genoux sous son maître humilié. [67PLB*: β]

[28] Lekain observes to d'Argental: 'Il me semble n'avoir rien vu dans les mœurs des
Scythes, qui les fît soupçonner d'aimer la vengeance; on peut ne pas pardonner une
offense, sans, pour cela, être caractérisé d'aimer la vengeance' (D13960).

Ils ne pardonnent point quand ils sont offensés.

ATHAMARE

Tu t'abuses, ami; je les connais assez;   240
J'en ai vu dans nos camps, j'en ai vu dans nos villes, [29]
De ces Scythes altiers, à nos ordres dociles,
Qui briguaient, en vantant leurs stériles climats
L'honneur d'être comptés aux rangs de nos soldats.

HIRCAN

Mais, souverains chez eux...

ATHAMARE

                              Ah! c'est trop contredire   245
Le dépit qui me ronge et l'amour qui m'inspire.
Ma passion m'emporte et ne raisonne pas.
Si j'eusse été prudent, serais-je en leurs Etats?
Au bout de l'univers Obéïde m'entraîne;
Son esclave échappé lui rapporte sa chaîne,   250
Pour l'enchaîner moi-même au sort qui me poursuit,
Pour l'arracher des lieux où sa douleur me fuit,
Pour la sauver enfin de l'indigne esclavage
Qu'un malheureux vieillard impose à son jeune âge;
Pour mourir à ses pieds d'amour et de fureur,   255
Si ce cœur déchiré ne peut fléchir son cœur.

HIRCAN

Mais si vous écoutiez...

ATHAMARE

                         Non – je n'écoute qu'elle. [30]

244   66/67, NM, 67PD1, T70: aux rang de
      67PLB*: au<x> rang<s> de

[29] See the d'Argentals' *Observations* in Appendix 1, lines 46-49, n.12.
[30] 66/67C* indicates: 'avec l'abandon d'un cocu passioné'.

HIRCAN

Attendez.

ATHAMARE

Que j'attende? et que de la cruelle
Quelque rival indigne, à mes yeux possesseur, [31]
Insulte mon amour, outrage mon honneur! [32]   260
Que du bien qu'il m'arrache il soit en paix le maître!
Mais trop tôt, cher ami, je m'alarme peut-être.
Son père à ce vil choix pourra-t-il la forcer?
Entre un Scythe et son maître a-t-elle à balancer?
Dans son cœur autrefois j'ai vu trop de noblesse,   265
Pour croire qu'à ce point son orgueil se rabaisse.

HIRCAN

Mais si dans ce choix même elle eût mis sa fierté?

ATHAMARE

De ce doute offensant je suis trop irrité.
Allons: si mes remords n'ont pu fléchir son père,
S'il méprise mes pleurs, – qu'il craigne ma colère.   270
Je sais qu'un prince est homme, et qu'il peut s'égarer;
Mais lorsqu'au repentir facile à se livrer,
Reconnaissant sa faute et s'oubliant soi-même,

---

259   66/67, 67PLA, 67PLB, 67PLC, 67PLD, NM, 67T, 67BC, 67PDI, 68CP, T70,
W70L, 74: Un rival méprisable, à [MS4, 67PLB*: β]

[31] 66/67C* indicates: 'emportement et indignation noble'.
[32] Lekain criticises this line: 'Dit-on: insulter l'amour de quelqu'un? Je n'ai vu
cette expression dans aucune tragédie' (D13960).

Il va jusqu'à blesser l'honneur du rang suprême,
Quand il répare tout, il faut se souvenir[33]
Que s'il demande grâce, il la doit obtenir.[34]

275

274   66/67, 67PL, 67GP, 67X, NM, 67T, 67BC, 67N, 67PDI, 68CP, T70,
74: jusqu'à flétrir l'honneur [67PLB*: β]
    W70L: Il condamne, il flétrit l'orgueil du

[33] 66/67C* indicates: 'd'un air de menace'.
[34] See d'Argental's 'Humble réplique' in Appendix 2, lines 29-31, n.4.

ACTE III

SCÈNE PREMIÈRE

ATHAMARE, HIRCAN

ATHAMARE

Quoi! c'était Obéïde! Ah! j'ai tout pressenti:[1]
Mon cœur désespéré m'avait trop averti,
C'était elle, grands dieux!

HIRCAN

Ses compagnes tremblantes
Rappelaient ses esprits sur ses lèvres mourantes...

ATHAMARE

Elle était en danger? Obéïde!

HIRCAN

Oui, seigneur,   5
Et ranimant à peine un reste de chaleur,
Dans ces cruels moments, d'une voix affaiblie,
Sa bouche a prononcé le nom de la Médie.

1-3a   66/67, NM, 67T, 67PLA, 67PLB, 67PLC, 67PLD, 67N, 68CP, T70, W70L:
[MS4, 67PLB*: β]

Quoi! je ne puis la voir! ô tendresse! ô courroux!
Que d'affronts redoublés![2]

HIRCAN
Seigneur contraignez-vous.

ATHAMARE
Me contraindre! qui? moi!

HIRCAN

[1] The emendations for lines 1-4 appear in D14103 and D14108.
[2] 66/67c* indicates: 'le même caractère de passion'.

Un Scythe me l'a dit; un Scythe qu'autrefois
La Médie avait vu combattre sous nos lois.   10
Son père et son époux sont encore auprès d'elle.

ATHAMARE

Qui! son époux, un Scythe!

HIRCAN

Eh quoi, cette nouvelle
A votre oreille encor, seigneur, n'a pu voler!

ATHAMARE

Eh! qui des miens, hors toi, m'ose jamais parler?
De mes honteux secrets quel autre a pu s'instruire?   15
Son époux, me dis-tu?

HIRCAN

Le vaillant Indatire,
Jeune, et de ces cantons l'espérance et l'honneur,
Lui jurait ici même une éternelle ardeur,
Sous ces mêmes cyprès, à cet autel champêtre,
Aux clartés des flambeaux que j'ai vus disparaître.   20
Vous n'étiez pas encore arrivé vers l'autel,
Qu'un long tressaillement suivi d'un froid mortel,
A fermé les beaux yeux d'Obéïde oppressée.
Des filles de Scythie une foule empressée,
La portait en pleurant sous ces rustiques toits,   25
Asile malheureux dont son père a fait choix.
Ce vieillard la suivait d'une démarche lente,
Sous le fardeau des ans affaiblie et pesante,
Quand vous avez sur vous attiré ses regards.

ATHAMARE

Mon cœur à ce récit, ouvert de toutes parts,   30
De tant d'impressions sent l'atteinte subite,

394

Dans ses derniers replis un tel combat s'excite,
Que sur aucun parti je ne puis me fixer;
Et je démêle mal ce que je puis penser.
Mais d'où vient qu'en ce temple Obéïde rendue,   35
En touchant cet autel est tombée éperdue!
Parmi tous ces pasteurs elle aura d'un coup d'œil,
Reconnu des Persans le fastueux orgueil.
Ma présence à ses yeux a montré tous mes crimes, [3]
Mes amours emportés, mes feux illégitimes,   40
A l'affreuse indigence un père abandonné,
Par un monarque injuste à la mort condamné,
Sa fuite, son séjour en ce pays sauvage,
Cette foule de maux qui sont tous mon ouvrage.
Elle aura rassemblé ces objets de terreur;   45
Elle imite son père, et je lui fais horreur.

HIRCAN

Un tel saisissement, ce trouble involontaire,
Pourraient-ils annoncer la haine et la colère?
Les soupirs, croyez-moi, sont la voix des douleurs,
Et les yeux irrités ne versent point de pleurs. [4]   50

34   66/67, NM, 67T, 67PL, 67X, 67BC, 67N, 67PDI, T70, 74: je peux penser
47-50   66/67, NM, 67T, 67PLA, 67PLB, 67PLC, 67N, 68CP, T70, W70L:
    Il serait bien affreux, j'ose ici vous le dire,
    Que vous eussiez quitté le soin de votre Empire,
    Chargé d'un repentir si noble et si profond,
    Pour venir en Scythie essuyer un affront.
    MS4, 67BC [*with inverted commas*], 74 [*with inverted commas*]: [MS4: otez ce
    couplet d'Hircan *Il serait bien affreux, j'ose icy vous le dire* et mettez à la
    place ces 4 vers]
    Un tel saisissement, ces troubles involontaires [67BC, 74: β],
    Pourraient-ils [67BC, 74: Pourrait-il] annoncer la haine et la colère?
    Croyez moi, les sanglots sont la voix des douleurs;
    Et les yeux irrités ne versent point de pleurs.

[3] 66/67C* indicates: 'avec la passion la plus douloureuse'.
[4] For changes to lines 47-57, see D14103.

ATHAMARE

Ah! lorsqu'elle m'a vu, si son âme surprise,
D'une ombre de pitié s'était au moins éprise; [5]
Si lisant dans mon cœur, son cœur eût éprouvé
Un tumulte secret faiblement élevé! [6]
Si l'on me pardonnait! Tu me flattes peut-être.   55
Ami, tu prends pitié des erreurs de ton maître.
Qu'ai-je fait, que ferai-je, et quel sera mon sort?
Mon aspect en tout temps lui porta donc la mort!
Mais, dis-tu, dans le mal qui menaçait sa vie,
Sa bouche a prononcé le nom de sa patrie!   60

HIRCAN

Elle l'aime, sans doute.

ATHAMARE

Ah! pour me secourir
C'est une arme du moins qu'elle daigne m'offrir. [7]
Elle aime sa patrie, [8] – elle épouse Indatire! [9] –
Va, l'honneur dangereux [10] où le barbare aspire,

---

55   MS4, 67PLE, 67X, 67BC [*with inverted commas*], 74 [*with inverted commas*]:
Hélas! s'il était vrai! tu me flattes peut-être [67PLB*: β]
55-57   66/67, NM, 67T, 67PLA, 67PLB, 67PLC, 67PLD, 67N, 67PDI, 68CP, T70:
        Cher ami, je m'égare et je me rends justice;
        Je sais ce qu'on me doit; il faut qu'on me haïsse!
        Qu'ai-je fait, malheureux, et quel sera mon sort? [67PLB*: β]
62   w72P: qu'elle daignait m'offrir
63   w75G, w75X: Elle aima sa patrie

[5] 'L'âme peut être éprise d'une grande passion, mais non de pitié, et encore moins d'une ombre de pitié' (Palissot, *Œuvres de Voltaire*, vol.6, p.191).
[6] The emendations for lines 45-58 appear in D14108.
[7] 66/67C* indicates: 'tendresse'.
[8] 66/67C* indicates: 'joye'.
[9] 66/67C* indicates: 'colère'.
[10] See the d'Argentals' *Observations* in Appendix 1, line 52, n.14.

Lui coûtera bientôt un sanglant repentir.[11]   65
C'est un crime trop grand pour ne le pas punir.

HIRCAN

Pensez-vous être encor dans les murs d'Ecbatane?
Là votre voix décide, elle absout ou condamne.
Ici vous péririez. Vous êtes dans des lieux
Que jadis arrosa le sang de vos aïeux.   70

ATHAMARE

Eh bien! j'y périrai.

HIRCAN

                    Quelle fatale ivresse!
Age des passions! trop aveugle jeunesse!
Où conduis-tu les cœurs à leurs penchants livrés?

ATHAMARE

Qui vois-je donc paraître en ces champs abhorrés?
    (*Indatire passe dans le fond du théâtre, à la tête d'une troupe
de guerriers.*)
Que veut le fer en main cette troupe rustique?   75

HIRCAN

On m'a dit qu'en ces lieux c'est un usage antique.
Ce sont de simples jeux par le temps consacrés,
Dans les jours de l'hymen noblement célébrés.
Tous leurs jeux sont guerriers; la valeur les apprête.

74a-b MSI: [*stage direction absent*]
79   W72P: Tous les jeux

[11] 66/67C* indicates: 'emportement'.

Indatire y préside, il s'avance à leur tête.   80
Tout le sexe est exclu de ces solennités,
Et les mœurs de ce peuple ont des sévérités
Qui pourraient des Persans condamner la licence.

ATHAMARE

Grands dieux! vous me voulez conduire en sa présence.
Cette fête du moins m'apprend que vos secours   85
Ont dissipé l'orage élevé sur ses jours.
Oui, mes yeux la verront. [12]

HIRCAN

                            Oui, seigneur, Obéïde
Marche vers la cabane où son père réside. [13]

ATHAMARE

C'est elle; je la vois. Tâche de désarmer
Ce père malheureux que je n'ai pu calmer. —   90
Des chaumes! des roseaux! voilà donc sa retraite!
Ah! peut-être elle y vit tranquille et satisfaite.
Et moi...

80 66/67, NM, 67T, 67PLA, 67PLB, 67PLC, 67PLD, 67N, 68CP, T70,
W70L: Voyez-vous Indatire? il s'avance [67PLB*: β]
    67BC, 74: [with inverted commas] β
    MS4: <J'aperçois> Indatire y préside, il avance à leur tête.
88-88a 66/67, NM, 67T, 67GP, 67PLA, 67PLB, 67PLC, 67PLD, 67BC, 67N,
67PDI, 68CP, T70, W70L, 74: [adds between these lines] Je l'aperçois. [67PLB*: β]
89-90 66/67, NM, 67T, 67PLA, 67PLB, 67PLC, 67PLD, 67N, 68CP, T70, W70L:
            Va, cours, obtiens, si tu le peux,
        De ce père implacable un pardon généreux. —
    MS4, 67GP, 67BC [with inverted commas], 67PDI, 74 [with inverted
commas]:
            Hélas tâche de désarmer
        Ce père malheureux que je n'ai pu calmer.

[12] 66/67C* indicates: 'passionné'.
[13] For emendations, see D14103 and D14108.

SCÈNE II

OBÉÏDE, SULMA, ATHAMARE [14]

ATHAMARE

Non, demeurez, ne vous détournez pas.
De vos regards du moins honorez mon trépas.
Qu'à vos genoux tremblants un malheureux périsse.   95

OBÉÏDE

Ah! Sulma, qu'en tes bras mon désespoir finisse, [15]
C'en est trop. – Laisse-moi, fatal persécuteur;
Va, c'est toi qui reviens pour m'arracher le cœur. [16]

ATHAMARE

Ecoute un seul moment.

OBÉÏDE

Et le dois-je, barbare?
Dans l'état où je suis que peut dire Athamare?   100

ATHAMARE

Que l'amour m'a conduit du trône en tes forêts,

93c   MSI: ATHAMARE *à Obéïde qui veut se retirer.*
95a   67GP: OBÉÏDE *se rejetant dans les bras de Sulma.*
101-109   66/67, NM, 67T, 67PL, 67BC, 67N, 67PDI, 68CP, T70, W70L, 74:
[67PLB*: β *except for line 103*: <Repentant et> ↑Désespéré+ soumis <mais> ↑et]
        Tu sais que mes forfaits, que tes calamités,
        Ta malheureuse fuite en ces bords écartés,
        Tout fut fait par l'amour. Cet amour qui t'offense,
        Alla dans ses excès jusqu'à la violence.

[14] 'Soyez bien persuadé que si la scène du troisième acte entre Athamare et Obéïde
était bien jouée elle ferait une très vive impression' (D14126, Voltaire to d'Argental).
[15] 66/67c* indicates: 'en se rejetant sur sa compagne'.
[16] The actress must cry here (D14173).

Qu'épris de tes vertus, honteux de mes forfaits,
Désespéré, soumis, mais furieux encore,
J'idolâtre Obéïde autant que je m'abhorre.
Ah! ne détourne point tes regards effrayés: 105
Il me faut ou mourir, ou régner à tes pieds.
Frappe, mais entends-moi. [17] Tu sais déjà peut-être,
Que de mon sort enfin les dieux m'ont rendu maître;
Que Smerdis et ma femme en un même tombeau,
De mon fatal hymen ont éteint le flambeau,   110
Qu'Ecbatane est à moi. – Non, pardonne, Obéïde;
Ecbatane est à toi; l'Euphrate, la Perside,
Et la superbe Egypte, et les bords indiens,
Seraient à tes genoux, s'ils pouvaient être aux miens.
Mais mon trône, et ma vie, et toute la nature   115
Sont d'un trop faible prix pour payer ton injure.
Ton grand cœur, Obéïde, ainsi que ta beauté,
Est au-dessus d'un rang dont il n'est point flatté;
Que la pitié du moins le désarme et le touche.
Les climats où tu vis l'ont-ils rendu farouche?   120
O cœur né pour aimer, ne peux-tu que haïr?

Par un autre hyménée enchainé malgré moi,   5
Je ne pouvais t'offrir un rang digne de toi,
J'outrageais ta vertu, quand j'adorais tes charmes.
J'ai payé ce moment de quatre ans de mes larmes.
Les malheurs inouïs sur ta tête amassés,
Je les ai tous sentis, et tu m'en crois assez.   10
Mon abord en ces lieux le fait assez connaître
Le ciel de tous côtés m'a fait enfin mon maître:
Smerdis et mon épouse en un même tombeau

103   67GP, 67X: Repentant et soumis
111   66/67, NM, 67T, 67PL, 67BC, 67N, 67PDI, 68CP, T70, W70L: Ecbatane est
114   66/67, NM, 67T, 67GP, 67PL, 67X, 67BC, 67N, 67PDI, 68CP, T70, W70L,
74:   Seraient tous à tes pieds [67PLB*: β]

[17] 'On sait très bien qu'Obéïde ne frappera pas Athamare et Athamare le sait aussi.
C'est pour parler, pour faire de l'effet et ça n'en fait pas' (Flaubert, *Le Théâtre de
Voltaire*, p.390).

Image de nos dieux, ne sais-tu que punir?
Ils savent pardonner. Va, ta bonté doit plaindre
Ton criminel amant que tu vois sans le craindre. [18]

OBÉÏDE

Que m'as-tu dit, cruel? Et pourquoi de si loin   125
Viens-tu de me troubler prendre le triste soin,
Tenter dans ces forêts ma misère tranquille,
Et chercher un pardon – qui serait inutile?
Quand tu m'osas aimer pour la première fois,
Ton roi d'un autre hymen t'avait prescrit les lois.   130
Sans un crime à mon cœur tu ne pouvais prétendre;
Sans un crime plus grand je ne saurais t'entendre.
Ne fais point sur mes sens d'inutiles efforts:
Je me vois aujourd'hui ce que tu fus alors.
Sous la loi de l'hymen Obéïde respire;   135
Prends pitié de mon sort, – et respecte Indatire.

ATHAMARE

Un Scythe! un vil mortel!

OBÉÏDE

Pourquoi méprises-tu
Un homme, un citoyen – qui te passe en vertu? [19]

135   66/67, NM, 67T, 67GP, 67PL, 67X, 67BC, 67N, 67PDI, 68CP, T70, W70L,
74: Sous le joug de l'hymen
136   66/67, NM, 67T, 67PL, 67X, 67BC, 67N, 67PDI, 68CP, T70, W70L, 74:
Cesse de m'accabler – et [67PLB*: β]

[18] 'Inintelligible et mis pour rimer à *plaindre*' (Flaubert, *Le Théâtre de Voltaire*,
p.391).
[19] 66/67C* indicates: 'il faut exprimer son regrêt qu'Indatire soit plus vertueux
qu'athamare'.

ATHAMARE

Nul ne m'eût égalé si j'avais pu te plaire.

139-54a   66/67, NM, 67T, 67GP, 67PL, 67X, 67BC, 67N, 67PDI, 68CP, T70,
W70L, 74:

Non, c'est pousser trop loin ta haine et ton outrage. [67PLB*: β]
Non, les Dieux ont brisé cet infâme esclavage. [67PLB*: *changed to*
tu maurais des vertus applani la carrière
jaurais été par toy le premier des humains
mon sort depend de toy, mon ame est dans tes mains
ouy ton amant coupable
au monde entier par toy deviendrait respectable]
Eux-mêmes [67PLB*: même<s>] ils t'ont ravi l'usage de tes sens.
Lorsque tu prononçais tes malheureux serments,
Qui sans doute offensaient leur majesté suprême,   5
Et l'honneur de ta race aussi bien que moi-même;
Et je jure à ces Dieux de ton honneur jaloux
Qu'Indatire jamais ne sera ton époux.
[67PLB*: *adds* puissent les dieux
taccorder un règne et juste et glorieux
je maudirais mon regne ecoute au moins la gloire]

OBÉIDE

Tu connais donc bien peu [66/67C*, NM *errata*, CM67X, 67GP, 67PL, 67X,
67BC, 67PDI, T67, 68CP, T70, W70L, 74: Tu ne saurais changer] la loi de
sa contrée; [67PLB*: il nen est point sans loy – perisse la memoire]
Elle seule y commande, elle est toujours sacrée,   10
C'en est fait – pour jamais le joug est imposé.
Par aucune puissance il ne sera brisé.
Il est d'autant plus saint, d'autant plus redoutable,
Que mon père en tout temps à mes vœux favorable,
Du pouvoir paternel oubliant tous les droits,   15
En m'offrant mon [67T, 67PL, 67X, 67BC, 67N, 67PDI, T70, 74: un]
époux n'a point forcé mon choix.
[67PLB*: *adds* De mes malheurs passés de tes cruels amours
Obeide! (*presumably misplaced*)]

ATHAMARE

Ah! cruelle!... [67GP, 67PLE, 67X: Obéide!; 67PLB*: Obeide à la haine a
consacré ses jours]

OBÉIDE [67PLB*: *struck out*]
        Arrachée au reste de la terre, [67PLB*: *struck out*]
J'étais morte pour toi, je vivais pour mon père, [67PLB*: *struck out*]

Tu m'aurais des vertus aplani la carrière;   140
Ton amant deviendrait le premier des humains.
Mon sort dépend de toi: mon âme est dans tes mains.
Un mot peut la changer: l'amour la fit coupable;
L'amour au monde entier la rendrait respectable.

OBÉÏDE

Ah! que n'eus-tu plus tôt ces nobles sentiments?   145
Athamare!

ATHAMARE

  Obéïde! il en est encor temps.
De moi, de mes états, auguste souveraine,
Viens embellir cette âme esclave de la tienne,
Viens régner.

OBÉÏDE

   Puisses-tu loin de mes tristes yeux
Voir ton règne honoré de la faveur des dieux.   150

ATHAMARE

Je n'en veux point sans toi.

OBÉÏDE

    Ne vois plus que ta gloire.

ATHAMARE

Elle était de t'aimer.

OBÉÏDE

   Périsse la mémoire
De mes malheurs passés, de tes cruels amours.

Ses malheurs, ses vieux ans avaient besoin d'appui. [67PLB*: *struck out*]
Il en demandait un, je le donne aujourd'hui. [67PLB*: *struck out*] 20
144 W75G: la rendait respectable [*an incorrect reading*]

ATHAMARE

Obéïde à la haine a consacré ses jours!

OBÉÏDE

Mes jours étaient affreux: si l'hymen en dispose,　　　155
Si tout finit pour moi, toi seul en es la cause.
Toi seul as préparé ma mort dans ces déserts. [20]

ATHAMARE

Je t'en viens arracher.

OBÉÏDE

　　　　　　　Rien ne rompra mes fers;
Je me les suis donnés.

ATHAMARE

　　　　　　　Tes mains n'ont point encore
Formé l'indigne nœud dont un Scythe s'honore.　　　160

OBÉÏDE

J'ai fait serment au ciel.

ATHAMARE

　　　　　　　Il ne le reçoit pas;
C'est pour l'anéantir qu'il a guidé mes pas.

OBÉÏDE

Ah! – c'est pour mon malheur. [21] –

157　66/67, NM, 67T, 67GP, 67PL, 67X, 67BC, 67N, 67PDI, 68CP, T70, W70L,
74: Toi seul m'as condamnée à vivre en ces déserts.
158　66/67, NM, 67T, 67GP, 67PL, 67X, 67BC, 67PDI, 68CP, T70, W70L,
74: Laisse moi, dans mes fers;

[20] 66/67c* indicates: 'avec larmes'.
[21] The actress must cry here (D14173).

ATHAMARE

Obtiendrais-tu d'un père
Qu'il laissât libre au moins une fille si chère,
Que son cœur envers moi ne fût point endurci,   165
Et qu'il cessât enfin de s'exiler ici?
Dis-lui...

OBÉÏDE

N'y compte pas. Le choix que j'ai dû faire,
Devenait un parti conforme à ma misère,
Il est fait; mon honneur ne peut le démentir, [22]
Et Sozame jamais n'y pourrait consentir.   170
Sa vertu t'est connue; elle est inébranlable. [23]

ATHAMARE

Elle l'est dans la haine; et lui seul est coupable. [24]

OBÉÏDE

Tu ne le fus que trop; tu l'es de me revoir,
De m'aimer, d'attendrir un cœur au désespoir.
Destructeur malheureux d'une triste famille,   175
Laisse pleurer en paix et le père et la fille. [25]
Il vient, sors.

173   67GP, 67PLB*: Lui coupable! ah c'est toi qui l'es de me revoir,
173-74   66/67, NM, 67T, 67PLA, 67PLB, 67PLC, 67PLD, 67N, 68CP, T70, W70L:
            Lui coupable! est-ce à toi, cruel, de l'insulter?
            Ah! tu dois être las de nous persécuter.

[22] 66/67C* indicates: 'sans déclamation'.
[23] On emendations to lines 171-84, see D14108.
[24] The actress should cry at this point (D14126).
[25] The actress should also cry when delivering lines 173-76 (D14126).

ATHAMARE

Je ne puis.

OBÉÏDE

Sors, ne l'irrite pas.

ATHAMARE

Non, tous deux à l'envi donnez-moi le trépas.

OBÉÏDE

Au nom de mes malheurs et de l'amour funeste
Qui des jours d'Obéïde empoisonne le reste,   180
Fuis; ne l'outrage plus par ton fatal aspect.

ATHAMARE

Juge de mon amour; il me force au respect. [26]
J'obéis. – Dieux puissants qui voyez mon offense, [27]
Secondez mon amour, et guidez ma vengeance. [28]

182-84   67BC, 74: [*with inverted commas*]
182   66/67, NM, 67T, 67N, 67PDI, 68CP, T70, W70L: amour au moins par mon respect
183-84   66/67, NM, 67T, 67GP, 67PLA, 67PLB, 67PLC, 67X, 67N, 68CP, T70, W71: J'obéis. – Allons voir quel sang je dois répandre.// [67PLB*: β]
            67PLD: J'obéis. – Malheureux, quel sang je dois répandre?//
            W70L: J'obéis. – Qu'il en coûte! Et que dois-je entreprendre?//
            67PLE, 67PDI: J'obéis. – Malheureux, quel sang faut-il répandre?//

[26] Voltaire instructs Lekain that he should say these next three lines 'd'une manière vive et sensible' (D14126).

[27] For a proposed emendation, see D14029.

[28] 'Il faut absolument qu'Athamare sorte avec fureur, sans quoi il n'y aurait plus ni chaleur, ni vérité, et il démentirait son caractère *violent et emporté*' (D14029, Voltaire to Lekain).

SCÈNE III

SOZAME, OBÉÏDE, SULMA

SOZAME

Eh! quoi, notre ennemi nous poursuivra toujours!   185
Il vient flétrir ici les derniers de mes jours.
Qu'il ne se flatte pas que le déclin de l'âge
Rende un père insensible à ce nouvel outrage.

OBÉÏDE

Mon père – il vous respecte – il ne me verra plus;
Pour jamais à le fuir mes vœux sont résolus.   190

SOZAME

Indatire est à toi.

OBÉÏDE

Je le sais. [29]

---

185   66/67, 67PL [*but not* 67X], NM, 67T, 67N, 67PDI, 68CP, T70, W70L, W71: [67PLB*: β]

    Dieux! Athamare encore! – et tu viens de l'entendre!
    Ce fatal ennemi nous poursuivra toujours!

   67BC [*with inverted commas*], 74 [*with inverted commas*]: Eh quoi! cet ennemi
186   67PLD, 67BC, T70, 74, 77: ici le dernier de
186-87   66/67, 67PL, 67GP, 67X, NM, 67T, 67BC, 67N, 67PDI, 68CP, T70, W70L, 74: [*add between these lines*]

    De ses faibles états dont il est maître à peine,
    Dans notre obscur [67PLB*: <obscur> heureux] asile on voit ce qui l'amène.
    Je reconnais en lui cet esprit indompté
    Que ni frein, ni raison n'ont jamais arrêté.

---

[29] 66/67C* indicates: 'd'un air triste'.

SOZAME

Ton suffrage,
Dépendant de toi seule, a reçu son hommage.

OBÉÏDE

J'ai cru vous plaire au moins; – j'ai cru que sans fierté
Le fils de votre ami devait être accepté.

SOZAME

Sais-tu ce qu'Athamare à ma honte propose   195
Par un de ces Persans dont son pouvoir dispose?

OBÉÏDE

Qu'a-t-il pu demander?

SOZAME

De violer ma foi,
De briser tes liens, de le suivre avec toi,
D'arracher ma vieillesse à ma retraite obscure,
De mendier chez lui le prix de ton parjure,   200
D'acheter par la honte une ombre de grandeur.

OBÉÏDE

Comment recevez-vous cette offre?

SOZAME

Avec horreur.
Ma fille, au repentir il n'est aucune voie.

198   66/67, 67PLA, 67PLB, 67PLC, 67PLD, 67X, NM, 67T, 67BC, 67N, 67PDI,
68CP, T70, W70L, 74: De briser des liens qui sont formés par toi,
   199-201   66/67, 67PL [*but not* 67X], NM, 67T, 67BC, 67N, 67PDI, 68CP, T70,
W70L, 74:
      De trahir Indatire à qui l'hymen t'engage.
      Il m'offre de ses biens l'inutile avantage,
      Et pour mes derniers jours une vaine grandeur.

Triomphant dans nos jeux, plein d'amour et de joie,
Indatire en tes bras par son père conduit,   205
De l'amour le plus pur attend le digne fruit;
Rien n'en doit altérer l'innocente allégresse.
Les Scythes sont humains et simples sans bassesse;
Mais leurs naïves mœurs ont de la dureté;
On ne les trompe point avec impunité;   210
Et surtout de leurs lois vengeurs impitoyables,
Ils n'ont jamais, ma fille, épargné des coupables.

OBÉÏDE

Seigneur, vous vous borniez à me persuader;[30]
Pour la première fois pourquoi m'intimider?
Vous savez si du sort bravant les injustices,   215
J'ai fait depuis quatre ans d'assez grands sacrifices.
S'il en fallait encor, je les ferais pour vous.
Je ne craindrai jamais mon père ou mon époux.
Je vois tout mon devoir – ainsi que ma misère.[31]
Allez. – Vous n'avez point de reproche à me faire.   220

SOZAME

Pardonne à ma tendresse un reste de frayeur,[32]
Triste et commun effet de l'âge et du malheur.
Mais qu'il parte aujourd'hui; que jamais sa présence

204 w75G: jeux pleins d'amour
218 66/67, 67PL [*but not* 67X], NM, 67T, 67BC [*with inverted commas*], 67N,
67PDI, 68CP, T70, W70L, 74 [*with inverted commas*]: Votre fille jamais ne craindra
son époux. [67PLB*: β]
223-28 66/67, 67PL, 67GP, 67X, NM, 67T, 67BC, 67N, 67PDI, 68CP, T70,
W70L, 74: [67PLB*: *struck out*]
Je tremble [66/67A*, 66/67B*, 66/67D, NM, 67T, 67N: J'ai tremblé; NM *errata*:
Je tremble] seulement que ton cœur ne gémisse.

[30] 66/67C* indicates: 'point de déclamation'.
[31] 66/67C* indicates: 'douleur étoufée et noblesse'. See also D14108.
[32] 66/67C* indicates: 'd'un air triste'.

Ne profane un asile ouvert à l'innocence.

OBÉÏDE

C'est ce que je prétends, seigneur;[33] et plût aux dieux   225
Que son fatal aspect n'eût point blessé mes yeux!

SOZAME

Rien ne troublera plus ton bonheur qui s'apprête,
Et je vais de ce pas en préparer la fête.

SCÈNE IV

OBÉÏDE, SULMA

SULMA

Quelle fête cruelle! Ainsi dans ce séjour
Vos beaux jours enterrés sont perdus sans retour.   230

OBÉÏDE

Ah dieux!

O de mes derniers ans tendre consolatrice.
Va ton père est bien loin de te rien reprocher.
Ton époux fut ton choix, et sans doute il t'est cher,
Je vais trouver son père, et préparer la fête.
Rien ne troublera plus ton bonheur qui s'apprête.

(*Il sort.*)

223-24   67PLB*:
Mais qu'il parte à l'instant. Que jamais sa présence
N'épouvante un azile ouvert à l'innocence.
227-28   67PLB*:
<Rien ne troublera plus ton bonhe> β
<Je vais de ton himen [*undecipherable*] l'auguste fête.> β

[33] These first words should be said 'avec une voix entrecoupée' (D14173). For the rest of the couplet 'elle doit dire douloureusement'.

SULMA

Votre pays, la cour qui vous vit naître,
Un prince généreux – qui vous plaisait peut-être,
Vous les abandonnez sans crainte et sans pitié?

OBÉÏDE

Mon destin l'a voulu – j'ai tout sacrifié.

SULMA

Haïriez-vous toujours la cour et la patrie?   235

OBÉÏDE

Malheureuse! – jamais je ne l'ai tant chérie. [34]

SULMA

Ouvrez-moi votre cœur, je le mérite.

OBÉÏDE

        Hélas!
Tu n'y découvrirais que d'horribles combats.
Il craindrait trop ta vue et ta plainte importune.
Il est des maux, Sulma, que nous fait la fortune;   240
Il en est de plus grands [35] dont le poison cruel
Préparé par nos mains, porte un coup plus mortel.
Mais lorsque dans l'exil à mon âge on rassemble,
Après un sort si beau, tant de malheurs ensemble,
Lorsque tous leurs assauts viennent se réunir,   245
Un cœur, un faible cœur les peut-il soutenir? [36]

---

[34] 66/67C* indicates: 'eclatez douloureusement'. See also Palissot, *Œuvres de Voltaire*, vol.6, p.202-203.

[35] 66/67C* indicates: 'beaucoup de douleur à ces mots: *il en est de plus grands*, après un petit silence et un soupir'.

[36] For emendations to lines 240-46, see D13690.

SULMA

Ecbatane... un grand prince...

OBÉÏDE

                  Ah! fatal Athamare![37]
Quel démon t'a conduit dans ce séjour barbare!
Que t'a fait Obéïde? et pourquoi découvrir
Ce trait longtemps caché qui me faisait mourir? 250
Pourquoi renouvelant ma honte et ton injure,
De tes funestes mains déchirer ma blessure?

SULMA

Madame, c'en est trop, c'est trop vous immoler
A ces préjugés vains qui viennent vous troubler,
A d'inhumaines lois d'une horde étrangère, 255
Dont un père exilé chargea votre misère.
Hélas! contre les rois son trop juste courroux
Ne sera donc jamais retombé que sur vous!
Quand vous le consolez, faut-il qu'il vous opprime?
Soyez sa protectrice, et non pas sa victime. 260
Athamare est vaillant, et de braves soldats
Ont jusqu'en ces déserts accompagné ses pas.
Athamare, après tout, n'est-il pas votre maître?

OBÉÏDE

Non.[38]

SULMA

     C'est en ses états que le ciel vous fit naître.
N'a-t-il donc pas le droit de briser un lien, 265
L'opprobre de la Perse, et le vôtre et le sien?

---

[37] The actress should cry at this point (D14133 and D14145).

[38] 66/67c* indicates: 'ce *non* doit être accompagné d'un soupir. ce non veut dire *oui*'. See also D14013.

M'en croirez-vous? partez, marchez sous sa conduite.
Si vous avez d'un père accompagné la fuite,
Il est temps à la fin qu'il vous suive à son tour;
Qu'il renonce à l'orgueil de dédaigner sa cour;   270
Que sa douleur farouche, à vous perdre obstinée,
Cesse enfin de lutter contre sa destinée.

OBÉÏDE

Non, ce parti serait injuste et dangereux,
Il coûterait du sang; le succès est douteux;
Mon père expirerait de douleur et de rage. —   275
Enfin l'hymen est fait:[39] — je suis dans l'esclavage.
L'habitude à souffrir pourra fortifier
Mon courage éperdu qui craignait de plier.

SULMA

Vous pleurez cependant, et votre œil qui s'égare,
Parcourt avec horreur cette enceinte barbare,   280
Ces chaumes, ces déserts, où des pompes des rois
Je vous vis descendue aux plus humbles emplois;
Où d'un vain repentir le trait insupportable
Déchire de vos jours le tissu misérable. —
Que vous restera-t-il? hélas!

OBÉÏDE

Le désespoir.[40]   285

285   66/67, 67PL, 67X, NM, 67T, 67BC, 67N, 67PDI, 68CP, T70, W70L, 74:
[67PLB*: β]
        Quel parti prenez-vous?
                    OBEIDE
                Celui du désespoir.

[39] 66/67C* indicates: 'douloureusement'.
[40] For changes to line 285, see D14075.

SULMA

Dans cet état affreux que faire?

OBÉÏDE [41]

– Mon devoir.
L'honneur de le remplir, le secret témoignage
Que la vertu se rend, qui soutient le courage,
Qui seul en est le prix, et que j'ai dans mon cœur,
Me tiendra lieu de tout, et même du bonheur. [42]   290

286a   66/67c*: *après des sanglots.*
287-90   66/67, 67N, 68CP, T70, W70L: [*absent*] [66/67B*, 66/67c*: β]

[41] 66/67c* indicates: 'après des sanglots'.
[42] 66/67c* indicates: 'ces quatre vers dettaillés avec force et noblesse'. Voltaire
tells Lekain that he hopes the actress will pass 'de l'attendrissement à la fermeté' in
these last lines (D14013).

ACTE IV

SCÈNE PREMIÈRE

ATHAMARE, HIRCAN

ATHAMARE

Penses-tu qu'Indatire osera me parler?

HIRCAN

Il l'osera, seigneur.

ATHAMARE

Qu'il vienne: – Il doit trembler.

HIRCAN

Les Scythes, croyez-moi, connaissent peu la crainte.
Mais d'un tel désespoir votre âme est-elle atteinte,
Que vous avilissiez l'honneur de votre rang,   5
Le sang du grand Cyrus mêlé dans votre sang,
Et d'un trône si saint le droit inviolable,
Jusqu'à vous compromettre avec un misérable,
Qu'on verrait, si le sort l'envoyait parmi nous,
A vos premiers suivants ne parler qu'à genoux?   10
Mais qui sur ses foyers peut avec insolence
Braver impunément un prince et sa puissance. [1]

ATHAMARE

Je m'abaisse, il est vrai; mais je veux tout tenter. [2]

12   66/67, 67PL, 67X, NM, 67T, 67BC, 67N, 67PDI, 68CP, T70, W7OL,
74: impunément les rois et leur puissance? [67PLB*: β]

[1] See D14075 for emendation.
[2] 66/67C* indicates: 'd'un ton passioné et décidé'.

415

Je descendrais plus bas pour la mieux mériter.
Ma honte est de la perdre; et ma gloire éternelle   15
Serait de m'avilir pour m'élever vers elle.
Penses-tu qu'Indatire en sa grossièreté
Ait senti comme moi le prix de sa beauté?
Un Scythe aveuglément suit l'instinct qui le guide;
Ainsi qu'une autre femme il épouse Obéïde.   20
L'amour, la jalousie et ses emportements
N'ont point dans ces climats apporté leurs tourments.
De ces vils citoyens l'insensible rudesse,
En connaissant l'hymen, ignore la tendresse.
Tous ces grossiers humains sont indignes d'aimer. [3]   25

HIRCAN

L'univers vous dément; le ciel sait animer
Des mêmes passions tous les êtres du monde.
Si du même limon la nature féconde,
Sur un modèle égal ayant fait les humains,
Varie à l'infini les traits de ses desseins,   30
Le fond de l'homme reste, il est partout le même.
Persan, Scythe, Indien, tout défend ce qu'il aime.

ATHAMARE

Je le défendrai donc: je saurai le garder. [4]

HIRCAN

Vous hasardez beaucoup.

---

14   w75G: Je descendrai plus
25   66/67, 67PL, 67GP, 67X, NM, 67T, 67BC, 67N, 67PDI, 68CP, T70, W70L,
74: Il n'est que les grands cœurs qui soient dignes d'aimer. [67PLB*: <Il n'est
que...> <Des cœurs tels que le sien sont indignes d'aimer> Ces rustiques humains
sont indignes d'aimer]

[3] D14167 shows Voltaire's hesitation over this line.
[4] 66/67C* indicates: 'un peu d'emportement et beaucoup de fierté'.

ATHAMARE

Et que puis-je hasarder? [5]
Ma vie? elle n'est rien sans l'objet qu'on m'arrache: 35
Mon nom? quoi qu'il arrive il restera sans tache:
Mes amis? ils ont trop de courage et d'honneur
Pour ne pas immoler sous le glaive vengeur
Ces agrestes guerriers dont l'audace indiscrète
Pourrait inquiéter leur marche et leur retraite.   40

HIRCAN

Ils mourront à vos pieds, et vous n'en doutez pas.

ATHAMARE

Ils vaincront avec moi: – Qui tourne ici ses pas? [6]

HIRCAN

Seigneur, je le connais, c'est lui, c'est Indatire.

ATHAMARE

Allez, que loin de moi ma garde se retire,
Qu'aucun n'ose approcher sans mes ordres exprès,   45
Mais qu'on soit prêt à tout.

---

34   67PL, 67BC, 67PDI, T70, 74: Que puis-je hasarder [67PLB*: β]
MSI: <Et> que puis-je hasarder.
   67PLE, 67X: [*with note*] Il ne faut point aspirer l'h, cela serait trop rude: on dit la valeur d'Henri Quatre et non la valeur de Henri.
40   MSI: Voudrait inquiéter
42   66/67, 67PL, 67X, NM, 67T, 67BC, 67N, 67PDI, 68CP, T70, W70L, 74: Qu'ils soient prêts – Quel mortel tourne vers moi ses pas? [67PLB*: <cher ami quel mortel tourne vers moy ses pas> β]

---

[5] See D14075 for emendation.
[6] For emendations, see D14075 and D14149.

SCÈNE II

ATHAMARE, INDATIRE

ATHAMARE

Habitant des forêts,
Sais-tu bien devant qui ton sort te fait paraître?

INDATIRE

On prétend qu'une ville en toi révère un maître,
Qu'on l'appelle Ecbatane, et que du mont Taurus
On voit ses hauts remparts élevés par Cyrus.   50
On dit (mais j'en crois peu la vaine renommée)
Que tu peux dans la plaine assembler une armée,
Une troupe aussi forte, un camp aussi nombreux
De guerriers soudoyés, et d'esclaves pompeux,
Que nous avons ici de citoyens paisibles.   55

ATHAMARE

Il est vrai, j'ai sous moi des troupes invincibles.
Le dernier des Persans de ma solde honoré,
Est plus riche et plus grand, et plus considéré,
Que tu ne saurais l'être aux lieux de ta naissance,
Où le ciel vous fit tous égaux par l'indigence.   60

INDATIRE

Qui borne ses désirs est toujours riche assez.

ATHAMARE

Ton cœur ne connaît point les vœux intéressés;
Mais la gloire, Indatire?

46   67AC: Habitants des

418

INDATIRE

Elle a pour moi des charmes.

ATHAMARE

Elle habite à ma cour à l'abri de mes armes;
On ne la trouve point dans le fond des déserts; 65
Tu l'obtiens près de moi, tu l'as si tu me sers;
Elle est sous mes drapeaux; viens avec moi t'y rendre.

INDATIRE

A servir sous un maître on me verrait descendre!

ATHAMARE

Va, l'honneur de servir un maître généreux,
Qui met un digne prix aux exploits belliqueux, 70
Vaut mieux que de ramper dans une république,
Ingrate en tous les temps, et souvent tyrannique.
Tu peux prétendre à tout en marchant sous ma loi.
J'ai, parmi mes guerriers, des Scythes comme toi. [7]

INDATIRE

Tu n'en as point. Apprends que ces indignes Scythes, 75
Voisins de ton pays, sont loin de nos limites.
Si l'air de tes climats a pu les infecter,
Dans nos heureux cantons il n'a pu se porter.
Ces Scythes malheureux ont connu l'avarice;
La fureur d'acquérir corrompit leur justice; 80
Ils n'ont su que servir; leurs infidèles mains
Ont abandonné l'art qui nourrit les humains,

69-72   66/67, 67N, 68CP: [*absent;* 66/67C*: β *but with line 70 first written as*
insensible au mérite et même tiranique]
72   T70: en tout temps

---

[7] For the development of lines 68-71, see D13991 and D13993.

Pour l'art qui les détruit, l'art affreux de la guerre.
Ils ont vendu leur sang aux maîtres de la terre.
Meilleurs citoyens qu'eux, et plus braves guerriers,   85
Nous volons aux combats, mais c'est pour nos foyers.
Nous savons tous mourir, mais c'est pour la patrie.
Nul ne vend parmi nous son honneur ou sa vie.
Nous serons, si tu veux, tes dignes alliés;
Mais on n'a point d'amis alors qu'ils sont payés.   90
Apprends à mieux juger de ce peuple équitable, [8]
Egal à toi, sans doute, et non moins respectable.

ATHAMARE

Elève ta patrie, et cherche à la vanter;
C'est le recours du faible, on peut le supporter.
Ma fierté que permet la grandeur souveraine,   95
Ne daigne pas ici lutter contre la tienne. –
Te crois-tu juste au moins?

INDATIRE

Oui, je puis m'en flatter.

ATHAMARE

Rends-moi donc le trésor que tu viens de m'ôter.

INDATIRE

A toi?

93-97   66/67:
            Eh bien, te crois-tu juste? [66/67c*: β]
                    INDATIRE
                    Oui

[8] For the development of lines 91-97, see D13953, D13956 ('Je sais bien qu'il doit être pressé de lui parler d'Obéïde, mais il me semble aussi que la bienséance théâtrale exige qu'Athamare ne laisse pas le discours d'Indatire sans réplique') and D13965 ('Athamare ne répond rien à cela; il est vrai qu'il est pressé de parler de sa demoiselle, mais il me paraît nécessaire de confondre d'abord cette bravade').

420

ATHAMARE

Rends à son maître une de ses sujettes,
Qu'un indigne destin traîna dans ces retraites;   100
Un bien dont nul mortel ne pourra me priver,
Et que sans injustice on ne peut m'enlever.
Rends sur l'heure Obéïde.

INDATIRE

                              A ta superbe audace,
A tes discours altiers, à cet air de menace,
Je veux bien opposer la modération   105
Que l'univers estime en notre nation.
    Obéïde, dis-tu, de toi seul doit dépendre;
Elle était ta sujette! Oses-tu bien prétendre
Que des droits des mortels on ne jouisse pas,
Dès qu'on a le malheur de naître en tes Etats? [9]   110
Le ciel en le créant forma-t-il l'homme esclave?
La nature qui parle, et que ta fierté brave,
Aura-t-elle à la glèbe attaché les humains,
Comme les vils troupeaux mugissants sous nos mains?
Que l'homme soit esclave aux champs de la Médie,   115
Qu'il rampe, j'y consens; il est libre en Scythie.
Au moment qu'Obéïde honora de ses pas
Le tranquille horizon qui borde nos Etats,
La liberté, la paix, qui sont notre apanage,
L'heureuse égalité, les biens du premier âge,   120
Ces biens que des Persans aux mortels ont ravis, [10]
Ces biens perdus ailleurs, et par nous recueillis,
De la belle Obéïde ont été le partage.

---

[9] 66/67c* indicates: 'Simple, fier décidé et noble dans la simplicité'.
[10] For the development of this line, see D13685.

ATHAMARE

Il en est un plus grand, celui que mon courage [11]
A l'univers entier oserait disputer,   125
Que tout autre qu'un roi ne saurait mériter,
Dont tu n'auras jamais qu'une imparfaite idée,
Et dont avec fureur mon âme est possédée,
Son amour; c'est le bien qui doit m'appartenir.
A moi seul était dû l'honneur de la servir.   130
Oui, je descends enfin jusqu'à daigner te dire
Que de ce cœur altier je lui soumis l'empire,
Avant que les destins eussent pu t'accorder
L'heureuse liberté d'oser la regarder.
Ce trésor est à moi, barbare, il faut le rendre.   135

INDATIRE

Imprudent étranger, ce que je viens d'entendre,
Excite ma pitié plutôt que mon courroux.
Sa libre volonté m'a choisi pour époux;
Ma probité lui plut: elle l'a préférée
Aux recherches, aux vœux de toute ma contrée: 140
Et tu viens de la tienne ici redemander
Un cœur indépendant qu'on vient de m'accorder!
O toi qui te crois grand, qui l'es par l'arrogance,
Sors d'un asile saint, de paix et d'innocence,
Fuis; cesse de troubler si loin de tes états,   145
Des mortels tes égaux qui ne t'offensent pas.
Tu n'es pas prince ici.

123a   67PL [*but not* 67X], 67PD1, T70: [*with note*] Fier et très passionné. [67PLB*:
note call and note struck out]
        67BC, 74: ATHAMARE *avec fierté et passion.*
128   77: Et donc avec

[11] 66/67C* indicates: 'fier et très passioné'.

ATHAMARE

Ce sacré caractère
M'accompagne en tous lieux sans m'être nécessaire.
Si j'avais dit un mot, ardents à me servir,
Mes soldats à mes pieds auraient su te punir.　　　　150
Je descends jusqu'à toi, ma dignité t'outrage,
Je la dépose ici, je n'ai que mon courage,
C'est assez, je suis homme, et ce fer me suffit
Pour remettre en mes mains le bien qu'on me ravit.
Cède Obéïde, ou meurs, ou m'arrache la vie.　　　　155

INDATIRE

Quoi! nous t'avons en paix reçu dans ma patrie,
Ton accueil nous flattait, notre simplicité
N'écoutait que les droits de l'hospitalité,
Et tu veux me forcer dans la même journée, [12]
De souiller par ta mort un si saint hyménée!　　　　160

ATHAMARE

Meurs, te dis-je, ou me tue: – On vient, retire-toi,
Et si tu n'es un lâche...

INDATIRE

Ah! c'en est trop...

149-53　66/67, 67PL, 67GP, 67X, NM, 67T, 67BC, 67N, 67PDI, 68CP, T70,
W70L, 74: Je suis homme, on m'outrage, et ce fer me suffit [67PLB*: β]
157-59　66/67: [66/67C*: β]
　　　　On t'a donné le droit de l'hospitalité.
　　　　Nous te traitons en frère, et ta férocité
　　　　Oserait me forcer dans la même journée

[12] For the development of lines 156-59, see D14027 and D14033 ('On dit beaucoup au cinquième acte que les Scythes sont féroces; il ne faut pas qu'on dise au quatrième que les Persans sont féroces aussi').

ATHAMARE

Suis-moi,

Je te fais cet honneur.

(*Il sort.*)[13]

SCÈNE III

INDATIRE, HERMODAN, SOZAME, Un Scythe

HERMODAN *à Indatire, qui est près de sortir.*

Viens, ma main paternelle
Te remettra, mon fils, ton épouse fidèle.
Viens, le festin t'attend.

INDATIRE

Bientôt je vous suivrai,

Allez. – O cher objet! je te mériterai.

(*Il sort.*)

165

SCÈNE IV

HERMODAN, SOZAME, Un Scythe

SOZAME

Pourquoi ne pas nous suivre? Il diffère! –

163d   66/67, 67BC, T70, W75G, W75X, 74, 77: *est prêt de sortir.*
NM, 67T, 67N, 68CP, W70L: *est prêt à sortir.*
163-65   68PL:

Appui de ma vieillesse
Viens mon fils, mon cher fils, combler mon allégresse
Tout est prêt, on t'attend.

[13] 'L'intention de cette scène est très neuve, et l'auteur pouvait en tirer un plus grand parti. Telle qu'elle est, c'est une des scènes qui fut le plus applaudie au théâtre' (Palissot, *Œuvres de Voltaire*, vol.6, p.208).

HERMODAN

Ah! Sozame,
Cher ami, dans quel trouble il a jeté mon âme!
As-tu vu sur son front des signes de fureur?

SOZAME

Quel en serait l'objet? [14]

HERMODAN

Peut-être que mon cœur   170
Conçoit d'un vain danger la crainte imaginaire;
Mais son trouble était grand; Sozame, je suis père.
Si mes yeux par les ans ne sont point affaiblis,
J'ai cru voir ce Persan qui menaçait mon fils.

SOZAME

Tu me fais frissonner: — avançons; Athamare   175
Est capable de tout.

HERMODAN

La faiblesse s'empare
De mes esprits glacés; et mes sens éperdus [15]
Trahissent mon courage: et ne me servent plus. —
(*Il s'assied en tremblant sur le banc de gazon.*)

170   66/67, 67PL, 67GP, 67X, NM, 67T, 67BC, 67N, 67PDI, 68CP, T70, W70L, 74: [67PLB*: β]
> N'as-tu rien remarqué?

SOZAME
> Non.

HERMODAN
> Peut-être mon cœur
177   66/67: glacés, de mes sens [66/67A*, 66/67C*: β]
178   66/67: Marchons, — je ne le puis, je ne me soutiens plus [66/67C*: β]

[14] For the development of lines 169-70, see D14167.
[15] Voltaire complains to Rieu that the printers have printed 'de mes sens éperdus' for 'et mes sens éperdus' (D14022).

Mon fils ne revient point: – j'entends un bruit horrible.
(*Au Scythe qui est auprès de lui.*)
Je succombe. – Va, cours, en ce moment terrible,   180
Cours, assemble au drapeau nos braves combattants.

LE SCYTHE

Rassure-toi, j'y vole, ils sont prêts en tout temps.

SOZAME *à Hermodan.*

Ranime ta vertu, dissipe tes alarmes.

HERMODAN *se relevant à peine.*

Oui, j'ai pu me tromper. Oui, je renais.

SCÈNE V

HERMODAN, SOZAME, ATHAMARE *l'épée à la main*, HIRCAN, Suite

ATHAMARE

Aux armes! [16]
Aux armes, compagnons, suivez-moi, paraissez,   185

182a   MS1: [*stage direction absent*]
183   66/67, 67PL, 67GP, 67X, NM, 67T, 67BC, 67N, 67PDI, 68CP, T70, W70L,
74: Reviens à toi, respire et calme tes alarmes.
183a   MS1: [*stage direction absent*]
184c   MS1: HIRCAN, PERSANS
185-86   66/67, 67PL, 67GP, 67X, NM, 67T, 67BC, 67N, 67PDI, 68CP, T70, W70L:
       Aux armes, compagnons, il est temps, paraissez. [67PLB*: β]
       C'en est fait. [67PLB*: β]
           HERMODAN *effrayé et chancelant.*
           Quoi! barbare...
           SOZAME
                   O ciel!
           ATHAMARE *à ses gardes*
                   Obéissez,

[16] 'Le moment où Athamare entre au quatrième acte après avoir tué Indatire est trop violent pour qu'il parle longtemps. Il n'a pas un moment à perdre' (D14023).

Où la trouver?

HERMODAN *effrayé, en chancelant.*
Barbare...

SOZAME
Arrête.

ATHAMARE *à ses gardes.*
Obéissez,
De sa retraite indigne enlevez Obéïde;
Courez, dis-je, volez: que ma garde intrépide,
(Si quelque audacieux tentait de vains efforts)
Se fasse un chemin prompt dans la foule des morts.   190
— C'est toi qui l'as voulu, Sozame inexorable.

SOZAME
J'ai fait ce que j'ai dû.

HERMODAN
Va, ravisseur coupable,
Infidèle Persan, mon fils saura venger
Le détestable affront dont tu viens nous charger.
Dans ce dessein, Sozame, il nous quittait sans doute.   195

ATHAMARE
Indatire? ton fils?

HERMODAN
Oui, lui-même.

186a MSI: [*stage direction absent*]
186c MSI: [*stage direction absent*]
187-88 67PLB*:
        <De> ⸢à⸣ <enlevez> ⸢arrachez Obéïde,
        <Courez, dis-je, volez> ⸢quon l'enleve volez.
196a 67GP: HERMODAN *frémissant.*

427

ATHAMARE

Il m'en coûte[17]
D'affliger ta vieillesse et de percer ton cœur;
Ton fils eût mérité de servir ma valeur.

HERMODAN

Que dis-tu?

ATHAMARE *à ses soldats.*

Qu'on épargne à ce malheureux père
Le spectacle d'un fils mourant dans la poussière;   200
Fermez-lui ce passage.

HERMODAN

Achève tes fureurs,
Achève. – N'oses-tu? Quoi! tu gémis, – Je meurs.
Mon fils est mort, ami! –
(*Il tombe sur le banc de gazon.*)

ATHAMARE

Toi, père d'Obéïde,[18]
Auteur de tous mes maux, dont l'âpreté rigide,
Dont le cœur inflexible à ce coup m'a forcé,   205

198a-201a 66/67, 67PLA, 67PLB, 67PLC, 67PLD, NM, 67T, 67N, 68CP, T70,
W70L:
    Mais il a dû tomber sous la main qui l'immole.
    Vieillard ton fils n'est plus. Que ton cœur se console;
    Il est mort en brave homme.
           HERMODAN
200 67GP: mourant sur la

[17] For the development of lines 196-201, see D14011, D14094 and D14108.
[18] 66/67C* indicates: 'Sozame se tient pres de lui en lui tendant les bras sans écouter ce que dit Athamare. C'est icy que la grande pantomime est necessaire'.

Que je chéris encor quand tu m'as offensé,
Il faut dans ce moment la conduire et me suivre.

SOZAME

Moi! ma fille!

ATHAMARE

En ces lieux il t'est honteux de vivre. [19]
Attends mon ordre ici.
(*A ses soldats.*)
                    Vous, marchez avec moi.

207a-209   66/67, 67PL, 67X, 67BC, 67PDI, 68CP, T70, W70L, 74:
Il faut quitter ces lieux où tu ne peux plus vivre.
Attends mon ordre.//
        66/67A*:
<Il faut quitter> Moi? ma fille!
                HERMODAN *à Soȝame.*
Athamare en ces lieux il m'est honteux de vivre
Attends mon ordre.//
        66/67B*, 66/67C*:

        SOZAME *se retournant.* [66/67B*: *stage direction absent*]
Moi! ma fille!

                ATHAMARE
        En ces lieux il t'est honteux de vivre
Attends mon ordre.//
        NM, 67T, 67N:
En ces lieux tu ne saurais plus vivre
Attends mon ordre.//

---

[19] 'Il est essentiel qu'il parle un peu durement à Sozame dont il est très mécontent,
sans quoi Sozame paraîtrait trop cruel de ne pas s'opposer au sacrifice au cinquième
acte en présence des Scythes. Enfin il me paraît qu'Athamare ne doit parler qu'en
maître à Sozame au milieu du tumulte du quatrième acte' (D14011).

SCÈNE VI

SOZAME, HERMODAN [20]

SOZAME *se courbant vers Hermodan.*

Tous mes malheurs, ami, sont retombés sur toi. –   210
Espère en la vengeance – il revient – il soupire [21] –
Hermodan!

HERMODAN *se relevant avec peine.*

Mon ami, fais au moins que j'expire
Sur le corps étendu de mon fils expirant!
Que je te doive, ami, cette grâce en mourant.
S'il reste quelque force à ta main languissante,   215
Soutiens d'un malheureux la marche chancelante;
Viens, lorsque de mon fils j'aurai fermé les yeux,
Dans un même sépulcre enferme-nous tous deux.

SOZAME

Trois amis y seront; [22] ma douleur te le jure.

209d   67PLB*: *vers Hermodan* ⌊*qui est tombé sur un banc de gazon.*

210   66/67, 67PL, 67X, NM, 67T, 67BC, 67N, 67PDI, 68CP, T70, W70L, 74: O jour de douleur et d'effroi!

211   67PL, NM, 67T, 67BC, 67N, 67PDI, 68CP, T70, W70L, 74: Il m'entend – il me voit – il revient – il soupire –

       67GP, 67PLB*: La mort est dans ses yeux, il revient, il soupire

213   67GP, 67PLB*: Sur les membres glacés de

219-25   66/67, 67PL, 67GP, 67X, NM, 67T, 67BC, 67N, 67PDI, 68CP, T70, W70L, 74: [67PLB*: β *with minor differences noted below*]

[20] 'Les deux vieillards ont fait verser des larmes. C'est un grand jeu de théâtre, c'est la nature elle-même. Les galants Welches ne sont pas encore accoutumés à ces tableaux pathétiques' (D14179).

[21] Voltaire reluctantly suggests the line 'Mon malheur te poursuit; il revient, il soupire' (D14029).

[22] Voltaire considered that this hemistich was 'très à sa place, très naturel, très touchant' (D14126).

Mais déjà l'on s'avance, on venge notre injure,   220
Nous ne mourrons pas seuls.

HERMODAN

Je l'espère; j'entends
Les tambours,[23] nos clairons, les cris des combattants.[24]
Nos Scythes sont armés. – Dieux, punissez les crimes!
Dieux! combattez pour nous, et prenez vos victimes!
Ayez pitié d'un père.

SCÈNE VII

SOZAME, HERMODAN, OBÉÏDE

SOZAME

O ma fille, est-ce vous?   225

Trois amis y seront. La même sépulture [67GP: Ne pouvant te venger, tu m'y verras descendre.]
Contiendra notre cendre; oui ma bouche le jure. [67GP: Tu vas suivre ton fils; je rejoindrai mon gendre.]
Athamare après tout, violent, emporté
A d'un cœur généreux la magnanimité.
Il ne m'enviera pas cette grâce dernière. –   5
Allons, j'entends au loin la trompette guerrière,
Les tambours, les clairons, les cris des combattants. [67PLB*: Nos tambours nos clairons les cris des combatants,]

HERMODAN

Ah! l'on venge mon fils. Je retrouve mes sens
Nos Scythes sont armés – O Dieux vengeurs des crimes; [67GP: β *line 223*]
Vous combattrez pour nous, vous prendrez vos victimes! [67GP, 67PLB*:   10
Que les cœurs innocents ne soient pas [67PLB*: plus] vos victimes.]
Nous ne mourrons pas seuls. [67GP: β *line 225*]//

---

23 For a correction, see D14174.
24 See the d'Argentals' *Observations* in Appendix 1, lines 44-45, n.11.

431

HERMODAN

Chère Obéïde – hélas!

OBÉÏDE

Je tombe à vos genoux.
Dans l'horreur du combat avec peine échappée[25]
A la pointe des dards, au tranchant de l'épée,
Aux sanguinaires mains de mes fiers ravisseurs,
Je viens de ces moments augmenter les horreurs.   230
    (*A Hermodan.*)
Ton fils vient d'expirer, j'en suis la cause unique.
De mes calamités l'artisan tyrannique,
Nous a tous immolés à ses transports jaloux;
Mon malheureux amant a tué mon époux;[26]
Sous vos yeux, sous les miens, et dans la place même   235
Où, pour le triste objet qu'il outrage et qu'il aime,
Pour d'indignes appas toujours persécutés,
Des flots de sang humain coulent de tous côtés.
On s'acharne, on combat sur le corps d'Indatire,
On se dispute encor ses membres qu'on déchire.   240
Les Scythes, les Persans l'un par l'autre égorgés,
Sont vainqueurs et vaincus, et tous meurent vengés.
    (*A tous deux.*)
Où voulez-vous aller, et sans force et sans armes?
On aurait peu d'égards à votre âge, à vos larmes.
J'ignore du combat quel sera le destin;   245
Mais je mets sans trembler mon sort en votre main.

---

235   66/67, 67PL, NM, 67T, 68CP, T70, W70L: Sous mes yeux, à ma porte, et
dans

[25] 66/67C* indicates: 'ce couplet éxige de la déclamation elle doit être vive et
douloureuse'.
[26] See the d'Argentals' *Observations* in Appendix 1, lines 35-36, n.6; and Palissot,
Œuvres de Voltaire, vol.6, p.220.

Si le Scythe sur moi veut assouvir sa rage,
Il le peut, je l'attends, je demeure en otage.

HERMODAN

Ah! j'ai perdu mon fils, tu me restes du moins.
Tu me tiens lieu de tout.

SOZAME

Ce jour veut d'autres soins. 250
Armons-nous, de notre âge oublions la faiblesse.
Si les sens épuisés manquent à la vieillesse,
Le courage demeure, et c'est dans un combat
Qu'un vieillard comme moi doit tomber en soldat.

HERMODAN

On nous apporte encor de fatales nouvelles. 255

SCÈNE VIII

SOZAME, HERMODAN, OBÉÏDE, le Scythe qui a déjà paru.

LE SCYTHE

Enfin nous l'emportons.

HERMODAN

Déités immortelles,
Mon fils serait vengé! N'est-ce point une erreur?

248   66/67, 67PL, NM, 67T, 67N, 67PDI, 68CP, T70, W70L: l'attends, et je reste
[67X: demeure] en otage. [67PLB*: β]
249-50   66/67, 67PL, NM, 67T, 67N, 67PDI, 68CP, T70, W70L:
        Ah! si mon triste sort pouvait être adouci,
        Il le serait par toi.
                        SOZAME
                Que faisons-nous ici?
250   W75G: lieu du tout
255b   67GP: *paru suivi de plusieurs autres.*

LE SCYTHE

Le ciel nous rend justice, et le Scythe est vainqueur.[27]
Tout l'art que les Persans ont mis dans le carnage
Leur grand art de la guerre enfin cède au courage;   260
Nous avons manqué d'ordre, et non pas de vertu;
Sur nos frères mourants nous avons combattu.
La moitié des Persans à la mort est livrée.
L'autre qui se retire est partout entourée
Dans la sombre épaisseur de ces profonds taillis,[28]   265
Où bientôt, sans retour, ils seront assaillis.

HERMODAN

De mon malheureux fils le meurtrier barbare
Serait-il échappé?

LE SCYTHE

Qui! ce fier Athamare?
Sur nos Scythes mourants qu'a fait tomber sa main,
Epuisé, sans secours, enveloppé soudain,   270
Il est couvert de sang, il est chargé de chaînes.

OBÉÏDE

Lui!

SOZAME

Je l'avais prévu. – Puissances souveraines,
Princes audacieux, quel exemple pour vous!

259-62   66/67, 67PL, NM, 67T, 67BC, 67N, 68CP, T70, W70L, 74: [absent]
262   67GP: frères sanglants nous

[27] For the emendation to lines 258-63, see D14144.
[28] 'Voltaire ne repoussait pas toujours le mot propre, simple. Ailleurs dans *Les Guèbres* il y a *palis* pour *palissades*. Mais chez lui, à ses yeux même, c'était négligence, à ceux de son école aussi. C'est le mot *bas* qui n'est pas *du domaine de la tragédie*' (Flaubert, *Le Théâtre de Voltaire*, p.396).

HERMODAN

De ce cruel enfin nous serons vengés tous.
Nos lois, nos justes lois seront exécutées. 275

OBÉÏDE

Ciel!... Quelles sont ces lois?

HERMODAN

Les dieux les ont dictées.

SOZAME

O comble de douleur et de nouveaux ennuis!

OBÉÏDE

— Mais enfin, les Persans ne sont pas tous détruits,
On verrait Ecbatane en secourant son maître, [29]
Du poids de sa grandeur vous accabler peut-être. 280

HERMODAN

Ne crains rien: — Toi, jeune homme, et vous, braves guerriers,
Préparez votre autel entouré de lauriers.

OBÉÏDE

Mon père!...

HERMODAN

Il faut hâter ce juste sacrifice.
Mânes de mon cher fils! que ton ombre en jouisse!
Et toi qui fus l'objet de ses chastes amours, 285
Qui fus ma fille chère et le seras toujours,

277a 66/67, 67PL, 67X, NM, 67T, 67BC, 67N 67PDI, 68CP, T70, W70L,
74: OBÉÏDE *à Hermodan*.

[29] 66/67C* indicates: 'avec embaras et crainte d'une voix douloureuse et
entrecoupée'.

Qui de ta piété filiale et sincère
N'a jamais altéré le sacré caractère,
C'est à toi de remplir ce qu'une austère loi [30]
Attend de mon pays et demande de toi. [31]   290

(*Il sort.*)

OBÉÏDE

Qu'a-t-il dit? Que veut-on de cette infortunée?
Ah! mon père, en quels lieux m'avez-vous amenée?

SOZAME

Pourrai-je t'expliquer ce mystère odieux? [32]

OBÉÏDE

Je n'ose le prévoir: — je détourne les yeux.

---

289 66/67, 67PL, NM, 67T, 67N, 67PDI, T70, W70L: Nous t'apprendrons
bientôt ce qu'une austère loi
290b-93 66/67:

OBÉÏDE
Chaque mot qu'il m'a dit a glacé mon courage.

SOZAME
Je conçois ta terreur, et mon cœur la partage.
Viens, je t'expliquerai ce mystère odieux.

66/67C*, 67PL, NM, 67T, 67BC, 67X, 67BC, 67N, 67PDI, 68CP, T70,
W70L, 74, 76:

OBÉÏDE [67BC, 76: *se jetant dans les bras de son père.*]
Où suis-je! qu'a-t-il dit! où me vois-je réduite!

SOZAME
Dans quel abîme affreux hélas! t'ai-je conduite!
Viens, je t'expliquerai ce mystère odieux. [67BC, 76: β *line 293*]
292 67PLB*: O mon père,

---

[30] For the emendation to this line, see D14075.
[31] See the d'Argentals' *Observations* in Appendix 1, lines 56-57, n.18 and 19.
[32] For the development of these lines, see D14043 and D14138.

SOZAME

Je frémis comme toi, je ne puis m'en défendre.   295

OBÉÏDE

Ah! laissez-moi mourir, seigneur, sans vous entendre. [33]

295a   67GP: OBÉÏDE *s'arrachant des bras de Sozame.*

[33] 66/67c* indicates: 'avec un eclat douloureux'. Judging by Voltaire's letter to Lekain (D14029), Thibouville seems to have recommended cutting these last two lines.

ACTE V [1]

SCÈNE PREMIÈRE

OBÉÏDE, SOZAME, HERMODAN, troupe de Scythes armés de javelots. *On apporte un autel couvert d'un crêpe et entouré de lauriers. Un Scythe met un glaive sur l'autel.*

OBÉÏDE *entre Soʒame et Hermodan.*

Vous vous taisez tous deux: craignez-vous de me dire [2]
Ce qu'à mes sens glacés votre loi doit prescrire?
Quel est cet appareil terrible et solennel?

SOZAME

Ma fille – il faut parler – voici le même autel
Que le soleil naissant vit dans cette journée,⁣   5
Orné de fleurs par moi pour ton saint hyménée,
Et voit d'un crêpe affreux couvert à son couchant.

HERMODAN

As-tu chéri mon fils?

OBÉÏDE

              Un vertueux penchant, [3]
Mon amitié pour toi, mon respect pour Sozame,
Et mon devoir surtout, souverain de mon âme,⁣   10

---

c   67PLC: troupe des Scythes

[1] 'Mon cher ami, je sors d'une grande répétition des *Scythes*. Le cinquième acte est sans contredit celui de tous qui a fait le plus grand effet théâtral' (D14029, Voltaire to Lekain).

[2] 66/67C* indicates: 'tous les vers de cette scene demandent un récit entrecoupé des poses un air sombre et terrible'.

[3] 66/67C* indicates: 'd'un air morne et embarassé'.

M'ont rendu cher ton fils: – mon sort suivait son sort;
J'honore sa mémoire, et j'ai pleuré sa mort.

HERMODAN

L'inviolable loi qui régit ma patrie,
Veut que de son époux une femme chérie,
Ait le suprême honneur de lui sacrifier,   15
En présence des dieux, le sang du meurtrier;[4]
Que l'autel de l'hymen soit l'autel des vengeances;
Que du glaive sacré qui punit les offenses,
Elle arme sa main pure, et traverse le cœur,
Le cœur du criminel qui ravit son bonheur.   20

OBÉÏDE

Moi, vous venger? – sur qui! – de quel sang! – Ah, mon père![5]

---

17   66/67: [*absent but given in errata;* 66/67A*, 66/67B*, 66/67C*: β]

19   66/67A*: Elle arme sa main pure, <et traverse>, elle perce le cœur.

20a-32   66/67, NM, 67T, 67GP, 67PL, 67PLB*, 67X, 67BC [*with inverted commas up to line 8 below*], 67N, 67PDI, 68CP, T70, W70L, 74 [*with inverted commas up to line 8 below*]: [67PL: *lines 1-8a below absent*]

Sozame a-t-il appris à sa chère Obéïde [66/67A*, 66/67B*, 66/67D: à sa fille qu'il aime;]

Tout ce que l'on attend de son cœur intrépide? [66/67A*, 66/67B*, 66/67D: Les rites consacrés de cette loi suprême!]

OBÉÏDE

Je n'en apprends que trop. [66/67A*, 66/67B*, 66/67D: que trop. Je pouvais déclarer]

SOZAME [66/67A*, 66/67B*, 66/67D: *absent*]

Je vous l'ai déclaré, [66/67A*, 66/67B*, 66/67D: *absent;* 67GP, 67X: vous ai déclaré]

---

[4] See d'Argental's 'Humble réplique', Appendix 2, lines 32-35, n.5.

[5] 66/67C* indicates: 'avec horreur'. Flaubert contends that this line 'ferait plus d'effet, si [Obéïde] n'avait rien compris à la fin du quatrième acte' (*Le Théâtre de Voltaire*, p.397).

HERMODAN

Le ciel t'a réservé ce sanglant ministère.

Je respecte un usage en ces lieux consacré; [66/67A*, 66/67B*, 66/67D: Qu'Athamare est d'un sang que l'on doit révérer,; 67GP, 67X: Que j'adopte un usage antique et consacré; 67PLB*: <Que j'adopte> Je révère un usage antique et consacré.]
Mais des sévères lois par vos aïeux dictées, [66/67A*, 66/67B*, 66/67D: Et des sévères lois par les Scythes dictées; 67GP, 67X: Mais des sanglantes lois pour les peuples dictées; 67PLB*: Mais <des [undecipherable] pour les peuples dictées> il [undecipherable] les persans sont à craindre]
Les têtes de nos rois pourraient [66/67A*, 66/67B*, 66/67D: Que la tête des rois peuvent] être exceptées. [67GP, 67X: Il est, vous le savez, des têtes exceptées.; 67PLB*: <Il est, vous [undecipherable] têtes exceptées> A se venger [undecipherable] allez les contraindre] [6]

5

UN SCYTHE

Plus les princes sont grands [67GP, 67X: Plus Athamare est grand], et plus sur nos autels [67PLB*: *changes text of* 67GP *and* 67X *to* Ces persans que du moins nous croyons égaler]
On doit un grand exemple au reste des mortels. [67PLB*: Par ce terrible exemple apprendront à trembler]

HERMODAN [66/67C*, 67PLB*, 67X, 67BC, 74: *à Obéïde.*]
Le ciel t'a réservé ce sacré ministère.

OBÉÏDE

Moi! je dois vous venger!

HERMODAN

Oui ma fille! [67GP, 67PLB*, 67X: Oui sans doute!]

OBÉÏDE

Ah! mon père!...

10

SOZAME

Où sommes-nous réduits!

OBÉÏDE

Peuple, écoutez ma voix.
Je pourrais ajouter, sans offenser vos lois,

[6] Voltaire tells Lacombe that 'la police ne veut pas passer ces vers: Mais des sanglantes lois par vos aïeux dictées / Il est vous le savez des têtes exceptées etc. Il faut se soumettre à cette délicatesse de la police quoique je n'en conçoive pas la raison' (D14167; see also D13960, D13944, D14005, D10023, D14008, D14043).

UN SCYTHE

C'est ta gloire et la nôtre.

SOZAME

Il me faut révérer
Les lois que vos aïeux ont voulu consacrer;
Mais le danger les suit: les Persans sont à craindre,   25
Vous allumez la guerre et ne pourrez l'éteindre.

LE SCYTHE

Ces Persans que du moins nous croyons égaler
Par ce terrible exemple apprendront à trembler. [7]

HERMODAN

Ma fille, il n'est plus temps de garder le silence;
Le sang d'un époux crie; et ton délai l'offense.   30

OBÉÏDE

Je dois donc vous parler. – Peuple, écoutez ma voix:
Je pourrais alléguer, sans offenser vos lois, [8]
Que je naquis en Perse, et que ces lois sévères
Sont faites pour vous seuls, et me sont étrangères.
Qu'Athamare est trop grand pour être un assassin.   35
Et que si mon époux est tombé sous sa main,
Son rival opposa sans aucun avantage
Le glaive seul au glaive, et l'audace au courage;
Que de deux combattants d'une égale valeur
L'un tue et l'autre expire avec le même honneur.   40
Peuples qui connaissez le prix de la vaillance,

41   T67: Peuple, qui

---

[7] 'Observer ce rôle du Scythe, c'est la foule qui parle, par sa bouche, comme dans Shakespeare. L'idée *du chœur* s'y trouve' (Flaubert, *Le Théâtre de Voltaire*, p.398).
[8] 66/67C* indicates: 'faisant un effort sur elle même'.

Vous aimez la justice ainsi que la vengeance,
Commandez, mais jugez: voyez si c'est à moi
D'immoler un guerrier qui dut être mon roi.

LE SCYTHE

Si tu n'oses frapper, si ta main trop timide 45
Hésite à nous donner le sang de l'homicide,
Tu connais ton devoir, nos mœurs et notre loi.

42-44 66/67:
C'est à vous de juger: j'ai dit ce que je pense,
C'est pour vous que je parle – et j'agirai pour vous –
Scythes c'est donc ce bras qui doit porter vos coups!
47-58 66/67: [66/67B*, 66/67C*: *see following variant*]
Il meurt dans des tourments pires que le trépas.
L'opprobre seul te reste; et nous n'hésitons pas.

HERMODAN

Tu ne peux rejeter un droit si légitime.

OBÉÏDE

Je l'accepte. [66/67A*: Il suffit]

SOZAME

Ah! grands Dieux!

OBÉÏDE

Vous aurez la victime.
J'appris à surmonter mes plus chers sentiments. 5
Scythes, je sais me vaincre, et garder mes serments.
(*à Hermodan*)
Père trop malheureux, tu demandes vengeance
Sois-en sûr – tu l'auras – mais que de ma présence
66/67B*, 66/67C*, NM, 67T, 67GP, 67PL, 67X, 67BC, 67N, 67PDI,
68CP, T70, W70L, 74:
Il meurt dans des tourments pires que le trépas.
Tu connais trop nos mœurs, et nous n'hésitons pas.

OBÉÏDE

Et si je hais vos mœurs, et si je vous refuse?

HERMODAN

Le ciel [66/67B*, 67PL, 67X, 67BC, 67PDI, 74: L'hymen] t'a fait ma fille,
et tu n'as point d'excuse.
Il n'en mourra pas moins, tu vivras sans honneur. 5

Tremble.

OBÉÏDE

Et si je demeure incapable d'effroi,
Si votre loi m'indigne, et si je vous refuse?

HERMODAN

L'hymen t'a fait ma fille, et tu n'as point d'excuse,   50
Il n'en mourra pas moins, tu vivras sans honneur.

LE SCYTHE

D'un peuple qui t'aima [67BC, 74: t'aime] tu deviendras l'horreur.

OBÉÏDE

Il vous faut [67BC, 74: Il faut] de ma main cette grande victime! [66/67B*:
absent]

HERMODAN

Tremble de rejeter un droit si légitime.

OBÉÏDE [66/67B*: *après un silence, d'un air terrible*;
67GP, W71: *après un grand silence*]

– Je l'accepte.

SOSAME

Ah! grands Dieux!

LE SCYTHE [66/67B*: *absent*]

Devant les immortels [66/67B*: *absent*]

En fais-tu le serment? [66/67B*: *absent*]

OBÉÏDE

Je le jure cruels: [66/67B*: Vous aurez la victime]   10

Je le jure, Hermodan: tu demandes vengeance, [66/67B*: <J'appris à
surmonter mes plus chers sentiments> Vous m'y forcez – ma main saura
porter vos coups]

Sois en sûr; tu l'auras – mais que de ma présence [66/67B*: <Scythes, je
sais me vaincre, et garder mes serments> Et peut-être ce sang versé
retombera sur vous]

[66/67B*: *adds*

(*à Hermodan*)

Père trop malheureux tu demandes vengeance.]

LE SCYTHE

Du plus cruel supplice il subira l'horreur.

HERMODAN

Mon fils attend de toi cette grande victime.

LE SCYTHE

Crains d'oser rejeter un droit si légitime.

OBÉÏDE *après quelques pas et un long silence.*

– Je l'accepte. [9]

SOZAME

Ah! grands dieux!

LE SCYTHE

Devant les immortels   55

En fais-tu le serment?

OBÉÏDE

Je le jure, cruels.

Je le jure, Hermodan. Tu demandes vengeance,
Sois-en sûr, tu l'auras: – mais que de ma présence
On ait soin de tenir le captif écarté,
Jusqu'au moment fatal par mon ordre arrêté.   60
Qu'on me laisse en ces lieux m'expliquer à mon père,
Et vous verrez après ce qui vous reste à faire.

---

[9] D'Argental censured 'je l'accepte' (D13719, and *Observations* in Appendix 1, lines 18-20, n.2) and seems to have proposed replacing it by 'je ne puis', a proposal Voltaire rejects on 23 February 1767: 'Nous trouvons insipide ce *je ne puis*, substitué à ce terrible *je l'accepte*. Nous croyons d'après l'expérience que ce *je l'accepte*, prononcé avec un ton de désespoir et de fermeté après un morne silence, fait l'effet le plus tragique' (D13990). Voltaire makes this point again to Lekain on 11 March: '*Je l'accepte*, après un morne silence et trois pas en avant, a été reçu avec frémissement, et des battements de main qui ne finissaient pas' (D14029).

LE SCYTHE *après avoir regardé tous ses compagnons.*
Nous y consentons tous.

HERMODAN

La veuve de mon fils
Se déclare soumise aux lois de mon pays;
Et ma douleur profonde est un peu soulagée,   65
Si par ses nobles mains cette mort est vengée.
Amis, retirons-nous.

OBÉÏDE

A ces autels sanglants
Je vous rappellerai quand il en sera temps.

SCÈNE II

SOZAME, OBÉÏDE

OBÉÏDE

Eh bien! qu'ordonnez-vous? [10]

SOZAME

Il fut un temps peut-être

62a   w75G: *regardé ses*
69   67GP, 67PLB*, 67PLe, 67X, w71: Eh bien, que ferez-vous?
69-82   66/67: [66/67B*: β *as far as line 75;* 66/67C*: β]
       Mon père, approchez-vous.

SOZAME
Mon âme épouvantée
Voit dans quel gouffre affreux je t'ai précipitée.
Ta fermeté m'accable et m'arrache des pleurs,
Que mes yeux refusaient à de si longs malheurs.
Malgré tous les affronts, malgré les injustices   5
Dont les rois d'Ecbatane ont payé mes services,

[10] For the development of this line, see D14075 and D14271.

Où le plaisir affreux de me venger d'un maître 70
Dans le cœur d'Athamare aurait conduit ta main,

Tout mon cœur s'attendrit quand ils sont malheureux.
Ils le sont plus que moi; ma haine s'est lassée.
La majesté du trône à cet excès blessée,
Ce ministère horrible à tes mains réservé, 10
Porte à mon cœur flétri, par les maux énervé
Un coup plus accablant, une atteinte plus rude,
Que ces tourments si longs dont j'ai pris l'habitude.
Et si je le pouvais, je fuirais avec toi
Les lieux où l'on porta cette exécrable loi. 15
J'ai craint que la patrie hélas! ne te fût chère,
Mais la patrie enfin parle au cœur de ton père.
J'y voudrais enterrer ma honte et mes regrets.

OBÉÏDE
Aviez-vous bien connu mes sentiments secrets?
Dans le fond de mon cœur, aviez-vous daigné lire? 20

SOZAME
J'ai pensé que ta main n'acceptait Indatire
Que pour ne pas aigrir un père infortuné.
Qui voulait cet hymen sans l'avoir ordonné.
Mais je n'ai jamais cru qu'en fuyant la Médie, [66/67B*: *struck out*]
Ton âme à ton devoir toujours assujettie, [66/67B*: *struck out*] 25
Pardonnait en secret aux transports outrageants [66/67B*: *struck out*]
Dont un prince coupable effraya tes beaux ans. [66/67B*: *struck out*]
J'ai pensé que des cours la pompe séduisante, [66/67B*: *struck out*]
La foule des plaisirs à ta voix renaissante, [66/67B*: *struck out*]
Tant d'honneurs, tant de biens, tant d'hommages perdus [66/67B*: *struck out*] 30
Te coûtaient les soupirs que j'avais entendus. [66/67B*: *struck out*]
Et j'ai de ta belle âme admiré la victoire.

OBÉÏDE
Elle m'a plus coûté que vous ne pouvez croire,
[66/67c*: 'Me dompter en tout temps est mon sort, ma gloire' *added by
Voltaire, then struck out*] [11]
Seigneur – quoi qu'il en soit vous voyez cet autel –
Ce glaive – votre fille – et ce couple cruel 35

[11] See also D13944 and D13945.

De son monarque ingrat, j'aurais percé le sein,
Il le méritait trop. Ma vengeance lassée
Contre les malheureux ne peut être exercée,
Tous mes ressentiments sont changés en regrets.   75

OBÉÏDE

Avez-vous bien connu mes sentiments secrets?
Dans le fond de mon cœur avez-vous daigné lire?

SOZAME

Mes yeux t'ont vu pleurer sur le sang d'Indatire;
Mais je pleure sur toi dans ce moment cruel.
J'abhorre tes serments.

OBÉÏDE

         Vous voyez cet autel, [12]   80
Ce glaive dont ma main doit frapper Athamare;
Vous savez quels tourments un refus lui prépare. [13]
Après ce coup terrible, — et qu'il me faut porter,
Parlez: — sur son tombeau voulez-vous habiter?

SOZAME

J'y veux mourir.

OBÉÏDE

       Vivez, ayez-en le courage. [14]   85

Qui va me commander que j'égorge Athamare —
Vous voyez — vous sentez quel meurtre se prépare
73   67PLA, 67X, 67BC, 67PDI, 67AC, T67, T70, 74, 78: Ils le méritaient trop

[12] 66/67c* indicates: 'icy des fremissements des pleurs qu'elle retient et une horreur qu'elle surmonte'.
[13] For the development of this line, see D13985, D13987 and D13990.
[14] 66/67c* indicates: 'fermeté'.

Les Persans, disiez-vous, vengeront leur outrage. [15]
Les enfants d'Ecbatane, en ces lieux détestés
Descendront du Taurus à pas précipités.
Les grossiers habitants de ces climats horribles
Sont cruels, il est vrai, mais non pas invincibles. 90
A ces tigres armés voulez-vous annoncer
Qu'au fond de leur repaire on pourrait les forcer?

SOZAME

On en parle déjà; les esprits les plus sages
Voudraient de leur patrie écarter ces orages.

OBÉÏDE

Achevez donc, seigneur, de les persuader: [16] 95
Qu'ils méritent le sang qu'ils osent demander.
Et tandis que ce sang de l'offrande immolée
Baignera sous vos yeux leur féroce assemblée, [17]

---

86   66/67: Nos Persans retranchés, non sans quelque avantage;
     66/67B*, 66/67C*, NM, 67T, 67GP, 67PL, 67X, 67BC, 67N, 67PDI, T70,
W70L, 74: Nos Persans, croyez moi, [67PLB*: β] vengeront
86-87   66/67: [*adds between these lines*; 66/67B*, 66/67C*: β]
        Ces Persans autrefois par vous-même conduits,
        Disciplinés par vous, et par Cyrus instruits,
        Fatigueront longtemps l'inutile vaillance
        De ces guerriers sans art et sans expérience.
93-94   66/67: [66/67B*, 66/67C*: β]
        On en parle déjà. Si leur horde attroupée,
        D'un péril éloigné n'a point été frappée,
        Les plus sages d'entre eux, à qui l'âge a donné
        Quelque faible crédit sur ce peuple obstiné,
        Voudraient de nos Persans, délivrant ce qui reste, 5
        Prévenir une guerre aux deux partis funeste.

---

[15] See D14167 and D14271 for the development of this line.
[16] 66/67C* indicates: 'fermeté'.
[17] 66/67C* indicates: 'horreur'.

448

Que tous nos citoyens soient mis en liberté,
Et repassent les monts sur la foi d'un traité.   100

SOZAME

Je l'obtiendrai, ma fille, et j'ose t'en répondre.
Mais ce traité sanglant ne sert qu'à nous confondre.
De quoi t'auront servi ta prière et mes soins?
Athamare à l'autel en périra-t-il moins?
Les Persans ne viendront que pour venger sa cendre,   105
Ce sang de tant de rois que ta main va répandre,
Ce sang que j'ai haï, mais que j'ai révéré,
Qui coupable envers nous n'en est pas moins sacré.

OBÉÏDE

Il l'est: – Mais je suis Scythe, – et le fus pour vous plaire. [18]
Le climat quelquefois change le caractère.   110

SOZAME

Ma fille!

OBÉÏDE

C'est assez, seigneur, j'ai tout prévu.

99   66/67, 67PL, 67X, 67BC, 67PDI, T70, 74: Que nos concitoyens soient [66/
67B*, 67PLB*: β]
105-108   66/67: [66/67B*: β to line 107 then line 8 below; 66/67C*: β]
            Les Mèdes conjurés, les peuples du Caucase,
            Tous les braves soldats de l'Araxe et du Phase,
            Tous les vainqueurs du monde auront-ils détourné
            Le meurtre d'Athamare à ma fille ordonné?
            Il ne leur restera qu'à venger sur sa cendre   5
            Le dernier sang des Rois que ta main va répandre;
            Que j'avais trop haï, mais que j'ai révéré,
            Et qui te fus trop cher, et qui nous est sacré.
109   W70L: Scythe – le fus

[18] 66/67C* indicates: 'effort douloureux'.

449

J'ai pesé mes destins, et tout est résolu.
Une invincible loi me tient sous son empire.
La victime est promise au père d'Indatire;
Je tiendrai ma parole: – Allez, il vous attend,   115
Qu'il me garde la sienne; – il sera trop content.

SOZAME

Tu me glaces d'horreur.

OBÉÏDE

Allez, je la partage. [19]
Seigneur, le temps est cher, achevez votre ouvrage;
Laissez-moi m'affermir: mais surtout obtenez
Un traité nécessaire à ces infortunés.   120
Vous prétendez qu'au moins ce peuple impitoyable
Sait garder une foi toujours inviolable;
Je vous en crois: – le reste est dans la main des dieux.

SOZAME

Ils ne présagent rien qui ne soit odieux:

112   66/67: J'ai pesé mon destin; mon cœur est résolu [66/67c*: β]
113-16   66/67c*, 67plb*: [*struck out*]
117a-19   66/67: [ms3, 66/67c*: β]

OBÉÏDE
Il n'importe, mon père.
Allez, et pour tout fruit de quatre ans de misère,
Achevez votre ouvrage; et surtout obtenez
121   66/67, 67gp: Vous m'avez dit qu'au moins [66/67b*, 66/67c*: β]
124-28   66/67: [66/67c*: β]
Va, je tenterai plus, je te servirai mieux;
Mes pleurs ont [66/67b*: J'ay déja] demandé la grâce d'Athamare.

OBÉÏDE
Vous ne l'obtiendrez point; sa perte se prépare.
Vous m'avez dit vous-même, en croyant m'étonner,
Que les Scythes jamais n'avaient su pardonner.   5

[19] 66/67c* indicates: 'douleur sombre et d'un air aussi affligé que déterminé'.

Tout est horrible ici. Ma faible voix encore   125
Tentera d'écarter ce que mon cœur abhorre.
Mais après tant de maux, mon courage est vaincu.
Quoi qu'il puisse arriver, ton père a trop vécu.

SCÈNE III

OBÉÏDE seule

OBÉÏDE

Ah! c'est trop étouffer la fureur qui m'agite.[20]
Tant de ménagement me déchire et m'irrite;   130
Mon malheur vint toujours de me trop captiver
Sous d'inhumaines lois que j'aurais dû braver.
Je mis un trop haut prix à l'estime, au reproche:
Je fus esclave assez: − ma liberté s'approche.

SCÈNE IV

OBÉÏDE, SULMA

OBÉÏDE

Enfin je te revois.[21]

SOZAME

Tu pourras les fléchir.

OBÉÏDE

Seigneur, j'en désespère;
Je sais que d'Indatire il faut venger le père. [66/67B*: Je sais qu'il faut
venger Indatire et son père.]
Sauvez nos citoyens: j'attends ici mon sort.

SOZAME

Je vais parler, ma fille, et demander ma mort.

128   β, w75G: Quoiqu'il

[20] 66/67C* indicates: 'éclat'.
[21] 66/67C* indicates: 'avec larmes'.

451

SULMA

Grands dieux! que j'ai tremblé, [22]   135
Lorsque disparaissant à mon œil désolé,
Vous avez traversé cette foule sanglante,
Vous affrontiez la mort de tous côtés présente;
Des flots de sang humain roulaient entre nous deux.
Quel jour! quel hyménée! et quel sort rigoureux!   140

OBÉÏDE

Tu verras un spectacle encor plus effroyable. [23]

SULMA

Ciel! on m'aurait dit vrai! – Quoi! votre main coupable
Immolerait l'amant que vous avez aimé,
Pour satisfaire un peuple à sa perte animé!

OBÉÏDE

Moi! complaire à ce peuple, aux monstres de Scythie, [24]   145
A ces brutes humains pétris de barbarie,
A ces âmes de fer, et dont la dureté
Passa longtemps chez nous pour noble fermeté,
Dont on chérit de loin l'égalité paisible, [25]
Et chez qui je ne vois qu'un orgueil inflexible,   150
Une atrocité morne, et qui sans s'émouvoir,
Croit dans le sang humain se baigner par devoir. –
   J'ai fui pour ces ingrats la cour la plus auguste,

137   67PL, 67X, 67BC, 67PDI, 74: Vous aviez traversé
149   66/67: Dans qui j'aimai de loin [66/67B*, 66/67C*: β]

[22] 66/67C* indicates: 'empressement'.
[23] 66/67C* indicates: 'terreur et douleur'.
[24] See the d'Argentals' *Observations* in Appendix 1, lines 24-28, n.3.
[25] 66/67C* indicates: 'L'actrice s'emporte dans cette tirade elle s'abandonne à sa douleur furieuse; elle finit par des éclats; mais quand elle dit *j'ai fui pour ces ingrats etc.* elle s'attendrit et verse des larmes, après quoi elle reprend ses imprécations'.

Un peuple doux, poli, quelquefois trop injuste,
Mais généreux, sensible, et si prompt à sortir   155
De ses iniquités par un beau repentir!
Qui? moi! complaire au Scythe; – Ô nations, ô terre,
O rois qu'il outragea, Dieux! maîtres du tonnerre,
Dieux, témoins de l'horreur où l'on m'ose entraîner,
Unissez-vous à moi, mais pour l'exterminer;   160
Puisse leur liberté préparant leur ruine,
Allumant la discorde et la guerre intestine,
Acharnant les époux, les pères, les enfants,
L'un sur l'autre entassés, l'un par l'autre expirants,
Sous des monceaux de morts avec eux disparaître.   165
Que le reste en tremblant rougisse aux pieds d'un maître.
Que, rampant dans la poudre au bord de leur cercueil,
Pour être mieux punis ils gardent leur orgueil;
Et qu'en mordant le frein du plus lâche esclavage,
Ils vivent dans l'opprobre, et meurent dans la rage!   170
– Où vais-je m'emporter! vains regrets! vains éclats!
Les imprécations ne nous secourent pas.
C'est moi qui suis esclave, et qui suis asservie
Aux plus durs des tyrans abhorrés dans l'Asie.

SULMA

Vous n'êtes point réduite à la nécessité   175
De servir d'instrument à leur férocité.

OBÉÏDE

Si j'avais refusé ce ministère horrible,
Athamare expirait d'une mort plus terrible.

167-68   66/67: [66/67c*: β]
    Puisqu'ils sont tous égaux, qu'ils soient également
    De leur chute éternelle un aveugle instrument:

SULMA

Mais cet amour secret qui vous parle pour lui?

OBÉÏDE

Il m'a parlé[26] toujours; et s'il faut aujourd'hui[27]   180
Exposer à tes yeux l'effroyable étendue,
La hauteur de l'abîme où je suis descendue,
J'adorais Athamare avant de le revoir.
Il ne vient que pour moi plein d'amour et d'espoir;
Pour prix d'un seul regard il m'offre un diadème;   185
Il met tout à mes pieds: et tandis que moi-même
J'aurais voulu, Sulma, mettre le monde aux siens;
Quand l'excès de ses feux n'égale pas les miens,
Lorsque je l'idolâtre, il faudra qu'Obéïde
Plonge au sein d'Athamare[28] un couteau parricide!   190

SULMA

C'est un crime si grand, que ces Scythes cruels,
Qui du sang des humains arrosent les autels,
S'ils connaissaient l'amour qui vous a consumée,
Eux-même arrêteraient la main qu'ils ont armée.

OBÉÏDE

Non, ils la porteraient dans ce cœur adoré,[29]   195
Ils l'y tiendraient sanglante, et leur glaive sacré
Ils tourneraient l'acier enfoncé dans ses veines.

SULMA

Se peut-il!...

---

[26] 66/67c* indicates: 'éclates'.
[27] 66/67c* indicates: 'changés de ton'.
[28] 66/67c* indicates: 'douloureuse et terrible'.
[29] 66/67c* indicates: 'terrible'.

OBÉÏDE

Telles sont leurs âmes inhumaines;
Tel est l'homme sauvage à lui-même laissé:
Il est simple, il est bon, s'il n'est point offensé.   200
Sa vengeance est sans borne.

SULMA

Et ce malheureux père
Qui creusa sous vos pas ce gouffre de misère,
Au père d'Indatire uni par l'amitié,
Consulté des vieillards, avec eux si lié,
Peut-il bien seulement supporter qu'on propose   205
L'horrible extrémité dont lui-même est la cause?

OBÉÏDE

Il fait beaucoup pour moi. J'ose même espérer,
Des douleurs dont j'ai vu son cœur se déchirer,
Que ses pleurs obtiendront de ce sénat agreste[30]
Des adoucissements à leur arrêt funeste.   210

SULMA

Ah! vous rendez la vie à mes sens effrayés.
Je vous haïrais trop si vous obéissiez.
Le ciel ne verra point ce sanglant sacrifice.

OBÉÏDE

Sulma!...

200   66/67c*, 67PLB*: bon, mais s'il est offensé

[30] See Voltaire's letter to Lekain: 'Comment des gens du monde peuvent-ils condamner *sénat agreste*? Ils n'ont pas vu les conseils généraux des petits cantons suisses. Le mot *agreste* est noble et poétique. Il est vrai qu'étant neuf au théâtre, quelques Frérons peuvent s'en effaroucher au parterre; mais c'est à la bonne compagnie à le défendre' (D14017, 4 March 1767).

SULMA

Vous frémissez.

OBÉÏDE

– Il faut qu'il s'accomplisse. [31]

SCÈNE V

OBÉÏDE, SULMA, SOZAME, HERMODAN; Scythes armés,
rangés au fond, en demi-cercle, près de l'autel.

SOZAME

Ma fille, hélas, du moins nos Persans assiégés   215
Des pièges de la mort seront tous dégagés.

HERMODAN

Des mânes de mon fils la victime attendue
Suffit à ma vengeance autant qu'elle m'est due.
(*A Obéïde.*)
De ce peuple, crois-moi, l'inflexible équité
Sait joindre la clémence à la sévérité. [32]   220

UN SCYTHE

Et la loi des serments est une loi suprême,
Aussi chère à nos cœurs que la vengeance même.

214a-c MSI: SCÈNE 6. / OBÉÏDE, SULMA, SOZAME, HERMODAN,
ATHAMARE enchaîné, peuples scythes armés... (*on voit au milieu du théâtre un
autel couvert d'un crèpe noir; un Scythe a déposé dessus un poignard.*)
220   66/67: Joint la miséricorde à la sévérité [66/67A*, 66/67B*, 66/67C*: β]

[31] 66/67C* indicates: 'terreur et douleur'.
[32] Lekain quotes Voltaire as having first written 'Joins la miséricorde à la sévérité',
a phrasing he criticises: 'Je sais que le mot de *miséricorde* est beau et sonore; mais cette
expression n'est pas dramatique. Quelques mauvais plaisants peuvent la trouver plus
théologique que théâtrale' (D13960).

OBÉÏDE

C'est assez; je vous crois. Vous avez donc juré [33]
Que de tous les Persans le sang sera sacré,
Sitôt que cette main remplira vos vengeances. 225

HERMODAN

Tous seront épargnés. Les célestes puissances
N'ont jamais vu de Scythe oser trahir sa foi.

OBÉÏDE

Qu'Athamare à présent paraisse devant moi. [34]
(*On amène Athamare enchaîné, Obéïde se place entre lui et
Hermodan.*)

HERMODAN

Qu'on le traîne à l'autel.

SULMA

Ah, dieux!

ATHAMARE

Chère Obéïde!
Prends ce fer, ne crains rien: que ton bras homicide [35] 230
Frappe un cœur à toi seule en tout temps réservé: [36]

---

226   66/67: Nous le jurons encor. Les célestes [66/67c*: β]
228a-b   MSI: [*stage direction absent*]
228c   MSI: HERMODAN *aux Scythes.*
231   MSI: en tous temps

[33] 66/67c* indicates: 'd'un air morne et assure'.
[34] 66/67c* indicates: 'terrible'.
[35] 66/67c* indicates: 'point de ton tendre dans cette tirade'.
[36] 'Le couplet d'Athamare quand il encourage Obéïde à le frapper, prononcé de la
manière dont vous le direz, avec courage, avec noblesse, avec un air de maître,
contribue beaucoup au succès' (D14029, Voltaire to Lekain).

On y verra ton nom, c'est là qu'il est gravé.[37]
De tous mes compagnons tu conserves la vie;
Tu me donnes la mort; c'est toute mon envie.
Grâces aux immortels tous mes vœux sont remplis;   235
Je meurs pour Obéïde, et meurs pour mon pays.[38]
Rassure cette main qui tremble à mon approche;
Ne crains en m'immolant que le juste reproche
Que les Scythes[39] feraient à ta timidité,
S'ils voyaient ce que j'aime agir sans fermeté,   240
Si ta main, si tes yeux, si ton cœur qui s'égare,
S'effrayaient un moment en frappant Athamare.

SOZAME

Ah, ma fille!...

SULMA

Ah! Madame...

OBÉÏDE

O Scythes inhumains!
Connaissez dans quel sang vous enfoncez mes mains.
Athamare est mon prince; il est plus, – je l'adore,[40]   245
Je l'aimai seul au monde, – et ce moment encore

232   66/67, NM, 67T, 67PLA, 67PLB, 67PLC, 67PLD, 67BC, 67N, 67PDI, 68CP,
T70, W70L, 74: nom que l'amour a gravé. [67PLB*, 67PLE: β]
244   66/67, NM, 67T, 67PL, 67X, 67BC, 67N, 67PDI, 68CP, T70, 74: enfoncez
vos mains [67PLB*: plongerez mes]

[37] See D14075.
[38] 'Il est bien vrai qu'il meurt pour Obéïde; mais est-il aussi constant qu'il meure
pour son pays. La grâce accordée aux Persans de sa suite est un effet de la grandeur
d'âme d'Obéïde, et nullement un sacrifice qu'Athamare a fait aux siens' (D13960,
Lekain to d'Argental).
[39] 66/67C* indicates: 'en les regardant avec une fierté mêlée d'indignation'.
[40] 66/67C* indicates: 'extrême tendresse sans larmes'.

Porte au plus grand excès dans ce cœur enivré
L'amour, le tendre amour dont il fut dévoré.

ATHAMARE

Je meurs heureux.

OBÉÏDE

          L'hymen, cet hymen que j'abjure
Dans un sang criminel doit laver son injure. –   250
   (*Levant le glaive entre elle et Athamare.*)
Vous jurez d'épargner tous mes concitoyens: –
Il l'est; – sauvez ses jours, – l'amour finit les miens.
   (*Elle se frappe.*)
Vis, mon cher Athamare, en mourant je l'ordonne.
   (*Elle tombe à mi-corps sur l'autel.*)

HERMODAN

Obéïde!

SOZAME

   O mon sang?

ATHAMARE

        La force m'abandonne;
Mais il m'en reste assez pour me rejoindre à toi,   255
Chère Obéïde!
   (*Il veut saisir le fer.*) [41]

249a-252a MSI: OBÉÏDE *se frappant.*
253a MSI: [*stage direction absent*]
256a-257a MSI:
     (*Il veut saisir le fer avec lequel Obéïde s'est frappée. L'un des Scythes l'en empêche*)

[41] 66/67C* indicates: 'se courbant vers Obéïde de sorte qu'ils sont chacun sur un coté de l'autel, tandis que Sozame et Hermodan reculent d'horreur'.

LE SCYTHE

Arrête, et respecte la loi.
Ce fer serait souillé par des mains étrangères. [42]
(*Athamare tombe sur l'autel.*)

HERMODAN

Dieux! vîtes-vous jamais deux plus malheureux pères!

ATHAMARE

Dieux! de tous mes tourments tranchez l'horrible cours!

SOZAME

Tu dois vivre, Athamare, et j'ai payé tes jours.   260
Auteur infortuné des maux de ma famille,
Ensevelis du moins le père avec la fille.
Va, règne, malheureux!

HERMODAN

Soumettons-nous au sort:
Soumettons-nous au ciel arbitre de la mort. –

LE SCYTHE
Ce fer serait souillé par des mains étrangères.
ATHAMARE
Ah! s'il faut respecter vos barbares mystères
De ma funeste vie abrégez donc le cours.
258a-259 66/67, 67PLA, 67PLB, 67PLC, 67PLD, NM, 67T, 67N, 68CP, T70, W70L, W71: SOZAME *à Athamare.* / Dieux! de tous mes tourments vous achevez le cours.
259 67PLE, 67PDI: Dieux! de tant de tourments tranchez l'horrible cours.
259a-65 MSI: HERMODAN
263 66/67, 67PL, 67X, NM, 67T, 67BC, 67N, 67PDI, 68CP, W70L, 74: Va régner: malheureux! [66/67C*: β]

[42] 'Athamare tombe sur l'autel, mais ne se tue [pas] par respect pour la loi des Scythes, et de peur de souiller ce fer!!!' (Flaubert, *Le Théâtre de Voltaire*, p.401).

Nous sommes trop vengés par un tel sacrifice,   265
Scythes, que la pitié succède à la justice. [43]

Fin

<hr />

265-66   66/67:
    Scythes, contentez-vous de ce grand sacrifice [66/67c*: <déplorez avec
    moi ce fatal sacrifice> β]
    Et sans être inhumains cultivons la justice. [66/67c*: β]

[43] Voltaire redrafta the end of the play on a number of occasions; see D14029,
D14043, D14046 and D14074.

AVIS AU LECTEUR

L'auteur est obligé d'avertir que la plupart de ses tragédies imprimées à Paris, chez Duchêne, au Temple du Goût, en 1764, avec privilège du roi, ne sont point du tout conformes à l'original. [1] Il ne sait pas pourquoi le libraire a obtenu un privilège sans le consulter. Le roi ne lui a certainement pas donné le privilège de défigurer des pièces de théâtre et de s'emparer du bien d'autrui pour le dénaturer.

Dans la tragédie d'*Oreste*, le libraire du Temple du Goût finit la pièce par ces deux vers de Pilade:

> Que l'amitié triomphe en tous temps, en tous lieux,
> Des malheurs des mortels et des *crimes* des dieux.

Ce blasphème est d'autant plus ridicule dans la bouche de Pilade, que c'est un personnage religieux qui a toujours recommandé à son ami Oreste d'obéir aveuglément aux ordres de la divinité. Dans toutes les autres éditions on lit: *Et du courroux des dieux.* [2]

a-110   66/67, NM, 67T, W70L, T73AL, T77: [*the 'Avis au lecteur' appears before the text of the play*]

W75G, W75X, K: [*the 'Avis au lecteur' appears in a different volume from 'Les Scythes'*]

67GP, 67BC, 67N, 67PD, 67BB, 67AC, T67, 68CP, 70, W72P, 74, 77, 78: [*absent*]

2-3   W68: imprimés tant dans les provinces du royaume que dans les pays étrangers, ne sont point

8   67X: libraire de Temple

14   W75G, W75X, K: ami d'obéir

[1] Writing to Lacombe on 12 January 1767, Voltaire describes 'un avis public dans lequel je dis, que le sieur Duchêne qui demeurait au Temple du goût, mais qui n'en avait aucun, s'est avisé de défigurer tous mes ouvrages, et qu'il a obtenu un privilège du roi pour me rendre ridicule' (D13834). The Veuve Duchesne wrote to Voltaire on 12 April to express her dismay (D14105).

[2] 'Que l'amitié triomphe, en ce jour odieux, / Des malheurs des mortels et du courroux des dieux.' (Act 5, scene 9, lines 295-96; *OCV*, vol.31A, p.516.)

On ne conçoit pas comment, dans la même tragédie, l'éditeur a pu imprimer (page 237):

> Je la mets dans vos fers, elle va vous servir.
> C'est m'acquitter vers vous bien moins que la punir.
> Vous laissez cette cendre à mon juste courroux, etc.

20

Qui jamais a pu imaginer de mettre ainsi quatre rimes masculines de suite, et de violer si grossièrement les premières règles de la poésie française? Il y a plus encore. Le sens est perverti. Il y a six vers nécessaires d'oubliés.[3] Il se peut qu'un comédien, pour avoir plus tôt fait, ait écourté et gâté son rôle. Un libraire ignorant achète une mauvaise copie du souffleur de la comédie, et au lieu de suivre l'édition de Genève qui est fidèle, il imprime un ouvrage entièrement méconnaissable.

25

La même sottise se trouve dans la tragédie de *Brutus*, page 282:

> Je plains tant de vertus, tant d'amour et de charmes.
> Un cœur tel que le sien méritait d'être à vous.
> Abominables lois que la cruelle impose!

30

Peut-on présenter aux lecteurs un pareil galimatias et voler ainsi leur argent? Il y a ici trois vers d'oubliés.[4] Telle est la négligence de quelques libraires. Ils n'ont ni assez d'intelligence pour com-

35

---

27 w70L: de Lausanne qui

---

[3] The text should read 'ÉGISTE [...] Je la mets dans vos fers; elle va vous servir: / C'est m'acquitter vers vous bien moins que la punir. / Si de Priam jadis la race malheureuse, / Traîna chez ses vainqueurs une chaîne honteuse; / Le sang d'Agamemnon peur servir à son tour. / CLITEMNESTRE / Qui moi, je souffrirais? / ÉGISTE / Eh Madame, en ce jour / Défendez-vous encor ce sang qui vous déteste? / N'épargnez point Electre, ayant proscrit Oreste. / (à Oreste) / Vous... Laissez cette cendre à mon juste courroux' (act 3, scene 4, lines 233-41; *OCV*, vol.31A, p.471).

[4] In fact two lines are missing: 'MESSALA / Je plains tant de vertus, tant d'amour et de charmes; / Un cœur tel que le sien méritait d'être à vous. / TITUS / Non, c'en est fait, Titus n'en sera point l'époux. / MESSALA / Pourquoi? Quel vain scrupule à vos désirs s'oppose? / TITUS / Abominables lois, que la cruelle impose!' (act 3, scene 7, lines 286-90; *OCV*, vol.5, p.238).

prendre ce qu'ils impriment, ni assez d'honnêteté pour payer un correcteur d'imprimerie. Pourvu qu'ils vendent leur marchandise, ils sont contents. Mais bientôt leur mauvaise conduite est découverte, et leurs misérables éditions décriées restent dans leurs boutiques pour leur ruine.

40

Tancrède est imprimé beaucoup plus infidèlement. L'auteur est obligé de déclarer qu'il y a dans cette pièce beaucoup de vers qu'il n'a jamais ni faits, ni pu faire, comme ceux-ci par exemple:

> Voyant tomber leur chef, les Maures *furieux*
> L'ont accablé de traits dans *leur rage cruelle.* [5]

45

L'Orphelin de la Chine n'est pas moins défiguré. On ne trouve point dans l'édition de Duchêne ces quatre vers que dit Gengiskan, et qui sont dans toutes les éditions:

> Gardez de mutiler tous ces grands monuments,
> Ces prodiges des arts consacrés par les temps;
> Respectez-les; ils sont le prix de mon courage.
> Qu'on cesse de livrer aux flammes, au pillage,
> Ces archives de lois, ce long amas d'écrits,
> Tous ces fruits du génie, objets de vos mépris.
> Si l'erreur les dicta, cette erreur m'est utile;
> Elle occupe ce peuple, et le rend plus docile. [6]

50

55

Ce discours est très convenable dans la bouche d'un prince sage, qui parle à des Tartares ennemis des lois et de la sienne. [7]

---

43   67PL, 67X, T70, W75G, W75X, K: ni fait ni
47   68PL, W68: point dans ces éditions furtives ces vers
     T70: ces huit vers

[5] These lines are interpolated between 'Mais il est expirant d'une atteinte mortelle; / Je vous apporte ici de funestes adieux' (act 5, scene 5, lines 189-90; *OCV*, vol.49B, p.222) in Aldamon's report that Tancrède has been mortally wounded.

[6] Act 2, scene 5, lines 163-70. For minor variants and the origin of the deletion, see *OCV*, vol.45A, p.154 and n.9.

[7] Voltaire writes to Bordes: 'Tous les éditeurs ont mis [...] *Ennemis des lois et de la sienne*; il faut, *ennemis des lois et de la science*' (13 July 1767, D14271).

Voici ce que l'éditeur a mis à la place:

> Cessez de mutiler tous ces grands monuments 60
> Echappés aux *fureurs des flammes, du pillage.*

Toute la fin de la tragédie de *Zulime* est ridiculement altérée. Une fille qui a trahi, outragé, attaqué son père, qui sent tous ses crimes, et qui s'en punit, à qui son père pardonne, et qui s'écrie dans son désespoir: *J'en suis indigne*, doit faire un grand effet! On a 65 tronqué et altéré cette fin, et on finit la pièce par une phrase qui n'est pas même achevée. [8] Les vers impertinents qu'on a mis dans *Olimpie* sont dignes d'une telle édition. En voici un qui me tombe sous la main:

> Ne viens point, malheureux, par différents efforts. [9] 70

En un mot, l'auteur doit pour l'honneur de l'art, encore plus que pour sa propre justification, précautionner le lecteur contre cette édition de Duchêne, qui n'est qu'un tissu de fautes et de falsifications. Il n'est pas permis de s'emparer des ouvrages d'un homme, de son vivant, pour les rendre ridicules. On a pris à tâche 75 de gâter les expressions, de substituer des liaisons à des scènes plus impertinemment tronquées. Cette manœuvre a été poussée à un tel excès, que les comédiens de province eux-mêmes, révoltés contre la licence et le mauvais goût qui défiguraient la tragédie d'*Olimpie*, n'ont jamais voulu la jouer comme on l'a représentée à Paris. 80

Ce n'est pas assez d'être parvenu à corrompre presque tous les ouvrages qu'un homme a composés pendant plus de cinquante années: tantôt on publie sous son nom de prétendues *lettres*

67-77 66/67, NM, 67T, W70L: achevée. On a pris à tâche de falsifier le stile d'*Olympie*, de substituer des licences impertinentes à des scènes plus impertinemment tronquées. Cette manœuvre [66/67C*: β]
79 66/67, NM, 67T, W70L: et du mauvais goût qui gâta entièrement la tragédie
80 66/67, NM: représentée d'abord à Paris

[8] See *OCV*, vol.18B, p.304 and n.19.
[9] Instead of 'Ne viens point, malheureux, par d'indignes efforts' (act 3, scene 3, line 115). Several editions have the same variant; see *OCV*, vol.52, p.304.

465

secrètes;[10] tantôt ce sont des lettres à ses *amis du Parnasse*,[11] qu'on
fabrique en Hollande ou dans Avignon; et puis c'est son *portefeuille*   85
retrouvé,[12] que personne ne voudrait ramasser. Granger le libraire
met son nom hardiment à un tome de *Mélanges*;[13] un ex-jésuite[14]
lui attribue des livres ridicules, et écrit contre ces livres un libelle
beaucoup plus ridicule encore; et tout cela se vend à des
provinciaux et à des étrangers, qui croient acheter ce qu'il y a de   90
plus intéressant dans la littérature française. Il est vrai que toutes
ces impertinences tombent et meurent, comme des insectes
éphémères. Mais ces insectes se reproduisent toutes les années.
Rien n'est plus aisé à faire qu'un mauvais livre, si ce n'est une
mauvaise critique. La basse littérature inonde une partie de   95
l'Europe. Le goût se corrompt tous les jours. Il en est à peu près
de l'art d'écrire, comme de celui de la déclamation. Il y a plus de six
cents comédiens français répandus dans l'Europe, et à peine deux
ou trois qui aient reçu de la nature les dons nécessaires, et qui aient
pu approfondir leur art. Combien avons-nous d'écrivains qui à   100
peine savent leur langue, et qui commencent par dire leur avis sur
les arts qu'ils n'ont jamais pratiqués, sur l'agriculture sans avoir
possédé un champ, sur le ministère sans être jamais entrés dans le
bureau d'un commis, sur l'art de gouverner sans avoir pu

[10] *Lettres secrètes de Monsieur de Voltaire* (Frankfurt and Leipzig, 1765), followed
by *Lettres secrètes, nouvelle édition, augmentée de Lettres très secrètes* (Geneva, 1765).

[11] *Lettres de Monsieur de Voltaire à ses amis du Parnasse avec des notes historiques et
critiques*, (Geneva [Amsterdam], 1766), almost certainly published by M. M. Rey; see
J. Vercruysse, 'Voltaire et Marc Michel Rey', *SVEC* 58 (1967), p.1733.

[12] Voltaire refers to the *Portefeuille trouvé, ou tablettes d'un curieux* (Geneva, 1757)
as 'une rapsodie qu'un libraire affamé nommé Duchêne vend à Paris, sous mon nom.
C'est un nouveau brigandage de la librairie' (24 February 1757, D7172).

[13] This is probably the *Troisième Suite des Mélanges de poésie, de littérature,
d'histoire et de philosophie*, falsely published as a nineteenth volume of Cramer's
Collection complète des œuvres de M. de Voltaire; see *CLT*, vol.4, p.477.

[14] Claude-François Nonnotte authored the *Erreurs de Voltaire* (Paris and
Avignon, 1762), and the *Lettre d'un ami à un ami sur les Honnêtetés littéraires, ou
supplément aux Erreurs de Voltaire* (Avignon, 1767). See *Les Honnêtetés littéraires* and
Lettre d'un avocat au nommé Nonnotte ex-jésuite, *OCV*, vol.63B, especially p.114 and
p.349; and D13672 and D13731.

seulement gouverner leur servante? Combien s'érigent en cri- 105
tiques, qui n'ont jamais pu produire d'eux-mêmes un ouvrage
supportable, qui parlent de poésie, et qui ne savent pas seulement la
mesure d'un vers? Combien enfin deviennent calomniateurs de
profession, pour avoir du pain, et qui vendent des injures à tant la
feuille? 110

110   66/67, NM, 67T, W70L: feuille? ¶Un homme de lettres a daigné recueillir
une partie de ces honnêtetés, qu'il donnera bientôt aux amateurs, pour faire voir à
quel point on est éclairé, équitable et poli dans ce siècle.

APPENDIX 1

Observations sur 'Les Scythes'[1]

Il est fort naturel que M. de Voltaire ayant si bien fait pense n'avoir plus
rien à faire mais il ne croit pas aux miracles et c'en serait un trop grand,
même pour lui, de parvenir à rendre un ouvrage parfait en dix jours. Il l'a
senti puisqu'il a déjà envoyé plusieurs corrections mais elles ne sont pas
suffisantes. Nous pensons qu'un si beau sujet traité par M. de Voltaire doit   5
produire plus d'intérêt, nous croyons avoir trouvé les raisons qui font que
cet intérêt n'est pas poussé jusqu'où il peut aller. 1° La passion d'Obéïde
pour Athamare n'est pas assez développée, le spectateur est trop tard dans
la confidence de ses sentiments qu'elle pourrait faire sans inconvénient à
Sulma, ou du moins les lui rappeler en usant de l'adresse nécessaire pour   10
instruire le spectateur sans avoir l'air de répéter à Sulma ce qu'elle sait
déjà. M. de Voltaire sent de reste que cet endroit doit être passionné sans
faire sortir Obéïde de ce caractère admirable de décence et de retenue
qu'il lui a donné. 2° Indatire est aimable, il a toujours raison, cela rend
Athamare moins intéressant. On ne saurait demander qu'on gâte le rôle   15
d'Indatire mais il faudrait que celui d'Athamare fût encore plus passionné
et qu'on tâchât de l'avilir moins dans sa scène du 4 avec son rival auquel il
ne dit que des injures tandis que l'autre parle avec grandeur. 3° Le
dénouement est trop prévu, dès qu'Obéïde a prononcé *j'accepte*[2] on est
certain de ce qu'elle fera. Il faudrait que sans refuser elle différât de   20
consentir ce qui produirait la suspension qu'on désire et cela serait
d'autant plus raisonnable qu'Obéïde ne doit point prendre de parti qu'elle
ne soit sûre du traité puisque sans cela se tuer ne serait pas sauver son
amant. 4° Il y a des longueurs dans le cinquième acte qui nuiraient
beaucoup si elles subsistaient comme par exemple les imprécations   25
d'Obéïde.[3] Elles refroidissent parce qu'elles sont déplacées et de plus

---

[1] Geneva, ImV: MS 65, f.38-39. First published in 'L'Institut et musée Voltaire en
1986', *Genava*, nouvelle série, vol.35 (1987), p.191-99 (192-93). We have modernised
the spelling.

[2] Act 5, scene 1, line 55.

[3] Act 5, scene 4.

elles contrarient trop la peinture douce et agréable qu'on a fait des mœurs des Scythes. 5° Le spectateur ne pourrait voir sans beaucoup de peine Sozame assister au meurtre d'un prince du sang de ses maîtres et qui n'a point assez de tort pour fonder cette cruauté.　　　　　　　　　　　30

M. de Voltaire a mis dans sa pièce son coloris ordinaire mais il y a des négligences qu'il sentira en l'examinant. On ne peut pas dire à ce que nous croyons des forêts *hautaines*,[4] cette expression ne va point à la hauteur physique; *exhaler des regrets*,[5] on exhale des soupirs mais non des regrets. *Mon amant invincible a tué mon époux*,[6] cette façon de s'exprimer　35 est tout à fait indécente dans la bouche d'Obéïde. *Attendez un moment*[7] est une hémistiche par trop prosaïque. Il y a encore d'autres expressions que M. de Voltaire reformera sûrement, il en aura tout le temps puisqu'il est impossible par les raisons qu'il verra dans notre lettre[8] que sa pièce soit jouée actuellement.　　　　　　　　　　　　　　　　　　　　40

On ne doit point oublier de dire que la petite scène[9] des deux pères après la mort d'Indatire paraît à retoucher. Il y a dans la manière dont ils se parlent, surtout au commencement, je ne sais quoi de monacal[10] que M. de Voltaire sentira en la relisant. Il faudra aussi qu'il ait la bonté de faire attention à deux vers dont l'un est pris d'*Alzire* et l'autre d'*Athalie*.[11]　45

N^a qu'il y a quatre vers au second acte, qui commencent par *j'en ai vu dans nos camps* – dont l'application est si naturelle à faire aux Suisses qu'il est impossible qu'ils passent mais M. de Voltaire le sentira et les changera.[12]

---

[4] This expression does not appear in the printed editions.

[5] Again, this expression does not appear in the printed editions.

[6] Act 4, scene 7, line 234. This was changed to 'Mon malheureux amant a tué mon époux'.

[7] This phrase does not occur in any edition, and it may be a preliminary version of 'Scythes, demeurez tous...' (act 2, scene 4, line 160).

[8] This letter has been lost.

[9] Act 4, scene 6.

[10] Lekain made much the same point to d'Argental; see D13960.

[11] In the first editions of *Les Scythes*, act 4, scene 6 included the verse 'Allons, j'entends au loin la trompette guerrière' which recalls 'J'entends déjà, j'entends la trompette sacrée' (*Athalie*, act 1, scene 3); the expression 'trompette guerrière' is to be found in act 5, scene 3 of the same play.

[12] Act 2, scene 5, lines 241-44: Voltaire retained these lines.

Un astre tyrannique, tre ty est bien dur. De plus on naît sous un astre, 50
mais un astre ne met point au jour. [13]

Un honneur *sacrilège*, sacrilège n'est certainement pas le mot. [14]

Si je t'ai tant caché. *t'ai tant*. [15] Il y a d'ailleurs tant de façons de dire
cela mieux.

Et *retiraient* la main. [16] Ils ne la retiraient pas, ils la cachaient. [17] 55

Deman*de de* toi. [18] Ces deux *de* ne sauraient subsister. D'ailleurs
qu'est-ce que c'est qu'une loi qui attend d'un pays? [19]

Mais sans être cruels. Il est bien temps! et puis quelle manière faible et
froide de finir la pièce, après une catastrophe aussi horrible qu'il a causée
en exigeant le sacrifice. [20] 60

---

[13] Act 2, scene 2, line 110: Voltaire ignored the criticism. This line in the hand of
Mme d'Argental.

[14] Act 3, scene 1, line 64: Voltaire replaced the word by 'dangereux'. The
remaining remarks are in the hand of Mme d'Argental.

[15] Act 1, scene 3, line 152: Voltaire retained this text.

[16] Act 1, scene 3, line 200.

[17] Voltaire modified this line to: 'Et me cachaient la main qui savait m'écraser'.

[18] Act 4, scene 8, line 290.

[19] Voltaire retained his original text.

[20] Voltaire changed the last two lines of his play more than once; see D14029,
D14043, D14046 and D14074.

APPENDIX 2

Humble réplique sur 'Les Scythes'[1]

Il est très heureux que M. de Voltaire ait senti la nécessité de reculer l'acceptation d'Obéïde au cinquième acte et qu'il ait réformé ses imprécations mais nous persistons toujours à désirer que le spectateur ne puisse pas douter dès le commencement de la pièce de la passion d'Obéïde pour Athamare et des motifs pressants qu'elle a eus pour se 5 déterminer à épouser Indatire. Ils doivent être développés d'une manière claire, forte et précise. Quant à la passion nous convenons qu'Obéïde ne doit pas en instruire d'une façon qui répugne à la modestie et à la décence de son caractère mais nous allons rappeler à M. de Voltaire ses propres expressions et il jugera lui-même s'il a fait ce qu'il dit. 10

Nous pensons que rien n'est si intéressant que de vouloir cacher son amour à soi-même, dans ces circonstances délicates, de le laisser entrevoir par des traits de feu qui échappent; de combattre en effet sans dire, je combats; d'aimer passionnément sans dire j'aime; et que rien n'est si froid que de commencer par tout avouer.[2] 15

Encore une fois que M. de Voltaire compare son projet à l'exécution et il verra s'il l'a bien rempli. S'il est froid de tout avouer il l'est encore plus de paraître tout à fait tranquille avec tant de sujets d'être agitée.

M. de Voltaire n'a pas répondu à deux observations qu'on croit importantes, l'une sur ce qu'Athamare est avili dans la scène du 4 par la 20 grandeur d'Indatire, l'autre qu'il est insoutenable que Sozame assiste au meurtre de son maître.

Les corrections envoyées et reçues très exactement remédient à beaucoup de critiques de détails mais il y en a qui avaient échappées et qu'on croit devoir indiquer. 25

Acte 2 scène première.

---

[1] Geneva, ImV: MS 65, f.40-41. First published in 'L'Institut et musée Voltaire en 1986', *Genava*, nouvelle série, vol.35 (1987), p.191-99. We have modernised the spelling.

[2] See Voltaire's letter of 8 December 1766, D13719.

Souvent dans sa patrie *on ne sait point se plaire*[3]
L'idée est bonne, l'expression n'est pas heureuse.

A la fin du même acte ne serait-il pas plus noble et plus convenable au caractère d'Athamare qu'il dît qu'il *veut* obtenir le pardon et non qu'il *le* 30 *doit*?[4]

Acte 5 scène première. On croirait qu'en parlant de la loi il faudrait qu'Hermodan ne se servît pas du mot d'assassin mais de celui de meurtrier. En effet si la loi ne regarde que les assassins il est sûr qu'elle ne peut s'appliquer à Athamare qui constamment ne l'est pas.[5] 35

Il y a un hymen *si rare* qui n'est mis que pour rimer à barbare et qui n'est certainement pas le mot propre.[6]

---

[3] Voltaire changed this line to: 'On souffre en sa patrie, elle peut nous déplaire' (act 2, scene 1, line 33).

[4] Act 2, scene 5, line 276: Voltaire did not effect a change.

[5] Act 5, scene 1, line 16. Voltaire agreed to this change.

[6] Voltaire cut this expression, which does not appear in any edition we have found.

APPENDIX 3

Avis des éditeurs[1]

Monsieur de Voltaire nous paraissait décidé à ne point faire représenter *Les Scythes*: les bontés dont il nous honore nous ont enhardis à tâcher d'ébranler sa résolution; le sieur Rosimond nous en a fourni l'occasion, ce directeur de spectacles obtint l'année passée du Magnifique Conseil de Genève à la recommandation des Illustres Seigneurs Médiateurs la permission d'ouvrir un théâtre dans cette ville,[2] contrarié par les circonstances fâcheuses où se trouve cette république, son entreprise n'a pas eu tout le succès qu'il avait lieu de s'en promettre, il nous a prié de nous intéresser en sa faveur, et de la demander à l'auteur; dont nous avons vaincu la résistance par un motif qui sera toujours tout puissant sur sa grande âme, le malheur du sieur Rosimond. L'infortune est auprès de cet homme généreux la recommandation la plus efficace; à cette première grâce il a ajouté celle de nous fournir beaucoup de vers, qui ne se trouvent dans aucune des éditions qui ont paru jusqu'à présent.

Nous sommes persuadés que le public nous saura gré du présent que nous lui faisons. Cette tragédie restera (nous osons l'assurer) au théâtre, et augmentera le nombre des chefs-d'œuvre dont M. de Voltaire l'a orné; il lui était réservé de porter des fleurs et des fruits dans son automne. Qui ne se sentira échauffé, et attendri en lisant la belle scène d'Hermodan, et de Sozame, où trouver une exposition aussi intéressante! Quel rôle plus brillant que celui d'Athamare! plus simple, et plus noble que celui d'Obéïde! En un mot est-il possible d'y méconnaître l'auteur d'*Alzire*, de *Mahomet*, et de *Mérope?* Tous ses ouvrages marqués au coin du vrai génie indiquent de nouvelles routes; heureux s'il se trouve quelques jeunes gens capables de les saisir; ce sera le moyen d'éviter cette triste monotonie qui n'a que trop longtemps régné sur notre scène.

---

[1] This text appeared in the Pellet edition (67GP).

[2] It was at the theatre of Jean Nicolas Prévost, called Rosimond, that the first public performance of *Les Scythes* took place. See Introduction, p.283-84.

473

APPENDIX 4

Extrait d'une feuille périodique de Paris[1]

Les Scythes ont eu quatre représentations; on reprendra cette pièce après la Pentecôte.[2] Elles est imprimée, et le sujet paraît un peu calqué sur celui d'*Alzire*:[3] un général persan, maltraité par son prince, se retire avec sa fille, dont le prince était amoureux, dans le pays des Scythes. Le fils d'un des principaux des Scythes devient amoureux de la jeune Persane, et   5
l'épouse. Dans le moment que le serment de l'hymen vient d'être prononcé sur l'autel, arrive l'empereur persan qui, transporté par son amour, est venu chercher sa maîtresse pour en faire sa femme. Il cherche querelle au jeune Scythe, son rival: ils se battent, le Scythe est tué; et le prince persan est arrêté. La loi du pays veut que la femme sacrifie elle-   10
même le meurtrier de son mari, ou bien ce meurtrier et ses complices doivent périr dans des tourments affreux.[4] La jeune Persane, qui veut sauver son amant et son roi, fait jurer aux Scythes de renvoyer libres tous les Persans lorsqu'elle aura fait le sacrifice. Le serment ayant été prononcé elle se poignarde sur l'autel, meurt, et la pièce finit.   15
Mlle Durancy y joue le principal rôle, celui d'Obéïde, c'est la jeune Persane; d'Auberval celui de Sozame son père; Le Kin celui d'Athamare prince persan; Molé celui d'Indatire jeune Scythe; et Brisart celui d'Hermodan, père du Scythe.[5]

---

[1] We reproduce the text as it appeared in 67x, p.79. It is not known which Parisian periodical the extract was taken from.

[2] 26, 28 and 30 March, and 1 April 1767. The tragedy was not performed in Paris again until 21 February 1770.

[3] See *CLT*, vol.7, p.268, and La Harpe, *Lycée*, vol.10, p.355.

[4] In answer to Obéïde's question 'Si votre loi m'indigne, et si je vous refuse', the Scythian spokesman replies 'Du plus cruel supplice il subira l'horreur' (act 5, scene 1). The accomplices are not mentioned.

[5] For information on the cast, see Introduction, p.286.

Charlot, ou la comtesse de Givry

Critical edition

by

Thomas Wynn

CONTENTS

INTRODUCTION

Charlot, ou la comtesse de Givry is a play marked by origins. Its plot centres on two men, one a nobleman and the other a commoner, who were switched as infants but whose natural origins inevitably transpire. The play itself, written in less than a week and performed to entertain military audiences at Ferney, bears the traces of its origins as an example of *théâtre de société* (albeit an elaborate one), and Voltaire's description of it as one of 'ces bagatelles [qui] amusent un moment deux ou trois cent oisifs de la ville et [qui] sont ensuite oubliées pour jamais' was indeed accurate (D14514). Yet, in addition to its ideological and aesthetic interest, the play retains a historiographical interest: as Voltaire told Damilaville, it is 'l'éloge de Henri IV sous le nom de Charlot' (D14464). Dedicating *Tancrède* to Mme de Pompadour in 1761, he had written that 'un temps viendra où quelque génie plus heureux fera retentir nos spectacles d'acclamations, et les remplira de larmes en faveur de ce héros, de ce bon prince, si cher à la nation, et même à l'Europe entière'.[1] Only a fraction of this wish was realised in the case of *Charlot*.

1. *Genesis*

Voltaire first refers to the play by the name *Charlot, ou la comtesse de Givry* on 18 September 1767 (D14427), although an allusion in the correspondence indicates that he may have been developing the play, albeit in an unsystematic fashion, over the preceding year. Writing to Mme Du Deffand on 24 September 1766, he states 'et voilà comme on écrit l'histoire' (D13586), a slight variant of which appears in the play as 'Et voilà justement comme on écrit l'histoire'

---

[1] *Tancrède*, *OCV*, vol.49B, p.131.

(I.vii.322). In an undated letter Voltaire addresses Henri Rieu as his 'cher duc de Bellegarde' and concludes: 'Toute la maison de Mme la comtesse de Givri lui fait bien des compliments' (D14115). Besterman suggests that this letter was written around 15 April 1767, but this date is unlikely; the specific nature of the reference to the character whom Rieu was first to perform on 26 September implies that the letter was instead written later that year, probably in October when the Pellet edition was being prepared (see below, p.498-99).

In December 1766 France had sent troops from the Conti regiment and the Flanders legion to blockade Geneva; tensions were high in the republic following the demand for fuller access to employment by the *Natifs* (those born in Geneva to immigrant parents).[2] While local inhabitants housed the soldiers, Voltaire accommodated the officers (D14464, D14475). They were generously entertained: as Chirol tells Beccaria, Voltaire 'fait jouer la comédie chez lui pour amuser MM. les officiers qui sont en garnison aux environs de notre ville. Il fait plus encore; il les régale en les accueillant chez lui et à sa table' (D14385). Such lavish hospitality was the realm of Mme Denis, as Voltaire tells Hornoy: 'Il est vrai qu'il y a bien des fêtes à Ferney, mais c'est maman qui s'en mêle uniquement, elle a le département des plaisirs, de la grande chère, des spectacles, des bals, et de la ruine' (D14406). *Charlot* was written with an eye to keeping these men entertained: 'Pour moi, je suis un pauvre diable environné actuellement du régiment de Conti, dont trois compagnies sont logées à Ferney. [...] Je fais ce que je peux pour que les officiers et les soldats soient contents; mais mon âge et mes maladies ne me permettent pas de faire les honneurs de mon hermitage comme je voudrais' (D14459). The conditions in which the play was created were doubly trying, for Voltaire was suffering from a recurring fever. As he wrote to d'Argental on 18 September: 'Mon village est devenu le quartier général des troupes qui font le blocus de Genève. Je vous écris au

[2] See *VST*, vol.2, p.261-66, and Jane Ceitac, *L'Affaire des Natifs et Voltaire: un aspect de la carrière humanitaire du patriarche de Ferney* (Geneva, 1956).

son du tambour, et en attendant la fièvre qui va me reprendre'
(D14427).[3] But Voltaire's illness was not entirely debilitating: as
D'Alembert gently chides him in a letter dated 22 September, 'vous
avez été malade, et [...] pendant ce temps vous avez fait une
comédie; vos maladies font honte à la santé des autres' (D14436).

Voltaire wrote *Charlot* at speed: he informs Damilaville on
28 September that he has written the play in five days (D14445).[4]
He repeats the same claim to the same correspondent two days
later – 'J'avais encore un reste de vie lorsque je brochai en cinq
jours cette petite pièce qui nous a beaucoup amusés à Ferney et qui
n'amusera guère Paris' (D14449) – and yet again a month later:
'Cette pièce a été faite en cinq jours de temps pour nous amuser et
n'était pas trop digne du public' (D14506, 30 October). The
rapidity of the work's composition is confirmed by Longchamp
and Wagnière, who indicate that it was written in under three
days.[5] References to 'un petit divertissement assez singulier et
assez intéressant' and 'un petit divertissement' in letters dated 21
and 22 August[6] suggest that Voltaire was at work on the play at
that time. *Charlot* was to be subject to further changes, most
notably when, in the 'Leningrad encadrée' edition prepared a few
months before Voltaire's death, Henri IV appears on stage.

2. *Sources*

The sources for *Charlot, ou la comtesse de Givry* are fictional rather
than factual. The eponymous countess did exist: she was the widow

---

[3] See also D14390, D14393, D14421 and D14429.

[4] Writing about plays for private theatres, Marie-Emmanuelle Plagnol-Diéval
notes that 'la caractéristique de ces œuvres réside également dans leur rapidité de
composition'; see *Le Théâtre de société: un autre théâtre?* (Paris, 2003), p.134.

[5] Sébastien Longchamp and Jean-Louis Wagnière, *Mémoires sur Voltaire et sur
ses ouvrages*, 2 vol. (Paris, 1826), vol.1, p.264. See also Louis Petit de Bachaumont,
Mémoires secrets, 36 vol. (London, 1777-1789), vol.3, p.242.

[6] These are to Bordeaux de Belmont (D14387) and the duc to Richelieu (D14391)
respectively.

of Anne d'Angelure, comte de Givry (*c*.1560-1594), who appears fleetingly in two cantos of *La Henriade* as one of Henri IV's closest allies.[7] The duc de Bellegarde (*c*.1562-1646) is also a historically identifiable figure: one of the first to recognise Henri IV after the death of Henri III, he was elevated to the peerage by Louis XIII in 1620.[8] The other characters are of Voltaire's own invention, however, although some of their names would have been recognisable to the playwright's immediate circle: Guillot evokes André Guillot, a master mason to whom Voltaire leased some land in March 1767[9] and Mme d'Aubonne was a neighbour who also participated in Voltaire's theatricals.[10] Such recognition would function as a private joke between Voltaire and his initial performers and audience, and it also reminds us of the origins of *Charlot* as a piece of private theatre.

As contemporaries noted, the play is indebted to other fictional works. The first of these is a comedy by Destouches, a man whom Voltaire had dismissed in February 1733 as 'de tous les comiques le moins comique' (D571). As Grimm observed: 'Ma foi, rien ne vaut, dans cette pièce, que l'auteur aurait pu intituler *La Force du naturel*. Destouches a fait sur la fin de sa vie une mauvaise comédie sous ce titre'.[11] *Charlot* does echo *La Force du naturel* in its plot of children

---

[7] 'Ces braves chevaliers, les Givrys, les d'Aumonts' (V.395) and 'Là paraissent Givry, Noailles et Feuquières' (VIII.103, variant) (*La Henriade, OCV*, vol.2, p.486 and 549). Richard de Bury describes Givry, d'Aumont and d'Humières as 'les premiers à lui [Henri IV] promettre obéissance, et jurèrent de le servir jusqu'à la mort, sans lui demander d'autre condition que celle d'employer leurs biens et leurs vies pour son service' (*Histoire de la vie de Henri IV, roi de France et de Navarre*, 2 vol., Paris, 1765, vol.1, p.168). Voltaire owned a copy of the four-volume duodecimo version of this work (BV595).

[8] Bury, *Histoire de la vie de Henri IV*, vol.1, p.3088.

[9] See D.app.292, D14537.

[10] In a letter dated 26 March 1759 to d'Hermenches, Voltaire writes: 'Vous y ordonnerez un petit théâtre, vous obtiendrez que Mme d'Aubonne y peigne de sa belle main quelque bout de décoration, et qu'elle honore la scène de quelque rôle qu'elle embellira' (D8215). See also D7206 (editorial note), D13290 and D13969.

[11] *CLT*, vol.7, p.441. The ideological implications of Destouches's play are examined and criticised in the anonymous *Lettre à M... sur la Force du naturel*,

swapped at a young age, but Destouches's and Voltaire's plays concern the mistaken identity of girls and boys respectively. [12] On 3 December 1749 the Comédie-Française had written to Voltaire with the intention of persuading him to let *La Force du naturel* be staged before his own tragedy *Oreste* (D4071). Voltaire agreed to cut short the run of his tragedy, a service he recalled in early February 1750 when he invited Destouches to visit him and to bring his new play: 'Ma nièce mérite cette faveur par le goût extrême qu'elle a pour tout ce qui vient de vous; et moi, qui vous ai sacrifié *Oreste* de si bon cœur; moi qui, depuis si longtemps, suis votre enthousiaste déclaré, ne mérite-je rien?' [13]

Following the Comédie-Italienne's production of *Charlot* in 1782, the *Mémoires secrets* identified another intertext, although here it is apparently more a case of rivalry than one of debt. The writer evokes but does not name Rousseau's *Emile* (1762) when he states, with regard to Voltaire's plot device of the swapped children:

Son auteur en tire une morale exquise pour apprendre aux mères à les nourrir elles-mêmes, et les rappeler à ce premier de leurs devoirs. Il avait vu combien Rousseau était devenu précieux au genre humain en prêchant cette maxime, et combien sa réputation s'était accrue depuis qu'il avait mis à la mode, parmi les petites-maîtresses de Paris, un soin que les bourgeoises envoyaient aux paysannes. Jaloux de tous les genres de la gloire, il avait voulu contribuer à propager cette doctrine bienfaisante et conforme à la nature; et il avait senti qu'en la mettant en action, ce serait lui donner bien plus de force et de vogue. [14]

---

comédie de M. Néricault Destouches (Paris, 1750). The only contemporary we have found to have focused on the implications of *Charlot* is Palissot (see below, p.506-507).

[12] Palissot recognised the similarity between the two plays and also made a link to 'une mauvaise comédie de Dufresny', presumably *Le Faux Instinct*, first performed at the Comédie-Française on 2 August 1707: see François Moureau, *Dufresny auteur dramatique 1657-1724* (Paris, 1979), p.321-22.

[13] D4112. See also Russell Goulbourne, *Voltaire comic dramatist*, *SVEC* 2006:03, p.255.

[14] Bachaumont, *Mémoires secrets*, vol.20, p.285-86.

It is indeed the case that wet-nursing lies at the heart of *Charlot*'s plot, but Voltaire's apparent ambition to rival Rousseau by entering that debate is not substantiated by any evidence in the correspondence. Indeed Voltaire criticised Rousseau's text as 'un fatras d'une sotte nourrice en quatre tomes' (D10507). If *Charlot* is indeed a response to *Émile*, it is an indirect response, in that Voltaire participates in the debate about wet-nursing provoked by Rousseau's text (see below, p.510-13).

The chief inspiration for *Charlot* is undoubtedly Charles Collé's *La Partie de chasse de Henri IV*, although, as Russell Goulbourne notes, 'the differences between the two plays are more striking than the similarities'. [15] Collé first created a two-act version known as *Le Roi et le meunier* in 1760; a revised version of the play was performed in 1762 at the duc's d'Orléans's private theatre at Bagnolet; two years later the definitive three-act version was performed, again at Bagnolet. [16] Louis XV was personally opposed to the performance of the play, which threw into relief his own shortcomings as a monarch, and it was only after his death on 10 May 1774 that Collé's work, which had been successfully performed in the provinces and abroad, was staged at the Comédie-Française, on 16 November of that year. Voltaire heard of Collé's play in 1762, and he wrote to d'Argental on 20 April: 'Je sais un gré infini à Collé d'avoir mis Henri IV sur le théâtre. Son nom seul attirera tout Paris pendant six mois, et

---

[15] Goulbourne, *Voltaire comic dramatist*, p.253. The figure of Henri IV in eighteenth-century French drama has been well documented: see Clarence D. Brenner, 'Henri IV on the French stage in the eighteenth century', *PMLA* 46 (1931), p.540-53; Christian Desplat, 'Le rôle du théâtre dans la constitution du mythe du "bon roi Henri" au XVIIIe siècle', in *Figures de l'histoire de France dans le théâtre au tournant des Lumières 1760-1830*, ed. P. Mironneau and G. Lahouati, *SVEC* 2007:07, p.3-15; and Paul Mironneau, 'Images de Henri IV en héros chantant du théâtre', in *Figures de l'histoire de France*, p.349-65. For a rich iconography of the two men, see *Voltaire et Henri IV*, ed. Paul Mironneau and Claude Menges-Mironneau (Paris, 2001).

[16] See Anne Boës, *La Lanterne magique de l'histoire: essai sur le théâtre historique en France de 1750 à 1789*, *SVEC* 213 (1982), p.103-105.

l'opéra comique trouvera à qui parler'.[17] In early March 1766 Voltaire heard that 'la petite comédie de Henri IV faite par Collé' had been published, and he asked Damilaville to send him a copy, although he confessed that he did not like to see Henri IV 'en comédie' (D13199), a reaction that foreshadows Voltaire's own hesitations over the genre of *Charlot*. Once he had received Collé's play, he expressed frustration that it was effectively banned from the stage (19 March 1766): 'je crois que si on permettait la représentation de ce petit ouvrage il serait joué trois mois de suite, tant on aime mon cher Henri IV, et je ne vois pas pourquoi on prive le public d'un ouvrage fait pour les Français'.[18] On 13 September that year a troupe from Geneva performed at Ferney *La Partie de chasse*, alongside Favart's *Annette et Lubin* (1762) and Sedaine's *Rose et Colas* (1764) and *Le Roi et le fermier* (1762), the latter of which also features Henri IV.[19] Voltaire was struck by Henri's apparition on stage in Collé's play, for he wrote to Chabanon (19 September 1766): 'J'ai fait jouer sur mon petit théâtre *Annette et Lubin*, *Rose et Colas*, *Le Roi et le fermier*, et enfin *Henri IV*. Je n'avais jamais vu d'opéra comique, et il fallait bien que l'auteur de la *Henriade* vît son héros. J'ai ri, j'ai pleuré; je me suis mis presque à genoux avec la petite famille, quand Henri est reconnu'.[20] Voltaire's response to Collé's play is one in which laughter and tears go together. A similar response is evident in a letter he wrote to Théodore Tronchin on 16 September: 'Je n'ai pu résister à l'envie de voir jouer Henri IV sur mon petit théâtre de Ferney; il fait pardonner à l'auteur de la *Henriade* l'insolence qu'il a

---

[17] D10419. See also D10456 and D10526.

[18] D13212. See also his letter to the d'Argentals (D13369, 22 June 1766) and his letter to Damilaville (D13371, 23 June 1766). His interest in the play dipped when he was embroiled in the scandal over the *Dictionnaire philosophique* some months later: see his letter of 12 July 1766 to Damilaville (D13405).

[19] See Voltaire's letter to Damilaville of 12 September 1766 (D13550) and his letter to Mme d'Argental of 14 September 1766 (D13555).

[20] D13570. See also his letter to the d'Argentals of 19 September 1766 (D13569) and his letter to the marquise d'Epinay of 26 September 1766 (D13590).

eue de faire venir toute la troupe de Genève chez lui. J'ai pleuré une partie de la pièce et j'ai ri l'autre' (D13564). As Goulbourne observes,[21] Voltaire finds in Collé's work the same mixture of tones that he favoured in his own comedies and in *Charlot* in particular, as the play's preface signals: 'Il y a un peu de chant et de danse, du comique, du tragique, de la morale et de la plaisanterie' (Appendix 3, lines 2-3). Voltaire does describe *Charlot* as a 'comédie',[22] but also as a 'petit ouvrage' (D14428), 'une petite galanterie' (D14429), 'une petite drôlerie' (D14443), a 'brimbo-rion'[23] and a 'bagatelle'.[24] Such deprecating terms arguably neutralise or displace the experimental aesthetic of *Charlot*.

As Voltaire's letter to Chabanon (D13570) testifies, his positive response to Collé's play seems motivated by the king's physical appearance on stage. Voltaire beholds the monarch, whose presence causes the spectator to enter into the fiction, and his subsequent identification with the diegetic audience leads him to admire the king all the more. Indeed he told Jean Ribote that he was 'ivre de joie en voyant mon héros sur la scène' (D13587, 24 September 1766). Yet he himself keeps the monarch firmly in the wings, at least in the original version of *Charlot*. He draws attention to this key departure from Collé's play when he states in the preface to *Charlot*: 'Henri IV est véritablement le héros de la pièce; mais il avait déjà paru dans *La Partie de chasse* représentée sur le même théâtre, et on n'a pas voulu imiter ce qu'on ne pouvait égaler' (Appendix 3, lines 16-18). Writing to the duc de Richelieu on 15 September 1766, he may have criticised the role of king in Collé's play ('j'aurais voulu qu'il eût un peu plus d'esprit'),[25] but he

---

[21] Goulbourne, *Voltaire comic dramatist*, p.252.

[22] D14401, D14416 and D14475

[23] D14445 and D14449

[24] D14474, D14492, D14494 and D14514.

[25] Compare to Voltaire's comments to Mme Du Deffand in a letter dated 24 November 1774: 'Je souhaite qu'il y paraisse avec beaucoup d'esprit, car il en avait. Il faisait de ces réparties que la postérité n'oubliera jamais; et sans doute on ne fera pas dire à Henri IV des choses communes' (D19199).

did note that 'le nom seul de Henri IV m'a ému' (D13560), and a similar comment appears in a letter to Damilaville written that same day: 'Le nom seul d'Henri IV m'émeut et fait la moitié du succès' (D13559). If Voltaire is taken at his word, it is not necessary to show the king on stage, as speaking about him is enough to provoke a suitable response in the spectator. The review in the *Journal de Paris* of the Comédie-Italienne's production in 1782 suggests that this may indeed have been Voltaire's strategy, for it notes that 'M. de Voltaire y rappelle souvent le nom de Henri IV'. [26] The play includes an episode that functions as a *mise en abyme* of Voltaire's technique (II.v.242-45):

> [Charlot] a dans cent endroits disposé cent lumières,
> Où du nom de Henri les brillants caractères,
> Sont lus, à ce qu'on dit, par tous les gens savants.
> Ce spectacle admirable attirait les passants.

Charlot's structure and Voltaire's play glorify the name of the king rather than display his body.

3. *Performances*

On 2 September 1767 Voltaire wrote to the d'Argentals, describing the plans that were afoot to celebrate his recuperation: 'Nous nous apprêtons à célébrer la convalescence; [27] il y aura comédie nouvelle, souper de quatre-vingt couverts; [...] et puis, nous aurons bal et fusées' (D14401). Writing to Damilaville on 12 September, Voltaire refers to a comedy which, although he does not give its title, is certain to be *Charlot*: 'Malgré tous mes maux je m'égaie à voir embellir par des acteurs qui valent mieux que moi, une comédie qui ne mérite par leur peine. Nous avons trois auteurs dans notre troupe' (D14416). These three are

---

[26] *Journal de Paris* 159 (8 June 1782), p.645.

[27] The comtesse d'Argental was also ill at this time; see, for instance, D14400 and D14413.

Chabanon, La Harpe and possibly Rieu, and the troupe was apparently a harmonious one.[28] Voltaire refers to the play in a letter dated 18 September, in which he asks Damilaville, acting as intermediary between Voltaire and Merlin the printer, to arrange the printing of 'ce petit ouvrage [qui] nous amuse [et qui] plaît aux officiers qui sont chez nous' (D14428), which implies that the play may have been read to Voltaire's military guests.

Rieu's record of various performances at Ferney attests that 'Le samedi 26 septembre 1767 fut représentée pour la première fois *Charlot ou la comtesse de Givry*';[29] the play's surviving manuscript, also in Rieu's hand, confirms this date.[30] According to Rieu, *Charlot* was staged along with Brueys's *L'Avocat Patelin* (1700), itself composed for Mme de Maintenon's *théâtre de société*, and which Voltaire held in high esteem.[31] Rieu's account corroborates the claim made in the play's preface that this work was performed by 'des gens de lettres', for the original cast list is as follows (using Rieu's spelling):

> La comtesse de Givry – Mde Dennis
> Le duc de Belle Garde – M. Rieu
> Julie – Mde de La Harpe
> Le marquis – Mr. de La Harpe
> Charlot – Mr. de Chabanon
> L'intendant – Le Sr. Wagnières
> La nourrice – Mde Racle

---

[28] See D14416, D14448.

[29] See *Copie de pièces diverses (lettres, articles, poesies) de Voltaire, addressées à Voltaire ou relatives à Voltaire* (Geneva, BGE: Ms. suppl. 352), p.84. This record thus invalidates Pomeau's claim that *Charlot* was performed in August (*VST*, vol.2, p.295). See also Jean-Daniel Candaux, 'Précisions sur Henri Rieu', in *Le Siècle de Voltaire*, ed. C. Mervaud and S. Menant, 2 vol. (Oxford, 1987), vol.1, p.203-43 (p.243).

[30] We wish to express our gratitude to Christophe Paillard for confirming that the manuscript is in Rieu's hand.

[31] See Clarence D. Brenner, 'The success of Brueys's *Avocat Patelin* in the eighteenth century', *Modern language notes* 48 (1933), p.88-90.

Guillot – Mr. Dupuyts
Babet – Mde Dupuyts
Un laquais – Mr Racle [32]

Writing to d'Argental on 28 September, Voltaire evokes the pleasure elicited by the play, describing it as 'la petite drôlerie qui nous a fait passer quelques heures agréablement dans nos déserts. La perfection singulière avec laquelle cette médiocrité a été jouée me fait oublier les défauts de la pièce' (D14443). A letter written that same day to Damilaville notes that *Charlot* was well received by his invited audience of 'tous nos officiers et [...] tout notre petit pays à qui la mémoire de Henri IV est si chère' (D14445). Voltaire often praises the talents of the troupe, whom he advertises to Marmontel as the equal of – if not the superiors to – the stars of the Comédie-Française: 'Mme de La Harpe a joué comme Mlle Clairon, M. de La Harpe comme Le Kain, M. de Chabanon infiniment mieux que Molé' (D14389). He offers his actors as bait to draw Suzanne Necker to Ferney (D14442), he tells Mlle Clairon that she would have enjoyed the performance of *Charlot* (D14492) and he boasts to Voisenon not only that Chabanon and M. and Mme de La Harpe are 'd'excellents acteurs', but also that Mme Dupuits was a performer worthy of her ancestor Corneille and that 'Mme Denis a joué supérieurement dans une bagatalle intitulée *La Comtesse de Givri, ou Charlot*'. [33]

The second performance of *Charlot* took place, according to Rieu's register, [34] on Saturday 3 October 1767. The play was one element in the festivities to celebrate the feast of St Francis, Voltaire's name day, which fell on 4 October. [35] The circumstances of this performance were those anticipated by Voltaire on

---

[32] Rieu, *Copie de pièces diverses*, p.84-85.
[33] D14494. See also the partly falsified D14465.
[34] Rieu, *Copie de pièces diverses*, p.85.
[35] 'La genèse des textes de société est étroitement liée à des phénomènes de sociabilité. Pour la fête de circonstance, c'est le calendrier du saint patron' (Plagnol-Diéval, *Le Théâtre de société*, p.130).

487

2 September (D14401). In a letter dated 4 October, he conveyed to Damilaville the pleasure that this event gave him (D14464):

Mon cher ami, tandis que vous imprimez l'éloge de Henri IV sous le nom de Charlot, on l'a rejoué, mieux qu'on ne le jouera jamais à la Comédie. Mme Denis m'a donné en présence du régiment de Conti, et de toute la province, la plus agréable fête que j'aie jamais vue. Les princes en peuvent donner de plus magnifique, mais il n'y a point de souverain qui en puisse donner de plus ingénieuse.

Although Voltaire disingenuously describes the event as 'cette petite fête' to Mme de Fontaine on 12 October (D14475), it is clear from the *Correspondance littéraire*'s account of the festivities that this was indeed entertainment on a grand scale:

Le 4 de ce mois, jour de saint François, la fête du grand patriarche a été célébrée à Ferney par sa nièce, Mme Denis, et les poètes commensaux, en présence du régiment de Conti et de tous les notables du pays de Gex. La relation que j'ai vue de cette fête parle à la vérité ni de grand'messe ni de *Te Deum* chantés le matin dans la chapelle du château; mais en revanche on a joué et chanté le soir sur le théâtre du château. La fête a été terminée par un feu d'artifice, un grand souper, et un bal qui a duré fort avant dans la nuit, comme disent les gazetiers, et où le patriarche a dansé, suivant sa coutume, jusqu'à deux heures du matin. Les deux pièces qu'on a représentées sont *La Femme qui a raison* et *Charlot, ou la comtesse de Givry*. [36]

Just as princely and noble *fêtes* celebrate the high-born host through a variety of elements, so at Ferney theatrical performances, a dinner, fireworks and a ball served to glorify Voltaire as the head or father of his community, and the verses sung that evening confirm that family scenario by praising 'Papa Voltaire'. [37] Elements of the festivities were disseminated far beyond Ferney. The *Correspondance littéraire* published Chabanon's verses, along with couplets sung by Mmes Denis, Dupuits, de La Harpe and

---

[36] *CLT*, vol.7, p.454.

[37] Rieu, *Copie de pièces diverses*, p.86-87. The particular verses that celebrate 'Papa Voltaire' were not reprinted in the *Correspondance littéraire*.

Constant d'Hermenches. It also noted that on the frame of the fireworks' display were the lines:

> Aux plus nobles talents mes efforts réunis
> A vos regards osent paraître.
> Tous les beaux arts vous sont soumis,
> Le génie est leur premier maître. [38]

In a similar fashion, Claude Pougin de Saint-Albin includes in a letter dated 15 November to the margravine Caroline-Louise de Bade-Dourlac some of the verses presented to Voltaire by La Harpe and Chabanon, described as 'deux émules qui flattent leur maître en philosophant comme lui'. Voltaire responded in kind, rhyming 'C'est La Harpe, c'est Chabanon' with 'Ce couple agréable et fripon'. [39]

Traces of an otherwise unknown contemporary performance are evidenced in the manuscript alterations to an edition by Merlin (67P*). [40] There are two significant alterations: in the first act, the marquis's exclamation 'Mon Dieu! que ce Charlot m'ennuie!' (I.vii.326) is cut, so that the implied and rather large dance ('Va, fais danser nos gens avec les violons') is no longer performed, which might better suit the limitations of a private theatre and its performers; for similar reasons Julie and Charlot's singing and dancing in act 2, scene 2 is also cut. Other changes concern less the staging than the tenor of the play: several alterations make the marquis slightly less repellent (II.iii.186-87 and 212-15), Julie less flirtatious (III.ii.73), Babet less familiar (III.iii.78) and the king more generous (III.v.135-36). These changes also arguably serve to create fewer contrasts and less humour.

According to an uncorroborated anecdote, *Charlot* was performed in Voltaire's presence at the public theatre in the border

---

[38] *CLT*, vol.7, p.454-56.

[39] Claude Pougin de Saint-Alban, *Correspondance littéraire de Karlsruhe (12 juillet 1766-15 décembre 1768)*, ed. J. Schlobach (Paris and Geneva, 1995), p.237-38.

[40] Alternatively these changes reflect a reader's reworking of the play; in either case, the alterations signal how the play was received, reworked and interpreted.

town of Châtelaine,[41] although no date is given. It seems that, when the audience expressed its dissatisfaction with the play, Voltaire cried out: 'Magnifiques et très honorés seigneurs! je suis chez moi, et si vous ne vous tenez pas tranquilles, je vous fais administrer la plus robuste volée que votre république ait jamais reçue!'[42] In addition, Voltaire had heard that *Charlot* was being performed in several country houses outside Paris and that the Opéra comique wanted to perform it with an appended *divertissement*;[43] these events cannot be confirmed.

Voltaire states in the preface to *Charlot* that he created the work for the private stage: 'Cette nouveauté n'a point du tout été destinée aux théâtres publics'.[44] Voltaire expressed a faint wish that *Charlot* should be appreciated by an audience broader than that of the guests invited to Ferney, but, as he confided to Damilaville on 30 September, the play 'n'amusera guère Paris. Je souhaite que ce brimborion soit utile à Paris, mais je ne l'espère pas'.[45] The correspondence shows that he was in no hurry to have the work performed publicly, for, as he writes to d'Argental: 'Je ne la destine pas aux comédiens à qui je ne donnerai jamais rien après la manière barbare dont ils m'ont défiguré'. Moreover, suspicious

[41] See Ariane Girard, 'Les théâtres de la région genevoise au temps de Voltaire', in *Voltaire chez lui, Genève et Ferney*, ed. Erica Deuber-Pauli and Jean-Daniel Candaux (Geneva, 1994), p. 83-104 (p.89-96).

[42] Jean Gabarel, *Voltaire et les Genevois* (Geneva and Paris, 1856), p.40. Given the lack of proof, and the fact that the same comment was attributed to the chevalier de Beauteville, this anecdote should be treated with caution; see Gustave Desnoiresterres, *Voltaire et Genève* (Paris, 1875), p.428-29.

[43] See 30 October, D14506.

[44] Appendix 3, lines 3-4. In an undated letter to Rieu, Voltaire states: 'Le titre qui porte jouée en 1767 à Genève jure un peu avec la préface qui dit que cette pièce n'a point été faite pour être jouée en public' (D14486), and he asks for it to be changed. According to Besterman, this letter refers to *Charlot*; given the reference to an unnamed play's publication in Lyon and its performance in Geneva, we consider instead that the letter refers to *Les Scythes*, which, Voltaire states in its original preface, was not intended for public performance (see above, p.320-21 and n.139; see also p.354, line 159).

[45] D14449. See also another letter to Damilaville in which he hopes that *Charlot* 'plaira s'il peut aux Welches' (D14428, 18 September).

as he was of the intolerable 'caprices du parterre', [46] he considered that it would not be to the capital's taste. There had, in his opinion, been a coarsening in the taste of the theatre-going public, which now applauded such barbarous works as Lemierre's *Guillaume Tell* and Billardon de Sauvigny's *Hirża, ou les Illinois*, the verse of which was so poor in quality that Voltaire feared death by indigestion. [47] The result of this decline in taste was that the wider public at the Comédie-Française, so different from the select group at Ferney, [48] would be immune to the qualities of *Charlot*: 'Il se peut très bien que des Welches qui ont applaudi depuis trois ans à des pièces détestables se révoltent contre celle-ci' (D14464). Roger Pearson characterises the Voltaire of the mid-1770s as blind and intransigent in his opposition to Shakespeare, describing him as 'a ranting conservative'. [49] As demonstrated in a letter to the d'Argentals (2 September), the same reactionary behaviour is apparent in his responses to theatrical developments in the late 1760s: 'Cela met en colère les âmes bien nées. Cette barbarie avancera ma mort. Le fonds des Welches sera toujours sot et grossier. Le petit nombre des prédestinés qui ont du goût n'influe point sur la multitude; la décadence est arrivée à son dernier période'. [50] It is striking that this same elitism and this same belief in an innate, predestined taste are apparent in the plot of *Charlot*.

Following Voltaire's death in 1778, *Charlot* was performed twice at d'Argental's private theatre during the winter of 1781-1782. [51] It seems that the first of these occasions made little impact upon the audience, whereas the second persuaded those present to press for a

[46] Both quotations from 18 September (D14427). The first quotation refers to the Comédie-Française's production of *Les Scythes*.

[47] See D14405 and D14406, both written on 4 September.

[48] See 4 October (D14465) and 19 October (D14494).

[49] Roger Pearson, *Voltaire almighty: a life in pursuit of freedom* (London, 2005), p.362-63. Voltaire himself noted that his taste was 'trop suranné et trop hors de mode' (D13785).

[50] D14401. See also his letter to Voisenon in which he decries 'la décadence où nous sommes' and 'la barbarie dont nous approchons' (D14494, 19 October).

[51] Bachaumont, *Mémoires secrets*, vol.20, p.283 and *CLT*, vol.13, p.153.

public performance. Mme Vestris claimed the play for the Comédie-Française; her troupe's perceived indifference to a work in print for over ten years was taken as a sign of disregard by the d'Argental family, who resolved to give the play to the rival Comédie-Italienne instead. [52] Although this was perhaps a rather unexpected venue, given Voltaire's distaste for it, [53] by this time he was clearly in no position to determine where the play was performed. The Comédie-Italienne's *livre de régie* notes that the work was in fact given by 'Mme Duvivier nièce de Voltaire et par le chevalier de Florian', that is to say the former Mme Denis and her sister's husband. [54] The *comité de lecture* produced its report on 21 April: 'Fait lecture d'une pièce nouvelle intitulée *Charlot, ou la comtesse de Givri*, imprimée dans les œuvres de Voltaire, et retouchée par M. le chevalier de Florian. Acceptée pour être lue à l'assemblée'. [55] In the absence of the *souffleur*'s copy, it is unclear from the archives exactly how Florian altered Voltaire's text. Nonetheless, given that Antoine d'Origny writes in his account of the play that 'le duc de Bellegarde vient annoncer à la comtesse que Charlot est son fils', [56] the Comédie-Italienne certainly performed some form of the comedy's first incarnation, for Bellegarde does not appear in the later version. The *Mercure de France* clarifies this fact when it states: 'Il y a longtemps que cet ouvrage est imprimé dans la collection des œuvres de Voltaire; il n'est pas question de le juger puisqu'il l'a été par tous les lecteurs instruits'. [57] The play as it was performed publicly in Paris cannot therefore have been that of the Kehl edition (which in any case was not yet in existence), which

---

[52] Bachaumont, *Mémoires secrets*, vol.20, p.283-84. This time-lapse is already an indication that the version performed at the Comédie-Italienne was that in which Henri IV does not appear on stage.

[53] See, for example, D3800, D3812, D9575 and *VST*, vol.2, p.638.

[54] Bibliothèque de l'Opéra, TH OC-67, unpaginated (Tuesday 4 June 1782).

[55] Bibliothèque de l'Opéra, TH OC-115, f.31ʳ.

[56] Antoine d'Origny, *Annales du Théâtre Italien depuis son origine jusqu'à ce jour*, 3 vol. (Paris, 1788), vol.3, p.9-10.

[57] *Mercure de France* (June 1782), p.188

several critics have treated as the definitive version, [58] but rather an amended version of that seen at Ferney in 1767.

Given that the Comédie-Française had been obliged the previous year to withdraw Collé's *La Partie de chasse* from its repertory so as to avoid 'de nouvelles allusions' at the expense of Louis XVI, [59] it is not so surprising that the Comédie-Italienne performed the early version of Voltaire's play. The first performance was on 4 June 1782, when it was produced alongside Marivaux's *La Surprise de l'amour*. Attending the event were the d'Argental family and those who had performed the play with them, dressed grandly and sitting in the king's box. [60] The role of the comtesse was taken by Mme Verteuil and that of the marquis by Granger who, despite missing an eye and burdened by provincial mannerisms, was praised for displaying 'la plus grande intelligence de la scène', as well as for his beautiful voice and his fine, truthful acting. [61] Repeat performances took place on 7, 9 and 24 June, and 4 July that year; the play was last staged by the Comédie-Italienne on 4 June 1784. [62]

The play was also apparently performed during the Revolution, when it was staged a total of five times at the Théâtre du Palais-Royal. [63] The first performance on 8 July 1791 may have been scheduled in anticipation of the wave of enthusiasm that would be produced by Voltaire's entry into the Panthéon three days later.

---

[58] See Lilian Willens, *Voltaire's comic theatre: composition, conflict and critics*, *SVEC* 136 (1975), p.162; Brenner, 'Henri IV on the French stage in the eighteenth century', p.547; Boës, *La Lanterne magique de l'histoire*, p.117; *Dictionnaire général de Voltaire* (Paris, 2003), ed. Raymond Trousson and Jeroom Vercruysse, p.191-92; and Goulbourne, *Voltaire comic dramatist*, p.253.

[59] Brenner, 'Henri IV on the French stage in the eighteenth century', p.552.

[60] Bachaumont, *Mémoires secrets*, vol.20, p.286.

[61] *CLT*, vol.13, p.153.

[62] Clarence D. Brenner, *The Théâtre Italien* (Berkeley, CA, 1961), p.412-13 and 428.

[63] Ling-Ling Sheu, *Voltaire et Rousseau dans le théâtre de la Révolution française (1789-1799)* (Brussels, 2005), p.16 and p.20. No evidence, however, is provided in support of this claim.

4. *Publication*

Besterman wrote that he was not able to resolve the bibliographic complexities of *Charlot*;[64] what follows is an attempt to iron out some of those intricacies. Rieu is likely to have written the sole surviving manuscript before Voltaire began corresponding with Damilaville about Merlin's edition in mid-September 1767. The lack of Voltaire's instructions in the correspondence regarding changes reflected in all the differences between Rieu's version and the first printed edition suggests that Voltaire sent to Damilaville a manuscript in which he improves Rieu's version.[65] It is not clear, however, whether this primitive version was that which was performed at Ferney on 26 September and 3 October. Rieu's manuscript does not feature some of the changes Voltaire recommended prior to those dates; therefore the manuscript is either a working copy that was superseded by one that reflects Voltaire's requests to Damilaville (in which case the title page bearing the date would have been added after the play's premiere), or Voltaire was content to have a primitive version performed. The chaotic state of the recognition scene in Rieu's manuscript, whereby several lines are crossed out making some rhymes disappear, implies that Rieu produced this version in his capacity of copyist rather than that of actor.

As noted, Voltaire was corresponding with Damilaville about the play's publication by Merlin in Paris even before its first performance on 26 September. He was keen that *Charlot* be published as soon as possible, and therefore insisted that it be printed anonymously and without a *privilège*. To submit the work to full official inspection and to publish it under his own name would delay its appearance by attracting unwelcome attention from his opponents (9 October): 'songez bien que ce n'est pas moi

---

[64] Theodore Besterman, *Some eighteenth-century Voltaire editions unknown to Bengesco*, *SVEC* 111 (1973), p.75.

[65] The extant correspondence between Voltaire and Damilaville concerning the publication is not complete (see below, p.516, n.121).

qui ai donné *Charlot* à l'enchanteur Merlin; la Sorbonne ne manquerait pas de dire que *Charlot* est déiste' (D14472). Voltaire sent a manuscript (now lost) of the work to Damilaville on 18 September, requesting that he pass it to Merlin for immediate publication; at this point no official *privilège* was sought for the play (D14428). This version was hardly definitive, for within twenty-four hours Voltaire wrote again to Damilaville, making changes to the comtesse's speech in act 1, scene 5 (D14429):

Madame la comtesse dit à son fils:
 Tous les grands sont polis. Pourquoi? C'est qu'ils ont eu
 Cette éducation qui tient lieu de vertu.
 Si de la politesse un agréable usage
 N'est pas la vertu même, il est sa noble image.

Il faut mettre,

 Leur âme en est empreinte, et si cet avantage
 N'est pas la vertu même, il est sa noble image.

Rieu's manuscript features the text to be amended, which indicates that it indeed predates this letter. These changes were made, although 'Tous les grands sont polis' was replaced by 'Vos pareils sont polis'; the new version emphasises the link between nobility and deep-seated (albeit learnt) good behaviour. Voltaire apparently reopened this letter in order to send an additional alteration to the recognition scene between the comtesse and Charlot at the end of the third act:

Je dois tout pardonner, puisque je suis heureuse.
   CHARLOT (*dans l'enfoncement*)
Qui peut changer ainsi ma destinée affreuse?
Où me conduisez-vous?
     LA COMTESSE
    Dans mes bras, mon cher fils.
     CHARLOT
Moi, votre fils!
     LE DUC
  Sans doute.

CHARLOT
O destins inouïs!
LA COMTESSE (*l'embrassant*)
Oui, reconnais ta mère; oui, c'est toi que j'embrasse, etc. [66]

Voltaire was not satisfied with this version, for, as well as requesting 'exactitude et diligence' from Merlin and expressing the wish that 'la comtesse de Givri aura permission de paraître', he sent further changes to Damilaville on 21 September (D14434):

MADAME AUBONNE
J'ai mérité la mort...
LA COMTESSE
C'est assez, levez-vous.
Je dois tout pardonner, puisque je suis heureuse:
Tu m'as rendu mon sang.
CHARLOT (*dans l'enfoncement*)
O destinée affreuse!
Où me conduisez-vous?
LA COMTESSE (*courant à lui*)
Dans mes bras, mon cher fils.
CHARLOT
Vous, ma mère!
LE DUC
Oui, sans doute.
JULIE
O destins inouïs! [67]
LA COMTESSE (*l'embrassant*)
Oui, reconnais ta mère; oui, c'est toi que j'embrasse,

[66] As noted, the confused state of the manuscript is evidence of Voltaire's dissatisfaction with this sequence. This version does not entirely match the corresponding passage in Rieu's manuscript, indicating again that Rieu's version is indeed anterior to this letter.

[67] On 23 September Voltaire wrote again to Damilaville to confirm that Julie rather than Charlot speaks the line 'O destins inouïs!' (D14437). Julie speaks these words in the manuscript, so Voltaire's attribution of these lines to Charlot in D14429 was indeed a slip.

With the exception of the comtesse's second line (slightly altered to 'Je dois vous pardonner'), the first stage direction and Julie's final *réplique*, these changes were to appear in almost all printed versions. It should be noted, however, that for all Voltaire's hesitations over the final scene, his concern was only with the recognition sequence rather than the appearance of Henri IV, who remains resolutely off stage.

On 2 October Voltaire repeated his requests that Merlin print no more than 750 copies; these must appear anonymously, and should this edition be successful he promised to write 'un petit morceau sur Henri IV qu'il pourra mettre à la tête de la seconde édition' (D14463). This might imply that the first edition is in fact 67GP3, for it is the only edition by Merlin not to have a preface of any kind, and Voltaire only mentions prefaces with regard to second editions (see also D14506). [68]

On 4 October Voltaire urged that Merlin produce 'une faible édition de *Charlot*, afin qu'on puisse corriger dans la seconde ce qui aura paru défectueux dans la première' (D14464). On 12 October he made a further request for anonymity and to withhold asking for a *privilège* (D14474). This request was somewhat redundant since a *permission tacite* (rather than a full *privilège*), approved by Crébillon, had been given on 6 October for Merlin to publish '*Charlot, ou la comtesse de Givry*', pièce dramatique, représentée sur le théâtre de Ferney'. [69] The play duly appeared without the author's name but with a clear indication as to his identity as the title page signals that the comedy was 'représentée sur le théâtre de F***'. On 10 October Damilaville sent a copy to Voltaire, [70] but a section had gone astray; asking for the missing pages and another

---

[68] This proposition contradicts Bengesco, who states that 67GP1 was the first edition; he was not, however, aware of 67GP3.

[69] *Registre des permissions tacites* (BnF, ms. fr. 21981), f.35^v. On the previous page one sees that on 17 September *Le Huron, ou l'ingénu* was 'd'abord permis, puis défendu'.

[70] This chronology leads one to believe that *Charlot* was printed between 6 and 10 October 1767.

copy, Voltaire again promised that he would write a preface on Henri IV if the conditions were right (D14490, 16 October):

Je n'ai encore rien écrit sur mon cher Henri IV mais j'ai tout dans ma tête; et s'il arrivait que la mémoire de ce grand homme fût assez chère aux Français pour qu'ils pardonnassent aux fautes de ce petit ouvrage; si malgré les cris des Fréron et des autres Welches, il s'en faisait une autre édition après celle de Genève et de Merlin ce dont je doute fort, alors je vous enverrais une petite diatribe sur Henri IV; vous n'auriez qu'à parler.

On 30 October he repeated his promise of 'une petite préface sur le compte de notre ami Henri IV' in the event of another edition and, apparently receiving at that very moment two copies of the play, reiterated that pledge in the belief that the first edition would soon sell out (D14506). The next day he changed his mind, telling Damilaville that he would supply editorial notes rather than a preface on Henri IV (D14508). By 2 November he had apparently written these notes, but he doubted both their quality and their necessity, believing Merlin unlikely to produce a second edition (D14514); these notes were never published and – if indeed composed – appear to have been lost.

In spring 1767 the Genevan publisher Pierre Pellet initiated a series of volumes containing 'non seulement l'histoire du théâtre français' but also 'toutes les pièces qui s'y représentent journellement'.[71] Samuel Taylor argues that Rieu was a key player in this project of dubious quality, editing the text that Pellet then printed; he also suggests that Rieu wrote the dedication to Voltaire that is dated 15 April 1767. Voltaire himself collaborated on the project, authorising Pellet to reprint the commentaries on Corneille and Molière, and making available his own works including *Charlot*. Voltaire again recommends urgency in publishing this comedy, as evidenced in an undated letter to Rieu: 'Mon cher duc de Bellegarde est supplié de m'envoyer la première épreuve de Pellet. Il y a quatre vers à ajouter à la seconde scène, ce qui demandera un

---

[71] Quoted in Samuel Taylor, 'La collaboration de Voltaire au *Théâtre français* (1767-1769)', *SVEC* 18 (1961), p.57-75 (p.59).

petit remaniement. Nous n'avons point de temps à perdre; il est à craindre que cet ouvrage ne soit imprimé à Paris sur quelque mauvaise copie' (D14115). Just as he had done with *Les Scythes*, Pellet produced a separate edition of *Charlot*, which was on sale from 31 October.[72] The comedy also appears in the fifth volume of the *Théâtre français* which, despite bearing the year 1767, was published in January 1768; Voltaire had received a copy by 13 January 1768.[73]

Charlot also appears in the fifth volume of Cramer's *Nouveaux Mélanges* (1768); despite Voltaire's promise to provide 'vers nouveaux et des notes' (D14483) as well as 'une assez longue correction [...] au second acte', no such paratexts or significant changes appeared. The play also features in the sixth volume of the veuve Duchesne's *Œuvres de théâtre de Monsieur de Voltaire* (1768).[74]

None of these versions presents any radical variation; that was to come in the Leningrad *encadrée* and the Kehl edition where, despite Voltaire's initial insistence that Henri IV should remain unseen, the king appears in the final scene reuniting the comtesse with her son and declaring that Charlot will now fight alongside him (see Appendix 2). The correspondence shows that Voltaire took a keen interest in the numerous plays featuring Henri IV that appeared in the mid-1770s; this wave of plays was due in part to Louis XV's death, which 'removed the chief source of opposition to the public performance of plays dealing with Henri IV'.[75] He wrote to d'Argental on 24 November 1774: 'On dit que Henri IV va paraître à la fois à la comédie italienne et à la française,

---

[72] Taylor, 'La collaboration de Voltaire au *Théâtre français*', p.60. See also editorial note to D14486; the note's contents are correct, but its application to this letter is not. This letter's first paragraph refers not to *Charlot* but to *Les Scythes*, for the comedy was not printed in Lyon, but only in Geneva and Paris, a point confirmed in Voltaire's letter to Bordeaux de Belmont (D14612, 23 December 1767).

[73] See Voltaire's letter to Marmontel (D14665, n.4) and Taylor, 'La collaboration de Voltaire au *Théâtre français*', p.68.

[74] See Thiriot's letter to Voltaire of 27 August 1767 (D14396).

[75] Brenner, 'Henri IV on the French stage in the eighteenth century', p.547.

comme sur le Pont-Neuf';[76] the references are to *Henri IV, ou la bataille d'Ivry* by Barnabé Farmian de Rosoi (or Rozoy), Collé's *La Partie de chasse de Henri IV* and a series of popular plays (associated with the boulevards rather than the Pont-Neuf). Five days later he wrote to the marquis de Thibouville: 'On dit que vous allez avoir Henri IV à la comédie française, à l'italienne, et chez Nicolé' (D19206); and on 30 November he told François Marin: 'Si en répondant à mes deux points vous me parlez de Henri IV joué à la comédie française, à l'italienne et chez Nicolet, si vous me dites votre avis sur les opéras nouveaux, et sur les mauvaises pièces nouvelles, ou sifflées, ou applaudies, vous égaierez le mourant transi qui vous sera très obligé' (D19207). A trio of other letters in December 1774 refers to the appearance of the king in a series of popular plays;[77] Brenner notes that five plays appeared in Paris in 1775 and 1776 on the subject of Henri IV, that two pantomimes took the king as a subject (albeit disguising the characters in modern costumes and settings),[78] and that a total of fifteen plays featuring Henri IV appeared in France between 1775 and 1782.[79] Voltaire does not explain his decision to bring Henri IV onto the stage in *Charlot*, but such plays, which appeared in the years directly preceding the revision of his theatrical works for the Leningrad *encadrée*,[80] no doubt made him reconsider his decision to keep his hero in the wings.

Charlot was translated into three other languages: following the German translations published in 1770 and 1772, there appeared a

[76] D19198. Compare to Voltaire's comments to Mme Du Deffand in a letter dated 24 November 1774: 'Ce n'est point Henri IV qui va paraître, dit-on, à la comédie française et à l'italienne, comme sur le Pont-Neuf au milieu de son peuple' (D19199).

[77] See Voltaire's letters to Joseph Vasselier (D19224, 9 December), Constant d'Hermenches (D19246, 20 December) and Thibouville (D19264, 31 December).

[78] These are Pleinchesne's *Le Charbonnier est maître chez lui* (1775) and the anonymous *Le Fort pris d'assaut* (1776).

[79] See Brenner, 'Henri IV on the French stage in the eighteenth century', p.548-49.

[80] See Samuel Taylor, 'The definitive text of Voltaire's works: the Leningrad *encadrée*', *SVEC* 124 (1974), p.7-132 (p.13 and 22).

Dutch prose translation in 1782 (*Charlot of de Gravin de Givrij*)[81] and an unpublished and undated prose translation into Spanish (*Carlos, o la condesa de Guiri*).[82]

5. *Reception*

Voltaire may have claimed to value *Charlot* over *L'Ingénu* (D14427), but his contemporaries and posterity have not shared his judgement. Indeed he was correct to anticipate that *Charlot* would not appeal to the wider public's taste. Upon publication of the play in October 1767, the *Correspondance littéraire* noted that the author's name alone would result in the sale of copies, 'mais c'est peu de chose. Ce n'est pas tant le mauvais qui choque dans cette pièce que l'absence du bon'. It criticises the character of Guillot as 'bien bas et de bien mauvais goût' and notes that the character of Babet 'ne vaut pas grand-chose'. In addition to identifying Destouches's *La Force du naturel* and Collé's *La Partie de chasse* as intertexts, it suggests one author in particular would have written a far better work based on the same premise of children being swapped at an early age: 'Quoique ce fond soit mauvais et aussi peu philosophique que peu naturel, je sens pourtant que M. Sedaine,[83] s'il l'avait entrepris, en aurait fait une pièce charmante; mais c'est qu'il y aurait mis sa force comique, son naturel, sa vérité, ses mots précieux; il n'y a rien de tout cela dans la pièce de l'illustre patriarche'. As is the case with all the reviews, that given in the *Correspondance littéraire* considers the play's construction and effect rather than its implications regarding kingship and inherited identity (the description of the subject matter as being 'peu philosophique' does hint at a more ideological

---

[81] Jeroom Vercruysse, 'Bibliographie provisoire des traductions néerlandaises et flamandes de Voltaire', *SVEC* 116 (1973), p.19-64 (p.30).

[82] Francisco Lafarga, *Voltaire en Espagne (1734-1835)*, *SVEC* 261 (1989), p.92.

[83] As already noted, Sedaine authored another play with Henri IV as hero, namely *Le Roi et le fermier* (1762).

reading). Grimm limits his equivocal praises to Voltaire's presentation of the monarch:

Il est très bien que, dès le commencement de la pièce, il soit toujours question du roi, qu'on l'attende toujours, qu'il soit, pour ainsi dire, le principal personnage, et qu'il ne paraisse pas. Cela est fait avec esprit. Nos mœurs sont si mesquines, ou bien nos représentations théâtrales sont si éloignées de la vérité, qu'on n'a encore su mettre un roi en comédie sans le rendre plat et maussade. [84]

Voltaire may use dramatic conventions (or rather, restrictions) to some advantage, but he does not challenge them. The *Mémoires secrets* similarly focus on the absent king but, unlike Grimm, Bachaumont criticises Voltaire for not following Collé's lead: 'Il dit dans un bout de préface, que le fond de la pièce est Henri IV, mais qu'il n'a osé mettre ce roi sur la scène, après M. Collé. En effet il est perpétuellement question de ce prince, qui ne paraît pas, et qui opère pourtant le dénouement. Rien de plus bizarre que cet embryon dramatique tout à fait informe'. Bachaumont judges that Voltaire's comic touch, in any case somewhat limited, is of the worst taste in 'cet ouvrage très froid, très triste, et dont aucun caractère n'est développé qu'aux noms des acteurs. On assure qu'il a broché très promptement cela, et il y paraît'. [85]

The Comédie-Italienne's production, in 1782, of the play now referred to as *La Comtesse de Givry* was poorly received. If d'Argental had it performed in memory of his 'illustre ami', [86] the *Année littéraire* judges this revival to be a mistake and criticises the work's mixture of genres and its lack of humour:

Dans mon dernier article sur les spectacles, je me plaignais de ce que les comédiens ne remettaient pas sur la scène plusieurs bonnes pièces de leur répertoire; je ne m'attendais pas qu'au lieu de faire usage de leurs richesses, ils s'aviseraient de tirer de l'oubli la *Comtesse de Gyvri* [*sic*]: ce drame inconnu est froid, romanesque, et absolument indigne de M. de Voltaire;

[84] Grimm, *CLT*, vol.7, p.441.
[85] Bachaumont, *Mémoires secrets*, vol.3, p.242.
[86] Bachaumont, *Mémoires secrets*, vol.20, p.283.

c'est insulter à sa mémoire que de produire aux yeux du public un ouvrage aussi misérable; il est fort singulier que M. de Voltaire, qui, dans ses ouvrages les plus sérieux, plaisante sans cesse, et souvent avec beaucoup de goût, qui a porté le ton railleur jusques dans la philosophie, n'ait jamais pu faire de bonnes plaisanteries quand le sujet le demandait, et que dans la comédie il soit toujours ou pathétique ou trivial, et passe éternellement des sentiments guindés, à un comique bas et grossier.

The critic contends that the Italians' staging of *La Comtesse de Givry* is of a piece with their programming of inappropriately gloomy plays, and, while Voltaire's work may not resemble 'certains drames lugubres qui, depuis longtemps sont en possession d'exciter la pitié des provinces', it nonetheless fails to elicit laughter at what ought to be 'un théâtre consacré aux jeux et aux ris'.[87] Somewhat more positive is the review in the *Mercure de France*, although it echoes the *Année littéraire*'s opinion that this work would hardly add to Voltaire's reputation:

On a entendu avec attendrissement tous les traits de la vie de Henri IV, tous les mots de cet adorable prince, dont l'auteur a enrichi son premier acte. On a fort applaudi les vers heureux, les mots plaisants qu'il a semés dans le second acte. Quant au troisième, il a excité un intérêt général. Nous n'entrerons pas dans d'autres détails. Ce n'est pas d'un ouvrage comme celui-ci que peut dépendre la réputation d'un écrivain tel que Voltaire; et quand on aurait quelques observations critiques à faire sur cette production et sur quelques autres comédies de ce grand homme, nous croyons qu'il faudrait se contenter de dire, avec le bon La Fontaine: 'Chacun son lot, nul n'a tout en partage'.[88]

A second article in the *Correspondance littéraire* similarly judges *La Comtesse de Givry* to be a weak play, unworthy of its author:

Le dénouement a paru faire assez d'effet; mais ce n'est pas sans peine qu'on s'est souvenu, pendant les deux premiers actes, des égards dus à la

---

[87] *Année littéraire*, 1782, vol.4, p.323-35.
[88] *Mercure de France*, June 1782, p.188-89. The exact quotation is 'Chacun son fait; nul n'a tout en partage'; see Jean de La Fontaine, 'Le Muletier', in *Contes et nouvelles en vers*, ed. G. Couton (Paris, 1961), p.77.

mémoire de l'auteur. Ce drame est en effet une des plus faibles productions de M. de Voltaire, un vrai drame, au style près, dont toutes les situations sont faibles et communes, quoique le sujet en soit fort romanesque et l'intrigue assez embrouillée. [89]

Voltaire has, according to this review, produced a work that inherits the worst of the *drame* and has not succeeded in invigorating what appears here as a rather moribund genre. Similar criticisms are made in the *Mémoires secrets*, which describe the first two acts of *La Comtesse de Givry* as 'froids et vides; mais le troisième, très intéressant, a produit beaucoup d'effet', and, while with faint praise the writer judges that the play was not badly performed, he argues that it lacks originality, as well as the vibrancy that characterises Voltaire's earlier writings:

Malheureusement, déjà affaibli par l'âge, il n'avait pu répandre dans sa pièce toute cette vigueur, tout ce brillant coloris de son bon temps; ce qui n'avait pas peu contribué à laisser ce drame dans l'oubli. Il y a cependant encore beaucoup de vers heureux, touchants, faciles, et l'attention du poète à parler toujours de Henri IV, à mettre dans la bouche des interlocuteurs plusieurs beaux traits de ce grand roi, à citer une foule de ses paroles sublimes, est un autre genre de mérite que Voltaire aurait bien voulu avoir le premier, et qu'il n'a pas dédaigné après M. Collé, et même après M. Durosoy. [90]

The *Journal de Paris* repeats much the same opinion as the *Année littéraire*, the *Correspondance littéraire* and the *Mémoires secrets*: 'On a donné avant-hier la première représentation de *La Comtesse de Givri*. Quoique cette pièce ne puisse pas être mise au nombre des bons ouvrages dramatiques de M. de Voltaire, elle a été justement applaudie en plusieurs endroits; le dénouement a produit beaucoup d'effet; et en général on l'a accueillie avec les égards dus à la grande

---

[89] *CLT*, vol.13, p.153.

[90] Bachaumont, *Mémoires secrets*, vol.20, p.285-86. Barnabé Farmian de Rosoi (or Rozoy) was the author of two *drames-lyriques* (his term), *Henri IV, ou la bataille d'Ivry* (1774) and *La Réduction de Paris* (1775), and a *drame*, *La Clémence de Henri IV*; see Mironneau, 'Images de Henri IV en héros chantant du théâtre', p.358-62.

réputation de l'auteur'.[91] This short and inconclusive review apparently prompted a 'jeune horloger' to write to the *Journal*, defending Voltaire and his play. The subsequent article is worth citing in full, not only for its intriguing form but also for its certain disdain for provincial taste:

1. Comment une comédie intéressante d'un bout à l'autre, telle que la *Comtesse de Givri*, pleine de vers heureux, touchants, faciles, *ne peut-elle pas être comptée parmi les bons ouvrages de son auteur*, comme le dit le *Journal de Paris*?

RÉPONSE. C'est parce que *La Comtesse de Givri* n'est point intéressante d'un bout à l'autre, et que plusieurs vers heureux, touchants, faciles, ne suffisent pas pour former une bonne pièce de théâtre.

2. Pourquoi une pièce, dans laquelle l'auteur de la *Henriade* parle toujours de Henri IV, et rapporte presque mot à mot, dans les plus jolis vers du monde, toutes les paroles sublimes de Henri IV, comment cet ouvrage a-t-il besoin, chez les Français, *des égards dus à la réputation de son auteur*, comme le dit le *Journal de Paris*?

RÉPONSE. C'est précisément parce que M. de Voltaire y rappelle souvent le nom de Henri IV, et des anecdotes qui nous font chérir et révérer la mémoire de ce grand et bon roi, que la pièce a été applaudie en plusieurs endroits, et nous l'avons dit; ce sont les morceaux vraiment faibles que l'on a reçus avec les égards dus à la grande réputation de l'auteur.

3. Quelle est la comédie moderne donnée au théâtre, depuis que le *Journal de Paris* juge les théâtres, qui vaut mieux que la *Comtesse de Givri*?

RÉPONSE. Quand on aura prouvé que *La Comtesse de Givri* est une comédie, nous répondrons à cette troisième question.

4. Le *Journal de Paris* aurait-il parlé de la *Comtesse de Givri*, comme il en a parlé, si l'auteur de l'*Ecossaise* vivait encore?

RÉPONSE. Non, parce que l'auteur de l'*Ecossaise* n'en aurait pas hasardé la représentation sur un théâtre de Paris.

Ces questions sont faites par un jeune horloger de Ferney, qui adore Henri IV et M. de Voltaire, comme tous les gens de ce pays-là; qui a

---

[91] *Journal de Paris* 157 (6 June 1782), p.637.

beaucoup pleuré hier à la représentation de *La Comtesse de Givri*; qui, dans son enfance, a vu toute la ville de Genève pleurer à *La Comtesse de Givri*, quand on la jouait à Ferney, et qui arrivé depuis peu à Paris, pour se former le goût, s'adresse au *Journal de Paris*, en le priant de lui dire tout juste le degré d'estime que méritent les productions de M. de Voltaire.

RÉPONSE. On ne peut que féliciter le jeune horloger de sa sensibilité et le louer de sa vénération pour M. de Voltaire.

Il ne nous appartient point de fixer au juste le degré d'estime qu'on doit à chacun des ouvrages de M. de Voltaire; mais nous nous faisons gloire d'avouer que nous partageons avec l'Europe entière le sentiment d'admiration dont elle est pénétrée pour ce grand homme. [92]

La Comtesse de Givry, it would appear, may be entertaining enough for a cultural backwater like Geneva, but it does its author little justice on the Parisian stage.

A later account of the play in d'Origny's history of the Comédie-Italienne (1788) repeats much the same observations as the earlier reviews, although the first sentence is suitably ambiguous: 'Cette pièce a été aussi favorablement accueillie du public qu'elle devait l'être. Dans le premier acte, tout ce qui appartient à Henri IV, ses traits, ses bons mots inspirent un intérêt touchant. On a saisi dans le second les beaux vers et les heureuses plaisanteries qui y sont répandues, et le dénouement a eu l'applaudissement universel'. [93] Like the earlier reviews, d'Origny's account focuses on the quality of Voltaire's writing and the pleasing presentation (at one remove) of Henri IV.

With one exception, no contemporary considers the play's ideological assumptions and implications. Apparently the sole figure to address such notions, and to find them deeply suspect, was Palissot:

Quoiqu'on y trouve quelques vers heureux, elle méritait d'autant moins d'être conservée, que l'objet en est bien peu philosophique, et tend à favoriser un préjugé que l'auteur avait combattu dans plusieurs de ses

---

[92] *Journal de Paris* 159 (8 June 1782), p.645-46.
[93] D'Origny, *Annales du Théâtre Italien*, vol.3, p.10.

ouvrages. Son but paraît être de prouver que la naissance imprime un caractère ineffaçable de noblesse ou de roture dans l'une ou dans l'autre de ces deux conditions. Il faut avouer qu'aux yeux de la saine raison, il n'est pas de préjugé plus insoutenable et plus démenti par les faits. Dans ce ridicule système, ni le fils d'un grand ne pourrait être dégradé, quelques vices que l'on suppose dans son éducation, ni le fils d'un paysan s'élever au-dessus de sa sphère, quelque soin que l'on se donnât pour l'instruire. Ce sujet absurde avait déjà été traité dans une mauvaise comédie de Dufresny, et plus récemment dans une pièce non moins mauvaise de Destouches, intitulée *La Force du naturel*. Ces adulations pouvaient flatter l'orgueil de la noblesse, mais comment des écrivains, comment Voltaire surtout pouvait-il, même dans un amusement de société, se permettre un pareil outrage à la raison.[94]

Palissot's identification of the biological determinism at the heart of *Charlot* requires further investigation.

6. *The wet nurse and the king*

The essential narrative arc of *Charlot* is the conventional comic one of disorder's resolution into order. This order is manifested in the marriage of Julie and Charlot (which will happen after curtain fall); it is also characterised by the move from a realm of female influence to a regime of male authority. The play initially presents disorder in a comic register, with the *intendant* expressing bewilderment at how the comtesse will pay for the king's visit. The play's initial disorder is prompted by pleasure (the happy arrival of the monarch), and that disorder is expressed in pleasurable activities: 'tout le monde rit, court, saute, danse, chante' (I.i.9). In the following scene the *intendant* returns to the question of the nobility's ability to finance its amusements (I.ii.109-12):

> Jamais je ne pourrai suffire à la dépense.
> Ah! tous les grands seigneurs se ruinent en France;

[94] Charles Palissot de Montenoy, *Le Génie de Voltaire*, in *Œuvres complètes*, 6 vol. (Paris, 1809), vol.6, p.151-52.

Il faut couper des bois, emprunter chèrement,
Et l'on s'en prend toujours à monsieur l'intendant...

The sense of disorder is evident, but it is undercut by the speaker's comic self-pity. Moreover, the context of the play's original productions, especially that of 3 October 1767, also mitigates against a sense of anxiety, given that the patriarch of Ferney was able to afford the very kind of festivity that might drive 'les grands seigneurs' to financial ruin.

This sense of disorder also operates at a more profound, personal level in *Charlot, ou la comtesse de Givry*, whose very title itself indicates the work's ambivalent focus. This play presents a community of muddled family relations, uncertain kinship and doubtful identity. Fathers are absent, mothers are doubled, children are swapped.[95] The comte de Givry is dead, and the comtesse's own father was killed in the massacre of Saint Bartholomew's Day (III.vi.199-200):

l'horrible journée
Qui sera de l'Europe à jamais condamnée.

Lynn Hunt has observed that in novels and drama of the 1760s, 1770s and 1780s 'fictional fathers began to be effaced; they were lost, absent, dead, or simply unknown'. We shall return in a moment to Hunt's analysis of the ideological implications of this 'world without fathers',[96] for it is only with the king's arrival, if not his actual apparition, that a new father returns to restore order. For most of the play, the father's absence is not compensated by an authoritative male presence; the *intendant* is too anxious about money, Charlot is a subaltern,[97] the marquis is a brute and Guillot is an oaf. As the initial

---

[95] Goulbourne offers a different account of family relations in *Charlot*, stressing that Voltaire subverts sentimentality; see *Voltaire comic dramatist*, p.254-59.

[96] Lynn Hunt, *The Family romance of the French Revolution* (Berkeley, CA, 1992), p.23 and 52.

[97] Flaubert disparages him as 'le type du paysan du théâtre, timide, gauche, maladroit, amoureux, spirituellement bête, ce qui ne vaut pas le bêtement spirituel', and as a 'personnage atroce de lui-même et d'une nullité complète' (Gustave

stage directions make clear, this is a space headed by a woman: 'La scène est dans le château de la comtesse de Givry en Champagne'. The matriarchal society of *Charlot* is characterised by excess and confusion, for there is not one mother but two; Julie (whose biological parents are not mentioned) claims as mother both Mme Aubonne – 'Asseyez-vous, ma mère' (II.ii.111) – and the comtesse: 'Vous m'avez tenu lieu d'une mère' (III.iv.97). The comtesse defines herself as the central agent of her family and community, as the source of others' well-being (I.vii.327-32):

> Viens, ma chère nourrice, et ne soupire plus.
> A bien placer ton fils mes vœux sont résolus.
> Il servira le roi, je ferai sa fortune.
> Je veux que cette joie à nous deux soit commune.
> Je voudrais contenter tout ce qui m'appartient,
> Vous rendre tous heureux.

The comtesse fulfils her obligations to her society and her monarch – 'Ici, dans ce château, ce grand roi, ce bon maître!' (I.i.6) – but not to her child. [98] Mme Aubonne is presented as a conflicted mother; a key element of the play's effective dramatic drive is provided by the nurse's sadness – 'Notre bonne est toujours dans sa mine dolente' (I.i.10) – which is initially (and necessarily) unexplained: 'Ah! vous ne savez pas ce qu'il me fait souffrir' (I.iv.164). Voltaire continues to alert the spectator to her anxiety (I.vii.334-40) and to the fact that she knows more than she is letting on: 'De tout ce que je vois mon cœur n'est point surpris' (II.ii.112). Mme Aubonne's emotional responses may be explained by the revelation that she is the marquis's birth mother (this fact

---

Flaubert, *Le Théâtre de Voltaire*, ed. Theodore Besterman, *SVEC* 50-51, 1967, p.640 and 644).

[98] In her analysis of images of maternity in Fragonard, Mary Sheriff identifies 'a culture of insincerity, a topsy-turvy culture that encourages women to fulfill their social, rather than natural duties'. See 'Fragonard's erotic mothers and the politics of reproduction', in *Eroticism and the body politic*, ed. L. Hunt (Baltimore, MD, 1991), p.14-40 (p.34).

also generates the irony of such lines as II.iv.217 and II.vii.316), but it is curious that, in a play that seemingly endorses 'natural' motherhood, she expresses no grief when she learns of her son's death. [99] The nurse's lack of maternal affection prompted Flaubert to note that 'Mme Aubonne montre peu de tendresse pour son fils à elle, fort peu de regret de sa mort et elle est bonne!' [100]

The confusion of kinship is most evident in that the nurse's and the comtesse's sons were swapped at an early age when Mme Aubonne substituted her own son for the comtesse's, who was on the brink of death but who recovered after the exchange had occurred (see III.vi). The eighteenth century sees a preoccupation with child-rearing and nursing. Doctors, statesmen and *philosophes* (the vast majority of whom were, evidently, men) argue not only that it is healthier for the child to be nursed by its mother, which in turn reduces infant mortality, but also that breast-feeding is a mark of a good mother. [101] Wet-nursing is attacked more vigorously from the 1760s onwards, the chief spokesman in favour of maternal breast-feeding being of course Rousseau, who begins *Emile* by stating: 'La première éducation est celle qui importe le plus, et cette première éducation appartient incontestablement aux femmes; si l'auteur de la nature eût voulu qu'elle appartînt aux hommes, il leur eût donné du lait pour nourrir les enfants'. [102] Just as he condemns those mothers who do not nurse their children, so he denounces those 'femmes mercenaires' who nurse other women's children: 'Celle qui nourrit l'enfant d'une autre au lieu du sien est une

---

[99] In the original version of the play, the marquis does not actually die, for according to the duc de Bellegarde: 'Il était expirant, mais on espère encore / Qu'il pourra réchapper' (III.vi.207-208). The later version of the play sees no such hope.

[100] Flaubert, *Le Théâtre de Voltaire*, p.650.

[101] See George Sussman, *Selling mother's milk: the wet-nursing business in France, 1715-1914* (Urbana, IL, 1982), p.19-97; Nancy Senior, 'Aspects of infant feeding in eighteenth-century France', *Eighteenth-century studies* 16 (1983), p.367-88; and Yvonne Knibiehler, 'L'allaitement et la société', *Recherches féministes* 16 (2003), p.11-33.

[102] Jean-Jacques Rousseau, *Emile, ou de l'éducation*, ed. C. Wirz, *Œuvres complètes*, 5 vol. (Paris, 1959-1995), vol.4, p.245-46.

mauvaise mère'.[103] As well as stating categorically that 'le premier devoir d'une mère est d'allaiter ses enfants',[104] the *Encyclopédie* also argues that the mother 'est bien plus propre à prendre un tendre soin de son enfant, qu'une femme empruntée qui n'est animée que par la récompense d'un loyer mercenaire'.[105] In this period, images of mercenary nursing are rare, while those of maternal nursing are a great deal more common; this contrast does not reflect a social reality, for those latter images serve the ideological purpose of promoting an as yet unfulfilled goal.[106] The birth mother's milk may be better suited to her child, maternal nursing might foster a closer relationship with one's children, but one must not ignore the fact that underpinning many of the arguments for maternal nursing is the vision of 'a "natural" woman educated to please her husband, bear his children, and care for the family, a woman successfully removed from the social sphere and returned to the domestic duties for which nature intended her, a woman sensitive and loving, a woman dependent on and obedient to male authority'.[107]

The depiction in *Charlot* of the consequences of mercenary nursing should be seen in this context. Voltaire's play does not deny that one benefit of wet-nursing might be the establishment of important bonds between the nurse and the infant, between two unrelated infants fed by the same woman, as well as between the mother and the nurse, for as the comtesse tells the marquis (I.v.243-46):

> Je dois tout à sa mère, oui, je lui dois mon fils:
> Aimez un peu le sien. Du même lait nourris,
> L'un doit protéger l'autre; ayez de l'indulgence,
> Ayez de l'amitié, de la reconnaissance.

[103] Rousseau, *Emile*, p.255 and 257.

[104] 'Mère', in *Encyclopédie*, vol.16, p.227.

[105] 'Nourrice', in *Encyclopédie*, vol.11, p.261.

[106] Patricia R. Ivinski, 'Maternal versus mercenary nursing: popular debate and artistic representation', in *Farewell to the wet nurse: Etienne Aubry and images of breast-feeding in eighteenth-century France* (Williamstown, MA, 1998), p.9-17 (p.16).

[107] Sheriff, 'Fragonard's erotic mothers and the politics of reproduction', p.22.

But these new affective ties muddle natural bonds and disrupt correct links of kinship; *Charlot* bears out Hunt's observation that in a 'world without fathers [...] children wandered in search of their social place'.[108] Such disruption is not due to some kind of contamination through the milk of the lower-class nurse, for while the play does broach this topic – 'Il paraît que le lait dont vous fûtes nourri, / Dans votre noble sang s'est un peu trop aigri' (II.iii.200-201) – such treatment is necessarily ironic given that Mme Aubonne's milk had no such effect. Voltaire's concern is with the integrity and the preservation of noble lineage, couched in terms of maternal duty (III.vi.166-69):

> Ah! si j'avais rempli ce devoir si sacré
> De ne pas confier au lait d'une étrangère
> Le pur sang de mon sang, et d'être vraiment mère,
> On n'aurait jamais fait cet affreux changement.[109]

The play validates this belief in the purity of noble lineage, for Charlot's heritage is inscribed upon his body, resembling as he does his maternal grandfather. In the final version of the play, Mme Aubonne remarks to the comtesse that Charlot closely resembles his biological father (Appendix 2, lines 18-19):

> Hélas vous auriez pu sur son noble visage
> Du comte de Givry voir la parfaite image.[110]

The play does not entirely endorse biological determinism; for instance, the comtesse's affection for the marquis is, it is suggested, perhaps the result of habit rather than that of nature (III.vi.175-76), but the marquis's character is nevertheless presented as naturally and essentially vulgar (I.v.221-22):

---

[108] Hunt, *The Family romance of the French Revolution*, p.40.

[109] It is unclear if the following line – 'Il est bien plus commun qu'on ne croit', uttered by Bellegarde – is intended as further criticism of wet-nursing or is meant instead to undercut the comtesse's speech by its mock seriousness.

[110] Flaubert ridicules this notion that the comtesse never noticed the similarity; see *Le Théâtre de Voltaire*, p.650.

LE MARQUIS

Je suis fort naturel.

LA COMTESSE

Oui; mais soyez aimable.

Cette pure nature est fort insupportable.

The comtesse's response may be read as a swipe at Rousseau, and indeed Voltaire wrote on 10 March 1760 that men 'pour la plupart sont peu naturels, et [...] lorsqu'ils suivent la pure nature sont pour la plupart de fort vilaines gens quoi qu'en dise Rousseau' (D8799). Such is the marquis's intractable vulgarity that the scope for external influences to improve his 'mœurs rustiques' (I.iv.157) is limited: 'le mal est sans remède, (I.i.65). As Julie observes (II.ii.91-94):

D'où vient que votre fils

Est différent en tout de monsieur le marquis?

L'art n'a rien pu sur l'un. Dans l'autre la nature

Semble avoir répandu tous ses dons sans mesure.

Despite being brought up as a commoner, Charlot, the *roturier malgré lui* as it were, is naturally receptive to the arts. He displays skills and qualities that the other characters associate with a higher social class (II.ii.99-102):

Vous avez réussi dans les jeux, dans les arts

Qui de nos courtisans attirent les regards;

Les armes, le dessin, la danse, la musique,

Enfin dans toute étude où votre esprit s'applique.

The arts and education remain a necessary element in Voltaire's vision of desirable social interaction, and according to the preface to *Charlot* the theatre can play an instrumental role in this civilising process: 'Rien n'anime plus la société, rien ne donne plus de grâce au corps et à l'esprit, ne forme plus le goût, ne rend les mœurs plus honnêtes'. Such beneficial effects can, however, only be experienced by a happy few, and indeed the preface notes that 'Cette pièce de société n'a été faite que pour exercer les talents de plusieurs personnes d'un rare mérite' (Appendix 3, lines 1-2). Although

Voltaire does not go so far as to argue that only the hereditary nobility have taste, [111] he does distinguish between the discriminating elite and the foolish masses: the play is an apologia for an aristocracy of taste. Just as Voltaire rails against popular taste (or rather lack thereof) in his correspondence, so in *Charlot* he depicts the crowd as misguided and blundering (I.vii.310-22):

> Ils se sont tous trompés selon leur ordinaire.
> Madame, un postillon que j'avais fait partir
> Pour s'informer au juste, et pour vous avertir,
> Vous ramenait en hâte une troupe altérée,
> Moitié déguenillée, et moitié surdorée,
> D'excellents pâtissiers, d'acteurs italiens,
> Et des danseurs de corde, et des musiciens,
> Des flûtes, des hautbois, des cors, et des trompettes,
> Des faiseurs d'acrostiches et des marionnettes.
> Tout le monde a crié *le roi* sur les chemins;
> On le crie au village et chez tous les voisins;
> Dans votre basse-cour on s'obstine à le croire.
> Et voilà justement comme on écrit l'histoire. [112]

This metatheatrical episode functions as a reflection of Voltaire's own dramatic aesthetic (it also serves to censure popular historiography): if the deluded public is unable to distinguish between the royal party and a motley crew of gaudy entertainers, to expose the king to such people would be to sully the royal personage.

'Je finis ma carrière par ce grand homme, comme je l'ai commencée' (D14463, 2 October 1767): although somewhat premature and inaccurate, Voltaire's comment does testify to his abiding interest in the man he habitually referred to as 'mon héros'. [113] The depiction of Henri IV in *Charlot* is generally of a

---

[111] The play does include some expressions of anti-noble sentiment, such as 'Ne vaut-il pas bien mieux / Tuer quatre marquis qu'être tué par eux?' (III.i.9-10).

[112] The crowd also mistakes Bellegarde for the king: see III.v.131-33.

[113] See, for instance, D3441, D13765, D14525, D14864. Síofra Pierse argues that there is a subtle distinction 'quite particular to Voltaire' between a *héros* and a *grand*

piece with that in Voltaire's other works, such as the *Epître à Henri IV* (1765), in which he is described as an:

> Intrépide soldat, vrai chevalier, grand homme,
> Bon roi, fidèle ami, tendre et loyal amant. [114]

Voltaire's Henri IV is, as Michel Delon describes him, 'un homme des Lumières qui sait mettre fin aux guerres de religion et, avec l'édit de Nantes, impose l'idée de tolérance'. [115] In terms that evoke *La Henriade* (as Flaubert recognised), [116] Julie begins the second act with the expectation that she will see (II.i.1-6):

> ce charmant Henri quatre,
> Ce roi brave et clément qui sait plaire et combattre,
> Qui conquit à la fois son royaume et nos cœurs,
> Pour qui Mars et l'Amour n'ont point eu de rigueurs,
> Et qui sait triompher, si j'en crois les nouvelles,
> Des ligueurs, des Romains, des héros et des belles.

In act 3, scene 2 Henri may be referred to as 'ce roi galant autant que juste' (line 72), and an anecdote in act 1, scene 2 may allude to the first of these characteristics (which Voltaire considers in no way inimical to a great ruler), [117] but it is his second quality that prevails in this play; for instance, Julie's naive attempts to catch the king's eye are precluded by the marquis's death (II.i.10-16). Whereas other writers such as Collé and Bury show Henri 'en déshabillé', [118]

---

homme, whereby the former is characterised by military success and the latter by service to humanity; Henri IV is both of these. See *Voltaire historiographer: narrative paradigms, SVEC* 2008:05, p.137-40.

[114] *M*, vol.10, p.387.

[115] M. Delon, 'Voltaire, chantre du plus juste des princes', in *Voltaire et Henri IV*, p.10-12 (p.10).

[116] Flaubert, *Le Théâtre de Voltaire*, p.643.

[117] 'Ses faiblesses furent celles du meilleur des hommes, et [...] aucune ne l'empêcha de bien gouverner'; *Essai sur les mœurs*, ed. René Pomeau, 2 vol. (Paris, 1963), vol.2, p.548.

[118] Brenner, 'Henri IV on the French stage in the eighteenth century', p.546.

participating in his subjects' lives almost as a social equal,[119] Voltaire's king remains at a dignified royal distance. When the comtesse remarks that the king is admired and loved (I.v.205), it is evident that respect precedes affection. On 28 September 1767 Voltaire told Damilaville that he did not dare depict Henri IV in the play (D14445), and he explained himself at greater length to the same correspondent the following month (D14474, 12 October):

Premièrement, je savais qu'on avait défendu de faire paraître Henri IV sur le théâtre. *Ne nomen ejus vilesceret*,[120] et en cas que jamais les comédiens voulussent jouer *Charlot*, il ne fallait pas les priver de cette petite ressource, supposé que c'en soit une dans leur décadence et dans leur misère.

En second lieu, Henri IV étant substitué au duc de Bellegarde n'aurait pu jouer un rôle digne de lui. Il aurait été obligé d'entrer dans des détails qui ne conviennent point du tout à sa dignité. De plus tout ce que le duc de Bellegarde dit de son maître est bien plus à son avantage de ce grand homme que si Henri IV parlait lui-même.

Enfin il est nécessaire que celui qui fait le dénouement de la pièce soit un parent de la maison, et voilà pourquoi j'ai restitué les vers qui fondent cette parenté, au premier acte.[121]

Voltaire again valorises the royal name that would be sullied when borne by an actor embodying the king. Rather than being able to behold the monarch, an act instrumental to Voltaire's appreciation of Collé's *La Partie de chasse*, the spectator must be content with what is said about him. Henri IV is not a speaking subject but an object of speech. The only stage on which Voltaire's king appears is the virtual one on the page.

Henri may take an interest in his subjects' problems, but he is to remain apart from their mundane lives; as the comtesse says, 'le

---

[119] Bury concludes his life of Henri IV with a series of such anecdotes; *Histoire de la vie de Henri IV*, vol.2, p.359-70.

[120] 'Let his name not be sullied.'

[121] This final comment would appear to refer to an alteration Voltaire makes in another letter to Damilaville, but no such letter has been found. There is no mention of any kinship between the duc and the comtesse in Rieu's manuscript. See I.ii.118.

grand Henri daigne nous visiter' (I.iv.176). This king embodies above all law, authority and order (III.ii.62-63):

> Henri qui fait sur nous briller des jours heureux,
> Veut que la loi gouverne, et non pas qu'on la brave.

He acts to restore order by authorising the marriage of Charlot and Julie, just as he imposed unity after (III.ii.58-59):

> ces temps d'horreur,
> Où l'Etat [fut] déchiré par nos guerres civiles.

If in the play mothers are associated with disorder, so order is associated with the father. The paternal element to Henri's royal persona had been identified at the start of the *Henriade*:

> Je chante ce héros qui régna sur la France
> Et par droit de conquête et par droit de naissance
> Qui par de longs malheurs apprit à gouverner.
> Calma les factions, sut vaincre et pardonner,
> Confondit et Mayenne, et la Ligue, et l'Ibère,
> Et fut de ses sujets le vainqueur et le père. [122]

Although Henri is not referred to as a father in the play as it was performed in 1767 or 1782, [123] the Kehl edition makes explicit this implied paternity by having the comtesse utter as the final line 'Adorons des Français le vainqueur et le père' (Appendix 2, line 51). Voltaire's representation of Henri IV in *Charlot* may be viewed in the light of Hunt's analysis of the depiction of fathers in eighteenth-century French culture. She argues that from the 1720s onwards the stern father disappears, and that after 1760 'there seemed to be less interest in denouncing the bad father than in either representing good ones or exploring the consequences of a world in which their authority was much weakened or absent altogether'. Such depictions have ideological consequences, as this

---

[122] *La Henriade* (*OCV*, vol.2, p.366). See also John Leigh, *Voltaire: a sense of history*, *SVEC* 2004:05, p.115-21.

[123] Writing to George I, Voltaire does call Henri the 'père de ses peuples' (D250, 6 October 1725).

shift in favour of the good father, characterised by 'affection and concern rather than unquestioned authority', resulted in absolutist royal authority being 'fatally undermined'. [124] Voltaire's vision of paternity and power in *Charlot* contains several of these elements; initially he does depict a world without fathers, but he then has the father return in the figure of the king. This is not the heartless, authoritarian father, for Henri's own suffering has given him the ability to understand his people (III.vi.193-94):

> On ne le trompe point, il sait sonder les cœurs;
> Art difficile et grand qu'il doit à ses malheurs.

The principal version of *Charlot* thus proposes a model of kingship characterised by empathy, order and above all a dignified distance. By the very terms laid out by the author himself, to bring the king on to the public stage is an opportunistic gesture towards the Parisian stage and compromises that original, paternalistic vision of (I.vi.266-67):

> Le héros des Français, l'appui de sa patrie,
> Le roi des cœurs bien nés.

7. *Manuscripts and editions*

Manuscripts

MS 1

Charlot / Ou la / Comtesse de Givry / Drame en 3 actes / Représenté au chateau de f– / Le Samedy 26 7bre 1767

Listed by Andrew Brown in *SVEC* 77 (1970), p.16.

This 55-page manuscript has unique early variants including some for which Voltaire requested corrections in a letter to Damilaville dated 19 September 1767 (D14429).

Geneva, ImV: MSV39 (photocopy). New York, New York Historical Society: Albert Gallatin Papers.

---

[124] Hunt, *The Family romance of the French Revolution*, p.40 and 25.

MS2

An addition to II.iii in hand of Wagnière, listed by Andrew Brown in *SVEC* 77 (1970), p.16.

Geneva, BGE: Ms. Suppl. 150, f.138.

Editions

Further information on collective editions may be found on p.613-18 below.

67GP1

CHARLOT, / *ou* / LA COMTESSE / *DE GIVRI.* / PIECE DRAMATIQUE, / *Représentée sur le Théatre de F****. / Au mois de Septembre / *1767.* / [*ornament*] / A GENEVE. / *Et se trouve* / A PARIS, / Chez Merlin, Libraire, rue de la Harpe, vis- / à-vis la rue Poupée, à l'image Saint-Joseph. / [*thick-thin rule*] / M. DCC. LXVII.

8°. sig. A-D⁸, E³ [$4 signed (-A1, E3), roman]; pag. 69; quire catchwords.

[i] half-title: Charlot, ou la Comtesse de Givri; [ii] blank ; [1] title; [2] blank; [3] Préface; [4] Personnages; [5]-69 Charlot, ou la comtesse de Givri.

Bengesco 271; BnC 840-843; BV3505.

Geneva, ImV: KC 15 (4). Paris, BnF: Fb 19540, 8 Yth 3080, 8 Yth 3081, 8 Yth 3082, 8 Yth 3083, 8 Yth 20244, Z Bengesco 106, Z Beuchot 149, Yf 7066, Z Bengesco 978, 8 Yth 3084. St Petersburg, Gpbv: 11-173.

67GP2

CHARLOT, / *ou* / LA COMTESSE / *DE GIVRI*, / COMÉDIE, / *Représentée sur le Théatre de F****. / au mois de Septembre 1767. / [*ornament*] / A GENEVE. / *Et se trouve* / A PARIS, / Chez Merlin, Libraire, rue de la Harpe, vis-à-vis / la rue Poupée, à l'image Saint-Joseph. / [*thick-thin rule*] / M. DCC. LXVII.

8°. sig. A-F⁴, G² [$1 signed (-A1), roman]; pag. 51; quire catchwords.

[1] title; [2] blank; [3] Préface; [4] Personnages; [5]-51 Charlot, ou la comtesse de Givri; [52] blank.

The text is identical to that of 67GP1.

Oxford, Taylor: V3. C4.1767. Paris, BnF: 8 RF 14569.

67GP3

CHARLOT, / *OU* / LA COMTESSE / *DE GIVRI.* / PIÉCE DRAMATIQUE, / *Représentée sur le Théâtre de Ferney au* / *mois de Septembre 1767.* / [*ornament*] / A GENEVE, / *Et se trouve* / A PARIS, / Chez Merlin, Libraire, rue de la Harpe, vis-à-vis la / rue Poupée, à l'image Saint-Joseph. / [*thick-thin rule*] / M. DCC. LXVII.

8°. sig. A-F⁴ [$2 signed (-A1), roman]; pag. 48; quire catchwords.

[1] title; [2] Personnages; [3]-47 Charlot, ou la comtesse de Givri; [48] blank.

The text is identical to that of 67GP1.

Geneva, BGE: Gf 819/1767; ImV: BE 75 (4), BE 97 (3), D Charlot 1767/ 3. Paris, BnF: 8 RF 14570.

67P

CHARLOT, / *ou* / LA COMTESSE / *DE GIVRI.* / PIECE DRAMATIQUE, / *Représentée sur le Théâtre de F***.* / Au mois de Septembre / *1767.* / [*ornament*] / A PARIS, / Chez Merlin, Libraire, rue de la Harpe, vis- / à-vis la rue Poupée, à l'image Saint-Joseph. / [*thick-thin rule*] / M. DCC. LXVII.

8°. sig. A-D⁸, E³ [$4 signed (-A1, E3), roman]; pag. 69; quire catchwords.

[1] title; [2] blank; [3] Préface; [4] Personnages; [5]-69 Charlot, ou la comtesse de Givri.

Bengesco 271; BnC 839.

The text is identical to that of 67GP1.

Paris, BnF: Yf 11271.

67P*

CHARLOT, / *ou* / LA COMTESSE / *DE GIVRI.* / PIECE DRAMATIQUE, / *Représentée sur le Théâtre de F***.* / Au mois de Septembre / *1767.* / [*ornament*] / A PARIS, / Chez Merlin, Libraire, rue de la Harpe, vis- / à-vis la rue Poupée, à l'image Saint-Joseph. / [*thick-thin rule*] / M. DCC. LXVII.

8°. sig. A-B⁸, C⁶, D⁸, E³ [$4 signed (-A1, E3), roman]; quire catchwords.

[1] title; [2] blank; [3] Préface; [4] Personnages; [5]-69 Charlot, ou la comtesse de Givri.

A copy of 67P with extensive manuscript alterations. The text was amended so as to eliminate the dance and music sequences; as a consequence page 30 is blank and the text jumps straight from page 36 to page 41.

Oxford, Taylor: ARCH.80.F.1767.

67G

[*thick-thin rule*] / 1767. / CHARLOT, / OU / LA COMTESSE DE GIVRY, / PIÉCE DRAMATIQUE / JOUÉE AU CHATEAU DE F... / Le Samedi 26 Septembre 1767. / [*thick-thin rule*].

8°. sig. A-E⁸ (-E8) [$4 signed (-A1), arabic]; pag. 78; no catchwords. The words 'Tome V' appear in the signatures, on the left.

[1] title; [2] blank; [3]-[5] A Monsieur; [6]-7 Avertissement des éditeurs; [8] Personnages; [9]-78 Charlot, pièce dramatique.

BnC 844; BV3505; Besterman 114.

This edition was published in Geneva by Pellet et fils in 1767. It does not contain a preface but contains an *épître dédicatoire* to Voltaire signed 'P. & F.' and an *avertissement des éditeurs* by Henri Rieu. On this edition, see Samuel Taylor, 'La collaboration de Voltaire au *Théâtre français* (1767-1769)', *SVEC* 18 (1961), p.57-75.

Geneva, ImV: D Charlot 1767/1. Paris, BnF: 8 RF 14571, Yf 11965. St Petersburg: 11-173.

T67

Volume 6: [259] Charlot, ou la comtesse de Givri, pièce dramatique. 1767; 260 Acteurs; [261]-324 Charlot, pièce dramatique.

The running head on page 263 is 'Pièce dramatique' but it is 'Poème dramatique' on all following versos. The text is similar to that of 67G, but it contains a few variants in common with 67GP1.

67PF

[*thin-thick rule*] / CHARLOT, / OU / LA COMTESSE DE GIVRY. / PIECE DRAMATIQUE/ JOUÉE AU CHATEAU DE F... / Le Samedi 26 Septembre 1767. / [*thin-thick rule*]

8°. sig. A-C⁸, D⁴ [$5 signed (-A1, D4), arabic]; pag. 56; quire catchwords.

[1] title; [2] blank; [3]-[4] A Monsieur; [5] Avertissement des éditeurs; [6] Personnages; [7]-56 Charlot, pièce dramatique.

Neither date nor place is indicated. This edition has an *épître dédicatoire* to Voltaire signed P. & F. (Pellet et Fils) and an *avertissement des éditeurs* at the beginning, like 67G described above, hence our decision to place it amongst the editions of 1767; the text is that of 67G.

BnC 845; Rapport ImV 1979, p.1-2.

Geneva, ImV: D Charlot 1767/2. Paris, BnF: 16 YF 1101, 8 RF 14574.

68L

CHARLOT, / *ou* / LA COMTESSE / *DE GIVRI*. / PIECE DRAMATIQUE / *Représentée sur le Théâtre de F****. / Au mois de Septembre 1767. / [*ornament*] / A LAUSANNE, / *Sur l'Edition de Paris*; / Chez FRANÇOIS GRASSET, & Comp. / [*thick-thin rule*] / M. DCC. LXVIII. / *Avec Permission*.

8°. sig. A-D⁸, E³ [$4 signed (-A1, A2, E3), roman]; pag. 69; quire catchwords.

[1] title; [2] blank; [3] Préface; [4] Personnages; [5]-69 Charlot, ou la comtesse de Givri; [70] blank.

The text follows that of 67GP1.

Geneva, ImV: BE 66 (1); Oxford, Taylor: V3. C4.1768; Paris, BnF: 8 RF 14573.

68P

CHARLOT, / *OU* / LA COMTESSE / *DE GIVRI*. / PIECE DRAMATIQUE, / *Représentée sur le Théâtre de Ferney au / mois de Septembre* 1767. / [*ornament*] / A PARIS, / Chez N. B. Duchesne,

Libraire, Rue S. Jacques, /au-dessous de la Fontaine S. Benoît, / au Temple du Goût. / [*thick-thin rule*] / M. DCC. LXVIII.

8°. sig. A-E⁴ [$2 signed (-A1), arabic, except for A2, which is in roman]; pag. 39; quire catchwords.

[1] title; [2] Personnages; [3]-39 Charlot, ou la comtesse de Givri; [40] blank.

BnC 846.

The text follows that of 67GP1, although it contains quite a few typographical errors. Page 37 is numbered 73.

Geneva, ImV: D Charlot 1768/1. Paris, BnF: Th 653, 8 RF 14572.

NM

Volume 5 (1768): [141] Charlot, ou la comtesse de Givry, piéce dramatique. 1767; [142] Personnages; [143]-98 Charlot, piéce dramatique.

The text is that of 67G except for a single variant.

w68

Volume 7 (1768): [507] Charlot, ou la comtesse de Givry, piéce dramatique. 1767; [508] Personnages; 509-63 Charlot, piéce dramatique.

Facing page 511: frontispiece signed Gravelot and Duclos depicting a scene from act 2, scene 2 with the lines 'elle donne des lois aux bergers aux Rois' as a caption.

The text is that of 67G except for a single variant.

w70x

Volume 9: [191] Charlot, ou la comtesse de Givri, comédie en trois actes; [192] blank; [193] Préface; [194] Personnages; [195]-250 Charlot, ou la comtesse de Givri.

The text follows that of 67GP1. See also the description of 70D below.

70D

[*Title in ornamental frame*] CHARLOT, / ou / LA COMTESSE / *DE GIVRI*, / COMEDIE / EN TROIS ACTES, / *Par Mr. de VOLTAIRE*. / [*ornament*] / [*line of typographical ornaments*] / à DRESDE, 1770. / CHEZ GEORGE CONR. WALTHER, / *Libraire de la Cour*.

8°. sig. A-C⁸ D⁶ [$5 signed (-A1), arabic]; pag. 60; page catchwords.

[1] title; [2] blank; [3] Préface; [4] Personnages; [5]-60 *Charlot, ou la comtesse de Givri*.

The text follows that of 67GP1. This copy is bound in a composite volume whose spine bears the inscription 'THEATRE DE VOL-TAIRE/VI'. This edition of the text looks identical to W70X, from which it seems to have originated; the catchword on the last page of the play (p.60) is 'SOCRA-' presumably for 'Socrate', which is the play that comes after *Charlot* in W70X but not in this particular composite volume.

Oxford, Taylor: V3.A2.1764 (28).

T70

Volume 6: [301] Charlot, ou la comtesse de Givri; [302] blank; [303] Préface; [304] Personnages; [305]-366 Charlot, ou la comtesse de Givri. The text follows that of 67GP1.

W70L (1772)

Volume 21: [1] Charlot, ou la comtesse de Givry, comédie; [2] Acteurs; [3]-60 Charlot, comédie.

The text is that of 67G except for a few minor variant (see variants to 'Personnages' and to I.i.a-b). Interestingly, the most famous line in the play, – 'Et voilà justement comme on écrit l'histoire' (I.vii.322) – appears in italics.

W71L (1772)

Volume 6: [421] Charlot, ou la comtesse de Givry, pièce dramatique. 1767; [422] Personnages ; 423-64 Charlot, pièce dramatique.

524

Facing page 423: frontispiece signed Gravelot depicting a scene from act 2, scene 2 with the lines 'elle donne des lois aux bergers aux Rois' as a caption.

w72p (1773)

Théâtre, vol.7: [233] Charlot, ou la comtesse de Givry; drame 1767; 234 Personnages; 235-94 Charlot; drame.

t73n

Volume 7: [233] Charlot, ou la comtesse de Givry; drame; 234 Personnages; 235-94 Charlot; drame.

The text is that of 67G.

t73al

Volume 10: [1] Charlot, ou la comtesse de Givry, Comédie. 1767; [2] Acteurs; [3]-62 Charlot, Comédie.

w75g

Volume 9: [197] Charlot, ou la comtesse de Givry, piéce dramatique. 1767; [198] Personnages; 199-255 Charlot, pièce dramatique.

Facing page 199: frontispiece signed Gravelot and Martinet depicting a scene from act 2, scene 2 with the lines 'elle donne des lois aux bergers aux Rois' as a caption (see below, p.568).

The text is identical to that of 67G except for a single variant: in act 2, scene 7, line 307, Charlot is spoken of as 'perdu' instead of previous editions' 'pendu'.

The base text for this edition.

w75g*

A volume of w75G containing handwritten corrections by Voltaire.

See Samuel Taylor, 'The definitive text of Voltaire's works: the Leningrad *encadrée*', *SVEC* 124 (1974), p.7-132 (p.56-60). This copy contains alterations by Voltaire throughout the play, which are recorded here as variants. The most notable was the substitution of the final scenes in which Henri IV ultimately appeared on stage. See above, p.499-500, for further discussion, and below, Appendix 1 and Appendix 2 for details of the major changes.

St Petersburg, National library of Russia: 11-11.

W75X

Volume 8: [197] Charlot, ou la comtesse de Givry, pièce dramatique. 1767; [198] Personnages; 199-255 Charlot, pièce dramatique.

T76X

Volume 6: [97] Charlot, ou la comtesse de Givry, pièce dramatique; [98] Personnages; 99-156 Charlot, pièce dramatique.

The text is identical to w75G except for a single variant (see II.vii.307, variant).

T77

Volume 10: [251] Charlot, ou la comtesse de Givry, comédie; [252] Acteurs; 253-318 Charlot, comédie.

The text follows that of w70L.

K84

Volume 8: [223] Charlot, ou la comtesse de Givry, pièce dramatique; [224]-25 Préface; [226] Personnages; [227]-78 Charlot ou la Comtesse de Givry, pièce dramatique; [279]-84 Variantes de Charlot.

Facing page 227: frontispiece signed Moreau le Jeune and Longueil depicting a scene from act 2, scene 3 with the lines 'sors d'ici tout à l'heure: je te l'ordonne' as a caption.

This edition has significant variants compared with all the others; the variants are based on changes that Voltaire made in the Leningrad 'encadrée' (w75G*).

526

к85

Volume 8: [223] Charlot, ou la comtesse de Givry, pièce dramatique; [224]-25 Préface; [226] Personnages; [227]-78 Charlot ou la Comtesse de Givry, pièce dramatique; [279]-84 Variantes de Charlot.

к12

Volume 8: [247] Charlot, ou la comtesse de Givry, pièce dramatique; [248]-49 Préface; [250] Personnages; [251]-308 Charlot ou la Comtesse de Givry, pièce dramatique; [309]-15 Variantes de Charlot.

Translations

German

Charlot oder die Gräfinn von Givri Ein Lustspiel in drey Aufzügen.

Nuremberg, Gabriel Nicolaus Kaspe, 1770, in *Des Herrn Arouet von Voltaire sämmtliche Schauspiele*, vol.3, p.297-344.

Charlot, oder: die Gräffin von Givri: Ein Lustspiel in drey Aufzügen. Prague, Johanna Pruschin Wittib, 1772. Translated by Johann Joseph von Brunian.

Dutch

Charlot of de Gravin de Givrij, toneelspel in drie beddrijven. Gevolgd naar 't Fransche van den Here de Voltaire.

ii. [59]-118 of *Het Spectatoriaaltoneel* (Utrecht, 1782).

A prose translation of the play. See J. Vercruysse, 'Bibliographie provisoire des traductions néerlandaises et flamandes de Voltaire', *SVEC* 116 (1973), p.30.

Spanish

Carlos, o la condesa de Guiri: traducción en prosa.

There exists a single manuscript of this prose translation of the play into Spanish. See Francisco Lafarga, *Voltaire en Espagne*, *SVEC* 261 (1989), p.92.

Madrid, Biblioteca nacional: MSS/15903.

8. *Principles of this edition*

We have taken as our base text the '*encadrée*' edition of 1775 (W75G) as it represents the final state of the original version of the text. Although Voltaire was to change the dénouement of *Charlot* in the 'Leningrad *encadrée*' (W75G*), which was in turn reproduced in the Kehl edition, this version was not performed at Ferney or the Comédie-Italienne, and was effectively unknown in his lifetime. Variants are taken from MS1, MS2, 67GP1, 67P*, 67G, T67, 67PF, NM, W68, W70L, T73N, T76X, T77, W75G* and K84.

Treatment of the base text

The punctuation of the base text has been retained, but spelling has been modernised. The following aspects of orthography, accentuation and grammar in the base text have been modified to conform to modern usage:

I. *Orthography*

1. Consonants

– *p* was not used in: domter; longtems; promt; tems.
– *t* was not used in syllable endings -*ans* and -*ens*: appartemens; brillans; enfans; passans; pesans; précédens; prudens; savans; sentimens; tourmens; vigilans.
– double consonants were used in: accollade; allarmer; appercevoir (and its derivatives); fidelle; projetté; rappeller; rejetté.
– a single consonant was used in: bizare; courier; fourier; poura; pourai; pourais; tintamare.

2. Vowels

– *e* was not used in: encor (even where the requirements of versification do not demand its absence).
– *i* was used in place of *y* in: Abbaïe.
– *y* was used in place of *i* in: asyle; envoye; essuye; joye; voye.

3. Capitalisation

– initial capitals were used in: Abbaïe; Baronne; Bergers; Champenois (adj.); Comtesse; Duc; Intendant; Italiens (adj.); Latin; Madame;

Marquis; Médecin; Monseigneur; Monsieur; Prince; Roi; Royaume; Seigneur.

4. Specific spellings

– modern spelling has been applied to the following words: avanture; Béarnois; bon jour (= bonjour); bon soir (= bonsoir); dessein (= dessin); hazarder; solemnel.

5. The hyphen

– was used in the following words and expressions: au-lieu; fausse-porte; grand-homme; mal-honnête; si-tôt; tour-à-tour; tout-à-l'heure.
– was not used in: beaux arts; grand chose.

6. Various

– the ampersand was used throughout, except at the beginning of a sentence.

II. *Accentuation*

1. The acute accent

– was used in place of the grave in: chérement; écrément; grossiéreté; troisiéme.
– was used in: asséyez; mercénaire.
– was not used in: sequelle.

2. The grave accent

– was not used in: déja; fidelle.

3. The circumflex accent

– was used in: toûjours.
– was not used in: ame; assidument; futes; grace; infame; sauvates; théatre.

4. The dieresis was used in: Abbaïe; s'épanouït; évanouïe; jouïr; ruïner.

III. *Grammar*

– the final -*s* was not used systematically in the first-person singular of the present tense: apperçoi, croi, doi, voi.
– the final -*s* was not used in the second-person singular of the imperative: di, fai, reconnai, ri, vien.

- the ending -*ds* was not used in the second-person singular of the imperative: atten, répon.
- the plural of 'loi' was 'loix'.

CHARLOT
OU
LA COMTESSE DE GIVRY,
PIÈCE DRAMATIQUE.
1767.

d   w70L, T77: COMÉDIE
    T73N: DRAME
d-e   MS1: Drame en 3 actes / Représenté au château de F. le samedi 26 7bre 1767
    w75G*: [*adds between these lines:*] *jouée en société à la campagne*

PERSONNAGES

LA COMTESSE DE GIVRY,[1] veuve attachée au parti de Henri IV.
LE DUC DE BELLEGARDE.[2]

a-11 MS1: Acteurs
      La Comtesse de Givry
      Julie, sa parente
      Le Duc de Bellegarde
      Le Marquis
      L'Intendant
      La nourrice
      Babet
      Charlot cru fils de la nourrice
      Guillot
      Un Domestique
      La scène est dans le château de la Comtesse de Givry en Champagne
    67GP1: PERSONNAGES
    LA COMTESSE DE GIVRI, veuve, toujours attachée au parti
    d'Henri IV.
    JULIE, parente et pupille de la comtesse.
    LE DUC DE BELLEGARDE.
    LE MARQUIS DE GIVRI, jeune homme qui n'a pas profité de
    l'éducation qu'il a reçue.
    CHARLOT, élevé dans le château avec le marquis, et qui a réussi à tout ce
    que le marquis a négligé.
    Madame AUBONNE, ancienne nourrice du marquis, gouvernant la
    maison.
    L'INTENDANT, bon et honnête homme, aimant à faire des contes.
    BABET, jeune personne élevée dans le château pour être auprès de la
    comtesse.
    GUILLOT, fils d'un fermier de la terre.
    Plusieurs domestiques.
    La scène est au château de Givri.
a   T67, w70L: Acteurs
2   w75G*, k84: Henri 4

---

[1] Widow of Anne d'Angelure, comte de Givry (*c.*1560-1594) who appears in the
fifth and eight cantos of *La Henriade* (*OCV*, t.2, p.486, 549).

[2] Roger de Saint-Lary de Bellegarde (*c.*1562-1646); see 'Introduction', p.480.

Le Marquis, élevé dans le château.
Julie, parente de la maison, élevée avec le marquis.
La nourrice.   5
Charlot, fils de la nourrice.
L'intendant de la maison.
Babet,[3] élevée pour être à la chambre auprès de la comtesse.
Guillot, fils d'un fermier de la terre.
DOMESTIQUES, COURRIERS, GARDES.   10

La scène est dans le château de la comtesse de Givry en Champagne.

---

7   w70L: Monsieur RENTE, intendant de la maison

[3] The girls who were swapped at birth in Destouches's *La Force du naturel* are named Julie and Babet.

CHARLOT,
PIÈCE DRAMATIQUE
ACTE PREMIER

SCÈNE PREMIÈRE

(*Le théâtre représente une grande salle où des domestiques portent et ôtent des meubles.* L'INTENDANT *de la maison est à une table,* UN COURRIER *en bottes à côté.* MADAME AUBONNE *nourrice coud, et* BABET *file à un rouet,* UNE SERVANTE *prend des mesures avec une aune, une autre balaye.*) [1]

L'INTENDANT *écrivant.*

Quatorze mille écus!... ce compte perce l'âme...
Ma foi je ne sais plus comment fera madame
Pour recevoir le roi qui vient dans ce château.

LE COURRIER

Faut-il attendre?

---

a-b 67GPI: CHARLOT, / OU / LA COMTESSE / DE GIVRI.
w70L: CHARLOT, / COMÉDIE
h-i MS1, 67GPI: file à un rouet. //
3a MS1: LE VALET [2]

---

[1] This opening tableau owes something to Diderot's innovations, despite Voltaire's own criticism of the device; see Henri Lagrave, 'Voltaire, Diderot et le "tableau scénique": le malentendu de *Tancrède*', in *Le Siècle de Voltaire*, ed. C. Mervaud and S. Menant, 2 vol. (Oxford, 1987), vol.2, p.569-75. According to Flaubert: 'Rien dans la mise en scène moderne n'est plus minutieux ni aussi posé comme tableau que cela. A part la fadeur de l'amour général pour le roi, cette scène est assez accidentée et groupée' (Flaubert, *Le Théâtre de Voltaire*, ed. Theodore Besterman, *SVEC* 50-51, 1967, p.638).

[2] In MS1 the character called 'le courrier' appears as 'le valet' throughout act 1, scene 1. However, he reappears as 'le courrier' in act 3.

L'INTENDANT

Eh oui.

BABET

Que ce jour sera beau!
Madame Aubonne! ici nous le verrons paraître,   5
Ici, dans ce château, ce grand roi, ce bon maître!

MADAME AUBONNE *cousant.*

Il est vrai.

BABET

Mais cela devrait vous dérider.
Je ne vous vis jamais que pleurer ou bouder.
Quand tout le monde rit, court, saute, danse, chante,
Notre bonne est toujours dans sa mine dolente.   10

MADAME AUBONNE

Quand on porte lunette, on rit peu, mes enfants.
Ris tant que tu pourras; chaque chose a son temps.

LE COURRIER *à l'intendant.*

Expédiez-moi donc.

L'INTENDANT

La fête sera chère...
Mais pour ce prince auguste on ne saurait trop faire.

LE COURRIER

Faites donc vite.

8   MSI, 67GPI, T67: vous vois jamais
12a   MSI: LE VALET (*à l'intendant*)
      67GPI, T67: [*stage direction absent*]

536

MADAME AUBONNE

Hélas! j'espère d'aujourd'hui   15
Que Charlot mon enfant pourra servir sous lui.

L'INTENDANT

Le bon prince!

LE COURRIER

Allons donc.

L'INTENDANT

La dernière campagne...
Il assiégeait, vous dis-je... une ville... en Champagne... [3]

LE COURRIER

Dépêchez.

L'INTENDANT

Il était, comme chacun le dit,
Le premier à cheval, et le dernier au lit.   20

LE COURRIER

Quel bavard!

L'INTENDANT

On avait, sous peine de la vie,
Défendu qu'on portât à la ville investie
Provision de bouche.

LE COURRIER

Aura-t-il bientôt fait?

---

[3] Henri IV besieged Epernay in 1592, and the town fell to him at the start of August; it was here that his close companion the maréchal de Biron was killed by a cannon ball. See Richard de Bury, *Histoire de la vie de Henri IV, roi de France et de Navarre*, 2 vol. (Paris, 1765), vol.1, p.309-311.

L'INTENDANT

Trois jeunes paysans par un chemin secret
En ayant apporté s'étaient laissé surprendre: 25
Leur procès était fait, et l'on allait les pendre.

(*Madame Aubonne et Babet s'approchent pour entendre ce conte,
deux domestiques qui portaient des meubles les mettent par terre, et
tendent le cou; une servante qui balayait, s'approche, et écoute en
s'appuyant le menton sur le manche du balai.*)

MADAME AUBONNE *se levant.*

Les pauvres gens!

BABET

Eh bien?

LE COURRIER

Achevez donc.

L'INTENDANT *écrivant.*

Le roi...

Quatorze mille écus en six mois...

LE COURRIER

Sur ma foi,

Je n'y puis plus tenir.

L'INTENDANT *écrivant.*

Je m'y perds quand j'y pense!...

26a-d   MSI: [*stage direction absent*]
26a-c   67GPI: *Tous ceux qui sont sur la scène s'approchent et tendent le cou pour
entendre le conte. Une Servante*
26c-d   67GPI: *balayait, écoute en s'appuyant*
26e   MSI: [*stage direction absent*]
27c   67GPI: *écrivant toujours.*
29a   67GPI: [*stage direction absent*]

Le roi les rencontra... son auguste clémence...   30

BABET

Leur fit grâce sans doute.
(*Ici tout le monde fait un cercle autour de l'intendant.*)

L'INTENDANT

Hélas! il fit bien plus,
Il leur distribua ce qu'il avait d'écus.
Le Béarnais, dit-il, est mal en équipage,
Et s'il en avait plus, vous auriez davantage.

TOUS ENSEMBLE

Le bon roi! Le grand roi!

L'INTENDANT

Ce n'est pas tout: le pain   35
Manquait dans cette ville, on y mourait de faim;
Il la nourrit lui-même en l'assiégeant encore. [4]
(*Il tire son mouchoir et s'essuie les yeux.*)

LE COURRIER

Vous me faites pleurer.

MADAME AUBONNE

Je l'aime.

BABET

Je l'adore!

---

30   67GP1: clémence... / [*with stage direction:*] *Ici tous font un cercle autour de l'intendant.*
31a   MS1, 67GP1: [*stage direction absent*]

---

[4] Voltaire tells in the tenth canto of *La Henriade* of how Henri fed the very Parisians he was besieging (*OCV*, t.2, p.611-12).

L'INTENDANT

Je me souviens aussi qu'en un jour solennel
Un grave ambassadeur, je ne sais plus lequel, 40
Vit sa jeune noblesse admise à l'audience
L'entourer, le presser sans trop de bienséance.
Pardonnez, dit le roi, ne vous étonnez pas;
Ils me pressent de même au milieu des combats.

LE COURRIER

Ça donne du désir d'entrer à son service. 45

BABET

Oui, ça m'en donne aussi.

L'INTENDANT

Qu'en dites-vous, nourrice?

MADAME AUBONNE (*se remettant à l'ouvrage.*)
Ah! j'ai bien d'autres soins.

L'INTENDANT

Je prétends aujourd'hui
Vous faire en l'attendant trente contes de lui.
Un soir près d'un couvent...

LE COURRIER

Mais donnez donc la lettre.

39-49   MSI:
    A ses nobles bontés la ville se rendit
    On l'avait redouté, bientôt on le chérit.

           LE VALET
    Nous le chérissons tous mais donnez donc la lettre.
46b   67GPI: *se remettant à coudre.*

L'INTENDANT

C'est bien dit... la voilà... tu pourras la remettre   50
Au premier des fourriers que tu rencontreras:
Tu partiras en hâte, en hâte reviendras.
Madame de Givry veut savoir à quelle heure
Il doit de sa présence honorer sa demeure...
Quatorze mille écus!... et cela clair et net!...   55
On en doit la moitié... Va vite.

LE COURRIER

Adieu, Babet.

(*Il sort.*)

BABET, *reprenant son rouet.*

La nourrice toujours dans son chagrin persiste!
Faites-lui quelque conte.

L'INTENDANT

On voit ce qui l'attriste.
Notre jeune marquis que la bonne a nourri,
Est un grand garnement, et j'en suis bien marri.   60

MADAME AUBONNE

Je le suis plus que vous.

54   67GP1: Il veut de sa présence
56a-58 MS1:

LE VALET

Adieu Babet.
    (*Il part*).

L'INTENDANT
Hélas je vois ce qui l'attriste
56c 67GP1: [*with stage direction:*] *filant*
58 67GP1: Contez-lui quelque conte
60 67GP1, T67: un franc garnement

L'INTENDANT

Votre fils au contraire,
Respectueux, poli, cherche toujours à plaire.

BABET

Charlot est, je l'avoue, un fort joli garçon.

MADAME AUBONNE

Notre marquis pourra se corriger.

L'INTENDANT

Oh non;
Il n'a point d'amitié; le mal est sans remède.   65

MADAME AUBONNE *cousant.*

A l'éducation tout tempérament cède.

L'INTENDANT *écrivant.*

Les vices de l'esprit peuvent se corriger;
Quand le cœur est mauvais, rien ne peut le changer.

SCÈNE II

Les femmes, GUILLOT *accourant.*

GUILLOT

Ah! le méchant marquis! comme il est malhonnête!

MADAME AUBONNE

Eh bien, de quoi viens-tu nous étourdir la tête?   70

65a   67GP1: [*stage direction absent*]
66a   67GP1: [*stage direction absent*]
68b-c   67GP1: Les acteurs précédents, GUILLOT.
                    GUILLOT *accourant*

GUILLOT

De deux larges soufflets dont il m'a fait présent.
C'est le seul qu'il m'ait fait, du moins jusqu'à présent.
Passe encor pour un seul; mais deux!

BABET

                    Bon, c'est de joie
Qu'il t'aura souffleté, tout le monde est en proie
A des transports si grands en attendant le roi,   75
Qu'on ne sait où l'on frappe.

MADAME AUBONNE

           Allons, console-toi.

L'INTENDANT *écrivant.*

La chose est mal pourtant... Madame la comtesse
N'entend pas que l'on fasse une telle caresse
A ses gens; et Guillot est le fils d'un fermier
Homme de bien.

GUILLOT

      Sans doute.

L'INTENDANT

           Et fort lent à payer.   80

GUILLOT

Ça peut être.

L'INTENDANT

      Guillot est d'un bon caractère.

GUILLOT

Oui.

L'INTENDANT

      C'est un innocent.

GUILLOT

Pas tant.

BABET

    Qu'as-tu pu faire
Pour acquérir ainsi deux soufflets du marquis?

GUILLOT

Il est jaloux, il t'aime.

BABET

    Est-il bien vrai?... tu dis
Que je plais à monsieur?

GUILLOT

    Oh tu ne lui plais guère;   85
Mais il t'aime en passant quand il n'a rien à faire.
Je dois, comme tu sais, épouser tes attraits;
Et pour présent de noce il donne des soufflets.

BABET

Monsieur m'aimerait donc!

MADAME AUBONNE

    Quelle sotte folie!
Le marquis est promis à la belle Julie,   90
Cousine de madame, et qui dans la maison
Est un modèle heureux de beauté, de raison,
Que j'élevai longtemps, que je formai moi-même:
C'est pour lui qu'on la garde, et c'est elle qu'il aime.

GUILLOT

Oh bien, il en veut donc avoir deux à la fois.   95
Ces jeunes grands seigneurs ont de terribles droits;
Tout doit être pour eux, femmes de cour, de ville,

Et de village encore. Ils en ont une file;
Ils vous écrèment tout, et jamais n'aiment rien.
Qu'ils me laissent Babet; parbleu chacun le sien.   100

BABET

Tu m'aimes donc vraiment!

GUILLOT

             Oui de tout mon courage;
Je t'aime tant, vois-tu, que quand sur mon passage
Je vois passer Charlot, ce garçon si bien fait,
Quand je vois ce Charlot regardé par Babet,
Je rendrais, si j'osais, à son joli visage   105
Les deux pesants soufflets que j'ai reçus en gage.

MADAME AUBONNE

Des soufflets à mon fils!

GUILLOT

             Eh... j'entends si j'osais...
Mais Charlot m'en impose, et je n'ose jamais.

L'INTENDANT *se levant.*

Jamais je ne pourrai suffire à la dépense.
Ah! tous les grands seigneurs se ruinent en France;   110
Il faut couper des bois, emprunter chèrement,
Et l'on s'en prend toujours à monsieur l'intendant...
Çà, je vous disais donc qu'auprès d'une abbaye
Une vieille baronne, et sa fille jolie,

101   MS1: Oui, de tout mon <cœur> ↑courage⁺
108a   67GP1: [*stage direction absent*]
113-19   MS1:
     Ah le maudit métier!
                   MADAME AUBONNE
                 Que celui de nourrice.

Apercevant le roi qui venait tout courant...　　　　　　　　115
Le duc de Bellegarde était son confident:
C'est un brave seigneur, et que partout on vante;
Madame la comtesse est sa proche parente:
De notre belle fête il sera l'ornement.

SCÈNE III

Les acteurs précédents, LE MARQUIS. *Tous se lèvent.*

LE MARQUIS

Mon vieux faiseur de conte, il me faut de l'argent.　　　120
Bonjour, belle Babet, bonjour, ma vieille bonne...
　　　　　　　　　　　　　　　　　　(A Guillot.)
Ah! te voilà, maraud; si jamais ta personne
S'approche de Babet, et surtout moi présent,
Pour te mieux corriger je t'assomme à l'instant.

GUILLOT

Quel diable de marquis!

LE MARQUIS

Va, détale.

BABET

　　　　　　　　　　　Eh de grâce,　　　　　　125
Un peu moins de colère, un peu moins de menace.
Que vous a fait Guillot?

L'INTENDANT
Vous vous plaignez aussi.

MADAME AUBONNE
　　　　　J'en ai sujet vraiment.//
　120　MS1: Vous voilà monsieur Pince, il

MADAME AUBONNE

Tant de brutalité
Sied horriblement mal aux gens de qualité.
Je vous l'ai dit cent fois; mais vous n'en tenez compte.
Vous me faites mourir de douleur et de honte.   130

LE MARQUIS

Allez, vous radotez... Monsieur Rente à l'instant,
Qu'on me fasse donner six cents écus comptant.

L'INTENDANT

Je n'en ai point, monsieur.

LE MARQUIS

Ayez-en, je vous prie.
Il m'en faut pour mes chiens et pour mon écurie,
Pour mes chevaux de chasse, et pour d'autres plaisirs.   135
J'ai très peu d'écus d'or, et beaucoup de désirs.
Monsieur mon trésorier, déboursez, le temps presse.

L'INTENDANT

A peine émancipé vous épuisez ma caisse.[5]
Quel temps prenez-vous là! quoi dans le même jour
Où le roi vient chez vous avec toute sa cour!   140
Songez-vous bien aux frais où tout nous précipite?

---

131   MS1: Monsieur Pince à l'instant
132   67GP1: fasse compter six

---

[5] See also I.v.179. There were various types of emancipation, or accessions to
legal majority in France at this period, and the age at which this occurred often
depended on one's geographical location. Jean-Baptiste Denisart notes that 'dans la
plupart des coutumes, la tutelle dure jusqu'à 25 ans'; see 'Emancipation' in *Collections
de décisions nouvelles et de notions relatives à la jurisprudence actuelle*, 5 vol. (Paris,
1777), vol.2, p.223-26 (p.224).

LE MARQUIS

Je me passerais fort d'une telle visite.
Mon petit précepteur que l'on vient d'éloigner,
M'avait dit que ma mère allait me ruiner:
Je vois qu'il a raison.

MADAME AUBONNE

   Fi! quel discours infâme!   145
Soyez plus généreux; respectez plus madame.
Je ne m'attendais pas, quand je vous allaitai,
Que vous auriez un cœur si plein de dureté.

LE MARQUIS

Vous m'ennuyez.

MADAME AUBONNE *pleurant.*

  L'ingrat!

GUILLOT *dans un coin.*

    Il a l'âme bien dure,
Les mains aussi.

BABET

  Toujours il nous fait quelque injure.   150
Vous n'aimez pas le roi! vous méchant!

LE MARQUIS

    Eh si fait.

149b-50 MS1:

GUILLOT
Oh quelle âme grossière!
BABET (*filant*)
Vous êtes un marquis fait d'étrange manière

548

BABET

Non, vous ne l'aimez pas.

LE MARQUIS

Si, te dis-je, Babet.
Je l'aime... comme il aime... assez peu, c'est l'usage.
Mais je t'aime bien plus.

L'INTENDANT *écrivant.*

Et l'argent davantage.

LE MARQUIS *à Guillot qui est dans un coin.*

Donnez-m'en donc bien vite... Ah, ah, je t'aperçois,   155
Attends-moi, malheureux!

SCÈNE IV

Les acteurs précédents, LA COMTESSE

LA COMTESSE

Eh! qu'est-ce que je vois!
Je le cherche partout: que ses mœurs sont rustiques!
Je le trouve toujours parmi des domestiques.
Il se plaît avec eux, il m'abandonne.

MADAME AUBONNE

Hélas!
Nous l'envoyons à vous; mais il n'écoute pas.   160
Il me traite bien mal.

153-54   MSI:
     On m'a trop fait savoir à quoi mon nom m'engage.
     Mais je t'aime encor plus.
153   K84: Je l'aime... comme il m'aime... assez peu, c'est l'usage.
155   MSI: vite. Ah! je t'aperçois

LA COMTESSE

Consolez-vous, nourrice,
Mon cœur en tous les temps vous a rendu justice,
Et mon fils vous la doit: on pourra l'attendrir.

MADAME AUBONNE

Ah! vous ne savez pas ce qu'il me fait souffrir.

LA COMTESSE

Je sais qu'en son berceau, dans une maladie,   165
Étant cru mort longtemps, vous sauvâtes sa vie.
Il en doit à jamais garder le souvenir.
S'il ne vous aimait pas, qui pourrait-il chérir?
Laissez-moi lui parler.

MADAME AUBONNE

Dieu veuille que madame,
Par ses soins maternels amollisse son âme!   170

LE MARQUIS

Que de contrainte!

LA COMTESSE *à l'intendant.*

Et vous, tout est-il préparé?
Vous savez de vos soins combien je vous sais gré.

L'INTENDANT

Madame tout est prêt, mais la dépense est forte;
Cela pourra monter tout au moins... à...

LA COMTESSE

Qu'importe?

163 MS1: Je vous la ferai rendre, on pourra l'attendrir
168 MS1: S'il ne vous aime pas je ne le puis chérir

Le cœur ne compte point, et rien ne doit coûter,   175
Lorsque le grand Henri daigne nous visiter.
   (*À ses gens.*)
Laissez-moi je vous prie.

                                        (*Ils sortent.*)

SCÈNE V

LA COMTESSE, LE MARQUIS

LA COMTESSE

                    Il est temps qu'une mère,
Que vous écoutez peu, mais qui ne doit rien taire,
Dans l'âge où vous entrez, sans plainte et sans rigueur,
Parle à votre raison et sonde votre cœur.   180
Je veux bien oublier que depuis votre enfance
Vous avez repoussé ma tendre complaisance;
Que vos maîtres divers et votre précepteur,
Par leurs soins vigilants révoltant votre humeur,
Vous présentant à tout, n'ont pu rien vous apprendre: 185
Tandis qu'à leurs leçons empressé de se rendre,
Le fils de la nourrice à qui vous insultiez,
Apprenait aisément ce que vous négligiez;
Et que Charlot toujours prompt à me satisfaire,
Faisait assidûment ce que vous deviez faire.   190

LE MARQUIS

Vous l'oubliez, madame, et m'en parlez souvent.
Charlot est, je l'avoue, un héros fort savant.
Je consens pleinement que Charlot étudie,
Que Guillot aille aussi dans quelque académie;
La doctrine est pour eux, et non pour ma maison.   195

---

177   MS1: laissez-nous je
177a   67GP1: [*stage direction absent*]

Je hais fort le latin; il déroge à mon nom;
Et l'on a vu souvent, quoi qu'on en puisse dire,
De très bons officiers qui ne savaient pas lire.

LA COMTESSE

S'ils l'avaient su, mon fils, ils en seraient meilleurs.
J'en ai connu beaucoup, qui polissant leurs mœurs,   200
Des beaux-arts avec fruit ont fait un noble usage.
Un esprit cultivé ne nuit point au courage.
Je suis loin d'exiger qu'aux lois de son devoir
Un officier ajoute un triste et vain savoir.
Mais sachez que ce roi, qu'on admire et qu'on aime,   205
A l'esprit très orné.

LE MARQUIS

Je ne suis pas de même.

LA COMTESSE

Songez à le servir à la guerre, à la cour.

LE MARQUIS

Oui, j'y songe.

LA COMTESSE

Il faudra que dans cet heureux jour
De sa royale main sa bonté ratifie
Le contrat qui vous doit engager à Julie.   210
Elle est votre parente, et doit plaire à vos yeux,
Aimable, jeune, riche.

196   MS1: Elle est trop roturière, et déroge
200-204   MS1:
       Je ne demande pas qu'ils soient tous des docteurs

LE MARQUIS

Elle est riche? tant mieux;
Marions-nous bientôt.

LA COMTESSE

Se peut-il à votre âge
Que du seul intérêt vous parliez le langage!

LE MARQUIS

Oh j'aime aussi Julie; elle a bien des appas;   215
Elle me plaît beaucoup: mais je ne lui plais pas.

LA COMTESSE

Ah mon fils, apprenez du moins à vous connaître.
Vos discours, votre ton la révoltent peut-être.
On ne réussit point sans un peu d'art flatteur;
Et la grossièreté ne gagne point un cœur.   220

LE MARQUIS

Je suis fort naturel.

LA COMTESSE

Oui; mais soyez aimable.
Cette pure nature est fort insupportable. [6]
Vos pareils sont polis, pourquoi? c'est qu'ils ont eu
Cette éducation qui tient lieu de vertu:
Leur âme en est empreinte; et si cet avantage   225
N'est pas la vertu même, il est sa noble image.

---

223   MS1: Tous les grands sont
225   MS1: Si de la politesse un agréable usage

[6] See Introduction p.512-13, and Voltaire's letter to Marc Claret de La Tourette,
10 March 1760, D8799.

Il faut plaire à sa femme; il faut plaire à son roi,
S'oublier prudemment, n'être point tout à soi,
Dompter cette humeur brusque où le penchant vous livre.
Pour vivre heureux, mon fils, que faut-il? savoir vivre.   230

LE MARQUIS

Pour le roi, nous verrons comme je m'y prendrai:
Julie est autre chose, elle est fort à mon gré.
Mais je ne puis souffrir, s'il faut que je le dise,
Que le savant Charlot la suive et la courtise;
Il lui fait des chansons.

LA COMTESSE

          Vous vous moquez de nous,   235
Votre frère de lait vous rendrait-il jaloux?

LE MARQUIS

Oui; je ne cache point que je suis en colère
Contre tous ces gens-là qui cherchent tant à plaire.
Je n'aime point Charlot; on l'aime trop ici.

LA COMTESSE

Auriez-vous bien le cœur à ce point endurci?   240
Cela ne se peut pas. Ce jeune homme estimable
Peut-il par son mérite être envers vous coupable?
Je dois tout à sa mère, oui, je lui dois mon fils:
Aimez un peu le sien. Du même lait nourris,
L'un doit protéger l'autre; ayez de l'indulgence,   245
Ayez de l'amitié, de la reconnaissance;

244-46 MSI:
    Elle seule a sauvé des jours que je chéris;
    On vous avait cru mort, et vous l'étiez sans elle,
    Notre reconnaissance en doit être éternelle.

Si vous étiez ingrat, que pourrais-je espérer?
Pour ne vous point haïr il faudrait expirer.

LE MARQUIS

Ah! vous m'attendrissez, madame, je vous jure
De respecter toujours mon devoir, la nature,   250
Vos sentiments.

LA COMTESSE

Mon fils, j'aurais voulu de vous,
Avec tant de respect, un mot encor plus doux.

LE MARQUIS

Oui, le respect s'unit à l'amour qui me touche.

LA COMTESSE

Dites-le donc du cœur ainsi que de la bouche.

SCÈNE VI

LA COMTESSE, LE MARQUIS, CHARLOT

LA COMTESSE

Venez, mon bon Charlot. Le marquis m'a promis   255
Qu'il serait désormais de vos meilleurs amis.

LE MARQUIS *se détournant.*

Je n'ai point promis ça.

LA COMTESSE

Ce grand jour d'allégresse
Ne pourra plus laisser de place à la tristesse.
Où donc est votre mère?

254b   MS I: Les acteurs précédents, Charlot

CHARLOT

Elle pleure toujours;
Et j'implore pour moi votre puissant secours,   260
Votre protection, vos bontés toujours chères,
Et ce cœur digne en tout de ses augustes pères.
Madame, vous savez qu'à monsieur votre fils,
Sans me plaindre un moment, je fus toujours soumis.
Vivre à vos pieds, madame, est ma plus forte envie.   265
Le héros des Français, l'appui de sa patrie,
Le roi des cœurs bien nés, le roi qui des ligueurs
A par tant de vertus confondu les fureurs;
Il vient chez vous, il vient dans vos belles retraites;
Et ce n'est que pour lui que des lieux où vous êtes   270
Mon âme en gémissant se pourrait arracher.
La fortune n'est pas ce que je veux chercher.
Pardonnez mon audace, excusez mon jeune âge.
On m'a si fort vanté sa bonté, son courage,
Que mon cœur tout de feu porte envie aujourd'hui   275
A ces heureux Français qui combattent sous lui.
Je ne veux point agir en soldat mercenaire;
Je veux auprès du roi servir en volontaire,
Hasarder tout mon sang; sûr que je trouverai
Auprès de vous, madame, un asile assuré.   280
Daignez-vous approuver le parti que j'embrasse?

LA COMTESSE

Va, j'en ferais autant si j'étais à ta place.
Mon fils sans doute aura pour servir sous sa loi
Autant d'empressement et de zèle que toi.

LE MARQUIS

Eh mon Dieu! oui. Faut-il toujours qu'on me compare   285
A notre ami Charlot? l'accolade est bizarre.

267   MS1: nés, le roi dont les ligueurs
283   MS1: Mon fils aura sans doute pour

556

LA COMTESSE

Aimez-le, mon cher fils; que tout soit oublié.
Çà donnez-lui la main pour marque d'amitié.

LE MARQUIS

Eh bien la voilà... mais...

LA COMTESSE

Point de mais.

CHARLOT *prend la main du marquis, et la baise.*

Je révère,   290
J'ose chérir en vous madame votre mère.
Jamais de mon devoir je n'ai trahi la voix;
Je vous rendrai toujours tout ce que je vous dois.

LE MARQUIS

Va... je suis très content.

LA COMTESSE

Son bon cœur se déclare:
Le mien s'épanouit... Quel bruit, quel tintamarre.

SCÈNE VII

Les acteurs précédents. Plusieurs domestiques en livrée, et d'autres gens entrent en foule. GUILLOT, BABET, *sont des premiers.* JULIE, LA NOURRICE *dans le fond, elles arrivent plus lentement.* LA COMTESSE DE GIVRY *est sur le devant du théâtre avec* LE MARQUIS *et* CHARLOT

GUILLOT *accourant.*

Le roi vient.

294c-f 67GP1: GUILLOT *et* BABET *sont des premiers.* JULIE, LA NOURRICE *sont dans le fond et arrivent plus lentement.*

PLUSIEURS DOMESTIQUES

C'est le roi.

GUILLOT

C'est le roi, c'est le roi.   295

BABET

C'est le roi; je l'ai vu tout comme je vous vois.
Il était encor loin, mais qu'il a bonne mine!

GUILLOT

Donne-t-il des soufflets?

LA COMTESSE

A peine j'imagine
Qu'il arrive si tôt; c'est ce soir qu'on l'attend;
Mais sa bonté prévient ce bienheureux instant.   300
Allons tous.

JULIE

Je vous suis... je rougis; ma toilette
M'a trop longtemps tenue, et n'est pas encor faite.
Est-ce bien déjà lui?

GUILLOT

Ne le voyez-vous pas
Qui vers la basse-cour avance avec fracas?

BABET

Il est très beau... C'est lui. Les filles du village   305
Trottent toutes en foule, et sont sur son passage.
J'y vais aussi, j'y vole.

295a   67GPI: TOUS ENSEMBLE.
298   67P*: Tous les bons rois sont beaux.

LA COMTESSE
A peine j'imagine
307   67GPI: j'y vole [*with stage direction:*] *Elle va et vient sur le théâtre.*

LA COMTESSE

Oh je n'entends plus rien.

JULIE

Ce n'est pas lui.

BABET *allant et venant.*

C'est lui.

GUILLOT

Je m'y connais fort bien.
Tout le monde m'a dit, *c'est lui*, la chose est claire.

L'INTENDANT *arrivant à pas comptés.*

Ils se sont tous trompés selon leur ordinaire.   310
Madame, un postillon que j'avais fait partir
Pour s'informer au juste, et pour vous avertir,
Vous ramenait en hâte une troupe altérée,
Moitié déguenillée, et moitié surdorée,
D'excellents pâtissiers, d'acteurs italiens,   315
Et des danseurs de corde, et des musiciens,
Des flûtes, des hautbois, des cors, et des trompettes,
Des faiseurs d'acrostiches et des marionnettes.
Tout le monde a crié *le roi* sur les chemins;
On le crie au village et chez tous les voisins;   320
Dans votre basse-cour on s'obstine à le croire.
Et voilà justement comme on écrit l'histoire.

GUILLOT

Nous voilà tous bien sots!

308a   67GPI: [*stage direction absent*]
315-16   67P*: Et des acteurs dont la foire admire les talents
        De très bons pâtissiers des danseurs excellents.
318   T67: et de marionnettes
322   W70L: [*This line appears in italics.*]

LA COMTESSE

Mais quand vient-il?

L'INTENDANT

Ce soir.

LA COMTESSE

Nous aurons tout le temps de le bien recevoir.
Mon fils, donnez la main à la belle Julie.   325
Bonsoir, Charlot.

LE MARQUIS

Mon Dieu! que ce Charlot m'ennuie!
(*Ils sortent, la comtesse reste avec la nourrice.*)

LA COMTESSE

Viens, ma chère nourrice, et ne soupire plus.
A bien placer ton fils mes vœux sont résolus.
Il servira le roi, je ferai sa fortune.
Je veux que cette joie à nous deux soit commune.   330
Je voudrais contenter tout ce qui m'appartient,
Vous rendre tous heureux; c'est là ce qui soutient,
C'est là ce qui console et qui charme la vie.

MADAME AUBONNE

Vous me rendez confuse, et mon âme attendrie

326   67GPI: Bonjour, Charlot
326-40a   67P*: que ce Charlot m'ennuie! // [*Act 1 ends here*]
326b   MSI: [*stage direction absent*]
          67GPI: *reste avec madame Aubonne.*
333   MSI: et ce qui charme
334-40   MSI:
          Ah que de vos vertus mon âme est attendrie!
          Que vous méritez bien de régner dans nos cœurs!
          Que je voudrais

Devrait mériter mieux vos extrêmes bontés. 335

LA COMTESSE

Qui donc en est plus digne?

MADAME AUBONNE *tristement.*

Ah!

LA COMTESSE

Nos félicités
S'altèrent du chagrin que tu montres sans cesse.

MADAME AUBONNE

Ce beau jour, il est vrai, doit bannir la tristesse.

LA COMTESSE

Va, fais danser nos gens avec les violons.
Ton fils nous aidera.

MADAME AUBONNE

Mon fils!... Madame... allons. 340

Fin du premier acte.

LA COMTESSE
Quoi donc?

LA NOURRICE
Ah madame... je meurs...

LA COMTESSE
Je ne peux concevoir cette bonne personne
Et sa douleur m'afflige autant qu'elle m'étonne. // [*Act 1 ends here*]

ACTE II

SCÈNE PREMIÈRE

JULIE, MADAME AUBONNE, CHARLOT

JULIE

Enfin, je le verrai ce charmant Henri quatre,
Ce roi brave et clément qui sait plaire et combattre,
Qui conquit à la fois son royaume et nos cœurs,
Pour qui Mars et l'Amour n'ont point eu de rigueurs,
Et qui sait triompher, si j'en crois les nouvelles,   5
Des ligueurs, des Romains, des héros et des belles.

CHARLOT *dans un coin.*

Elle aime ce grand homme, elle est tout comme moi.

JULIE

Lisette à me parer a réussi, je crois.
Comment me trouvez-vous?

MADAME AUBONNE

                Très belle, et très bien mise.
Vous seriez peu fâchée, excusez ma franchise,   10
D'essayer tant d'appas, et d'arrêter les yeux
D'un héros couronné, partout victorieux.

JULIE

Oui, ses yeux seulement... il a le cœur fort tendre:
On me l'a dit du moins... je n'y veux point prétendre;

---

c   67GPI: AUBONNE, CHARLOT *au fond.*
4   67GPI, T67: l'Amour n'eurent point de
6a   67GPI: [*stage direction absent*]
10   T67: (excusez ma franchise)

562

Je ne veux avoir l'air ni prude ni coquet...   15
Eh mon Dieu! j'aperçois qu'il me manque un bouquet.

CHARLOT (*Il sort.*)

Un bouquet! allons vite.

MADAME AUBONNE

Eh bien! belle Julie,
Ce grand prince ici même aujourd'hui vous marie;
Il signera du moins le contrat projeté,
Qui sera par madame avec vous présenté.   20
Vous semblez n'y penser qu'avec indifférence,
Et je crois entrevoir un peu de répugnance.

JULIE

Hélas! comment veut-on que mon cœur soit touché?
Qu'il se donne à celui qui ne l'a point cherché?
Par la digne comtesse en ces murs élevée,   25
Conduite par vos soins, à son fils réservée,
Je n'ai jamais dans lui trouvé jusqu'à ce jour,
Le moindre sentiment qui ressemble à l'amour.
Il n'a jamais montré ces douces complaisances,
Qui d'un peu de tendresse auraient les apparences.   30
Il est sombre, il est dur, il me doit alarmer;
Il sait être jaloux, et ne sait point aimer.
J'aime avec passion sa vertueuse mère.
Le fils me fait trembler; quel triste caractère!
Ses airs, et son ton brusque, et sa grossièreté,   35
Affligent vivement ma sensibilité.
D'un noir pressentiment je ne puis me défendre.
La nature me fit une âme honnête et tendre.
J'aurais voulu chérir mon mari.

32 w75g*, k84: Il ose être jaloux

MADAME AUBONNE

Parlez net:
Développez un cœur qui se cache à regret.   40
Le marquis est haï?

JULIE

Tout autant qu'haïssable;
C'est une aversion qui n'est pas surmontable.
A sa mère après tout je ne puis l'avouer.
De quinze ans de bontés je dois trop me louer;
Je percerais son cœur d'une atteinte cruelle;   45
Je ne puis la tromper, ni m'ouvrir avec elle.
Voilà mes sentiments, mes chagrins et mes vœux.

MADAME AUBONNE

Ce mariage-là fera des malheureux.
Ah! comment nous tirer du fond du précipice?

JULIE

Et moi que devenir? comment faire, nourrice?   50
Tu ne me réponds point, tu rêves tristement,
Ma chère Aubonne!

MADAME AUBONNE

Eh bien?

JULIE

Pourrais-tu prudemment
Engager la comtesse à différer la chose?

41   67GP1, T67: Le marquis est haï.
52   W75G*, K84:
      Ma chère Aubonne!
                    MADAME AUBONNE
                    Hélas!
                         JULIE
                    Pourrais-tu prudemment

Tu sais la gouverner, ton avis en impose;
Par tes discours flatteurs tu pourrais l'amener   55
A me laisser le temps de me déterminer...
Mais réponds donc.

MADAME AUBONNE

Hélas!... oui, ma belle Julie...
Votre demande est juste... elle sera remplie.

SCÈNE II

JULIE, MADAME AUBONNE, CHARLOT

CHARLOT

Madame, j'ai trouvé chez vous votre bouquet.

JULIE

Ce n'est point là le mien; le vôtre est bien mieux fait,   60
Mieux choisi, plus brillant... Que votre fils, ma bonne,
Est galant et poli!... Tous les jours il m'étonne.
Est-il vrai qu'il nous quitte?

MADAME AUBONNE

Il veut servir le roi.

JULIE

Nous le regretterons.

CHARLOT

Je fais ce que je dois.
Il m'eût été bien doux de consacrer ma vie   65
A servir dignement la divine Julie.
Heureux qui recherchant la gloire et le danger,

---

58   w75G*, k84: [*with stage direction:*] *en pleurant.*
64-89   w75G*, k84: [*see Appendix 1*]

Entre un héros et vous pourrait se partager!
Heureux à qui l'éclat d'une illustre naissance
A permis de nourrir cette noble espérance! 70
Pour moi qu'aux derniers rangs le sort veut captiver,
Vers la gloire de loin si je peux m'élever,
Si quelque occasion, quelque heureux avantage,
Peut jamais pour mon prince exercer mon courage,
De vous, de vos bontés je voudrais obtenir 75
Pour prix de tout mon sang un léger souvenir.

JULIE

Ah! je me souviendrai de vous toute ma vie.
Elevée avec vous, moi que je vous oublie!
Mais vous ne quittez point la maison pour jamais.
Madame la comtesse et ses dignes bienfaits, 80
Une très bonne mère, et s'il le faut, moi-même,
Tout vous doit rappeler, tout le château vous aime.
Ma bonne, ordonnez-lui de revenir souvent.

MADAME AUBONNE *en soupirant.*

Je ne souffrirai pas un long éloignement.

CHARLOT

Ah! ma mère, à mon cœur il manque l'éloquence. 85
Peignez-lui les transports de ma reconnaissance:
Faites-moi mieux parler que je ne puis.

JULIE

Charlot...

69-70 MSI:
Heureux à qui le rang et l'illustre naissance
Ont permis de nourrir cette noble espérance
72 MSI: si je pouvais voler
74 MSI: Me faisait pour mon roi signaler mon courage
81 MSI: et peut-être moi-même

Non... monsieur... mon ami... ma mère... que ce mot...
De Charlot... convient mal... à toute sa personne!

MADAME AUBONNE

Oh les mots n'y font rien... mais vous êtes trop bonne. 90

JULIE

Charlot... ma bonne!...

MADAME AUBONNE

Eh quoi?

JULIE

D'où vient que votre fils
Est différent en tout de monsieur le marquis?
L'art n'a rien pu sur l'un. Dans l'autre la nature
Semble avoir répandu tous ses dons sans mesure.

MADAME AUBONNE

Vous le flattez beaucoup.

JULIE

Le roi vient aujourd'hui; 95

94   67GPI, T67: Semble avoir prodigué tous
95a-173   67P*:

LE MARQUIS
                              Beaucoup assurément.
Vous ne m'attendiez pas dans un si doux moment,
Ne vous dérangez point. Notre belle héritière
Avec monsieur Charlot vous êtes familière
Vous causez avec lui dans un coin du logis.   5

JULIE
Mais je n'aurais pas cru que monsieur le marquis
Oserait...

CHARLOT
Modérez votre injuste colère.

Je dois avoir l'honneur de danser avec lui...
Je voudrais répéter... Vous dansez comme un ange.

CHARLOT

Je ne mérite pas...

JULIE

Cela n'est point étrange;
Vous avez réussi dans les jeux, dans les arts
Qui de nos courtisans attirent les regards;   100
Les armes, le dessin, la danse, la musique,
Enfin dans toute étude où votre esprit s'applique;
Et c'est pour votre mère un plaisir bien parfait...
Je cherche à m'affermir dans le pas du menuet...
Et je danserai mieux vous ayant pour modèle.   105

CHARLOT

Ah! vous seule en servez... mais le respect, le zèle
Me forcent d'obéir. Il faut un violon,
Je cours en chercher un, s'il vous plaît.

JULIE

Mon Dieu non...
Vous chantez à merveille: et votre voix, je pense,
Bien mieux qu'un violon marquera la cadence;   110
Asseyez-vous, ma mère, et voyez votre fils.

Vous aviez assuré madame votre mère
Que d'un peu d'amitié vous vouliez m'honorer
Mon cœur le méritait; il l'osait espérer.   10
Ce noble et digne objet pour vous si respectable
Assurait à mes jours un appui secourable.
Ah! ne m'enviez pas un si rare bonheur.
Votre sort est si beau! Vous possédez son cœur.
96-97 67GP1, T67: [*between these lines, with stage direction:*] *A Charlot.*

MADAME AUBONNE

De tout ce que je vois mon cœur n'est point surpris.
(*Elle s'assied; ils dansent, et Charlot chante.*)
    Elle donne des lois
      Aux bergers, aux rois,
        A son choix.   115
    Elle donne des lois
      Aux bergers, aux rois.
    Qui pourrait l'approcher,
      Sans chercher
        Le danger?   120
On meurt à ses yeux sans espoir.
  On meurt de ne les plus voir.
    Elle donne des lois
      Aux bergers, aux rois.

JULIE *après avoir dansé un seul couplet.*

Vous êtes donc l'auteur de la chanson!

CHARLOT

                    Madame,   125
C'est un faible portrait d'une timide flamme.
Les vers étaient à l'air assez mal ajustés.
Par votre goût sans doute ils seront rejetés.

JULIE

Ils n'offensent personne... ils ne peuvent déplaire;
Ils ne peuvent surtout exciter ma colère.   130

112a   67GP1: *chante. Il commence par des* tarala lara.
113   MS1: tu dois donner des lois
115   MS1: à ton choix
116   MS1: tu dois donner des lois
118   MS1: qui pourrait t'approcher
121   MS1: à tes yeux
123   MS1: Tu dois donner des lois

Ils ne sont pas pour moi.

CHARLOT

Pour vous!... je n'oserais
Perdre ainsi le respect, profaner vos attraits.

JULIE

Une seconde fois je puis donc les entendre...
Achevons la leçon que de vous je veux prendre.

MADAME AUBONNE

Ils me font tous les deux un extrême plaisir.   135
Je voudrais que madame en pût aussi jouir.

JULIE *recommence à danser avec Charlot qui répète l'air.*

Elle donne des lois
Aux bergers, aux rois, etc.
     Majeur.
Vous seule ornez ces lieux.
Des rois et des Dieux   140
Le maître est dans vos yeux.
Ah! si de votre cœur
Il était vainqueur,
     Quel bonheur!
Tout parle en ce beau jour   145
     D'amour.
Un roi brave et galant,
     Charmant,
Partage avec vous

138a 67GPI: [*with stage direction:*] *Ils dansent la reprise.*
141   67GPI: dans vos beaux yeux.

137-53 MSI:
        Tu peux donner des lois
        Aux bergers aux rois
        On meurt de ne les plus voir

L'heureux pouvoir de régner sur nous.   150
    Elle donne des lois, etc.
    On meurt à ses yeux sans espoir,
    On meurt de ne les plus voir.

SCÈNE III

LE MARQUIS *entre, et les voit danser, pendant que* MADAME
    AUBONNE *est assise, et s'occupe à coudre.*

LE MARQUIS

Meurt de ne les plus voir!... Notre belle héritière,
Avec monsieur Charlot vous êtes familière.   155
Vous dansez aux chansons dans un coin du logis.

CHARLOT

Pourquoi non?

JULIE

    Mais je crois qu'il m'est assez permis
De prendre quand je veux, devant madame Aubonne,
Pour danser un menuet la leçon qu'il me donne.

LE MARQUIS

Il donne des leçons! vraiment il en a l'air.   160
Profitez-vous beaucoup? Et les payez-vous cher?

151-53   67GP1: Elle donne des lois
        Aux bergers, aux rois, etc.
        ....
        On meurt de ne les plus voir!
153c   67GP1: *est assise et coud.*
157   MS1:
        Pourquoi non?

              JULIE
        Je croyais qu'il m'est assez permis

Elle donne des loix   Aux Bergers aux Rois

Gravelot inv.   *Martinet Sculp.*

Frontispiece signed Gravelot and Martinet depicting a scene from
act 2, scene 2 of *Charlot* (w75G, vol.9, facing p.199).

JULIE

J'en dois avoir, monsieur, de la reconnaissance.
Si vous êtes fâché de cette préférence,
Si mon petit menuet vous donne quelque ennui,
Que n'avez-vous appris... à danser comme lui?   165

LE MARQUIS

Ouais!

CHARLOT

Modérez, monsieur, votre injuste colère.
Vous aviez assuré votre adorable mère,
Que d'un peu d'amitié vous vouliez m'honorer:
Mon cœur la méritait: il l'osait espérer.
(*En montrant Julie.*)
Ce noble et digne objet, respectable à vous-même,   170
M'a chargé dans ces lieux de son ordre suprême.
Ses ordres sont sacrés: chacun doit les remplir.
En la servant, monsieur, j'ai cru vous obéir.

MADAME AUBONNE

C'est très bien riposté, Charlot doit le confondre.

LE MARQUIS

Quand ce drôle a parlé, je ne sais que répondre.   175
Écoute, mon garçon; je te défends... à toi
(*Charlot le regarde fixement.*)
De montrer quand j'y suis de l'esprit plus que moi.

MADAME AUBONNE

Quelle idée!

176a   MS1: [*stage direction added in the margin with an asterisk*]
        67GP1, T67: [*stage direction appears as a footnote preceded by an asterisk,*
cross-referred from the word 'défends' in line 176.]

JULIE

Eh comment faudra-t-il donc qu'il fasse?

LE MARQUIS

Il m'offusque toujours. Tant d'insolence lasse.
Je ne le puis souffrir près de vous... en un mot,   180
Je n'aime point du tout qu'on danse avec Charlot.

JULIE

Ma bonne, à quel mari je me verrais livrée!
Allez, votre colère est trop prématurée.
Je n'ai point de reproche à recevoir de vous,
Et je n'aurai jamais un tyran pour époux.   185

MADAME AUBONNE

Eh bien, vous méritez une telle algarade.
Vous vous faites haïr... Monsieur, prenez-y garde.
Vous n'êtes ni poli, ni bon, ni circonspect:
Vous deviez à Julie un peu plus de respect,
Plus d'égards à Charlot, à moi plus de tendresse;   190
Mais...

LE MARQUIS

Quoi! toujours Charlot! que tout cela me blesse!
Sortez, et devant moi ne paraissez jamais.

JULIE

Mais, monsieur.

LE MARQUIS *menaçant Charlot.*
Si.

182   MS1: Ô ciel! à quel mari
186-87   67P*:
        Eh bien, vous méritez ce que vous dit madame
        Elle doit redouter de se voir votre femme

CHARLOT

Quoi! si.

MADAME AUBONNE *se mettant entre eux deux.*

Mes enfants, paix, paix, paix;
Eh mon Dieu! je crains tout.

LE MARQUIS

Sors d'ici tout à l'heure,
Je te l'ordonne.

JULIE

Et moi j'ordonne qu'il demeure.   195

CHARLOT

A tous les deux, monsieur, je sais ce que je dois;
(*en regardant Julie*)
Mais enfin j'ai fait vœu de suivre en tout sa loi.

LE MARQUIS

Ah! c'en est trop, faquin.

CHARLOT

C'en est trop, je l'avoue:
Et sur votre alphabet je doute qu'on vous loue.
Il paraît que le lait dont vous fûtes nourri,   200
Dans votre noble sang s'est un peu trop aigri.
De vos expressions j'ai l'âme assez frappée.
A mon côté, monsieur, si j'avais une épée,
Je crois que vous seriez assez sage, assez grand,

193c   MSI: [*stage direction absent*]
       67GPI, T67: [*with stage direction:*] *Se jetant entre eux deux.*
200   MSI: Je juge que le lait
201   MSI: un peu aigri
202   67GPI: l'âme un peu frappée

Pour m'épargner peut-être un si doux compliment. 205

LE MARQUIS

Quoi! misérable...

JULIE

Encore!

MADAME AUBONNE

Allez, mon fils, de grâce,
Ne l'effarouchez point, et quittez-lui la place;
Tout ira bien, cédez, quoique très offensé.

CHARLOT

Ma mère... j'obéis... mais j'ai le cœur percé.

(*Il sort.*)

MADAME AUBONNE

Ah! c'en est fait, mon sang se glace dans mes veines. 210

208-209   MS1:
        Allez vous n'aurez pas à vous en repentir
                    CHARLOT
        Quand ma mère a parlé je ne sais qu'obéir
209b-213   MS2:
                    MADAME AUBONNE *au marquis*
        N'allez pas l'excéder, Charlot a du courage.
                    LE MARQUIS
        Et moi donc!
                        JULIE
                Eh tâchez d'en faire un noble usage.
                    LE MARQUIS
        Mon honneur...
                    MADAME AUBONNE
                Ah! pour lui je crains quelque malheur.
                    JULIE
        Vous prenez de l'orgueil, Monsieur, pour de l'honneur.
                    MADAME AUBONNE
        Vous vous trompez en tout.
                    LE MARQUIS
                    Ma bonne cet outrage...   5

JULIE

Mon sang, ma chère amie, est bouillant dans les miennes.

LE MARQUIS

Dans ce nouveau combat du froid avec le chaud,
Me retirer en hâte est, je crois, ce qu'il faut.
Je n'aurais pas beau jeu. C'est une étrange affaire,
De combattre à la fois deux femmes en colère.   215

SCÈNE IV

JULIE, MADAME AUBONNE

MADAME AUBONNE

Non, vous n'aurez jamais ce brutal de marquis;
Ces nœuds infortunés sont trop mal assortis.

JULIE

Quoi! tu me serviras?

MADAME AUBONNE
Respectez-vous vous-même afin qu'on vous ménage.
JULIE
Corrigez vos façons et surtout votre cœur.
MADAME AUBONNE
Si vous saviez...
LE MARQUIS
Adieu serviteur, serviteur
211-15   67P*: dans les miennes. // [*End of scene 3.*]
215   67GPI, T67: en colère. [*with stage direction:*] *Il sort.*
217   W75G*, K84: Qu'ai-je fait! non ces nœuds sont très mal assortis

MADAME AUBONNE

Je réponds que sa mère
Brisera ce lien qui doit trop vous déplaire...
M'y voilà résolue.

JULIE

Ah! que je te devrai!   220

MADAME AUBONNE

O fortune! ô destin! que tout change à ton gré!
Du public cependant respectons l'allégresse.
Trop de monde à présent entoure la comtesse.
Comment parler, comment, par un trouble cruel,
Contrister les plaisirs d'un jour si solennel?   225

JULIE

Je le sais, et je crains que mon refus la blesse.
Pour ce fils que je hais je connais sa tendresse.

MADAME AUBONNE

D'un coup trop imprévu n'allons point l'accabler...
Je n'ai jamais rien fait que pour la consoler.

JULIE

La nature, il est vrai, parle beaucoup en elle.   230

MADAME AUBONNE

Elle peut s'aveugler.

JULIE

Je compte sur ton zèle,
Sur tes conseils prudents, sur ta tendre amitié.
De ce joug odieux tire-moi par pitié.

225 MS1: Souiller la pureté d'un jour si solennel!
229 MS1: Hélas! Je n'ai rien

MADAME AUBONNE

Hélas! tout dès longtemps trompa mes espérances.

JULIE

Tu gémis.

MADAME AUBONNE

Oui, je suis dans de terribles transes...   235
N'importe... je le veux... je ferai mon devoir.
Je serai juste.

JULIE

Hélas! tu fais tout mon espoir.

SCÈNE V

JULIE, MADAME AUBONNE, BABET

BABET *accourant avec empressement.*

Allez, votre marquis est un vrai trouble-fête.

MADAME AUBONNE

Je ne le sais que trop.

BABET

Vous savez qu'on apprête
Cette longue feuillée, où Charlot de ses mains   240
De guirlandes de fleurs décorait les chemins.
Il a dans cent endroits disposé cent lumières,
Où du nom de Henri les brillants caractères,
Sont lus, à ce qu'on dit, par tous les gens savants.
Ce spectacle admirable attirait les passants,   245
Les filles l'entouraient; toute notre séquelle
Voyait le beau Charlot monté sur une échelle,

237d MSI, 67GPI: [*stage direction absent*]
239a 67GPI: [*with stage direction:*] *tout essoufflée.*

Dans un leste pourpoint faisant tous ces apprêts;
Mais monsieur le marquis a trouvé tout mauvais,
A voulu tout changer; et Charlot, au contraire,   250
A dit que tout est bien. Le marquis en colère
A menacé Charlot, et Charlot n'a rien dit.
Ce silence au marquis a causé du dépit;
Il a tiré l'échelle, il a su si bien faire,
Qu'en descendant vers nous Charlot est chu par terre.   255

JULIE

Ah! Charlot est blessé.

BABET

Non, il s'est lestement
Relevé d'un seul saut... Il s'est fâché vraiment.
Il a dit de gros mots.

MADAME AUBONNE

De cette bagatelle
Il peut naître aisément une grande querelle.
Je crains beaucoup.

JULIE

Je tremble.

SCÈNE VI

JULIE, MADAME AUBONNE, BABET, GUILLOT

GUILLOT *en criant.*

Ah mon Dieu quel malheur!   260

BABET

Quoi!

260d MSI: [*stage direction absent*]
     67GPI: [*with stage direction:*] accourant.

MADAME AUBONNE

Qu'est-il arrivé?

GUILLOT

Notre jeune seigneur...

JULIE

A-t-il fait à Charlot quelque nouvelle injure?

GUILLOT

Il ne donnera plus des soufflets, je vous jure,
A moins qu'il n'en revienne.

MADAME AUBONNE

Ah mon Dieu! que dis-tu?

GUILLOT

Babet l'aura pu voir.

BABET

J'ai dit ce que j'ai vu,   265
Pas grand-chose.

MADAME AUBONNE

Eh butor! dis donc vite de grâce
Ce qui s'est pu passer, et tout ce qui se passe.

GUILLOT

Hélas! tout est passé. Le marquis là dehors,
Est troué d'un grand coup tout au travers du corps.

MADAME AUBONNE

Ah, malheureuse!

---

263   67GP1, T67: plus de soufflets
269   MS1, 67GP1, T67: tout à travers du corps

JULIE

Hélas vous répandez des larmes!   270
Mais ce n'est pas Charlot: Charlot n'avait point d'armes.

GUILLOT

On en trouve bientôt. Ce marquis turbulent
Poursuivait notre ami ma foi très vertement.
L'autre qui sagement se battait en retraite,
Déjà d'un écuyer avait saisi la brette. [1]   275
Je lui criais de loin, Charlot, garde-toi bien
D'attendre monseigneur, il ne ménage rien.
J'ai trop à mes dépens appris à le connaître,
Va-t'en, il ne faut pas s'attaquer à son maître.
Mais Charlot lui disait, monsieur n'approchez pas;   280
Il s'est trop approché, voilà le mal.

MADAME AUBONNE

Hélas!
Allons le secourir, s'il en est temps encore.

SCÈNE VII

Les Acteurs précédents, L'INTENDANT

L'INTENDANT

Non, il n'en est plus temps.

281a-282   MS1:

MADAME AUBONNE
Allons le secourir, s'il en est temps encore.

[1] 'Longue épée. On ne le dit guère qu'en plaisanterie. C'est un batteur de pavé, qui porte toujours partout une longue brette' (*Dictionnaire de l'Académie française*, Paris, 1762).

MADAME AUBONNE

Juste ciel que j'implore!

L'INTENDANT

Il n'a pas à ce coup survécu d'un moment.
Cachons bien à sa mère un si triste accident.   285

MADAME AUBONNE *en pleurant.*

Les pierres parleront, si nous osons nous taire.

L'INTENDANT

C'est fort loin du château que cette horrible affaire
Sous mes yeux s'est passée, et presque au même instant,
Pour préparer madame à cet événement,
J'empêche si je puis qu'on n'entre et qu'on ne sorte: 290
Je fais lever les ponts, je fais fermer la porte.
Madame heureusement se retire en secret,
Dans ce moment fatal, au fond d'un cabinet,
Où tout ce bruit affreux ne peut se faire entendre.
Ne blessons point un cœur si sensible et si tendre,   295
Épargnons une mère.

JULIE

Hélas! à quel état
Sera-t-elle réduite après cet attentat?
Je plains son fils... le temps l'aurait changé peut-être.

L'INTENDANT

Il était bien méchant; mais il était mon maître.

285a   MSI, 67GPI: [*stage direction absent*]
287   67P*: C'est tout près du château
296a-97   MSI:

JULIE
Ah! ses justes douleurs
Par avance déjà me font verser des pleurs.

MADAME AUBONNE

Quelle mort! et par qui!

L'INTENDANT

Dans quel temps, juste ciel! 300
Dans le plus beau des jours, dans le plus solennel,
Quand le roi vient chez nous!

JULIE

Hélas! ma pauvre Aubonne,
Que deviendra Charlot?

L'INTENDANT

Peut-être sa personne
Aux mains de la justice est livrée à présent.

JULIE

Ce garçon n'a rien fait qu'à son corps défendant. 305
La justice est injuste.

L'INTENDANT

Ah! les lois sont bien dures.

BABET *à Guillot.*

Charlot serait perdu!

GUILLOT

Ce sont des aventures
Qui font bien de la peine, et qu'on ne peut prévoir.
On est gai le matin, on est pendu le soir.

---

307   67GP1: serait pendu?
    MS1, 67G, T67, 67PF, NM, W68, W70L, T73N, T76X, T77: serait pendu!
309-21   MS1:
    On est gai le matin, on est pendu le soir.

BABET

Mais le marquis est-il tout à fait mort?

L'INTENDANT

Sans doute,   310
Le médecin l'a dit.

JULIE

Plus de ressource?

GUILLOT *à Babet.*

Écoute,
Il en disait de moi l'an passé tout autant;
Il croyait m'enterrer; et me voilà pourtant.

L'INTENDANT

Non, vous dis-je; il est mort, il n'est plus d'espérance.
Mes enfants, au logis gardez bien le silence.   315

GUILLOT

Je gage que sa mère a déjà tout appris.

MADAME AUBONNE

J'en mourrai... mais allons, le dessein en est pris.
(*Elle sort.*)

L'INTENDANT
Mes enfants au logis gardez bien le silence.
GUILLOT
Et oui, si vous voulez! mais quelle manigance!
Je gage que madame a déjà tout appris.
MADAME AUBONNE
J'en mourrai, mais allons, le dessein en est pris. // [*End of act 2.*]   5
315   67GPI, T67: logis gardons bien

BABET

Ah! j'entends bien du bruit et des cris chez madame!

GUILLOT

On n'a jamais gardé le silence.

JULIE

Mon âme
D'une si bonne mère éprouve les douleurs.   320
Courons, allons mêler mes larmes à ses pleurs.

Fin du second acte.

ACTE III

SCÈNE PREMIÈRE

L'INTENDANT, BABET, GUILLOT, *troupe de gardes,*
CHARLOT, *au milieu d'eux.*

CHARLOT

J'aurais pu fuir sans doute, et ne l'ai pas voulu.
Je désire la mort, et j'y suis résolu.

L'INTENDANT

La justice est ici. Madame la comtesse
Sait la mort de son fils; la douleur qui la presse
Ne lui permettra pas de recevoir le roi.   5
Quel malheur!

GUILLOT

      Il devait en user comme moi,
Ne se point revancher, imiter ma sagesse;
Je l'avais averti.

CHARLOT

      J'ai tort, je le confesse.

BABET

Quel crime a-t-il donc fait? Ne vaut-il pas bien mieux
Tuer quatre marquis qu'être tué par eux?   10

GUILLOT

Elle a toujours raison, c'est très bien dit.

c-d   T67: *troupe de gardes.*
d   67GPI: [*stage direction absent*]
e   67GPI: CHARLOT *au milieu d'une troupe de gardes.*
    T67: CHARLOT *au milieu d'eux.*
9   MSI: Quel mal a-t-il donc fait?

CHARLOT

J'espère
Qu'on souffrira du moins que je parle à ma mère.
Voudrait-on me priver de ses derniers adieux?

L'INTENDANT

Elle s'est évadée, elle est loin de ces lieux.

GUILLOT

Quoi! ta mère est complice?

BABET

Il me met en colère.   15
Quand tu voudras parler, ne dis mot pour bien faire.

CHARLOT

Elle ne veut plus voir un fils infortuné,
Indigne de sa mère, et bientôt condamné.
Mais que je plains, hélas! mon auguste maîtresse!
Et que je plains Julie! elle avait la tendresse   20
De monsieur le marquis; et mes funestes coups
Privent l'une d'un fils, et l'autre d'un époux.
Non, je ne veux plus voir ce château respectable,
Où l'on daigna m'aimer, où je fus si coupable.
     (A l'intendant.)
Vous, monsieur, si jamais dans leur triste maison,   25
Après cet attentat vous prononcez mon nom;
J'ose vous conjurer de bien dire à madame
Qu'elle a toujours régné jusqu'au fond de mon âme,
Que j'aurais prodigué mon sang pour la servir,
Que j'ai, pour la venger, demandé de mourir.   30
Daignez en dire autant à la noble Julie.

---

16   MS1: Quand tu voudras parler <Guillot songe à te taire> ↑ne dis mot pour
bien faire+

Hélas! dans la maison mon enfance nourrie
Me laissait peu prévoir tant d'horribles malheurs.
Vous tous qui m'écoutez, pardonnez-moi mes pleurs,
Ils ne sont pas pour moi... la source en est plus belle...   35
Adieu... conduisez-moi.

L'INTENDANT

           Que cette fin cruelle,
Que ce jour malheureux doit bien se déplorer!

GUILLOT

Tout pleure, je ne sais s'il faut aussi pleurer.
Qu'on aime ce Charlot! Charlot plaît, quoi qu'il fasse.
On n'en ferait pas tant pour moi.

BABET *à ceux qui emmènent Charlot.*

               Messieurs, de grâce,   40
Ne l'enlevez donc pas... suivons-le au moins des yeux.

GUILLOT

Allons, suivons aussi, car on est curieux.

SCÈNE II

JULIE, L'INTENDANT

JULIE

Ah! je respire enfin... Madame évanouie
Reprend un peu ses sens et sa force affaiblie;
Ses femmes à l'envi, les miennes tour à tour   45

39-40 MSI:
> On ne me ferait pas, si j'étais à sa place
> Tout l'honneur qu'on lui fait, l'heureux homme!
>> BABET *à ceux qui emmènent Charlot.*
>>> Eh de grâce

Rendent ses yeux éteints à la clarté du jour.
Faut-il qu'en cet état la nourrice fidèle,
Devant la secourir, ne soit pas auprès d'elle!
Vainement je la cherche, on ne la trouve pas.

L'INTENDANT

Elle éprouve elle-même un funeste embarras: 50
Par une fausse porte elle s'est éclipsée.
Je prends part aux chagrins dont elle est oppressée.
Elle est pour son malheur mère du meurtrier.

JULIE

Pourquoi nous fuir? pourquoi de nous se défier?
Le roi viendra bientôt: son seul aspect fait grâce,   55
Son grand cœur doit la faire.

L'INTENDANT

                 On peut punir l'audace
D'un bourgeois champenois qui tue un grand seigneur,
L'exemple est dangereux après ces temps d'horreur,
Où l'État déchiré par nos guerres civiles,
Vit tous les droits sans force, et les lois inutiles.   60
A peine nous sortons de ces temps orageux.
Henri qui fait sur nous briller des jours heureux,
Veut que la loi gouverne, et non pas qu'on la brave.

JULIE

Non, le brave Henri ne peut punir un brave.
Je suis la cause hélas! de cet affreux malheur;   65

---

48   67GP1, T67: soit point auprès
65-68 MS1:
        Je suis la cause hélas! de tout ce qui s'est fait
        C'est pour avoir dansé quelques pas d'un menuet
        Avec ce bon Charlot sous les yeux de sa mère
        Que ce jaloux marquis dans sa sotte colère

Ne me reprochant rien dans ma simple candeur,
J'ai cru qu'on n'avait point de reproche à me faire.
Ce malheureux marquis dans sa sotte colère
Se croyant tout permis, a forcé cet enfant
A tuer son seigneur, et fort innocemment.   70
Je saurai recourir à la clémence auguste,
Aux bontés de ce roi galant autant que juste.
Je n'avais répété ce menuet que pour lui;
Il y sera sensible, il sera notre appui.

L'INTENDANT

Dieu le veuille!

SCÈNE III

JULIE, L'INTENDANT, BABET

BABET

    Au secours! ah mon Dieu la misère!   75
Protégez-nous, madame, en cette horrible affaire.
Les filles ont recours à vous dans la maison.

JULIE

Quoi, Babet!

BABET

C'est Charlot que l'on fourre en prison.

JULIE

O ciel!

73-74   67P*:
    Je lui dirai mes maux, j'espère tant de lui
    Son cœur est né sensible, il sera notre appui.
78   67P*: l'on mène en

BABET

Des gens tout noirs des pieds jusqu'à la tête
L'ont fait conduire, hélas! d'un air bien malhonnête.   80
Pour comble de malheur le roi dans le logis
Ne viendra point, dit-on, comme il l'avait promis.
On ne dansera point, plus de fête... Ah madame!
Que de maux à la fois!... Tout cela perce l'âme.

JULIE

Charlot est en prison!

L'INTENDANT

Cela doit aller loin.   85

BABET

Hélas! de le sauver prenez sur vous le soin.
Chacun vous aidera, tout le château vous prie.
Les morts ont toujours tort, et Charlot est en vie.

L'INTENDANT

Hélas! je doute fort qu'il y soit bien longtemps.

JULIE

Madame sort déjà de ses appartements.   90
Dans quel accablement elle est ensevelie!

SCÈNE IV

Les acteurs précédents, LA COMTESSE, *soutenue par deux*
suivantes

LA COMTESSE

Mes filles, laissez-moi; que je parle à Julie.
Dans ma chambre avec moi je ne saurais rester.

91b-c 67GP1: *soutenue par deux femmes.*

L'INTENDANT *à Babet.*

Elle veut être seule, il faut nous écarter.

(*Ils sortent.*)

LA COMTESSE *se jetant dans un fauteuil.*

O ma chère Julie! en ma douleur profonde 95
Ne m'abandonnez pas... je n'ai que vous au monde.

JULIE

Vous m'avez tenu lieu d'une mère, et mon cœur
Répond toujours au vôtre et sent votre malheur.

LA COMTESSE

Ma fille, voilà donc quel est votre hyménée!
Ah! j'avais espéré vous rendre fortunée. 100

JULIE

Je pleure votre sort... et je sais m'oublier.

LA COMTESSE

Le roi même en ces lieux devait vous marier.
Au lieu de cette fête et si sainte et si chère
J'ordonne de mon fils la pompe funéraire!
Ah Julie!

JULIE

En ce temps, en ce séjour de pleurs, 105
Comment de la maison faire au roi les honneurs?

LA COMTESSE

J'envoie auprès de lui, je l'instruis de ma perte;
Il plaindra les horreurs où mon âme est ouverte;
Il aura des égards; il ne mêlera pas
L'appareil des festins à celui du trépas. 110

99 MS1: Voilà donc, juste Dieu quel est votre hyménée

Le roi ne viendra point... tout a changé de face.

JULIE

Ainsi... le meurtrier... n'aura donc point sa grâce?

LA COMTESSE

Il est bien criminel.

JULIE

Il s'est vu bien pressé.
A ce coup malheureux le marquis l'a forcé.

LA COMTESSE *en pleurant.*

Il devait fuir plutôt.

JULIE

Votre fils en colère...   115

LA COMTESSE *se levant.*

Il devait dans mon fils respecter une mère.
Le fils de sa nourrice, ô ciel! tuer mon fils!
Cette femme après tout dont les soins infinis
Ont conduit leur enfance, et qui tous deux les aime,
En ne paraissant point le condamne elle-même.   120

JULIE

Vous aviez protégé ce jeune malheureux.

LA COMTESSE

Je l'aimais tendrement; mon sort est plus affreux,
Son attentat plus grand.

JULIE

Faudra-t-il qu'il périsse?

114a   MS1: [*stage direction absent*]

LA COMTESSE

Quoi? deux morts au lieu d'une!

JULIE

Hélas! notre nourrice
Ferait donc la troisième.

LA COMTESSE

Ah! je n'en puis douter.   125
Elle est mère... et je sais ce qu'il en doit coûter.
Hélas! ne parlons point de vengeance et de peine.
Ma douleur me suffit.
(*On entend du bruit.*)

JULIE

Quelle rumeur soudaine?
(*Le peuple derrière le théâtre.*)
Vive le roi! le roi! le roi! le roi! le roi!

LA COMTESSE

Dans l'état où je suis, ô ciel! il vient chez moi!   130

SCÈNE V

LE COURRIER *en bottes (qui était parti au premier acte) arrive.*

JULIE

Charlot sera sauvé.

125   67GPI, T67: Fera donc la troisième!
126   67GPI: ce qu'il doit en coûter.
129   T67: Vive le roi! le roi! le roi! vive le roi!
128a-227   W75G*, K84: [*see Appendix 2*]
130   MSI: ô ciel vient-il chez moi
131   MSI: Le ciel en soit loué

LE COURRIER
Le duc de Bellegarde

LE COURRIER

Le duc de Bellegarde,
Dans la cour à l'instant vient avec une garde.
Pour la seconde fois le peuple s'est mépris.

JULIE

Le roi ne viendra point?

LE COURRIER

Je n'en ai rien appris.
Il est à la distance à peu près d'une lieue,   135
Dans un petit village avec sa garde bleue.

JULIE

Il viendra, j'en suis sûre.

SCÈNE VI

LE DUC DE BELLEGARDE *arrive suivi de plusieurs domestiques*
de la maison. On arrange trois fauteuils.

LA COMTESSE *allant au devant de lui.*

Ah! Monsieur, vous venez
Consoler, s'il se peut, mes jours infortunés.

LE DUC

Je l'espère, madame. Ici le roi m'envoie;
Je viens à vos douleurs mêler un peu de joie.   140
(*A Julie qui veut sortir.*)
Mademoiselle, il faut que je vous parle aussi;
Votre aimable présence est nécessaire ici.

134   MSI: Le roi ne vient donc point?
135-36   67P*:
          On m'a dit qu'il était dans un petit village
          Occupé de payer les dégâts d'un orage.
137b   MSI: Le duc de Bellegarde *entre suivi*

Sur le destin d'un fils, madame, et sur le vôtre
Daignez avec bonté m'écouter l'une et l'autre.
(*Il s'assied entre elles.*)
Une madame Aubonne, accourant vers le roi,   145
S'est jetée à ses pieds, a parlé devant moi;
Le roi, vous le savez, ne rebute personne.

LA COMTESSE

Ce prince daigne être homme.

JULIE

     Ah! l'âme grande et bonne!

LE DUC

Cette femme à mon maître a dit de point en point
Ce que je vais conter... Ne vous affligez point   150
Madame, et jusqu'au bout souffrez que je m'explique.
Vous aviez dans ses mains mis votre fils unique.
On le crut mort longtemps. Vous n'aviez jamais vu
Ce fils infortuné, de sa mère inconnu.

LA COMTESSE

Il est trop vrai.

LE DUC

    C'était au temps même où la guerre,   155
Ainsi que tout l'Etat, désolait votre terre.
Cette femme craignit vos reproches, vos pleurs,
Elle crut vous servir en trompant vos douleurs;
Et sans doute, en secret, elle fut trop flattée
De la fatale erreur où vous fûtes jetée.   160
Vous demandiez ce fils, elle donna le sien.

148 MSI: Je sais qu'il est affable.

     JULIE
    Ah! l'âme grande et bonne!
161 67GP1: le sien. [*With stage direction:*] *Tous se lèvent.*

LA COMTESSE

Ah! tout mon cœur s'échappe, ah grand Dieu!

JULIE

                                     Tout le mien
Est saisi, transporté.

LA COMTESSE

Quel bonheur!

JULIE

                    Quelle joie!

LA COMTESSE

Qu'on amène mon fils, courons, que je le voie.
Mais... serait-il bien vrai?

LE DUC

             Rien n'est plus avéré. 165

LA COMTESSE

Ah! si j'avais rempli ce devoir si sacré
De ne pas confier au lait d'une étrangère
Le pur sang de mon sang, et d'être vraiment mère,
On n'aurait jamais fait cet affreux changement.

LE DUC

Il est bien plus commun qu'on ne croit.

LA COMTESSE

                       Cependant 170
Quelle preuve avez-vous? quel témoin? quel indice?

---

162   MS1: Ah! tout mon cœur m'échappe
171   MS1: Quelle preuve avez-vous qui puisse vous suffire?
        67GP1: quel témoin? quel indice? / [*with stage direction:*] *On s'assied encore.*

LE DUC

Le ciel, avec le roi, vous a rendu justice.
Votre fils réchappa, mais l'échange était fait.
Cet enfant supposé dans vos bras s'élevait.
Vos soins vous attachaient à cette créature;   175
Et l'habitude en vous passait pour la nature.
La nourrice voulut dissiper votre erreur;
Elle n'osa jamais alarmer votre cœur;
Craignant, en disant vrai, de passer pour menteuse;
Et la vérité même était trop dangereuse.   180
Dans un billet secret, avec soin cacheté,
Son mari vieux soldat mit cette vérité.
Le billet déposé dans les mains d'un notaire,
Produit aux yeux du roi, découvre le mystère.
Le soldat même à part, interrogé longtemps,   185
Menacé de la mort, menacé des tourments,
D'un air simple et naïf a conté l'aventure.
Son grand âge n'est pas le temps de l'imposture.
Il touche au jour fatal où l'homme ne ment plus:
Il a tout confirmé. Des témoins entendus   190
Sur le lieu, sur le temps, sur chaque circonstance,
Ont sous les yeux du roi mis l'entière évidence.
On ne le trompe point, il sait sonder les cœurs;
Art difficile et grand qu'il doit à ses malheurs.
Ajouterai-je encor que j'ai vu ce jeune homme,   195
Que pour aimable et brave ici chacun renomme.
De votre père, hélas! c'est le portrait vivant;
Votre père mourut quand vous étiez enfant,
Massacré près de moi dans l'horrible journée
Qui sera de l'Europe à jamais condamnée. [1]   200

172   MS I: Daignez donc écouter ce que je vais vous dire
196   67GP I, T67: brave en ces lieux on renomme.

[1] The Saint Bartholomew's Day Massacre, 23 August 1572.

C'est lui-même, vous dis-je, oui, c'est lui, je l'ai vu;
Frappé de son aspect, j'en suis encore ému,
J'en pleure en vous parlant.

LA COMTESSE

Vous ravissez mon âme.

JULIE

Que je sens vos bienfaits!

LE DUC

Agréez donc, madame,
Que la triste nourrice appuyant mes récits,   205
Puisse ici retrouver son véritable fils.
Il était expirant, mais on espère encore
Qu'il pourra réchapper. Sa mère vous implore,
Elle vient, la voici qui tombe à vos genoux.

SCÈNE DERNIÈRE

Les acteurs précédents, MADAME AUBONNE,
CHARLOT.

MADAME AUBONNE *se jetant aux pieds de la comtesse.*
J'ai mérité la mort.

LA COMTESSE

C'est assez, levez-vous.   210
Je dois vous pardonner, puisque je suis heureuse.

205-10   MSI: Que la triste nourrice embrasse vos genoux.//
209b   MSI: Les acteurs précédents, Madame Aubonne.
209d   MSI: *se jetant aux genoux de la comtesse.*
211-16   MSI:
    Je dois vous pardonner puisque je suis heureuse.
      (*La porte s'ouvre, Charlot paraît avec tous les domestiques.*)

Tu m'as rendu mon sang.
(*La porte s'ouvre, Charlot paraît avec tous les domestiques.*)

CHARLOT *dans l'enfoncement avançant quelques pas.*
O destinée affreuse!
Où me conduisez-vous?

LA COMTESSE *courant à lui.*
Dans mes bras, mon cher fils.

CHARLOT
Vous! ma mère!

LE DUC
Oui, sans doute.

JULIE
O ciel! je te bénis.   215

CHARLOT *dans l'enfoncement*
↑Où me conduisez-vous?⁺ <ah! voulez-vous combler ma destinée affreuse>
(*avançant quelques pas*)
                    <Misérable est-ce à moi de paraître à ses yeux!>
LA COMTESSE *courant à lui.*
                    <O mon fils! mon cher fils!> Dans mes bras, mon
cher fils.

CHARLOT
↑Moi son fils!⁺ <Qu'entends-je! O terre! O cieux!>

LE DUC
Oui sans doute

JULIE
O Destins inouïs.

LA COMTESSE
Oui, reconnais ta mère, oui, c'est toi que j'embrasse.
211   67GP1: je dois tout pardonner
212b   67GP1: CHARLOT *dans l'enfoncement.*
212   67GP1: destinée affreuse! [*with stage direction:*] *Avançant quelques pas.*

LA COMTESSE *en le tenant embrassé.*
Oui, reconnais ta mère, oui, c'est toi que j'embrasse.
Tu sauras tout.

JULIE
Il est bien digne de sa race.

LE PEUPLE *derrière le théâtre.*
Vive le roi! le roi! le roi! vive le roi!

LE DUC
Pour le coup c'est lui même. Allons tous; c'est à moi
De présenter le fils, et la mère et Julie.   220

LA COMTESSE
Je succombe au bonheur dont ma peine est suivie.

CHARLOT, *marquis.*
Je ne sais où je suis!

LA COMTESSE
Rendons grâce à jamais

215c   67GPI: LA COMTESSE *l'embrassant.*
217b   MSI: (*on entend derrière le théâtre*)
218   67GPI: Vive le roi! le roi! le roi! le roi! le roi!
221a-227   67P*:

JULIE
Je ne sais où je suis.

CHARLOT
Julie, hélas! mon cœur
N'ose vous dire encor comme il sent son bonheur.

LA COMTESSE *l'embrassant*
Eh comment ai-je pu jamais te méconnaître!
Allons tous nous jeter aux pieds de notre maître
Viens avec moi, mon fils, rendre grâce à jamais   5
Au duc de Bellegarde au grand roi des Français,
Ici comme partout on bénit sa puissance
Et le bonheur commun annonce sa présence.//

Au duc de Bellegarde, au grand roi des Français...
Mon fils!

CHARLOT, *marquis.*

J'en serai digne.

JULIE

Il nous fait tous renaître.

LA COMTESSE

Allons tous nous jeter aux pieds d'un si bon maître.   225

CHARLOT, *marquis.*

Henri n'est pas le seul dont j'adore la loi.
(*Tout le monde crie.*)
Vive le roi! le roi! le roi! vive le roi!

Fin du troisième et dernier acte.

225a-226   MS I:

LE MARQUIS
Ah! puissé-je servir et mourir sous sa loi.
227   67GPI: Vive le roi! le roi! le roi! le roi! le roi!

APPENDIX I

Variant to act 2, scene 2, lines 64-89,
in w75g* *and* k84

CHARLOT

Je fais ce que je dois
Oui mon père est soldat du plus grand des monarques
Il fut blessé, madame, à la bataille d'Arques
Je voudrais sur ses pas bientôt l'être à mon tour.
Pour ce généreux roi mon cœur est plein d'amour.   5
Oui je voudrais servir Henri quatre et madame.

JULIE *à Aubonne.*

La bonne vous pleurez!

AUBONNE

J'en ai sujet [w75g*: ai mon sujet], mon âme
Se rappelle sans cesse un fatal souvenir.

JULIE

Quoi! pouvez-vous sans joie et sans vous attendrir,
Voir un fils si bien né, si rempli de courage,   10
Au-dessus de son rang, au-dessus de son âge?

AUBONNE

Il paraît en effet digne de vos bontés
Il mérite surtout les pleurs qu'il m'a coûtés.

JULIE

Votre amour est bien juste, il est touchant ma bonne
Mais il faut l'avouer, votre douleur m'étonne.   15
Quel est votre chagrin?... Çà, dites-moi Charlot
Non... monsieur... mon ami... ma mère... que ce mot...
De Charlot... convient mal... à toute sa personne!

604

APPENDIX 2

Alternative ending: variant to act 3, end of scene 4,
scenes 5, 6 and 7, lines 128a-227, in W75G* *and* K84

(*Le peuple derrière le théâtre.*)
Vive le roi! le roi! le roi! le roi! le roi!

SCÈNE V

Les précédents, MADAME AUBONNE

MADAME AUBONNE

Ce n'est pas lui madame hélas! ce n'est que moi
J'ai laissé ce bon prince à moins d'un quart de lieue.
J'ai précédé sa cour avec sa garde bleue;
J'avais pris des chevaux et je viens à genoux
Révéler votre sort et mon crime envers vous.   5
Le roi m'a pardonné ma fraude et mon audace,
Je ne mérite pas que vous me fassiez grâce.

LA COMTESSE

Quoi malheureuse as-tu paru devant le roi?

MADAME AUBONNE

Madame je l'ai vu tout comme je vous vois,
Ce monarque adoré ne rebute personne,   10
Il écoute le pauvre, il est juste, il pardonne.
J'ai tout dit.

LA COMTESSE

        Qu'as-tu dit, quels étranges discours
Redoublent ma douleur et l'horreur de mes jours!
Laisse-moi.

MADAME AUBONNE

        Non sachez cet important mystère.

Charlot est plein de vie et vous êtes sa mère. 15

LA COMTESSE

Où suis-je! Juste dieu pourrais-je m'en flatter?
Ah Julie entends-tu?

JULIE

J'aime à n'en point douter.

MADAME AUBONNE

Hélas vous aurez pu sur son noble visage
Du comte de Givry voir la parfaite image.
Il vous souvient assez qu'en ces temps pleins d'effroi 20
Où la ligue accablait les partisans du roi
Votre époux opprimé cacha dans ma chaumière
Cet enfant dont les yeux s'ouvraient à la lumière.
Vous voulûtes bientôt le tenir dans vos bras
Ce malheureux enfant touchait à son trépas. 25
Je vous donnai le mien. Vous fûtes trop flattée
De la fatale erreur où vous fûtes jetée.
Votre fils réchappa, mais l'échange était fait.
Un enfant supposé dans vos bras s'élevait,
Vos soins vous attachaient à cette créature 30
Et l'habitude en vous tint lieu de la nature.
Mon mari que le roi vient de faire appeler
Interrogé par lui vient de tout révéler.
C'est un brave soldat que ce grand prince estime.
Tout est prouvé.

LA COMTESSE

Julie! heureux jour! heureux crime! 35

JULIE

Madame, cette fois, voyez [K84: voici] le grand Henri.

606

SCÈNE DERNIÈRE

[K84 *adds*: Les personnage précédents] LE ROI
et toute sa cour; CHARLOT

LE ROI

Je viens mettre en vos bras le comte de Givry,
Le fils de mon ami qui le sera lui-même.
Je rends grâces au ciel dont la bonté suprême
Par le coup inouï d'un étrange moyen   40
A fait votre bonheur et prépare le mien,
Je vous rends votre fils, et j'honore sa mère
Il me suivra demain, dans la noble carrière
Où de tout temps madame ont couru ses [K84: vos] aïeux.
Déjà nos ennemis approchent de ces lieux   45
Je cours de ce château dans le champ [K84: les champs] de la gloire,
Mon sort est de chercher la mort ou la victoire
Votre fils combattra madame à mes côtés
Mais délivrés tous deux de nos adversités
Ne songeons qu'à goûter un moment si prospère.   50

LA COMTESSE

Adorons des Français le vainqueur et le père.

FIN DE CHARLOT

APPENDIX 3

Préface[1]

Cette pièce de société n'a été faite que pour exercer les talents de plusieurs personnes d'un rare mérite. Il y a un peu de chant et de danse, du comique, du tragique, de la morale et de la plaisanterie. Cette nouveauté n'a point du tout été destinée aux théâtres publics.[2] C'est ainsi qu'aujourd'hui en Italie plusieurs académiciens s'amusent à réciter des 5 pièces qui ne sont jamais jouées par des comédiens. Ce noble exercice s'est établi depuis longtemps en France, et même chez quelques-uns de nos princes. Rien n'anime plus la société, rien ne donne plus de grâce au corps et à l'esprit, ne forme plus le goût, ne rend les mœurs plus honnêtes, ne détourne plus de la fatale passion du jeu, et ne resserre plus les nœuds 10 de l'amitié.

Cette pièce a eu l'avantage d'être représentée par des gens de lettres,[3] qui, sachant en faire de meilleures, se sont prêtées à ce genre médiocre avec toute la bonté et tout le zèle dont cette médiocrité même avait besoin. 15

Henri IV est véritablement le héros de la pièce;[4] mais il avait déjà paru dans *La Partie de chasse* représentée sur le même théâtre,[5] et on n'a pas voulu imiter ce qu'on ne pouvait égaler.

---

[1] This is Voltaire's preface to the Merlin edition of 1767 (67GP1); it also appeared in most of the subsequent editions that reproduced the text of 67GP1 (see also list of editions, p.519-27).

[2] The play was, however, staged in public after Voltaire's death, and the first such performance was on 4 June 1782 at the Comédie-Italienne.

[3] *Charlot* was first performed on 26 September 1767 by the following cast: Mme Denis (la comtesse de Givry), Henri Rieu (le duc de Bellegarde), Mme de La Harpe (Julie), Jean-François de La Harpe (le marquis), Michel Paul Guy de Chabanon (Charlot), Jean-Louis Wagnière (l'intendant), Mme Racle (la nourrice), Pierre Dupuits (Guillot), Mme Dupuits, *née* Corneille (Babet), Léonard Racle (un laquais).

[4] See also D14464.

[5] A Genevan troupe performed Collé's *La Partie de chasse de Henri IV* on 13 September 1766 (D13550) ; see also D13555, D13564, D13569, D13590.

APPENDIX 4

Epître[1]

A MONSIEUR

Monsieur de Voltaire, gentilhomme ordinaire du Roi, l'un des quarante de l'Académie française, Seigneur de Tournay, Ferney, etc.

Monsieur,

Il est juste que nous vous présentions votre ouvrage: il ne sera pas aussi bien imprimé qu'il a été joué sur votre théâtre; mais vous daignerez agréer notre hommage, et nous espérons qu'on lira cette pièce dont vous avez bien voulu nous gratifier, avec autant de plaisir qu'on l'a vu représenter. Le nom de Henri IV célébré par vous il y a cinquante   5
ans,[2] et que vous célébrez encore aujourd'hui dans cette nouvelle production, est trop cher à tout le pays pour qu'elle ne soit pas reçue avec tout l'empressement qu'elle mérite: nos libraires, Monsieur, vous ont autant d'obligations que les habitants de vos terres: vous les enrichissez, vous leur avez donné à tous les productions de votre esprit   10
sans exiger d'eux la moindre rétribution, ainsi que vous avez abandonné le profit de vos pièces de théâtre aux comédiens de Paris;[3] nous savons même et nous croyons devoir le dire, que vous faites une pension au libraire Jore,[4] qui essuya il y a longtemps une persécution funeste. Voilà des faits, Monsieur, que l'on s'efforce d'obscurcir, et qui devraient bien   15

---

[1] This dedication was published in the Pellet edition in 1767 (see the descriptions of 67G and 67PF in the list of editions, p.521, 522). See also Samuel Taylor, 'La Collaboration de Voltaire au *Théâtre français* (1767-1769)', *SVEC* 18 (1961), p.57-75.

[2] The reference is, of course, to *La Henriade* (1723).

[3] On this practice, see Gregory S. Brown, *A Field of honor: writers, court culture and public theater in French literary life from Racine to the Revolution* (New York, 2001).

[4] Claude François Jore had printed a number of banned books for Voltaire, including the *Lettres philosophiques*. The two men had fallen out in 1736 (*VST*, vol.1, p.315-318), but Voltaire nonetheless accorded Jore a pension when the latter was penniless in Milan (see D15269).

confondre la calomnie et l'ingratitude. Vous n'avez fait que du bien, et on ne vous a fait que du mal.

Nous avons l'honneur d'être avec les sentiments de respect et d'admiration qui vous sont si justement dus,

Monsieur, 20

Vos très humbles et très obéissants serviteurs.

P. & F.

APPENDIX 5

Avertissement des éditeurs[1]

M. de Voltaire vient de donner à nos libraires une nouvelle preuve des bontés dont il honore notre entreprise en les gratifiant de *La Comtesse de Givry*, pièce qu'il a composée pour son théâtre où il l'a fait représenter: nous pensons que nos souscripteurs nous sauront gré de l'empressement que nous avons de la leur procurer;[2] les sieurs Pellet ont cru devoir lui témoigner leur reconnaissance dans la dédicace qu'ils lui ont faite de son ouvrage; nous ajouterons aux justes éloges qu'ils lui donnent que c'est avec la plus forte indignation que nous voyons un tas d'infâmes Zoïles[3] continuer à se déchaîner contre ce grand homme; ils croient en accumulant les calomnies les plus absurdes parvenir à troubler son repos, et noircir auprès de la postérité un nom, consacré à l'immortalité: ils poussent leur mauvaise foi et leur imbécilité jusqu'à accuser de quelque intérêt celui qui n'est connu de ceux qui l'entourent que par ses bienfaits, et par ses générosités: si nous ne craignions d'alarmer sa modestie, nous citerions mille traits de cette espèce; mais il nous impose silence, et nous lui obéissons à regret.

---

[1] This *avertissement* was published in the Pellet edition in 1767 (see the descriptions of 67G and 67PF in the list of editions, p.521, 522); it is believed to have been written by Henri Rieu. See Samuel Taylor, 'La Collaboration de Voltaire au *Théâtre français* (1767-1769)', *SVEC* 18 (1961), p.57-75.

[2] The correspondence shows that it was Voltaire who insisted on a speedy publication: 'Nous n'avons point de temps à perdre; il est à craindre que cet ouvrage ne soit imprimé à Paris sur quelque mauvaise copie' (D14115).

[3] Zoilus or Zoilos (*c*.400-320 BC) was infamous as a harsh critic of Homer. His name often appears in the correspondence to signify a pestering critic (see for instance D11583, D12553 and D14505; and compare the name of the eponymous 'hero' of *L'Envieux*, Zoïlin). Voltaire claimed to be hurt when D'Alembert compared him to Zoilus (D10581).

COLLECTIVE EDITIONS OF VOLTAIRE'S WORKS REFERRED TO IN THIS VOLUME

Where no reference is made to Voltaire's participation in an edition, no evidence has been found to indicate that he played any part in its production. In some cases, it is difficult to judge whether or not differences in a text from one edition to another were the result of Voltaire's intervention. Variants are included on the assumption that readers appreciate their sometimes uncertain status.

NM

Nouveaux Mélanges philosophiques, historiques, critiques, etc. [Geneva, Cramer,] 1765-1776. 19 vol. 8°.

Issued as a continuation of *Collection complette des œuvres de Mr. de Voltaire* [Geneva, Cramer,] 1756 and other Cramer editions. Most volumes went through several editions.

Bengesco 2212; Trapnell NM; BnC 111-35.

Geneva, BGE: HF 5054 (vol.1-3, 5-7, 9-12); ImV: BA 1767/1 (vol.1-10). Oxford, VF (vol.1-10); Tay: V1.1770.G/1 (25-54) (vol.1-19). Paris, BnF: Z 27258-60, Rés. Z Beuchot 21, Rés. Z Beuchot 1608, Z 24707-709 (vol.1-3), Rés. Z Bengesco 487 (vol.1-19; vol.5 and 7 probably piracies), Rés. Z Beuchot. 28 (vol.5-19). St Petersburg, GpbV: 11-74.

T67

Œuvres de théâtre de M. de Voltaire. Paris, Duchesne, 1767. 7 vol. 12°.

A new issue of the sheets of *Œuvres de théâtre de M. de Voltaire* (Paris, Duchesne, 1764) with some cancels, revised sheets and new texts.

Bengesco 312; BnC 622-25.

Geneva, ImV: BC 1767/1 (vol.1-7). Oxford, Taylor: V3 A2 1767 (vol.3); VF. Paris, BnF: Rés. Yf 3387-92 (vol.1-6).

w68

Collection complette des œuvres de M. de Voltaire. [Geneva, Cramer; Paris, Panckoucke,] 1768-1777. 30 or 45 vol. 4°.

Volumes 1-24 were produced by Cramer under Voltaire's supervision. Volumes 25-30 were probably printed in France for Panckoucke. Volumes 31-45 were added in 1796 by Jean-François Bastien.

There is evidence that some of the first twenty-four volumes may have gone through more than one edition. The complete edition was reprinted by Plomteux in Liège between 1771 and 1777 (w71L).

Bengesco 2137; BV3465; Trapnell 68; BnC 141-44.

Geneva, ImV: A 1768/1 (vol.1-30), A 1768/2 (vol.1-45). Oxford, Taylor: V1 1768 (vol.1-45); VF (vol.1-45). Paris, BnF: Rés. m. Z 587 (vol.1-45), Rés. Z Beuchot 1882 (vol.1-30), Rés. Z 1246-74 (vol.1-30). St Petersburg, GpbV: 9-346 (vol.1-7, 10, 11, 13, 15-30), 10-39 (vol.1-24), 10-38 (vol.1-17, 19-24).

T70

Le Théâtre de M. de Voltaire. Amsterdam, Richoff, 1770. 6 vol. 12°.

Bengesco 313; BnC 627.

Geneva, ImV: BC 1770/1 (vol.1-6). Paris, BnF: Yf 4263-4268 (vol.1-6).

w70L

Collection complette des œuvres de Mr. de Voltaire. Lausanne, Grasset, 1770-1781. 57 vol. 8°.

Voltaire complained about this edition to d'Argental (D18119) and to Elie Bertrand (D18599), but some volumes, particularly those containing his plays, were produced with his participation.

Bengesco 2138; BV3466; Trapnell 70L; BnC 149.

Geneva, ImV: A 1770/2 (vol.1-48), A 1770/4 (vol.48-57). Oxford, Taylor: V1 1770L (vol.1-54). Paris, BnF: 16 Z 14521 (vol.1-6, 25), Rés. Z Bengesco 124 (vol.14-21). St Petersburg, GpbV: 10-18 (vol.1-48).

w70x

Œuvres de M. de Voltaire. Dresden, Walther, 1770. 1 vol. [vol.9]. 12°.

This appears to be an imitation of Walther's 1752 edition.

Bengesco 2132; Trapnell 70x.

Paris, BnF: Rés. Z Beuchot 30.

w71L

Collection complette des œuvres de Mr. de Voltaire. Geneva [Liège, Plomteux], 1771-1777. 32 vol. 12°.

No evidence of Voltaire's participation.

Bengesco 2139; Trapnell 71; BnC 151.

Geneva, ImV: A 1771/1 (vol.1-10, 13-19, 21-31). Oxford: VF.

w71P

Œuvres de M. de V.... Nouvelle édition considérablement augmentée sur la dernière faite à Genève. Neuchâtel [Paris, Panckoucke,] 1771. 6 vol. 12°.

A version of the *Mélanges philosophiques, littéraires, historiques, etc.*, found in volumes 16-21 of w72P, with some differences in volume content.

Bengesco 2140; Trapnell 72P; BnC152.

Paris, BnF: Z 24790-95 (vol.1-6).

w72P

Œuvres de M. de V.... Neuchâtel [Paris, Panckoucke], 1772-1777. 34 or 40 vol. 8° and 12°.

Reproduces the text of w68. No evidence of Voltaire's participation.

Bengesco 2140; Trapnell 72P; BnC 153-57.

Austin, HRC: PQ 2070 1772 v. 2-9 (*Théâtre*, vol.18), Geneva, ImV: A 1772/1 (vol.1-34) [mixed set; e.g. vol. [5] does not have a volume number, except on the binding, and spells Voltaire's name out in full]. Paris, BnF: Z 24796 (vol.1), Z 24836-38 (vol.10-12), Z 24809-20 (vol.14-25), 8 M 25284 (vol.26), Z 24822-35 (vol.27-40).

T73AL

Théâtre complet de Mr. de Voltaire. Amsterdam, Libraires associés, 1773. 10 vol. 12°.

Austin, HRC: PQ 2076 A1 1773 (vol.1-9). New York, Columbia: B843V88 I4 1773.

T73N

Œuvres de M. de Voltaire. Neuchâtel, [n.n.,] 1773. 8 vol. 12°. Oxford: VF.

W75G

La Henriade, divers autres poèmes et toutes les pièces relatives à l'épopée. [Geneva, Cramer and Bardin,] 1775. 37 vol. (40 vol. with the *Pièces détachées*). 8°.

The *encadrée* edition, produced at least in part under Voltaire's supervision. See Jeroom Vercruysse, *Les Éditions encadrées des œuvres de Voltaire de 1775*, *SVEC* 168 (1977).

Bengesco 2141; BV3472; Trapnell 75G; BnC 158-61.

Geneva, ImV: A 1775/1 (vol.1-40). Oxford, Taylor: V1 1775 (vol.1-31, 33-40); VF (vol.1-40). Paris, BnF: Z 24839-78 (vol.1-40), Rés. Z Beuchot 32 (vol.1-40). St Petersburg, GpbV: 11-2 (vol.1-7, 9-30, 32-40), 10-16 (vol.1-30, 33-40).

W75G*

Some volumes of W75G contain handwritten corrections by Voltaire. See Samuel Taylor, 'The definitive text of Voltaire's works: the Leningrad *encadrée*', *SVEC* 124 (1974), p.7-132.

BV3472.

St Petersburg, GpbV: 10-16 (1-30, 33-40), 11-11 (vol.2, 5-10), 11-12 (vol.3), 11-10 (vol.14-17), 11-2 (vol.17, 38, 39, 40), 11-16 (vol.18-20), 11-8 (vol.26-29), 11-19 (vol.36), 11-22 (vol.40).

W75X

Œuvres de M. de Voltaire. [Lyons?,] 1775. 37 vol. (40 vol. with the *Pièces détachées*). 8°.

An imitation of W75G. See Jeroom Vercruysse, *Les Éditions encadrées des œuvres de Voltaire de 1775, SVEC* 168 (1977), and Dominique Varry, 'L'édition encadrée des œuvres de Voltaire: une collaboration entre imprimeurs-libraires genevois et lyonnais?', *Voltaire et le livre,* ed. François Bessire and Françoise Tilkin (Ferney-Voltaire, 2009), p.107-16.

Bengesco 2141; BnC 162-63.

Geneva, ImV: A 1775/3 (vol.1-11, 14-28, 31-40). Oxford, Taylor: V1 1775 (18B, 19B) (vol.18-19); VF (vol.1-9, 14-27, 29-40). Paris, BnF: Z 24880-919 (vol.1-40).

T76X

Théâtre complet de Monsieur de Voltaire. [n.p.,] 1776. 7 vol. 8°.

Paris, Richelieu: 8 RF 14096.

T77

Théâtre complet de M. de Voltaire; nouvelle edition, revue & corrigée par l'auteur. Amsterdam, Libraires associés, 1777. 11 vol. 12°.

Bengesco 314, p.91.

Naples, Biblioteca nazionale: L.P. Seconda Sala B. 1. 04-14 (vol.1-11). Oxford, VF (vol.1-9, 11).

K84

Œuvres complètes de Voltaire. [Kehl,] Société littéraire-typographique, 1784-1789 (only vol.70 bears the date 1789). 70 vol. 8°.

The first issue of the Kehl edition, based in part upon Voltaire's manuscripts. The Kehl editors amended Voltaire's text on the basis of sources which are sometimes no longer extant, and the variants which they supply are therefore recorded for historical and documentary reasons. See S. Taylor, 'The definitive text of Voltaire's works: the Leningrad *encadrée*', *SVEC* 124 (1974), p.7-132 (p.128-29).

Bengesco 2142; Trapnell κ; BnC 167-69, 175.

Geneva, ImV: A 1784/1 (vol.1-70). Oxford: VF (vol.1-10, 12, 13, 15-17, 20-43, 46-70). Paris, BnF: Rés. p. Z 2209 (vol.1-70).

κ85

Œuvres complètes de Voltaire. [Kehl,] Société littéraire-typographique, 1785-1789. 70 vol. (only vol.70 bears the date 1789). 8°.

Bengesco 2142; Trapnell κ; BnC 173-88.

Geneva, ImV: A 1785/2 (vol.1-70). Oxford, Taylor: V1 1785/2 (vol.1-70); VF (vol.1-70). Paris, BnF: Rés. Z 4450-519 (vol.1-70), Rés. p. Z 609 (vol.1-70).

κ12

Œuvres complètes de Voltaire. [Kehl,] Société littéraire-typographique, 1785-1789. 92 vol. (only vol.70 bears the date 1789). 12°.

Bengesco 2142; Trapnell κ; BnC 189-93.

Geneva, ImV: A 1785/3 (vol.1-92). Oxford, Taylor: V1 1785/1 (vol.1-92); VF (vol.1-92).

WORKS CITED

Année littéraire, 1766, vol.8; 1767, vol.8; 1782, vol.4.

Ariosto, *Orlando furioso*, trans. G. Waldman (Oxford, 1974).

Aubignac, François Hédelin d', *La Pratique du théâtre*, ed. Hélène Baby, (Paris, 2001).

Bachaumont, Louis Petit de, *Mémoires secrets pour servir à l'histoire de la République des Lettres en France depuis 1762 jusqu'à nos jours*, 36 vol. (London, 1777-1789), vol.2, vol.3, vol.20.

Boileau-Despréaux, Nicolas, *Art poétique*.

Bonnefon, Paul, 'Scribe sous l'Empire et sous la Restauration d'après des documents inédits', *Revue d'histoire littéraire de la France* 27 (1920), p.321-70.

Bourassa, André G., 'Polémique et propagande dans Rome sauvée et Les Triumvirs de Voltaire', *SVEC* 60 (1968), p.73-103.

Breitholtz, L., *Le Théâtre historique en France jusqu'à la Révolution* (Uppsala and Wiesbaden, 1952).

Brenner, Clarence D., 'Henri IV on the French stage in the eighteenth century', *PMLA* 46 (1931), p.540-53.

Brown, Andrew, 'Calendar of Voltaire manuscripts other than correspondence', *SVEC* 77 (1970), p.11-101.

Bury, Richard de, *Histoire de la vie de Henri IV, roi de France et de Navarre*, 2 vol. (Paris, 1765).

Chabanon, Michel Paul Guy de, *Tableau de quelques circonstances de ma vie* (Paris, 1795).

Charrière, Isabelle de, *Lettres de Belle de Zuylen [...] à Constant d'Hermenches*, ed. Philippe Godet (Paris, 1909).

Cicero, *Philippics*, trans. by Walter C. A. Ker (Cambridge, MA, and London, 1969).

Collé, Charles, *Journal et mémoires de Charles Collé sur les hommes de lettres, les ouvrages dramatiques et les événements les plus mémorables du règne de Louis XV (1748-1772)*, ed. Honoré Bonhomme, 3 vol. (Paris, 1868).

Corneille, Pierre, *Œuvres complètes*, ed. Georges Couton, 3 vol. (Paris, 1980-1987).

Cradock, Joseph, *Zobeide, a tragedy* (London, 1771).

Crébillon, Prosper Jolyot de, *Atrée et Thyeste*, in *Théâtre du XVIIIe siècle*, 3 vol., ed Jacques Truchet (Paris, 1972-1992), vol.1.

– *Le Triumvirat*, in *Œuvres de M. de Crébillon, de l'Académie Française*, 2 vol. (Paris, 1750, BV907), vol.2.

Delon, Michel, 'Voltaire, chantre du plus juste des princes', in *Voltaire et Henri IV*, ed. Paul Mironneau and Claude Menges-Mironneau (Paris, 2001), p.10-12.

Denisart, Jean-Baptiste, *Collections de décisions nouvelles et de notions relatives à la jurisprudence actuelle*, 5 vol. (Paris, 1777).

619

Dictionnaire de l'Académie française, 2 vol. (Paris, 1762).

Encyclopédie, ou dictionnaire raisonné des sciences, des arts et des métiers, par une société de gens de lettres, ed. Jean Le Rond D'Alembert et Denis Diderot, 35 vol. (Paris, 1751-1780).
Examen des Scythes, tragédie de M. de Voltaire (Paris, 1767).
Eutropius, *Breviarium historiae romanae*.

Fékété, János, *Mes Rapsodies, ou recueil de différens essais de vers et de prose*, (Geneva [Vienna], 1781).
Flaubert, Gustave, *Le Théâtre de Voltaire*, ed. Theodore Besterman, *SVEC* 50-51 (1967).

Gabarel, Jean, *Voltaire et les Genevois* (Geneva and Paris, 1856).
Gibbon, Edward, *The History of the decline and fall of the Roman empire*, ed. David Wormersley, 3 vol. (London, 2005).
Goulbourne, Russell, *Voltaire comic dramatist*, *SVEC* 2006:03.
Grimm, Friedrich Melchior von, *Correspondance littéraire, philosophique et critique, par Grimm, Diderot, Raynal, Meister, etc.*, ed. Maurice Tourneux, 16 vol. (Paris, 1877-1882).

Horace, *Satires, Epistles and Ars Poetica* trans. H. Rushton Fairclough (London and Cambridge, MA, 1947).
Hunt, Lynn, *The Family romance of the French Revolution* (Berkeley, CA, 1992).

'L'Institut et musée Voltaire en 1985', in *Genava*, nouvelle série 34 (1986).

Johnson, Samuel, 'Preface' to *The Plays of William Shakespeare*, ed. Samuel Johnson, 8 vol. (London, 1765), vol.1.
Journal de Paris 157, 6 June 1782; 159, 8 June 1782.
Journal encyclopédique, 1 June 1767.

La Fontaine, Jean de, *Contes et nouvelles en vers*, ed. G. Couton (Paris, 1961).
La Harpe, Jean-François de, *Lycée, ou cours de littérature ancienne et moderne*, 14 vol. (Paris, 1825).
La Motte, Antoine Houdar de, *Œuvres de Monsieur Houdar de La Motte*, 10 vol. in 11 (n.p, 1753).
Lancaster, H. Carrington, *French tragedy in the time of Louis XV and Voltaire*, 2 vol. (Baltimore, MD, 1950).
Lanson, Gustave, *Esquisse d'une histoire de la tragédie française* (New York, 1920).
La Porte, Joseph de and Jean-Marie Clément, *Anecdotes dramatiques*, 3 vol. (Paris, 1775; reprinted Geneva, 1971).
La Porte, Joseph de and Sébastien Chamfort, *Dictionnaire dramatique*, 3 vol. (Paris, 1776).
Le Blanc de Guillet, Antoine, *Manco-Capac, premier Ynca du Pérou* (Paris, 1782).
Lemazurier, Pierre-David, *Galerie historique des acteurs du Théâtre français, depuis 1600 jusqu'à nos jours*, 2 vol. (Paris, 1810).
Lepan, E. M. J., *Commentaires sur les tragédies et les comédies de Voltaire* (Paris, 1826).

Martial, *Epigrams*, trans. by Walter C. A. Ker, 2 vol. (London and Cambridge, MA, 1947-1950).

Mason, H. T., *Voltaire* (London, 1975). *Mercure de France*, July 1764, April 1767, May 1767, June 1767, April 1770, June 1782.

Moréri, Louis, *Le Grand Dictionnaire historique, ou le mélange curieux de l'histoire sacrée et profane*, 8 vol. (Amsterdam, 1759).

Moureau, François, *Dufresny auteur dramatique 1657-1724* (Paris, 1979).

Olivier, Jean-Jacques, *Henri-Louis Lekain de la Comédie-Française (1729-1778)* (Paris, 1907).

Origny, Antoine d', *Annales du Théâtre Italien depuis son origine jusqu'à ce jour*, 3 vol. (Paris, 1788).

Palissot de Montenoy, Charles, *Le Génie de Voltaire*, in *Œuvres complètes*, 6 vol. (Paris, 1809), vol.6.

– (ed.) *Œuvres de Voltaire, Nouvelle édition, avec des notes et des observations critiques par M. Palissot*, 55 vol. (Paris, 1792).

Pearson, Roger, *Voltaire almighty: a life in pursuit of freedom* (London, 2005).

Pierse, Síofra, *Voltaire historiographer: narrative paradigms*, *SVEC* 2008:05.

Plagnol-Diéval, Marie-Emmanuelle, *Le Théâtre de société: un autre théâtre?* (Paris, 2003).

Pomeau, René, René Vaillot, Christiane Mervaud and others, *Voltaire en son temps*, 2nd edn, 2 vol. (Oxford, 1995).

Pougin de Saint-Alban, Claude, *Correspondance littéraire de Karlsruhe (12 juillet 1766-15 décembre 1768)*, ed. J. Schlobach (Paris and Geneva, 1995).

Racine, *Œuvres complètes*, ed. R. Picard, R. Gros and E. Pilon, 2 vol. (Paris, 1950).

Rousseau, Jean-Jacques, *Emile, ou de l'éducation*, ed. C. Wirz, *Œuvres complètes*, 5 vol. (Paris, 1959-1995), vol.4.

Seneca, *Moral essays*, trans. J. W. Basore, 3 vol. (London and Cambridge, MA, 1928).

Shakespeare, William, *Macbeth*, ed. G. K. Hunter (Harmondsworth, 1967).

Sheriff, Mary, 'Fragonard's erotic mothers and the politics of reproduction', in *Eroticism and the body politic*, ed. L. Hunt (Baltimore, MD, 1991), p.14-40.

Suetonius, *Lives of the Caesars*, trans. J. C. Rolfe (London and Cambridge, MA, 1998).

Taylor, Samuel, 'La collaboration de Voltaire au *Théâtre français* (1767-1769)', *SVEC* 18 (1961), p.57-75.

Virgil, *Georgics*, trans. by H. Rushton Fairclough, 2 vol. (London and Cambridge, MA, 1950).

Voltaire, *A Monsieur le comte de Fékété*, *OCV*, vol.63B.

– *Les Anciens et les modernes*, *M*, vol.25.

– *Brutus*, *OCV*, vol.5.

– *Candide*, *OCV*, vol.48.

– *Commentaires sur Corneille*, *OCV*, vol.54.

– *Commentaire sur l'Esprit des lois*, *OCV*, vol.80B.

– *Corpus des notes marginales de Voltaire* (Berlin and Oxford, 1979-).

– *Dissertation sur la tragédie ancienne et moderne*, *OCV*, vol.30A.

– *Epître à Henri IV*, *M*, vol.10.

– *Essai sur les mœurs*, ed. René Pomeau, 2 vol. (Paris, 1963).

– 'Fragment d'une lettre', in *Pélopides*, *OCV*, vol.72.

– *Les Guèbres, OCV*, vol.66.
– *La Henriade, OCV*, vol.2.
– *La Mort de César, OCV*, vol.8.
– *Olympie, OCV*, vol.52.
– *Oreste, OCV*, vol.31A.
– *L'Orphelin de la Chine, OCV*, vol.45A.
– *La Philosophie de l'histoire, OCV*, vol.59.
– *Questions sur l'Encyclopédie, OCV*, vol.39, 40.
– *Rome sauvée, OCV*, vol.31A.

– *Sur Messieurs Jean Law, Melon et Dutot, OCV*, vol.18A.
– *Tancrède, OCV*, vol.49B.
– *Zulime, OCV*, vol.18B.

Walpole, Horace, *Horace Walpole's Correspondence with Madame Du Deffand and Wiart*, ed. W. S. Lewis and Warren Hunting Smith, 6 vol. (London, 1939).

INDEX

Achillas, 173
Affiches de Lyon, 296
Agrippa (Marcus Vipsanius Agrippa),
    163, 177, 211, 221
Albigensian heresy, 246
Alembert, Jean Le Rond D', 12n, 234,
    479, 611n
Alexander VI, pope (Rodrigo Borgia),
    165
Alexander the Great, 168
Anacreon, xxi
Ancre, Concino Concini, maréchal d',
    170-71
André, instigator of a massacre, 244
Année littéraire, 269, 309-10, 502-504
Antigone, *see* Antigonos
Antigonos, son of Aristobule II, 163-
    64
Antony, *see* Mark Antony
Anville, Jean-Baptiste Bourguignon d',
    264
Appian, 242
Argental, Charles Augustin Feriol,
    comte d', 41, 93n, 265, 269n, 271-
    76, 278, 282, 286-88, 290-96, 299-
    301, 302n, 304, 307, 314, 368n, 375-
    76nn, 378n, 381n, 389-90nn, 392n,
    399n, 439n, 444n, 458n, 469n, 478,
    482, 485, 487, 490-91, 499
Argental, Jeanne Grâce Bosc du
    Bouchet, comtesse d', 470n,
    483n, 485n
Argentals, the d', xix, xxiii-xxiv, 10, 18,
    21, 23, 27-28, 31, 37-40, 42-43, 46-
    47, 68n, 128n, 181n, 198n, 200n,
    207-208, 210, 227-30, 267-68, 271-
    77, 279, 282, 284, 288, 290-91,

30in, 357n, 364n, 367-68nn, 374-
    75nn, 381n, 396n, 431-32nn, 436n,
    452n, 483n, 491-93
Ariosto, Lodovico
    Orlando furioso, 158
Aristotle, 4, 352
Artaxerxes, 341
Atticus, Titus Pomponius, 49, 162, 172,
    256
Auberval, Etienne Dominique Bercher
    d', actor, 286, 288, 301, 305, 474
Aubery, Jacques, 251
Aubignac, François Hédelin d', 32n
Aubonne, Mme d', 480
Augustus (Caius Julius Caesar Octavia-
    nus Augustus), Roman emperor,
    3-4, 22, 32-33, 45-46, 49, 65-66,
    154-68, 172-74, 177-78, 209-15,
    221-23, 230, 232, 234, 243, 256-57,
    Res gestae divi Augusti, 211n, 212
Aumont, Jean VI d'Aumont, duc d',
    480n

Bachaumont, Louis Petit de, 303, 502
    *Mémoires secrets pour servir à l'histoire
    de la République des Lettres en
    France*, 36, 68n, 231, 303, 481,
    491-93nn, 502, 504
Bade-Dourlach, Caroline-Louise, mar-
    gravine of, 489
Balzac, Jean Louis Guez de, 35
Baron, Michel Boyron, *called*, actor, 24
Beaumarchais, Pierre-Augustin Caron
    de
    Eugénie, xxii
Beauteville, Pierre de Buisson, chevalier
    de, 279, 490n

623